新媒介·新技术·新视野：

新闻传播与社会变革

安徽省第九届新闻传播学科研究生论坛论文集

XINMEIJIE XINJISHU XINSHIYE XINWEN CHUANBO YU SHEHUI BIANGE

安徽大学新闻传播学院　编

蒋含平　主编

合肥工业大学出版社

编 委 会

目　录

新媒介生态与网络舆情

空间与文化

牛郎织女故事的过去与现在

——从民间传说的演变看文化记忆的建构与变迁

王　悦　安徽大学

摘　要：牛郎织女的故事是我国四大民间传说之一，这则故事萌芽于先秦时期，经历岁月的冲击，从一个简单的星象逐渐演变成一个家喻户晓的民间传说，给中华文化带来了深刻的影响。本文拟从文本资料出发，厘清牛郎织女故事的演变历程，并用记忆理论加以关照，试图分析在故事演变过程中建构了怎样的文化记忆，探寻民间传说与文化记忆之间的关系。

关键词：牛郎织女；记忆；民间传说；演变

一、绪论

在我国数千年流传下来的文学宝库中，除了有史书记载或成册流传的古典文学作品外，还有一类就是民间广为流传的神话传说，这些传说不仅数量众多、内容丰富，而且绚丽多彩，充满诗情画意和艺术魅力。在这众多传说中，作为四大民间传说之首的牛郎织女故事在两千多年的历史长河中不断发展①，人们从不同方面对其加以丰富和演绎，在民间广泛传播，使得牛郎织女的故事从先秦时期简单的星象演变成一个情节完整的民间传说。不论是文人雅士还是布衣平民都对这个传说津津乐道，相继衍生出一系列诗词歌赋、小说和戏曲等文学作品以及民间口头说唱。

随着从神话到民间传说、从文人的诗性情怀到小说戏曲叙事的由雅趋俗，牛郎织女的故事在广泛流传中已然成为一种民间的文化记忆，它们和其

---

① 中国四大民间传说故事即《牛郎织女》《梁山伯与祝英台》《孟姜女哭长城》《白蛇传》。

他民间传说故事构成了中国民间文化的一个重要组成部分,对民众生活有着广泛而深刻的影响。牛郎织女故事是如何从简单的星象演变成一个完整的故事,又在演变过程中建构了怎样的文化记忆? 本文拟从先秦时期以来的关于牛郎织女故事的文本出发,分析牛郎织女故事的过去与现在,探究牛郎织女故事演变过程中的文化记忆的建构,试图探寻我国民间传说演变与文化记忆变迁之间的关系。

二、从星象到世俗故事:牛郎织女故事的起源与流变

(一)星象神话:先秦时期牛郎织女故事的萌芽

中国古代的先民们历来重视对天象星宿的观察,牛郎织女的神话也起源于星象。在先秦时期,牛郎织女只是天上的星辰,被称为牵牛星、织女星。关于牵牛星与织女星的记载目前最早可追溯到《诗经·小雅·大东》的第五章和第六章:

> 或以其酒,不以其浆。鞙鞙佩璲,不以其长。维天有汉,监亦有光。跂彼织女,终日七襄。

> 虽则七襄,不成报章。睆彼牵牛,不以服箱。东有启明,西有长庚。有救天毕,载施之行。①

第五章承接上文,前面继续写不公平的社会现象,后面就自然地把视野转向上天。下面两句也是仰天所视有感,"跂彼织女,终日七襄",正是呼应第二章的"杼柚其空",并引出"不成报章"。第六章面向灿灿星空驰骋想象。诗人怨织女织不成布帛,怨牵牛不能拉车运输,朝启明,夕长庚,有名无实,讥笑毕星在大路上张网,徒劳无功,整个运转的天体都不能为小民解决困苦。明写织女星和牵牛星的不作为,实则借以讽刺当时的统治者不做实事,不为百姓谋利益。这里的"牵牛"和"织女"只是天上的星辰,两者之间并没有爱情,也没有发展出什么故事,只是简单的人格化。但此时织女星主要负责织布,牵牛星负责拉车,也为后世牛郎织女故事中的男耕女织埋下了伏笔。

(二)爱情注入:两汉时期牛郎织女故事的雏形

西汉年间,由于"天人合一"思想的传播,天上的牵牛星、织女星在人间也有了重要的地位,牛郎织女的故事开始转变成神话。汉武帝元狩三年(公

---

① 程俊英.诗经注析[M].北京:中华书局,1991:629.

元前 120 年）为征讨西南诸国,训练水军,开凿了昆明池,在昆明池两侧分别立牵牛、织女的石像,隔池相望。班固在《两都赋》中写道:"集乎豫章之宇,临乎昆明之池。左牵牛而右织女,似云汉之无涯。"①李善注引《汉宫阙疏》云:"昆明池有二石人,牵牛织女像。"②张衡的《二京赋》中也写道:"乃有昆明灵沼,黑水玄址。周以金堤,树以柳杞。豫章珍馆,揭焉中峙。牵牛立其左,织女处其右,日月于是乎出入,象扶桑与濛汜。"虽然此时二者之间的关系无法确定,但昆明池牵牛、织女两座石像的竖立,使得牛郎织女的故事开始从天上转向人间,从此牛郎织女的传说开始在华夏大地流传。

到了东汉末年时期,文人以牛郎织女的故事为题材创作诗歌,牛郎织女故事的主题发生了很明显的变化,从西汉时期二者分立两侧、相互对望逐渐发展成恩爱夫妻却备受隔离之苦,对牛郎织女寄予了怜惜和同情。较为出名的是东汉末年的《古诗十九首·迢迢牵牛星》:

迢迢牵牛星,皎皎河汉女。纤纤擢素手,札札弄机杼。终日不成章,泣涕零如雨。河汉清且浅,相去复几许。盈盈一水间,脉脉不得语。③

这里的牵牛星、织女星已经具有人物形象,二者之间也被添加了爱情因素,织女因为思念牵牛无心织布终日泣涕涟涟,然而银河将两者相隔,给他们之间的爱情染上了一份悲剧色彩。

在东汉人应劭编撰的《风俗通义》中提到七夕鹊桥相会的情景,"织女七夕渡河,使鹊为桥,相传七夕鹊首无故皆髡,因为梁以渡织女故也"④。诸如此类的还有曹植《九咏》中的"临回风兮浮汉诸,目牵牛兮眺织女"、曹丕《燕歌行》中的"牵牛织女遥相望,尔独何辜限河梁",虽然在牛郎织女的分离意象中寄托了不同的情感,但牛郎织女典故的借用也表明两者关系已被普遍认可,而且他们每年七夕鹊桥相会的情节也在民间广泛流传开来。

从上述可见,到东汉末年,牛郎织女故事的基本框架以及大致情节已经具备,包括二者相爱、银河相隔、七夕鹊桥相会等。其中二者之间爱情关系的确立是牛郎织女故事转折的关键点,使得原先并无多大干系的两个星宿人性化,拥有了普通人的感情,并开始逐渐演变成一个世俗的传说。

①　严有翼,郭绍虞. 宋诗话辑佚[M]. 北京:中华书局,1980:550.
②　萧统. 昭明文选(上册)[M]. 北京:中华书局,1977:271.
③　徐陵. 玉台新咏[M]. 成都:古籍出版社,1982:160.
④　汪玢玲."七夕"中国的情人节——牛郎织女传说考察[C]. 七夕文化论文集. 北京:中国文联出版社,2002:6-12.

(三)世俗伊始：魏晋时期牛郎织女故事的发展

魏晋南北朝是中国文学发展史上一个充满活力的创新期，诗、赋、小说等体裁，在这一时期都出现了新的时代特点，并奠定了它们在此后的发展方向。此时的文人墨客对牛郎织女传说进行多角度分析和解释，留下了不少诗词歌赋，例如谢惠连的《七月七日咏牛女》、沈约的《织女赠牵牛诗》、庾信的《咏七夕》等都围绕类似的主题，阐述牛郎织女故事的原型。

同时期志怪小说的产生和流行，在一定程度上推动了牛郎织女故事的演变，也产生了一些不同的说法。西晋张华在其著作《博物志》中有过如下记载：

> 旧说天河与海相通，近世有人居海渚者，年年八月有浮槎，去来不失期。人有奇志，立飞阁于槎上，多赍粮，乘槎而去。十余日中，犹观星月日辰，自后芒芒忽忽，亦不觉昼夜。去十余日，奄至一处，有城郭状，屋舍甚严，遥望宫中多织妇。见一丈夫，牵牛渚次饮之。牵牛人乃惊问曰："何由至此？"此人具说来意，并问此是何处。答曰："君还至蜀郡访严君平，则知之。"竟不上岸，因还如期。后至蜀问君平，君平曰："某年月日，有客星犯牵牛宿。"计年月，正是此人到天河时也。①

这则故事所提到的"天河与海相通"为后世牛郎织女故事形成提供了重要背景，天上仙境不再是遥不可及，天上和人间俗世相差无几，都有城郭屋舍和耕夫织妇，俗世凡人可与天上神仙相会。

此外，南朝梁文学家殷芸在《殷芸小说》中记载：

> 天河之东有织女，天帝之子也。年年机杼劳役，织成云锦天衣，容貌不暇整。帝怜其独处，许嫁河西牵牛郎，后遂废织纴。天帝怒，责令归河东，但使一年一度相逢。②

牛郎织女故事的内容和背景更加完整翔实，明确指出了牛郎织女被迫分开的原因是牛郎织女的懒惰、荒废织经，从而遭到天帝处罚，与以往牛郎织女勤劳善良的形象大不相同。

从上述看来，魏晋南北朝时期，牛郎织女这一神话故事正逐渐向民间传说转变，不仅牛郎织女具备了人格，不再一如既往的高高在上，也会犯人性懒惰的错误；人间与天河相连，天界和人间布局相似，凡人与神仙可以交流；这则神话已经被世俗化了，其中掺杂了大量鲜明的感情因素，寄托了民众世

---

① 张华．博物志[M]．重庆：重庆出版社，2007.
② 转引自周玉娴．元明清时期牛郎织女文学的传承与嬗变[D]．北京：首都师范大学，2009.

俗的理想与愿望,织女因情废织成为故事转折的关键,这些情节都为后世牛郎织女传说的定型打下了基础。

(四)民间传说:明清时期牛郎织女故事的定型

魏晋南北朝之后,在唐宋元三朝出现了大量以牛郎织女为题材的诗词歌赋,故事情节大多沿袭前代的框架,并未做多大改变。到了明清时期,为了适应广大市民阶层和普通百姓的需要,以通俗戏曲和小说为代表的俗文学应运而生。作为民间传说之一的牛郎织女的故事进入文人们的创作之中,以牛郎织女为主题的叙事文学作品层出不穷。受到不同的地域文化、时代背景、作者风格以及阶级意识、封建伦理思想等因素的影响,这一时期牛郎织女的故事出现了不同的版本,在继承前代故事框架的基础上被不断丰富并逐渐定型。定型后的主要故事框架如下:牛郎自幼父母双亡,被迫给兄嫂放牛;兄嫂虐待牛郎,分家后牛郎与老牛相依为命;老牛显灵,告知牛郎仙女下凡洗澡,让他藏起织女的衣服,后为牛郎织女主婚;牛郎织女结婚后,男耕女织,生了一对儿女;老牛临死前告诉牛郎留下它的皮以备将来之用;王母抓织女回天庭,牛郎披上牛皮带着瓢,挑着一对儿女飞上天追赶,快追上时王母拔下簪子划了一道天河,二人被阻在天河两岸;牛郎用瓢从天河往外舀水,王母被迫允许他们每年七月七日相会,一到七月七日,喜鹊都去给牛郎织女搭桥。

在这基本的故事框架中,出现了先前并未出现的神化的老牛形象,而且会说话的老牛数次在关键时刻发挥作用,推动情节发展。众所周知,牛作为古代农业发展的重要牲畜,在我国古代农耕文明的发展中地位尤为重要,将老牛神化也从另一方面表明了古代社会牛对小农经济的重要性。拆散牛郎织女的家长也由魏晋时期的天帝变成了此时的王母,王母的干预和牛郎兄嫂的虐待欺压也是封建制度下无情家庭伦理道德的反映,这一阶段的牛郎织女故事已经被创作者加入了反封建的因素。明清时期,民间俗文学的传播逐渐完善了牛郎织女故事的全部情节,赋予神以人格,将神世俗化,结合社会背景将最初的天上神仙之间的爱情演变成人间人与神的婚姻;而通俗戏曲和小说的传播,使得牛郎织女的故事被各个阶层所知晓,神话逐渐演变成了民间传说。

三、认同与接受:牛郎织女故事传播中的记忆建构

(一)信仰记忆的建构:作为保护神的古老星辰

1. 时间指示功能的牵牛织女星

从牛郎织女故事的演变过程来看,牛郎织女最初是作为天上的星

宿——牵牛星和织女星。亘古存在的星宿在先民的心目中有着举足轻重的地位。对多数人而言，时间是一个模糊不清的概念，每一个人都有自己奉行的时间观念；而对农民来说，建构其时间观念的是自然节律和生产劳作。中国古代先民们以农耕和畜牧为主要生产方式，农业生产需要敬天授时，通晓寒来暑往的节气和月令才能不误农时，顺利进行农业耕作。《易传》所谓："观乎天文，以察时变。"《周易》："仰以观于天文，俯以察于地理，是故知幽明之故。"《尚书·尧典》所谓："乃命羲和，钦若昊天，历象日月星辰，敬授民时。"观测天象和星宿是当时最好预测时令的方式，寻找代表节令的星座作为农业耕作的时间表。战国后期《吕氏春秋》中记载："东北曰变天，其星箕、斗、牵牛；北方曰玄天，其星婺女、虚、危、营室。"这里的"牵牛"也是与"婺女"相对，可见这两宿的名字也是由来已久。

先秦时期的百姓为了发展农耕事业，往往要依靠节气和时令来安排农活，在计时器并未完善的古时，观察日月星辰是预测节气和时令的最好方式。先民们通过观察天地日月星辰，初步掌握了自然界的规律，通过星辰来辨别时间，同时赋予这些星辰以神格和神秘色彩，对日月星辰保持一颗敬畏心。牵牛星和织女星也不例外，其时间指示功能在先民心中才是最为重要的。

2. 保护农桑功能的牵牛织女星

《史记·天官书》中有语"牵牛为牺牲"，唐代张守节的《史记正义》注解道："牵牛为牺牲，亦为关梁……占：明大，关梁通；不明不通，天下牛疫死。"① 据此"牵牛"最初应是指用来祭祀的牛。牵牛对古人的意义非常重大，具有祈求农业丰收和畜牧兴旺的特殊意义。如果牵牛星足够明亮，水陆皆通；如若不够明亮则关梁不通，天下的牛就会染病而亡。牛作为古代农业生产的重要牺畜，对古代农业的发展有着举足轻重的作用，而牵牛星的明亮与否则决定了天下牛的命运。由此可见，牵牛星对于畜牧业和农业生产有着非常重要的意义。

织女星，顾名思义，这与古代的纺织业息息相关。从嫘祖始蚕到黄道婆革新纺织业，再到清朝江南诸多织造局的开办，中国古代的纺织业一直在不断发展。织女星是人间女工纺织时间的标志，七夕前后的织女星意味着民间女性纺绩之月的到来，七夕乞巧也是为了迎接即将到来的纺织季，祈求纺织生产顺利。另一方面，织女星在古代也被认为是主瓜果的星神。北宋《太平御览》记载道，"织女星主瓜果"，在七八月就可以收获瓜果了。从相关文

---

① 司马迁. 史记·天官书[M]. 北京：中华书局，2013.

献的记载来看,牵牛织女星在被人格化、成其婚配的同时,也变成了监督农业生产、保护农桑业发展的神灵。

不论是在时间指示方面,还是在保护农桑方面,牵牛织女星都对古代先人的农业生产和畜牧业、纺织业发展起到了重大的作用。在古时农耕年代,星宿的神话意义无法与其时间指示功能相比拟,牵牛织女星的时间指示功能和保护农桑功能是不容亵渎的,这样的原始信仰具有强大的功能,这种信仰记忆也在神话传说和农业生产知识的代代相传中不断被强化。

(二)劳动记忆的建构:一种男耕女织的理想生活

1. 男耕女织生产方式的映射

在牛郎织女故事的传播与流变过程中,牛郎织女在凡间过着男耕女织的美好生活,这与中国古代小农经济的生产方式有着紧密的联系。中国古代在奴隶社会时期实行的是土地国有制度,正所谓"普天之下,莫非王土;率土之滨,莫非王臣",春秋以后,随着生产力的发展,原有的土地制度受到破坏,新兴的封建势力在夺取政权后,相继实行变法改革,确立了土地私有制度,允许"民得买卖土地"。从这时起,土地私有制度成为中国封建社会土地制度的主要形式。土地私有制的发展带来了一家一户、男耕女织、自给自足的小农经济的发展,这也是中国古代普通农民家庭理想的生活模式。汉代曾有谚语,"一夫不耕或受之饥,一妇不织或受之寒",田夫蚕妾、男耕女织、日出而作日落而息、自给自足,是小农经济的经营方式。

在牛郎织女的故事中,首先,牛郎和织女的名字在一定程度上契合了古代农业和家庭手工纺织业的生产模式;其次,铁犁牛耕是古代农业生产的主要耕作方式,后期故事流变中出现的"老牛"也是古代农业生产的重要生产力,这也在一定程度上反映了古代农民对于男耕女织这种以家庭为单位从事生产劳动组织方式的向往与憧憬。

2. 辛勤劳作传统精神的延续

在众版牛郎织女的故事中,尽管故事的细节不尽相同,但总体都是围绕一个固定的叙事框架来进行,即两人初见—成婚—因情废职—被罚分离—七夕相见。其中一个重要的情节就是两人因情废职。在南朝梁人殷芸的《殷芸小说》中明确写道:

帝怜其独处,许嫁河西牵牛郎,后遂废织经。天帝怒,责令归河东,但使一年一度相逢。

在任昉的《述异记》中同样有记载:

天河之东有美丽女人,乃天帝之子,机杼女工,年年劳役,织成云雾峭嫌之衣,辛苦无欢悦,容貌不暇整理,天帝怜其独处,嫁与河西牵牛夫婿,自后竟废织纴之功,贪欢不归,帝怒责归河东,但使一年一度相会。①

这两则故事中牛郎织女分离都是因为贪恋夫妻恩爱而忘了自己的职责所在。在封建社会的背景下,男耕女织、自给自足是小农经济的生产模式,这就需要辛勤劳动以确保生存资本的获取,"一夫不耕或受之饥,一妇不织或受之寒",男耕女织是国家经济发展的根本所在。而牛郎织女作为保护农桑生产的星神却因贪图享乐而废弃劳动,影响农业发展,这是当时农业社会所不允许的。

辛勤劳作一直是中华民族非常重要的民族精神之一,尤其在古代封建社会,男耕女织、自给自足的家庭生产模式一直是社会的经济基础。对爱情坚定不移的牛郎织女一直是和睦相处、举案齐眉的模范夫妻代表,其男耕女织的劳动方式也是古代封建社会生产状况的重要表现。在发乎情止于礼的封建社会下,牛郎织女的职责远比其爱情更为重要,不能允许牛郎织女过于沉溺于情爱而荒废劳动,提倡的是两人辛勤劳动的传统精神。

在两千多年的封建社会中,无数的农民最大的希望就是辛勤劳动,过上"男耕种粮有饭吃、女织纺布有衣穿"的理想生活,诸如"昼出耘田夜绩麻,村庄儿女各当家""你耕田来我织布,我挑水来你浇园"的诗句层出不穷。牛郎织女的故事在一定程度上寄托了古代先人对于男耕女织这种理想生活的憧憬,也在漫长的历史岁月中影响了一代代人关于劳动生产的记忆。

(三)节日记忆的建构:七夕节日文化的盛行

1. 传统乞巧的女儿节

从牛郎织女故事中衍生出来的不仅仅是文学作品,还有一个重要的传统节日——七夕节。七夕节起源于中国,是中国和东亚各国的传统节日。因为传统七夕节活动的参与者主要是年轻女性,少女们在这一天穿针乞巧、拜织女、吃巧果,祈求自己也能像织女一样心灵手巧,所以又有"乞巧节"和"女儿节"之称。关于七夕乞巧风俗的记载最早见于东汉崔寔的《四民月令》:

七月七日,曝经书,设酒脯时果,散香粉于筵上,祈请于河鼓、织女。言此二星神当会,守夜者咸怀私愿。②

这时的七夕乞巧已经有向牵牛织女星祈福的习俗。除此之外,穿针祈

---

① 转引自周玉娴.元明清时期牛郎织女文学的传承与嬗变[D].北京:首都师范大学,2009.
② 欧阳询.艺文类聚[M].上海:上海古籍出版社,1982.

福也是七夕乞巧的一个重要习俗,在《西京杂记》中有"汉彩女以七月七日穿七孔针于开襟楼,俱以习之"之语,唐朝诗人崔颢有诗"长安城中月如练,家家此夜持针线",诸多记载都表现了七夕夜晚千家万户对月穿针的盛况。

不同朝代不同地方的七夕乞巧风俗不尽相同,尽管乞巧方式存在差异,但这些形形色色的活动都表达了古代女性对于心灵手巧的祈愿、对于美好夫妻生活的向往。我国封建社会对于女子的要求是心灵手巧、精于女工,为了更好地生活下去,女子们只有认可并扮演好这种角色,七夕乞巧也是对女子这种心灵手巧形象的认可,进而明确自己的身份和职责。

2. 庸俗化的"中国情人节"

2006 年 5 月 20 日,第一批国家级非物质文化遗产名录公布,七夕和春节、清明、端午、中秋、重阳并列为我国六大传统节日。但是在经济高速发展的当下,尤其受到西方情人节的影响,传统七夕节日乞巧的习俗几乎消失殆尽,取而代之的是一种日益商业化、娱乐化的"中国情人节"。无可否认的是在诸多与七夕相关的文学作品中,七夕与爱情是紧密联系的,例如白居易的《长恨歌》和秦观的《鹊桥仙》,其主题都是在歌颂爱情,但从牛郎织女的故事来看,七夕纪念的是夫妻间坚定不移的感情,而不是普通意义上的男女情人之间的节日。近年来,各路商家纷纷抓住七夕节,趁机推出各种商业促销活动,已然把七夕节变成了一种商业促销的手段,节日的信仰记忆日益淡薄,娱乐气氛日渐浓厚。

不论是古代传统的乞巧节还是当下商业化的情人节,不可否认的是七夕节作为节日给普罗大众带来了休闲愉悦。作为中国的非物质文化遗产,七夕节在两千多年来不断发展,具有非常丰富的节日内涵,对传播传统文化、增强中华民族文化认同感以及民族记忆方面有着不可忽视的作用。七夕原始的单纯信仰和美好祈愿,与当下社会中存在的普遍缺乏信仰的现实形成巨大反差。作为一个全民族共有的传统节日,七夕并不只是一个约会或者促销的机会,它表达了我们对于美好爱情的向往、对于美满生活的憧憬,建构了人们对于一个具有深刻内涵和文化的节日之文化记忆。

四、结语

牛郎织女的故事从远古走来,其历史内涵和文化意义也在不断丰富和流变。牛郎织女最初作为一个星象神话,代表了我国古代男耕女织、自给自足的小农经济生产模式;两汉时期,牛郎织女开始人格化,并被寄托了美好爱情的祈愿;到了魏晋南北朝时期,这则故事已经开始世俗化;到了明清时期,牛郎已经变成一个凡世里的放牛郎,织女下凡与牛郎完成一段姻缘佳话,故事已经完全演变成以歌颂爱情为主,牛郎织女的故事逐渐走向民间,成为普罗大众共享的一则民间传说。

在牛郎织女故事传播与演变的过程中,经过世世代代普遍性心理经验的长期积累,牛郎织女已经成为一种爱情典范隐藏在我们民族的集体无意识中。先人们受其封建社会背景的影响,在这则传说中寄托了对于星辰保护的信仰、对于男耕女织劳动方式的向往以及对于七夕节日文化的憧憬。从另一方面来看,牛郎织女的传说在经过两千多年的传播后,蕴含了世世代代国人的爱情观、道德观、婚恋观和价值观,已然成为整个中华民族的集体记忆,成为现今人们联结过去、审视当下、展望未来的一个途径,成为我们民族弥足珍贵的文化遗产和精神遗产。

从"老田吴村"到"福田公社"：
现代乡村旅游对乡土文化的想象与重构

施代玲　安徽大学

摘　要：在农耕文明源远流长的中国，乡土文化是中国传统文化的源头。本文运用民族志研究方法，对皖南山区的老田吴村进行了持续的田野观察和深度访谈，获得了大量一手乡村旅游与乡土文化资料。调查发现，老田吴村的传统农业生产方式受现代工业化的影响逐渐远离乡土社会。随着乡村旅游业的兴起，老田吴村重新回归乡土。研究从传播学视角出发，探讨村长、僧侣和媒介是如何进入老田吴村并在村民中建构起"福田公社"的文化和形象；现代乡村旅游兴起之后，老田吴村这个乡土社会发生了怎样的变化以及这种变化背后的影响。

关键词：老田吴村；乡村旅游；乡土文化

一、引言

传统的乡土是中国主体的社会形态，在相当大的程度上可以无视城市而自足地存在；对乡土的想象和表达也如此，有鲜明和强大的自足性。乡土文化之所以对现代人具有强大的吸引力，就在于他们在乡土文化的感知中能够得到回归自然的满足。然而随着现代工业的发展，几千年来形成的紧密的人地关系被切断，村民的生活方式同样随之改变。拥有6亿多人口的农村正在经历着这样一个社会结构大变迁的过程，而这样的转型过程势必会引发整个乡村社会文化的震荡。乡村文化变迁一直是学界关注的热点话题。

在研究所涉及的乡村文化传承的研究领域，学界在21世纪对中国乡村文化发展过程中出现的历史延续和价值断裂有更深一步的认识。温铁军（2009）认为，由于现代性因素向农村全方位渗透，消费主义、个人主义观念进村，以个人权利为基础的法律理念进村，这就使得相对封闭的村庄开始解体，传统文化和地方信仰被严重挤压而再难有生存空间。农村和农民在社会和文化上越来越被边缘化，农民的主体性逐步丧失，被抛入一个传统已失现代又不可得的尴尬境地，并由此导致农民产生普遍的无力感、无根感和焦虑感。石勇（2005）认为，由于文化认同出现危机，乡村文化逐渐被边缘化，农村普遍出现了一种无意识的精神上的不安、文化上的焦虑。申瑞峰在深入乡村实地考察之后认为，当前农村的主要问题已不是经济问题和治理问题，而是农民价值标准和文化信仰的缺失。鲁可荣（2016）以浙江三个传统村落为调查样本，发现随着村落公共空间从祠堂到会堂再到礼堂的变迁，乡村文化也经历了从乡村宗族文化向乡村政治文化再到乡村公共文化的演变。只有多元主体的文化自觉及协同参与，重构村落公共空间，才能更好地促进乡村文化的传承以及为村落可持续发展提供内在的精神动力。

作为一名土生土长的农村人，笔者有幸见证了乡村旅游从兴起到发展的全过程，对于家乡社会文化的变迁现象感触很深，同时笔者对老田吴村这个田野点十分熟悉，选材方便，也不存在与当地人交流困难的问题，更容易进行资料收集。研究运用民族志研究方法，对皖南山区老田吴村进行了持续的田野观察和深度访谈，获得了大量一手乡村旅游与乡土文化资料。在行文的过程中，笔者将对深度访谈对象按照性别分类予以一一编号。

二、传统的更迭：变动中的老田吴村

（一）老田吴村的历史与生境

老田吴村位于皖南九华山风景区境内，地处九华河西岸，在九华山北麓约10公里处，是江南有名的千年古村落。九华山风景区以山岳型地形地貌为主，自古便有"妙有分二气，灵山开九华"的美称。坐落在九华山脚下，老田吴村西临姚家山、九公山，北靠小岭，四周远山环抱、群峰相拥，森林覆盖率达76%，素称"人藉山以钟秀，山藉人以传奇"。绵延起伏的皖南山丘，灵动秀美、溪水河流是老田吴村的景色符号，玉带河蜿蜒穿村而过，素称"九龙戏水"。

由于九华山下第一望族，老田吴村自古繁华，皖南民居沿玉带河而筑，构成了一幅"小桥流水人家"的山水民居景象。此外老田吴村人文古迹遗址甚多，其中以吴氏宗祠、"新城旧第"石坊、云溪书院、池阳书院等最为著名，

"筑得新城山傍里,云溪书院景为嘉",天然的徽州风韵为老田吴村日后的旅游开发奠定了基础。

根据《九华山志》记载,老田吴村现有人口2354人,共531户,分为5个村民小组、由于地处皖南山区,老田吴村处在封闭的、以一家一户为生产和消费单位的传统小农经济之中,村民完全依赖于自然条件进行生产。当地主要以种植水稻为主,一年两季到三季。几千年的农耕文明形成了老田吴村层层叠叠的梯田;但是人多地少,人均占有耕地不足一亩,加上交通闭塞,大多数农民家庭生活仅能满足一家人的温饱,生存压力使大量农民被迫离开村庄,外出打工维持生计。图1为九华乡2001—2009年农业生产走势图。

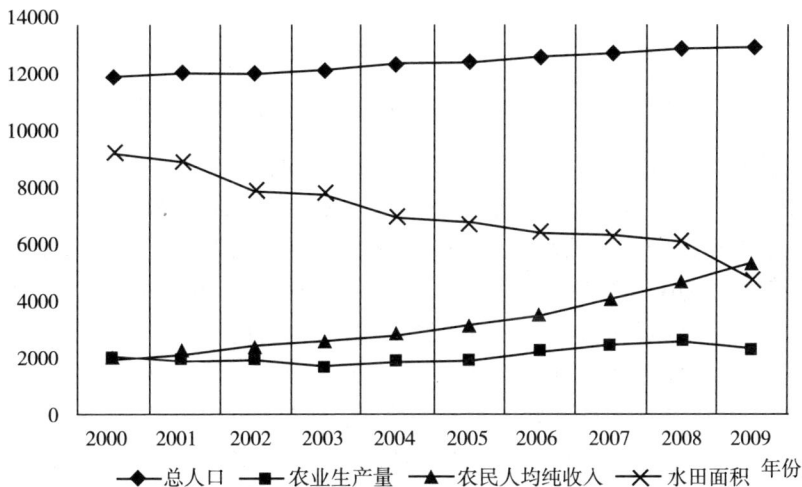

图1　九华乡2001—2009年农业生产走势图

(二)老田吴村的旅游与生计

如果说在农业社会,皖南山丘式的地貌限制了老田吴村的发展,那么在今天的消费社会,得天独厚的自然风光和佛家文化则是老田吴村转型和发展的重要资本。《九华山志》显示,2001年九华乡第二产业单位总数为13个,其中针灸厂、环保砖厂、墙纸厂各1家,私营建筑公司和个体建筑工程队合计10家;第三产业单位综述为89家,主要分布在餐饮业(5)、住宿业(9)、客运服务业(16)、批发零售业(36)及服务业(洗发、修理、足浴)(20)上。到2009年,九华乡的第二产业和第三产业单位总量都在增加,其中第二产业单位数从13家增长到43家,第三产业单位数从89家增长到418家,尤其是批发零售业从36家剧增到136家,在所有行业中遥遥领先。图2为九华乡2001年和2009年发展经济结构调整图。

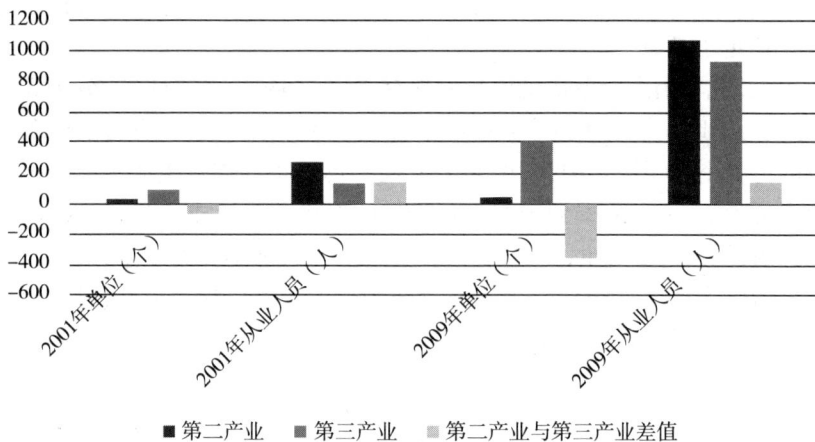

■ 第二产业　■ 第三产业　▨ 第二产业与第三产业差值

图2　九华乡2001年和2009年发展经济结构调整图

从图2中可以看出,相比第三产业,九华乡的第二产业处于一种弱势地位,并没有为当地经济带来突破性的增长,也没有明显提高就业率。反观第三产业,普遍以个体户为单位,分布在餐饮、住宿、批发零售等行业上,其中批发零售业在第三产业中占比最多,无论是生产单位、从业人员还是产出总值均为前列。经过田野调查,发现批发零售业在当地主要是批发零售"香"。早在21世纪90年代初,靠着九华山这座大山及其周边发达的旅游资源,老田吴村的村民陆陆续续开始了"请香"生意,向过往的香客"请"上几炷香补贴家用。这时候老田吴村旅游开发还处于村民自发状态,没有形成规模有序的旅游开发。表1为老田吴村及周边潜在旅游资源表。

表1　老田吴村及周边潜在旅游资源表

类型	名称
自然风光	姚家山、九公山、九华山,九子岩
人文古迹	吴氏宗祠、"新城旧第"石坊、云溪书院、池阳书院
民俗文化	春节舞龙、九华庙会、元宵点灯、祭祖仪式
佛教寺庙	二圣殿、无相寺、大桥庵

三、想象的村落:被构建的"福田公社"

倚仗得天独厚的自然风光和佛缘文化,老田吴村自20世纪90年代以来逐渐从以农业为主的产业结构向以旅游服务业为主的产业结构过渡。随着多年的旅游开发，从"靠山吃山，靠水吃水"的旅游 1.0 模式到建设"福田公社"、打造"心态农业"的旅游新模式，老田吴村经历了从破坏性开发到保护性规划的旅游传播过程。2014 年，老田吴村开始打造乡村旅游基地，建设"福田公社"。

（一）"种福地"：村长口中的虚拟村落与村民

"虚拟社区"是指一个供人们围绕某种兴趣或需求集中进行交流的地方，它以网络在线的方式来创造社会和商业价值。在国内有学者认为，虚拟社区是主题定位明确、居民与社区间有极大的互动性、居民之间频繁交流、社区性质与信息资料相平衡的网上虚拟世界。在现代乡村旅游中，"福田公社"是老田吴村正在打造的一个虚拟社区，在"福田村"这个网络社区里，"虚拟村民"在线上加入村落，认购田地，成为"福田村"的一名村民，并由"福田公社"村民委员会分派至各个村民组，在线上建立一个"虚拟村落"。线下"福田公社"通过举办插秧节、榨油节等相关农事活动"喊村民回家"。截至 2017 年 4 月份，老田吴村已经吸引 400 人加入"福田公社"，认种"福地农田"。

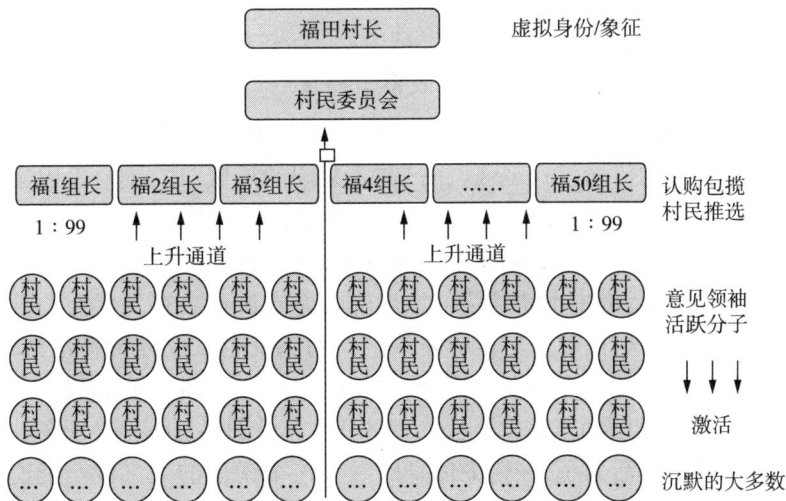

图 3 "福田公社"组织架构图

"福田公社"最重要的项目就是"种福地"。它承包了"老田吴村"的所有田地，包括 980 亩粮油种植地、1100 亩莲花田以及其他不少葵花籽种植地。如今 W1（WOMEN 女性，编号 1）又重新上岗，由于干得一手好农活，众多和她一样赋闲在家的老农被"福田公社"聘请帮忙处理田间的莲花和水稻。M1（MAN 男性，编号 1）从以前的自产自收的小农家庭一跃变成雇佣农人,被纳入"福田公社"旅游体系的一员。对这一转变,M1是欣然认可的,虽说从表面上看,离开了小农经济式的农业生产,但是实际上,旅游为大量被迫外出务工的村民和打零工维持生计的老农提供了在乡就业的可能。"在自己家门口打工当然好咯,帮他们干活比自己种地要挣得多得多,但是干的活和以前差不多,而且田租给他们一年还能拿到2000块钱的租金。"农民可以在自己熟悉的文化区域内生活,从某种程度上讲,这才是农民不离土地的方式。土地对于他们并不是完全物质上的理解,而是一种生活逻辑和文化基因。只有回到故土,农民才得以实现"守土"的夙愿。

线上有虚拟的"福田公社",线下有真实的"老田吴村",现实与虚幻同时聚集在老田吴村这个实体空间。在这样的情境下,传统的民风民俗、现代文明与技艺以及大众媒体与城市文化混杂在老田吴村这座变动的乡村之中,乡土文化也正在变得多元化。M2是老田吴村的村民,自"福田公社"建立之后担任起"村长"一职。他说:"村民们有的外出打工,有的去九华山上面做点小生意。村子里的青年人不太多,导致我们村土地荒废情况非常严重,好些地已经十多年没有被耕种过了。"建立虚拟村落吸引"村民"来老田吴村认种土地是村民不能理解的旅游模式。当荒废十多年的田地被重新播下稻种、抛下秧苗的时候,"好像回到了以前"。

(二)"结善缘":僧侣教化下的农事与禅修

美国学者詹姆斯·凯瑞把传播看作是创造、修改和转变一个共享文化的过程,他提出的传播仪式观强调的是在"共同的场域"内,受众经由集体参与共同体验情感的历时性模式。村民在这些集体活动构成的"共同的场域"中参与乡村文化建设,形成集体记忆与价值认同,促使传统的乡村文化在公共空间内的共享行为中不断延续与发展。随着农耕社会在现代性的潮流中被一步一步瓦解,村民对于村落中公共空间的感受也仅仅停留在记忆之中。M3是老田吴村为数不多还在坚持种地的老农,直到2014年在村委会的建议下将一亩二分田租给了"福田公社",他才正式从土地上退休。"现在种地的人少了,去田里干活累了,在树下休息的时候连个说话的人都没。别说祠堂了,祠堂没人管都要倒了。"

老田吴村传统的经济生产模式是以一家一户为单位进行小规模的农事生产和手工业制作。佛教寺庙也继承了皖南山区式的生产特征,以寺庙为单位从事农事活动,将修禅与农业相结合,自给自足。老田吴村在千年的发展中始终与佛教保持一种密切的联系,然而随着现代化大工业的生产,老田吴村传统农业和手工业逐渐被湮没在历史的洪流之中。如今,老田吴村建构虚拟村落后,又重新拾起了那部分没落的传统。W1也是一位被聘用的老田村民,她说:"我们现在还生产木榨油、手洗山芋粉、采莲子,一切都是人力来做。在我们村,没有工业机器生产,没有农药化肥,有时候庙里的大师傅也会来和我们一起割稻插秧,和我们讲一些佛家的智慧。"僧人的介入是老田吴村重新乡土化的重要一环。九华乡佛教氛围浓厚,正是"未有九华图,先有老田吴",村民对寺庙僧侣有一种天然的敬畏感。当僧侣通过法事、教化、禅修等将"种福地、结善缘""耕地传家、佛缘分享"等禅修思想润化进农事生产中,在某种程度上弥补和重构了老田吴村传统乡土社会中纯粹的农禅思想和文化。图4为"福田公社"禅修+农事结构图。

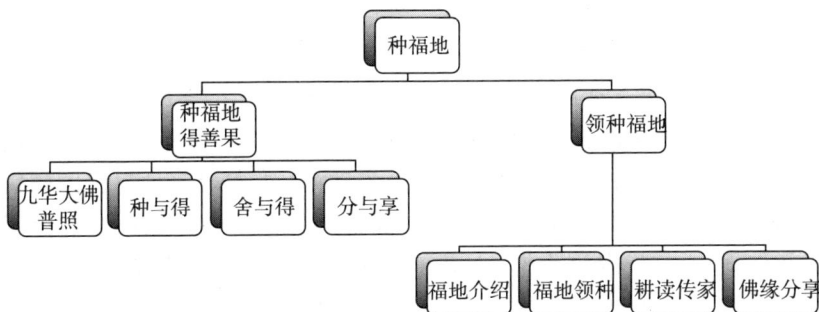

图4 "福田公社"禅修+农事结构图

(三)"得福报":媒体介入后的文化概念与村民认知

自20世纪90年代开始发展旅游业以后,老田吴村逐渐摆脱了封闭落后的面貌。从生存线的边缘到今天的旅游小村,旅游给老田吴村带来的不仅仅是经济上的发展,也包括媒介化程度的提高。在笔者访谈的十几家农户中,电视和网络覆盖率是100%,移动网络的覆盖率也都在90%以上。除了一些老年人和一些中小学生不会或不能使用手机以外,手机在中青年群体中的覆盖率也接近100%,可以说是人手一部手机。W2是老田吴村的村民,2016年底从外打工回乡被"福田公社"聘用。"我前些年一直在外面打工,外面的人普遍用智能手机,我在网上给我父母也各买了手机,准备回来教他们用,没想到根本不用我教。村里人都用啊,我们都互相加了微信,有什么事微信语音说一声很方便的。"网络的高度发达,使得老田吴村的虚拟村落得以组建。

以前手机媒介没有进入老田吴村时,村民获知信息、传播交流主要依赖电视和座机。当电视媒体介入老田吴村的旅游生活,并为此大肆报道时,在某种程度上增加了村民对本村的认同感和自豪感。M4是老田吴村的一名大学生,常年在外求学,说:"有一次我上网看视频,突然看到了关于我们村的新闻。我就好奇地点了进去,发现是宣传我们村的'插秧节'的。说实话,那一刻我突然有点想家。"

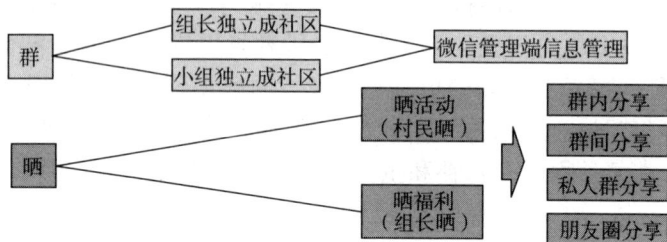

图 5 "福田公社"媒介传播路径图

当手机媒介进入老田吴村之后,村民通过微信等手机 App 进行互动、分享、获知信息。"福田公社"通过加入村民的手机微信,在朋友圈发布"福田公社"的活动信息,并且发布"种福地"微信订阅号。打开当地村民的微信朋友圈,随处可见老田吴村的景色风光以及佛缘佛语。通过微信这种社交媒体进行传播,进一步内化了老田村民对本地乡土和文化的自豪感,使他们更加愿意向别人展示老田吴村和"福田公社"。W3 是老田吴村的村民,她很满意自己现在的生活环境。"我喜欢在朋友圈里晒我们村,多美呀。好山好水好风光,不像别的地方都是车水马龙的,我不喜欢。而且在我们村,以前很多习俗现在也得到重视了,前一段时间我们举办了祭祖仪式。"基于传播媒介的"线上"乡土文化交流和"线下"节日实际参与相互建构,老田吴村的"展示价值"与"传承价值"同时呈现,"福田公社"在传播中被更多的"村民"所共知,其文化价值得以进一步放大。

四、重构的文明:传统与现代的双向互动

(一)现代化发展与农耕文化变迁

随着现代化改革运动的不断推进、城市现代物质生活的繁荣丰盛以及城市流行文化的强势蔓延,传统的乡村文化在不断遭遇城市现代生活方式和城市文化的冲击和覆盖,传统的乡村记忆逐渐退化,新的记忆日渐形成并呈现出与外界多元文化并存的局面。

老田吴村最大的吸引力是乡土文化、乡土地域特征,这决定了"福田公社"的发展。老田村民的参与是非常重要的部分,纯朴的民风、带有地方魅力的文化、对"福田公社村民"具有亲和力和吸引力的氛围环境,是焕发乡村旅游持续发展的生命力的重要方面。当旅游引入乡村之中,在现代化发展

与资本的裹挟之下，农民开始脱离土地，土地从种植粮食变成用于商业发展。从某种意义上看，似乎传统的"守土"正在土崩瓦解，但是植入农民骨髓的乡土文化本身并没有改变，乡村旅游的发展以不易觉察的方式成为农民守土的新形式，旅游正成为新的传统，它为旅游资源的主人带来了经济利益，并给予他们对未来生活的寄托。

（二）大众传媒与乡土文化互动

"福田公社"的各项活动蜿蜒点缀在一年中的各个时段，例如"春耕节"（3 月 10 号）、"插秧节"（5 月 4 号）、"秋收节"（9 月 22 号）、"祈福法会"（12 月 31 号），它们不但是节令文化，也是一种乡土文化。由于老田吴村地理位置偏僻，乡村文化本身的封闭性加大了其自身文化传播的难度，在构建"福田公社"这个虚拟的乡村社会时，通过"种福地"微信订阅号每日推送以及地方电视台不间断地报道，媒体传播的力量成为"福田公社"对外最重要的窗口。

如今，互联网传播的普及使这些活动开始为更多的"村民"所认知、传递和共享。在人们手持的移动互联终端，如"种福地"微信公众号、朋友圈等信息技术平台，"种福地"状态及生活场景被不断地展示和重构，经传输的高效"催化"得以迅速铺开，乡土文化成为手机等网络终端上被人们一次次关注的乡村"事件"。

正是传媒积极参与"福田公社"的构建，并还原插秧节、割稻节和榨油节等活动现场，这种传播的长久性和重复性使得"福田公社"日渐成为村民生活中的一部分。"福田公社"通过村长、僧侣、媒介走向大众的视野，从无到有被建构起来。在这一过程中，老田吴村的乡村面貌和乡土文化出现在手机网页或微信通信中，出现在聊天群、朋友圈中，形成了乡土生活的现代模式。对于大部分拥有现代通信工具的"村民"来说，这无疑是"福田公社"传播发展的快速路和直通桥，改变了人们对乡村社会"落后贫穷"的传统看法，使老田吴村的乡土文化与时代发展环环相扣，紧跟时代特征，适应时代环境。

五、反思：乡土"老田"的未来

建构在老田吴村的"福田公社"的一大特点在于迎合了厌倦都市生活的城市人对田园牧歌的向往，满足了市民逃避城市喧嚣而又刻板的生活的需求。旅游兴起之前，老田吴村处在经济文化发展的边缘，旅游业的发展为其带来了可观的经济收益，村民自身也希望借"福田公社"吸引更多的"村民"

跟进现代化发展的脚步；另一方面，老田吴村旅游项目的吸引力在于其本身与城市的反差，是与现代化背离的一个区域，保持乡村原始风貌是"福田公社"的最大诉求。当"福田公社"规模扩大之后，"福田公社"是不是还能理直气壮地"喊村民回家"？游客最终看到的是真实的乡村生活，还是被创造出来的梦幻田园？老田吴村还是不是事实意义上的乡土社会？在旅游现代性的悖论中，"福田公社"在短期的小规模内维持了旅游现代化与地方性魅力的平衡，既没有抹杀人们对于现代化生活的追求，亦没有扼杀传统乡村社会的魅力。那未来呢？

参考文献：

［1］郭于华. 仪式与社会变迁［M］. 北京：社会科学文献出版社，2000.

［2］张鸣. 乡村社会权力和文化结构的变迁［M］. 南宁：广西人民出版社，2001.

［3］谢咏才，李红艳. 中国乡村传播学［M］. 北京：知识产权出版社，2005.

［4］詹姆斯·凯瑞. 作为文化的传播［M］. 丁未，译. 北京：华夏出版社，2005.

［5］费孝通. 乡土中国［M］. 北京：人民出版社，2008.

［6］［美］格尔兹. 文化的解释［M］. 韩莉，译. 南京：译林出版社，2008.

［7］沙垚. 新农村：一部历史［M］. 北京：清华大学出版社，2014.

［8］李孝坤. 文化旅游资源开发与乡村旅游可持续发展［J］. 重庆师范大学学报，2004(06).

［9］FLEISCHER A, TCHETCHIK A. Does rural tourism benefit from agriculture［J］. Tourism Management，2005(02).

［10］余压芳. 自然村寨景观的价值取向及其保护利用研究［J］. 中国园林，2006(02).

［11］李红艳. 乡村传播学概念解析：兼论乡村传播学与发展传播学之异同［J］. 新闻界，2008(06).

［12］张旭东. 从"问题中国"到"理解中国"：作为西方他者的中国乡村研究及其创作型转化［J］. 社会科学，2009(02).

［13］ERICK T B，HOLLY E B，MEGHAN G D. Comparisons of stake holder perceptions of tourism impacts in rural eastern North Carolina［J］. Tourism Management，2009(05).

[14] 陈楚洁,袁梦倩. 文化传播与农村文化治理:问题与路径——基于江苏省 J 市农村文化建设的实证分析[J]. 中国农村观察,2011(03).

[15] 阮仪三. 历史文化遗产保护的思考与理性回归[J]. 上海城市规划,2011(04).

[16] 孙信茹,杨星星. 媒介化社会中的少数民族村民传播实践与赋权——云南大羊普米族村的研究个案[J]. 现代传播,2012(03).

[17] Jane Lennon,韩锋. 乡村景观[J]. 中国园林,2012(05).

[18] 蒋旭峰,崔效辉. 乡村传播生态及其对乡村治理的影响——以 J 市的田野调查为例[J]. 中国地质大学学报(社会科学版),2013(04).

[19] 孙信茹,杨星星."媒介化社会"中的传播与乡村社会变迁[J]. 国际新闻界,2013(07).

[20] 冯广圣. 中心与边缘:乡村旅游跨文化传播中村庄社区认同的悖论——基于桂东南 L 村的田野调查[J]. 新闻界,2014(11).

[21] 冯广圣."去地方化"与"再地方化":乡村旅游传播对村庄社区文化的影响——基于桂东南 L 村的田野调查[J]. 新闻界,2014(23).

[22] 赵月枝,沙垚. 重构中国传播学——传播政治经济学者赵月枝专访[J]. 新闻记者,2015(01).

[23] 孙信茹,杨星星."流动的注视"与"可识别"的乡村——基于箐口哈尼族村的个案考察[J]. 当代传播,2016(01).

[24] 赵月枝,龚伟亮. 乡土文化复兴与中国软实力建设——以浙江丽水乡村春晚为例[J]. 当代传播,2016(03).

[25] 沙垚. 乡村文化传播的内生性视角:"文化下乡"的困境与出路[J]. 现代传播,2016(06).

"徽文化"的城市形象整合与公共空间建构

——以合肥市地铁文化专题列车为例

陶　荣　朱丹丹　安徽大学

摘　要：公共空间是近年来社会科学领域里出现的概念，它关注公共事务，探讨公共话题，是与公共权力相对立的一个领域。地铁作为新兴公共空间，具有公共文化复兴场域的文化功能、情感交流的社会功能等。本文拟以合肥市地铁为考察对象，采用街头问卷采访和文献参考相结合的方法，对地铁这一流动的微观的公共空间进行研究，剖析公共空间与城市文化与经济发展的关系。作为合肥新兴的公共空间，地铁在社会历史的建构方面也产生巨大作用。一方面，地铁公共空间是社会历史的建构物，其间的公众人际交往、相互的话语互动赋予了地铁公共空间存在的意义，地铁在承担运输功能的同时也实现了价值的再创造；另一方面，地铁的公共空间作为一种物质存在，参与到话语和社会关系建构中，是推动社会公共空间再生产的重要动力和实现社会文化传播和地域特色保存的重要工具。

关键词：地铁；流动；公共空间；城市形象

一、研究背景

公共空间是社会科学领域里的概念，近年来，研究公共空间的最直接表现是文化场景理论，该理论是以芝加哥大学特里·克拉克（Terry Clark）教授为代表的研究团队提出的研究城市发展动力的新范式。区别于传统的停留在土地、资金、技术等生产要素层面研究城市发展的模式，文化场景理论聚焦于城市中一系列文化生活便利设施以及设施背后所蕴含的文化和价值观，并提出文化场景所蕴含的文化价值观是吸引人力资本、推动文化消费实践,进而重塑城市形态的新型动力。① 在我国,由政府主导的公共文化服务体系所构筑的包括图书馆公共交通等在内的、存在于城市或者农村的公共文化空间形成特色的文化场景。公共文化空间或者文化场景在提供公共文化服务、丰富群众文化生活、保障公民基本文化权利方面发挥了重要作用。本文旨在从合肥市地铁专线的公共空间建构来说明合肥市的徽文化表达,探究对生活在合肥市或者是短暂停留的市民来说,合肥市地铁公共空间在促进城市文化发展的过程中建构成功与否。

二、文献探讨

近年来,在公共空间研究方面,国内外有很多学者都从不同层面进行了深入的研究。方坤(2015)认为,当前的公共文化服务体系建设正朝着以文化空间为重心的方向转变,一方面文化空间是公共文化服务体系的基本向度,另一方面公共文化服务体系是文化空间的实践的经验表达,因此空间重建是公共文化服务体系的最终走向;马树华(2010)认为公共文化服务体系对文化消费和文化创新具有重要的推动作用,是城市公共文化空间再造的重要因素。

关于文化参与的研究,近年来也有很多学者进行了比较深入的研究。例如,吴军(2015)根据文化场景理论中市民参与的文化转向成为推动城市发展的新动力来源这一核心理论,对城市中的文化参与活动进行了系统分析,阐释文化参与的理论解释框架,探讨文化参与的发生条件以及理论参与过程的脉络。在文化参与的整个过程中,不仅仅是政府发挥了重要且基础的作用,市民对于文化公共空间的构建支持程度也在另一个程度上决定了文化空间建构的合理性。

三、研究内容

(一)解决问题:如何进一步提高城市居民对公共空间文化的参与度

地铁,作为人们出行的交通工具,除了发挥它本身作为交通工具的基本职能以外,越来越多的以一个文化传播载体的身份进入大众的视野。作为一个半封闭式的公共空间,地铁以其自身的独特优势给人们提供了一个交

---

① 以芝加哥大学终身教授特里·克拉克(Terry Clark)为代表的研究团队提出城市研究新范式"场景理论"。

流、沟通的平台。现如今,人与人之间的交流已成为人们日常生活中不可或缺的生理需要,而地铁作为公共空间的一种特殊形式使人们的这种生理需求得到了满足。同时,地铁作为一种文化传播的载体,在促进城市文化与时代文化传播方面的作用十分重要。日益成熟的地铁文化逐渐成为一个城市的象征与标识,不仅会增强本地居民对本地区传统文化的认同感,也会加深其他地区居民对本地区文化的了解,这种认同感和了解的逐渐加深,其实正是公共空间文化传播职能的一个体现。

然而,由于不同城市之间在经济、政治、文化等方面存在着诸多差异,各城市的公共空间文化水平也参差不齐,各城市居民对公共空间文化的认同感及参与度也并不相同。这篇文章旨在通过对合肥市地铁文化专线的研究,探讨合肥地铁文化对城市形象整合与空间建构的影响,最终提出了完善公共文化设施、整合公共文化资源、关注文化表达、构建文化数据库这四点切实可行的建议,从而提高城市居民对公共空间文化的认同感和参与感,实现全民的文化参与。

(二)研究发现:公民对合肥市地铁文化建设的关注度不够且蕴含的徽文化气息有待加强

1. 受访者对合肥市地铁文化建设关注度不够,地铁文化建设不容松懈

笔者就自己收回的问卷进行了初步的统计和分析(图1),调查结果显示,在受访者是否关注过合肥市地铁文化建设这一方面,有23.11%的受访者表示经常且会主动关注,39.15%的受访者表示关注度一般,30.19%的受访者表示不怎么关注,而7.55%的受访者表示对合肥市地铁文化建设并不关注。笔者对上述四个数据进行了分析,并且对部分受访者进行了深度访谈,试图挖掘出接近38%的受访者对地铁文化建设并不关注的原因,最终得

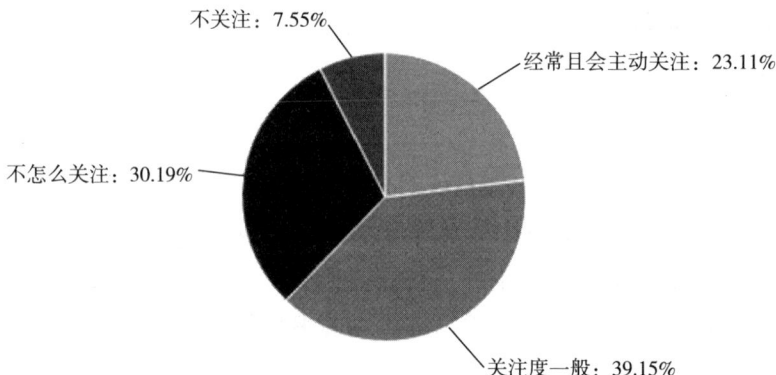

图1 受访者是否关注过合肥市地铁文化建设

出两个结论:一方面是受访者本身对地铁文化建设并不感兴趣,另一方面是有关合肥地铁文化建设方面的宣传力度不够,这些文化建设方面的新闻和消息没有及时有效地传达给公民,从而致使受访者对此了解并不多。

由此笔者认为公共空间的文化建设非常重要,但相关方面的宣传也不容松懈。只有当一种文化真正传达到公民身边,让公民切身感受到这种文化所产生的效应,公民才会自发主动地去关注这种文化,并投身到这种文化建设中去。

2. 受访者认为合肥市地铁文化中蕴含的徽文化气息相当浓厚,但还有待加强

作为我省首条轨道交通线路,合肥轨道交通一号线亮点颇多,尤其是凸显浓厚徽文化气息的两条地铁文化专线:包公文化主题列车和大湖名城主题列车。包公文化主题列车不仅在车厢设计上采用大量合肥籍历史名人包拯元素,更是把"包公园站"建成包拯主题站,全面展示合肥作为一代名臣故里、包公园作为全国首批廉政教育基地的文化底蕴。而大湖名城主题列车则从多个维度介绍合肥的特色,从而展现出合肥这个城市独特的文化魅力,见证合肥这座城市的发展轨迹。这两个充满徽文化气息主题列车的打造,既突出合肥的历史沉淀及地域文化,又彰显了社会主旋律。

对212名受访者进行调查的结果显示(图2):有19.34%的受访者认为合肥地铁中蕴含的徽文化气息非常浓厚,30.66%的受访者认为合肥地铁中蕴含的徽文化气息比较浓厚,认为合肥地铁中蕴含的徽文化气息一般浓厚的受访者占了38.20%,而剩下的11.8%的受访者认为合肥地铁中蕴含的徽文化气息并不怎么浓厚,这其中1.42%的受访者认为地铁内的商业气息过于浓厚。这说明尽管绝大多数的受访者感受到了合肥地铁文化中所蕴含的徽文化气息,但作为一个地铁开通时间还不足一年的城市,合肥市地铁文化建设还有待加强。

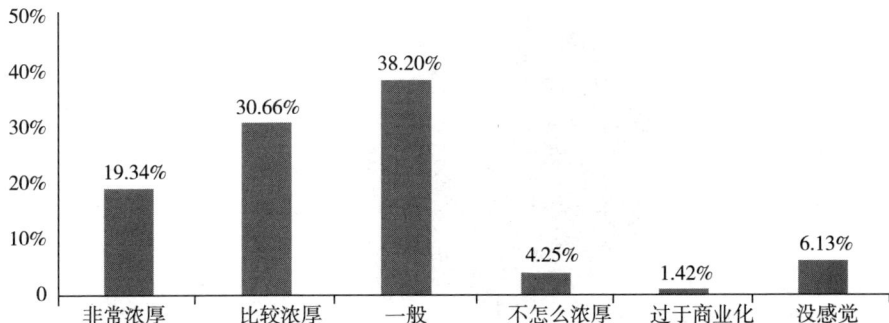

图2　受访者如何看待合肥地铁中蕴含的徽州文化气息

(三)研究结果:合肥市地铁文化专线对城市形象整合与公共空间建构的体现

1. 受访者对地铁这种公共空间十分关注,会主动留意地铁内的相关设计

地铁作为一种公共空间的特殊形式,以其半封闭式车厢形成了一个独特的、流动的公共空间。作为合肥市第一条地铁,合肥地铁一号线除了拥有各类包公卡通形象之外,车厢内还随处可见芜湖路包公园"包公祠"大门、"玉带桥"、徽派古民居、梅花、青松等元素。而在车厢地面上,还有各种形式的荷花、莲叶和莲蓬,这样的文化传承更是给我们留下深刻的印象。除了车厢地面、顶部和两侧,列车的座椅、吊环等不少细节也很讲究。在车厢两侧车门附近,也有不少图文并茂的独特设计,处处彰显出合肥地铁文化的与众不同之处。(图3)

图3　包公主题列车和消防主题列车

而这种图文并茂的独特设计可以对乘客产生潜移默化的影响。我们可以根据下面这个图表得出一个结论(图4):95%以上的受访者都表示会留意地铁内的站内墙面和柱顶等相关设计,这表明受访者对地铁这一公共空间非常关注。笔者相信,地铁作为一种必不可少的交通工具,其浓厚的文化氛围可以轻易引起乘客的兴趣,并潜移默化地对乘客产生文化熏陶,进而使乘客从文化的接收者变成传递者。

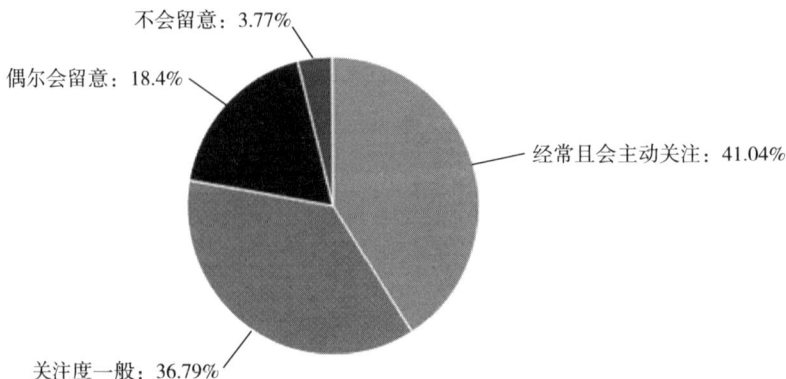

不会留意:3.77%
偶尔会留意:18.4%
经常且会主动关注:41.04%
关注度一般:36.79%

图4　乘坐地铁时留意站内墙面和柱顶等设计

2. 受访者认为地铁在促进城市文化与时代文化传播方面极其重要

在分析 212 份调查问卷时我们发现(图 5)：97% 以上的受访者认为地铁在促进城市文化与时代文化传播方面的作用是重要的，这些受访者表现出了对地铁传承文化的认同感。对此，笔者有以下几方面的分析：

(1)地铁是城市与市民之间的交流线

地铁在充当交通工具的同时也充当了交流工具，这种交流包括文化的交流、经济的交流、情感的交流。首先，关于文化的交流。地铁作为一种流动的公开空间，不停地向新乘客展示自己的独特文化，促进了人与人之间的一场关于文化的交流与碰撞。其次，经济的交流。在合肥地铁已有的站点上，不少站点周围有着与合肥商业发展有关的设计，这种设计在一定程度上展示了合肥的经济水平，促进了不同地区的经济上的交流。最后，情感的交流。在地铁这种相对比较封闭的公共空间中，人与人之间渴望交流的想法会被扩大，人自身所具备的交流功能得以发挥，互不相干的两个人容易产生情感上的交流。

(2)地铁是城市与市民之间的文化媒介

地铁，作为城市文化的载体和城市形象的标识，在各个方面体现出了自己作为城市文化媒介的作用。包公主题文化列车所展现出的廉政文化，深刻地体现出了合肥悠久的历史文化。而在车厢地面、顶部和两侧，列车的座椅、吊环等随处可见的位置设计出有特色的合肥地域文化，给人们留下了深刻的印象，增加了人们对徽文化的认同感。乘客在乘坐地铁时，并不仅仅是搭乘一种交通工具，更重要的是在体验合肥这座城市的独特文化。总之，作为一个流动的公共空间，地铁在城市发展中发挥着独特的作用，体现了公共空间建构城市文化的作用。

(3)地铁能展示城市的时代特色

在展示时代特色方面，笔者以两个例子体现出地铁对时代文化传播的影响。

第一，消防卡通形象"萌饰"车厢。在消防专列的六节车厢内，各种卡通形象"萌饰"着列车车厢，一个车门内壁上的卡通人诗兴大发，吟道："风萧萧兮易水寒，忽视消防终要还。"提醒市民消防安全要时刻记心间。另一个消防卡通人物手持水袋却苦于"没水，我的内心是崩溃的"，提醒市民配备的日常消防设施不能"中看不中用"。这些诙谐的语句充满了时代特色，寓教于乐，使人在会心一笑中接受了这种文化教育。

第二，地铁用弹幕，扫码学消防知识。"地铁上的一段段标语，我们以目前流行的网络弹幕来呈现。"合肥地铁二号线工作人员称，弹幕呈现 30 条消防常识标语,像"火灾逃生很重要,不坐电梯走通道"这样的标语,读上去朗朗上口,容易记住。该列车在每节车门处还贴有合肥公安消防支队的官方微博和官方微信的二维码,市民想要了解更多消防资讯和救护常识,只需要用手机扫一扫就可以完成。处在新时代背景下,地铁文化积极结合时代特色,对时代文化的传播起到了非常重要的作用。

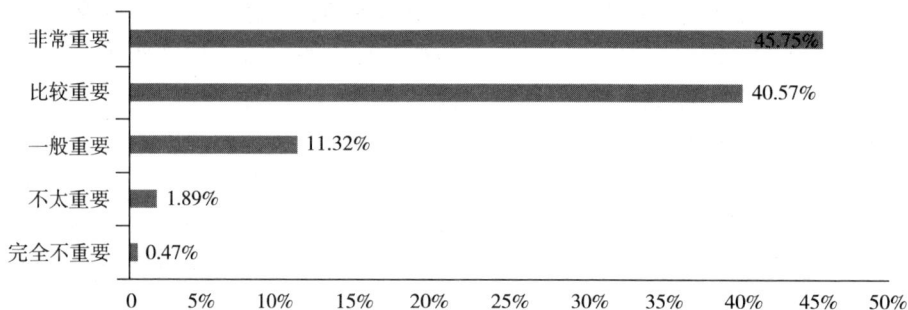

图5　地铁在促进城市文化与时代文化传播方面的作用

3. 受访者愿意加入合肥地铁文化建设,重视公共空间的文化特色

笔者在问卷中调查了受访者是否认为自己应该加入地铁文化建设中来(图6),令人欣慰的是,有97.17%的受访者表示愿意加入地铁文化建设中来,希望对合肥的地铁文化建设有所贡献。

在对部分受访者进行深度访谈时,部分受访者表示应注重公共空间的认知性,提升公共空间的文化特色。在特定的城市空间中,被人民群众所熟知的历史事件和重要人物等会赋予这座城市独特的文化意义和历史意义,可以增强城市居民的自豪感和参与感,从而增强他们对这座城市的归属感,促进他们投身到城市文化建设中去,合肥市的地铁文化建设也需要公众的主动参与。

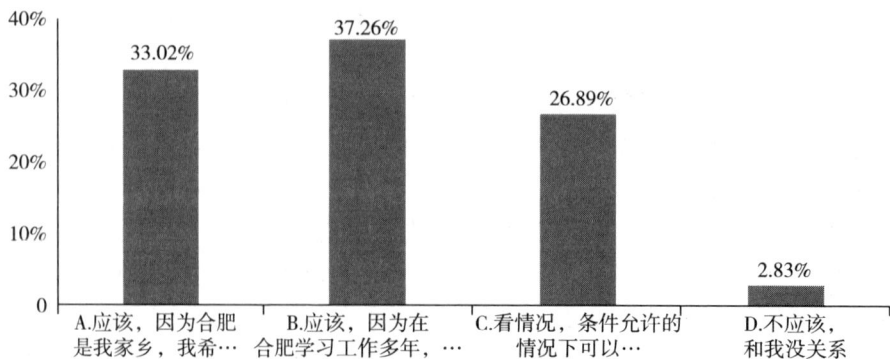

图6　受访者是否认为自己应该加入合肥地铁文化建设中来

四、研究结论与建议

基于以上分析和结论,针对如何建设和完善公共文化空间以提高居民文化参与率的问题,本文提出以下几点建议:

(一)完善公共文化设施,提高人们公共空间文化参与的便利性

作为合肥市民日常生活出行中必不可少的交通工具,合肥市地铁凭借其快速、优质的服务而逐渐深入人们的生活。合肥地铁站的空间设计艺术形式也是五彩斑斓、丰富多彩的,地域文化对于地铁空间公共艺术设计来说十分重要,作为安徽省省会城市,合肥的地铁开通更是在全省人民的心中都留下了极好的印象。徽文化作为安徽省的精神内核,在安徽人的心目中是一种可以引起群众共鸣的精神内核,当然,我们也可以基于这种精神内核来进行合肥市地铁站空间文化环境与地铁空间品质的改善,在地铁这样的公共空间进行文化宣传,可满足乘客更高精神层次的追求,将地铁转化为一张推动合肥市乃至全省经济发展、展示地域文化的名片。任何一座城市,其地铁站的空间文化都值得城市规划管理者以及文化调查者进行深入的研究与剖析。

本文为了分析公共文化空间的主观认识体系与客观的文化参与之间的关系,从合肥市地铁的主题专线开始入手,当公共文化服务体系建设已经达到一定的标准,实际上,公民的文化参与程度在一定程度上是与公共服务体系的便利性直接挂钩的。生活中,公共文化空间的体系水平和便利性包括设施设备的完善程度、设施完备的其他便利因素等,与公共文化空间的文化参与率直接相关。而在我国,公共文化服务体系存在东西部不平衡、设施类型和文化产品的种类单一、文化供给不均衡和文化服务效率低等问题,影响居民文化参与的积极性。基于此,提高地区文化的公共空间渗透率,必须首先完善公共空间的文化基础设施,提高公共文化空间的便利性,为居民文化参与创造有利的条件。

(二)关注文化表达,营造公共文化空间个体的文化参与氛围

公共文化空间是人们的文化参与和文化表达的载体,而人们的文化参与和文化表达又是塑造公共文化空间文化氛围的最为关键的因素,而且以上实证研究结论也表明,文化氛围与文化参与率呈现显著相关。因此在公共文化空间的构建过程中,一方面需要鼓励社会积极建设硬件设施,另一方面需要关注居民的文化表达权,比如可以定期实行调查,了解公民对于地铁文化建设的满意度,提供合理的文化表达和意见反馈渠道,真正实现全面的

文化参与。

(三)融合公共文化资源,提升公民对于文化空间创建的现实参与感

公共文化空间同样是一个整体性的概念,在城市中,城市的地铁、图书馆、博物馆、学校等都是在构建一个公共的文化资源库。合肥市要借鉴地区特色打造属于自己的文化产业链,就必须构建地区性的文化特色资源,利用居民耳熟能详的历史故事来勾起人们的文化记忆,进而进行文化创建,一方面,应结合当地文化特色,比如包公文化或者传统文化习俗,构造具有特色的休闲娱乐空间;另一方面,关注年轻人的文化需求,结合现代文化元素和技术手段,比如在合肥地铁中出现的现代性的科技等,可增强公共文化空间的吸引力。

(四)搭建文化数据库,打破公共文化空间建设的僵化局面

我国的公共文化空间建设长期呈现"僵化不前"的特征,文化产品内容单一,文化形式难以创新,在很大程度上是难以有效满足不同群体对于文化建设所需要的专业化的需求。但是在如今新媒体技术发展的大前提下,要适应不同群体对于文化参与的方式与态度,就要独具特色,打破僵化的文化传播模式。在潜移默化中对群众进行参与式的文化宣传,合肥市的地铁专线,就是以这样的初衷建设的,扎根于合肥市的文化特色,进而在全省掀起徽文化的浪潮,将传统与现代结合得恰到好处。

参考文献:

[1] [美]哈贝马斯.公共领域的结构转型[M].上海:学林出版社,1999:32.

[2] 许纪霖.近代中国的公共领域:形态、功能与自我理解——以上海为例[J].史林,2003(2):77-89.

[3] 李雪萍,曹朝龙.社区社会组织与社区公共空间的生产[J].城市瞭望,2013(6):85-89.

[4] 蔡永洁.城市广场[M].南京:东南大学出版社,2006.

[5] 杨贵庆.社会管理创新视角下的特大城市社区规划[J].规划师,2013(3):11-17.

[6] 夏祖华,黄伟康.城市空间设计[M].南京:东南大学出版社,1992.

[7] 韦宝畏,李波.地铁公共空间设计的地域文化特色研究[J].中国建材科技,2016,25(1).

[8] 张嘉秋.论地铁建筑设计的地域特色[J].装饰,2006,12:23-25.

[9] 陈寿灿.建设城市文化与提升城市竞争力[J].浙江学刊,2002,12:121-124.

[10] 石向实.城市文化与现代化[J].内蒙古师大报,2001,4:112-114.

[11] 王晴.论图书馆作为公共文化空间的价值特征及优化策略[J].图书馆建设,2013(2).

附表:

合肥地铁对徽文化传播效力调查问卷[复制]

您好!

非常感谢您能抽出时间回答下面的问卷。我是安徽大学新闻传播学院的学生,在对合肥地铁文化传播效力进行研究。此问卷不涉及个人隐私,结果将用于学习研究,您的意见将会被严格保密。希望您如实填写,感谢您的配合!

1. 您的身份是( )[单选题][必答题]

○ 在合肥本地工作、学习或生活的人员

○ 因旅游、出差等的临时居住人员

2. 您乘坐合肥地铁的频率( )[单选题][必答题]

○ 经常

○ 一般

○ 较低

○ 偶尔

○ 从无

3. 您对地铁作用的看法是( )[多选题][必答题]

□ 一种大众交通工具

□ 地铁空间能展示地方的特色文化

□ 地铁能够带动周边经济发展

□ 地铁能提高公民素质

□ 特色的地铁会变成旅游景点

□ 地铁也是一件大型艺术品

□ 地铁文化能让安徽文化产业有所发展

4. 您有关注过合肥地铁的文化建设吗(　　)［单选题］［必答题］

　　○ 经常且会主动关注

　　○ 关注度一般

　　○ 不怎么关注

　　○ 不关注

5. 您有听说过或者乘坐过下列哪些主题专线地铁(　　)［多选题］［必答题］

　　□ 大湖名城主题列车

　　□ 包公文化主题列车

　　□ 五彩列车

　　□ 异次元球球主题列车

　　□ 七夕表白主题列车

　　□ 蓝色吃货列车

6. 您是否希望地铁中的文化元素能够更加丰富(　　)［单选题］［必答题］

　　○ 是

　　○ 否

7. 您认为地铁在促进城市文化与时代文化传播方面的作用重要吗(　　)［单选题］［必答题］

　　○ 非常重要

　　○ 比较重要

　　○ 一般重要

　　○ 不太重要

　　○ 完全不重要

8. 您是从什么渠道了解合肥地铁建设的信息和新闻的(　　)［多选题］［必答题］

　　□ 报纸

　　□ 广播、电视

　　□ 互联网

　　□ 亲朋好友之间传递信息

9. 您希望地铁文化可以达到哪些效果(　　)［多选题］［必答题］

　　□ 简洁舒适即可

　　□ 公益或商业宣传

　　□ 关于合肥的旅游攻略

☐ 文化传播

10. 请问您对于合肥地铁一号线的"包公专线"有什么看法（　　　）［单选题］［必答题］

○ 很支持，觉得可以传播徽州文化

○ 支持，但自己不会主动关注

○ 一般，有了解过

○ 完全没有意义

11. 您平时乘坐地铁时有没有留意站内墙面和柱顶等的设计（　　　）［单选题］［必答题］

○ 经常且会主动关注

○ 关注度一般

○ 偶尔会留意

○ 不会留意

12. 请问您认为合肥地铁中蕴含的徽州文化气息怎样（　　　）［单选题］［必答题］

○ 非常浓厚

○ 比较浓厚

○ 一般

○ 不怎么浓厚

○ 过于商业化

○ 没感觉

13. 您认为合肥地铁中哪些元素的设计体现并弘扬了徽传统文化（　　　）［多选题］［必答题］

☐ 地铁票

☐ 天花板、柱子等建筑

☐ 海报及展板

☐ 壁画及摄影图片

☐ 车内播放视频

☐ 无

14. 在已有的地铁站点你更喜欢哪种风格设计（　　　）［多选题］［必答题］

☐ 与站点周围的商业发展有关的设计

☐ 与站点周围景点有关的风景及人文介绍

☐ 一些大力宣传合肥传统文化的设计

□ 简单大方但没有特别含义或特色的站点设计

15. 您认为各地铁站或车厢内可以以什么文化主题设计(　　　)［多选题］［必答题］

　　□ 安徽名人事迹

　　□ 安徽人文历史相关

　　□ 合肥著名景点

　　□ 合肥特色小吃

　　□ 合肥特色文化

　　□ 合肥发展历史

16. 您认为合肥地铁文化在安徽传统文化传承与弘扬中能起到怎样的作用(　　　)［单选题］［必答题］

　　○ 作用很大且有待开发,现代便捷交通工具能作为文化传播的良好载体

　　○ 作用不大,地铁主要是为交通便利服务,与文化传播关联不大

　　○ 几乎没有作用,地铁多宣传的是商业广告

17. 您认为自己应该加入合肥地铁文化建设当中来吗(　　　)［单选题］

　　○ 应该,因为合肥是我家乡,我希望它可以更好

　　○ 应该,因为在合肥学习工作多年,被徽文化吸引,希望通过自己的力量将徽文化传递给更多人

　　○ 看情况,条件允许的情况下可以加入文化建设中

　　○ 不应该,和我没关系

纪录片《我在故宫修文物》的弹幕亚文化研究

支慧媛　中国社会科学院大学

　　摘　要：弹幕作为一种新兴传播形式改变了传统意义上的互动，弹幕亚文化在互联网的发展下开始了火速的"大众化"进程。本研究使用个案分析法，以文化纪录片《我在故宫修文物》在 Bilibili 播出为例，对其中弹幕内容进行文本分析，着力探究纪录片与弹幕相结合的模式为何更易得到年轻群体的认可，并试图从中找到文化纪录片在新媒体时代传播的借鉴经验，让传统文化纪录片能够在与弹幕亚文化的碰撞中产生出更大的传播效果和社会价值。

　　关键词：弹幕；亚文化；传统文化；纪录片

　　2016 年 1 月份《我在故宫修文物》（下文简称《修文物》）在央视纪录频道首播时反响平平，同年 2 月 22 日在二次元文化的策源地弹幕视频网站 B 站上线时，迅速走红，又通过微信、微博等社交平台进行病毒式传播，得到网友喜爱，完成了一次近乎完美的反向传播，反映出新媒体环境下纪录片新的发展态势。故宫和文物题材的纪录片在此之前并不少见，如央视的《故宫》、百集纪录片《故宫 100》、《国宝档案》里"妙手回春"等，这些影像的质量虽高，却没能受到人们的关注，而这次《修文物》获得反常的好成绩，其中缘由值得我们分析。

　　本研究以文化纪录片《修文物》在视频网站 B 站播出为例，着力分析文化纪录片与弹幕亚文化相结合的传播形式为何能让其更易受到年轻群体的认可，让年轻人主动接受中国传统文化。同时也能够给传统文化纪录片的传播以启迪与思考，用全新的方式向年轻人展示中国传统文化之魅力。

一、弹幕视频概述

（一）何为弹幕

弹幕中文念 dàn mù，日语是だんまく，英语为 barrage。原是军事用语，指子弹密集好似幕布。因早年很多流行的游戏都属于弹幕射击类，"弹幕"这个词也进入了 ACG 界（指动画 Animation、漫画 Comic 和游戏 Game）。在弹幕视频中，字幕像子弹一样，日本网友便用"弹幕"来形容这种在屏幕中大量出现的留言，后弹幕被 AcFun 视频网站引入中国。①

和传统视频形式相比，弹幕视屏有着更强的互动和娱乐性。在形式上，它以更为个性化、生活化、鬼畜化的表现让用户得以即时互动；在内容上，弹幕的内容或与视频内容紧密关联，属于即时评价或"吐槽"，或与视频内容无关，仅是观众即时即刻的心情表达。

（二）何为弹幕亚文化

对亚文化研究贡献最大的伯明翰学派认为，"亚文化"既指一种生活方式，又指一种文化群体。

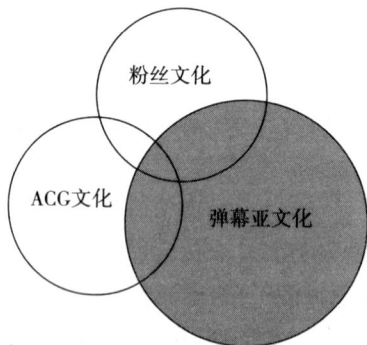

图 1　弹幕文化范围

如图 1 显示的弹幕文化范围，ACG 文化、粉丝文化等和弹幕亚文化之间的关系是相互交融而不是互斥，这些亚文化的边缘文化被弹幕视频网站这个平台吸纳，变为弹幕亚文化的一部分。因此，弹幕亚文化的产生平台——

① 黄旭君. 传播视阈下弹幕视频网站发展策略研究［D］. 广州：暨南大学，2016.

弹幕视频网站就成了其他亚文化的聚合地。弹幕一族具有鲜明独特的个性，他们会上 B 站这样的二次元社区去熟悉弹幕"流行用语"来积累其弹幕"文化资本"，进而与其他成员构建共通的意义空间。"请收下我的膝盖""233333"这些常人难以理解的二次元用语在弹幕网站上能被绝大多数弹幕族成员理解，并感受到这些词句的真实意义和乐趣。这类表达形式若离开弹幕网站的特殊语境，即便是借助弹幕这个表达载体，也会由于共通意义空间的缺失而使"暗语"丢失其所特指的意义，让用户也很难理解这些奇怪的评论与吐槽。①

弹幕是一种情绪表达的工具，而弹幕所承载的内容及围绕弹幕的一系列风格化的文化表现方式是弹幕亚文化。笔者将研究中提到的"弹幕亚文化"定义为，发端于专门的弹幕视频网站，基于弹幕视频形成的，屏幕即时传播与文字即时表达相结合的一种文化形式，包含弹幕视频的生产、传播、消费等各个阶段及弹幕用户在进行弹幕生产过程中的所有文化行为的总和。随着互联网的发展和视频网站用户的增多，我国的弹幕亚文化逐渐与国内的网络文化相交融，进而呈现出更为本土化的特征。

二、研究方法与设计

本研究中主要使用个案分析法与文本分析法，对在 B 站上播放的关于文物修复纪录片《修文物》视频的弹幕进行分析。通过对 2016 年 2 月 22 日至 2017 年 2 月 21 日期间传统文化纪录片《修文物》在 B 站的视频中的弹幕内容进行词频分析和文本解读，从弹幕文字分析弹幕表达出的意义、弹幕人群心理等。

（一）样本选择

《修文物》是 2016 年初在央视纪录频道播出的 3 集电视纪录片，并于同年 2 月 22 日登陆 B 站。作为国内首部成体系拍摄故宫文物修复的纪录片，该片采用日常视角，以文物修复师与故宫宝物为叙事主线，分别介绍木器钟表、陶瓷书画等文物的修复方法和历史源流，揭开故宫宝物修复技术的面纱，讲述了文物修复师间的技艺传承及"匠人"之精神继承，并展现大国工匠精益求精的敬业精神，带给观众以深刻的人文思考。② 这部在中央电视台纪

---

① 高雪. 抵抗与收编：弹幕亚文化与主流文化的关系研究［D］. 广州：暨南大学,2015.

② 窦璐璐. 论纪录片《我在故宫修文物》的叙事策略［J］. 现代视听,2016（09）:57-59.

录频道黄金时段播出后收视平平的纪录片,却在二次元文化的策源地 B 站变成爆款,获得千万人观看和留言赞美,又迅速通过微信公众号、微博意见领袖和网友推荐,获得病毒式传播,除此外还有多家媒体对其进行跟踪报道,完成近乎完美的"反向"传播。截至 2017 年 2 月 22 日,《修文物》在 B 站的播放量累计超过 293 万,弹幕总数 6 万余条,收藏 21.1 万,豆瓣评分 9.3分,作为传统文化纪录片在亚文化社区 B 站能拥有如此反常的关注,值得研究探索。

(二)时间范围选择

为保证研究的准确与完整,本研究选择《修文物》在 B 站正式上线的日期(2016 年 2 月 22 日)为初始时间节点,并选择一年(2016 年 2 月 22 日至2017 年 2 月 21 日)时间为周期,对样本进行选择与分析。本研究通过在电脑后台运行 Fiddler 4① 软件,并打开样本《修文物》在 B 站的播放网页,通过 Python 程序对这时间段内所有可显示的弹幕数据进行抓取。经过选择、统计,共得到 18000 条有效弹幕。

(三)类目构建

笔者在综合阅读和研究了所有《修文物》2016 年 2 月 22 日至 2017 年 2月 21 日在 B 站上的弹幕内容有效样本的基础上,设立了 4 个编码单元,将本研究的类目构建如下:弹幕发布时间、弹幕文本词频、弹幕语言基调。

三、研究发现

(一)弹幕发布时间分析

视频数据显示,用户集中于每日 11:00—14:00 和 20:00 后观看该片。在 B 站第一天 22:00 上线后,第一集的弹幕数量就达到 645 条,之后 20 天内快速升至每日 6000 条以上并一直保持这个数量,可以看出该纪录片在 B 站的受欢迎程度。图 2 为视频上线 100 天内弹幕发布数量趋势图。

---

① Fiddler 是一个 http 协议调试代理工具,它能够记录并检查所有电脑和互联网之间的 http 通讯,设置断点,查看所有的"进出" Fiddler 的数据。

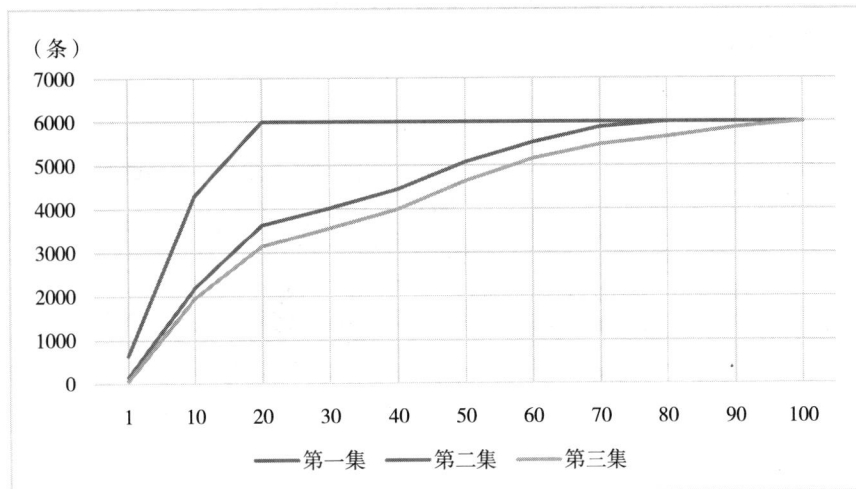

图2　视频上线100天内弹幕发布数量趋势

(二)弹幕词频分析

通过清华大学新闻研究中心提供的 ROST 新闻分析工具(ROST News Analysis Tool 4.5)进行词性识别与词频统计研究后,有如下发现:

一方面,在总体样本的总词频中,主要集中在表1所列的10个词。

表1　词频排名前10的词

序列	词语	词频
1	故宫	568
2	完结	426
3	哈哈哈	288
4	师傅	285
5	文物	263
6	旁白	246
7	表白	245
8	中国	221
9	感觉	214
10	一口气	208

通过 ROST 新闻分析工具,并结合词频统计结果,笔者绘制共现词 VNA

网络图（图3）。可看出观众发布的弹幕对该片的关注点集中于"师傅""故宫""专业"等词上。

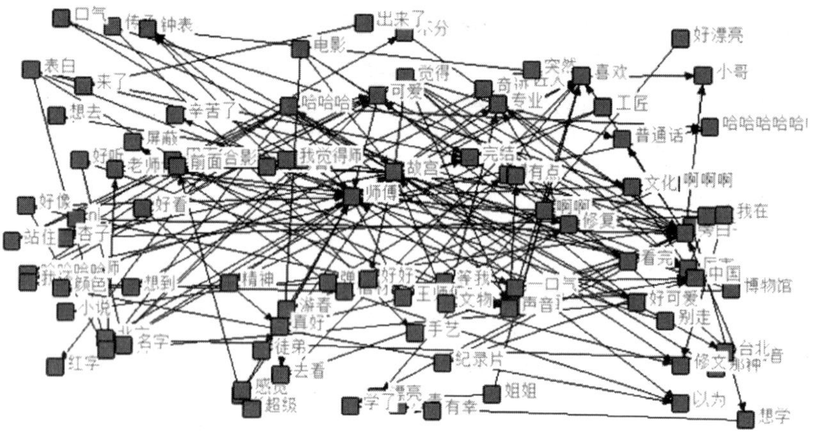

图3　共现词 VNA 网络图

另一方面，出现频次较多的形容词为"厉害""喜欢""好看""漂亮""好听""心疼""精致""想去"等，其中"厉害"出现过 202 次，"喜欢"出现过 199 次；出现频次较多的名词为"故宫""师傅""文物""王师傅""工匠""专业""大师""精神"等，其中"故宫"出现过 568 次，"师傅"出现过 285 次，"文物"出现过 263 次。除此之外，网络流行用语"2333"出现过 893 次，"666""hhh""wow""QAQ"等网络流行感叹词与符号出现频率也非常高，多达 1354 次。互联网的飞速发展为网络流行语的日益丰富提供了温床，而在这个时代下产生的弹幕，自然与网络流行语有着不可分割的密切关系。

（二）弹幕语言文本分析

本部分将弹幕按文本类型分成四类（图4）：个人情感表达类、影视文本衍生类、弹幕内容衍生类和其他无关内容。个人情感表达信息是对纪录片中的人与事物的看法，共有 7524 条，占样本总数 41.8%，细分类别包括人物赞赏、文物赞赏、专业向往等，如"致敬大师""表白××师傅"；影视文本衍生信息是指从纪录片中的内容衍生出的弹幕内容，共 7617 条，占比 42.3%，包括文化知识讨论、情节讨论、作品联想等类目，比如"啥原理求解释""木器组日常串门儿"；弹幕内容衍生即弹幕发布者与发布者之间的互动内容，共 853 条，占比 4.7%，主要是"@××"或"××别走"一类网友间的互动；其他无关内容的弹幕共 2016 条，占比 11.2%，比如"BGM""???"这类与纪录片无直接关系的文字符号。

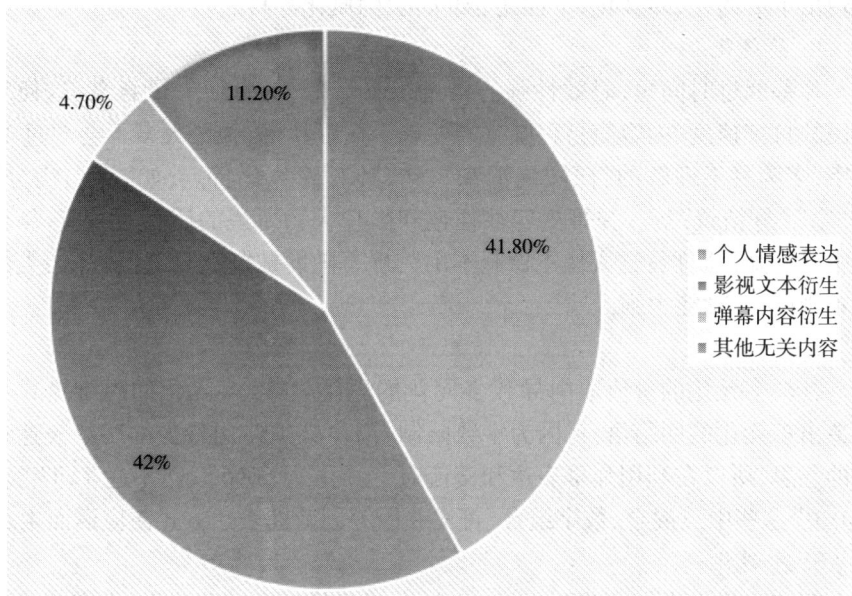

图4　弹幕文本内容分类

　　弹幕一族大多深受日本文化、ACG文化的影响,因此弹幕的内容自然呈现出青年亚文化独有的非主流风格。这些二次元社区的流行语已成为广大年轻群体彼此交流的常用符号,成为他们展现个性的标志,这种新型语言形式简约生动,看似生涩难懂,实则日渐主宰人们在网络中的交流互动。

四、讨论与分析

(一)符号解读:弹幕内容成为年轻人个性化的体现

　　近年网友评选出B站常见的弹幕内容为"空降成功""前方高能预警""迷の感动"等,它是一种特殊的群体用语,能满足年轻人表达与交流的需要。[①] 它和视频同时播放,依托于原始视频却不附属于它,用户扮演着解码者和二次编码者的角色。从符号的表现形式来看,弹幕主要可分为图形符号式、符文并用式、童言叠字式、中英混合式、谐音替代式、旧词新用式、数字组合式和字母缩略式等类型。这些新颖的表达方式在纪录片《修文物》中也

---

① 　姚喜双. 媒体与语言[M]. 北京:经济科学出版社,2002:336-343.

体现出了简约化、多样化、个性化、趣味化、同质化等特点。①

1. 简约化

弹幕飘过时间短,时效性强。错过当下一幕,信息便失了意义,这便对网民的打字速度、内容简易程度有所要求。在影片中,弹幕大多不会超过15个字,多为易于理解的符号、词汇和短句,具有碎片化特点,如"旁白满分""哇塞""好精致"等。弹幕内容往往也和影片人物所说的话有所对应,例如片中修复师说"你看这人像不像赵本山",屏幕随即被"哎,真的挺像"之类的文本刷屏,互动能力强。

2. 多样化

社会多元化的价值取向导致多元化的思维模式,多元化的思维模式又创造出多元化的网络语言,因为字数限制,用户必须使用最少的字数表达自己的意思,所以在利用弹幕表达和交流时,"太厉害6666""赔不起TVT""水壶0.0"这些中英混合、数字组合、符文并用等创新性表达方式便应运而生。

3. 个性化

现实生活中人们很难活出"本我",在匿名的互联网环境下,大家都是平等的参与者,没有上下级与辈分限制,不夹杂功利因素,人们容易恢复"本我",摘下"面具"。这时的语言表达就少了许多思量与戒律,迈进展示个性的舞台。如"前面说赝品的别走""键盘修文物的别走2333""我用键盘修文物666"等。

4. 趣味化

人生有三块立足之地,工作之地、生活之地和欢宴之地。网络传播为人们交流沟通提供了一个"欢宴"之地,为在B站这"欢宴"之地营造欢愉的狂欢效果,生动形象、机智诙谐而富有趣味的弹幕应运而生。在看到文物修复师对待文物并没有大众想象中的严肃时,弹幕出现了"师傅,摔坏了咋办""赔得起吗"这样打趣的话语。

5. 同质化

群体传播机制下,特定的情况会将人们的某些观点或情绪迅速转化为集体意识和集体观点,并引发众人在那一刻产生高度一致的认同感。当王师傅出现的时候,"向王师傅致敬""厉害""表白男神"这样的评论就会迅速刷屏,这种同质的表达也会让观众主动复制并发送相同文字的弹幕,获得自我认同的满足。

波兰语义哲学家沙夫在《语义学引论》中写道:"由于语言的表达式是含

---

① 索燕华,纪秀生. 传播语言学[M]. 北京:北京师范大学出版社,2010:222—233.

混的，它允许人们作出各种不同的解读……被表达物的内容只有在一定的环境里才能够被理解。"①有学者认为，符号是携带意义的感知。特定时间点出现的弹幕内容都有其特定意义，即使表面看来与视频毫不相干的符号与乱码，都能体现出观众在那一时刻所想要表达的心情与观点，每个符号都能表达其独特意义。

（二）受众悦纳：传统文化纪录片因弹幕亚文化而流行

《修文物》中的弹幕内容绝大多数都是用轻松活泼的网络语言表达对修复师、传统文化和故宫的赞美与向往。从该片的传播过程来看，弹幕改变了传统意义上的互动，一般网站的留言功能无法在视频中展现，而弹幕则打破了这一内容互动滞后的模式。其新颖的观影体验、方便快捷的评论形式和开放互动的交流环境，恰好能满足受众的消遣欲望，和在电视上看纪录片的感觉截然不同。在即时互动下，观看《修文物》的年轻群体也在潜移默化中受到了传统文化的熏陶和感染，弹幕视频网站也为传统文化类纪录片的传播提供了新的平台。②

据 B 站提供的数据显示，B 站 1 亿的活跃用户中，25 岁以上的只有不到 10%，其大量用户集中在 90 后、00 后一代。这一群体年轻、富有个性且有强烈的好奇心。弹幕亚文化的出现正满足了他们的个性化需求，给了他们自由释放的空间。美国著名社会学家柯林斯强调："一个人会从参与群体的互动中得到充分的情感能量。"满屏弹幕飘过就像一场大众的狂欢，给了他们"天涯共此时"的共存感。这是电视媒体，甚至是主流的视频网站都无法带给观众的体验。

B 站 COO 李旎在提及年轻人为何愿意在 B 站中关注纪录片时说道："B 站对于纪录片来说，有着特殊的氛围和体验，可以边看边交流，这之间获得的知识增值和情感放大都是数倍的。"B 站上比较火的内容，大部分是年轻一代比较感兴趣的。在 B 站中，弹幕并不是所有观看者都可以发布的，它有严格的身份准入机制，需要在 60 分钟内完成 100 道 ACG 文化相关考题才可登录，这一机制使得 B 站的用户多为 90 后年轻一代网民。用户对"二次创作"有着莫大的热情，他们热爱圈子，也喜欢在交流之中寻找自己的同好③，因此在弹幕中经常会看到"前面的别走""有一起看的吗"这样的文本。

---

① 沙夫．语义学引论[M]．北京：商务印书馆，1979：132.
② 甘险峰．传统文化传播依赖新技术助力[J]．传媒观察，2016(08).
③ 壹娱观察：当 B 站爆款《我在故宫修文物》撞上大银幕，曾经表白过王师傅的人，为什么不愿意走进影院？[EB/OL]．https://www.huxiu.com/article/175655.html.

（三）策略探究：传统文化纪录片和弹幕亚文化如何融合

2015 年 B 站 CEO 陈睿就在中国游戏商务大会中说过,亚文化和主流文化的区别就是这个文化的受众是否拥有社会话语权。B 站的流行正是因其平台上的这一批受众开始迎来自己的时代舞台,这一群人追捧纪录片,那社会便会掀起观看纪录片的热潮。① B 站为纪录片打造了特别的观赏氛围,从小众走向主流,弹幕亚文化从另类走向大众,让更多青年一代关注并喜爱纪录片。② 弹幕的意义不仅停留在视频本身,更是对视频内容的解读和二次创新。通过点评、结构、吐槽或调侃来重构视频,被重构后的影片也变得更为贴近受众。弹幕作为青年亚文化的代表,一点点弥合着文化纪录片与青年亚文化间的文化鸿沟,让原本未受太多关注的纪录片爆红,也让更多人了解了文物修复工作,于即时互动的潜移默化中加深观众对纪录片的理解。在新媒体技术不断发展、年轻群体较少关注传统文化的当下,文化纪录片如何与弹幕亚文化相结合,如何向人们更深层次地传播中国传统文化的内容,还需我们从传播模式与传播内容的角度深入探究与思考。

1. 多渠道混合传播

李彦宏在 2016 年中国文化产业峰会中提到了这部在 B 站走红的纪录片,并用"反差萌"一词来形容这部文化修复纪录片与 B 站的化学反应,他说:"文化产业的从业者要重新思考平台,一个意想不到的市场很可能潜藏在你觉得'不可能'的地方。"③面对多元文化传播渠道和多变的文化消费趋势,传统文化的传播经常会呈现力不从心的态势。新媒体技术带来的新表现和新传播机制应更多地担起传播传统文化的重任。"互联网+纪录片"的发展模式日趋成熟,新媒体已成为纪录片繁荣发展与市场化进程中不可忽视的新势力,它给电视纪录片的传播带来了更多元广阔的路径,使其传播效果的延伸具备无限潜能,这将是纪录片重新焕发生命力的关键。

2. 多平台交叉裂变式传播

《修文物》的走红除了有弹幕的助力,还有多平台交叉传播的功劳。公众号的解析文章、网络意见领袖的推荐、朋友圈的安利……裂变式传播为它带来了高居不下的热度,微博微信提供交流传播的新平台,群体传播建立口

---

① 手游那些事儿:人物丨B 站陈睿:年轻人喜欢的亚文化将成为主流[EB/OL]. http://mt. sohu. com/20151029/n424578875. shtml.

② bilibili 荣膺"中国十大纪录片推动者"称号[EB/OL]. http://www. sh. chinanews. com/whty/2016-12-15/16084. shtml.

③ 李彦宏:文化产业从业者需要重新思考作品的展现形式和展现平台[EB/OL]. http://mt. sohu. com/20161220/n476414388. shtml.

碑,不断的好评使越来越多的人去 B 站观看,甚至不少观众会为了看弹幕重复观看。新媒体时代的受众是广义的信息生产者,他们会在微博或微信转发自己认为值得的信息,对信息进行再生产和再传播。一个影像文本通过网友的转发推荐,加上网友在传播过程中对影像内容进行的多次加工、评论等行为,其附加信息含量就会增加,甚至远超其原意。① 新媒体环境为传统文化纪录片的发展带去无限机遇,互联网营销、互动营销等方式传播纪录片,能让更多受众有机会接触纪录片并爱上纪录片,也可以使高质量纪录片有机会被更多的人看到并获得认可。

3. 用好内容留住观众

陈睿在第四届中国网络视听大会里说,对于 95 后喜欢的网络文化,人们普遍存在着误解,认为现在的年轻人很娱乐化;而他认为这一代年轻人具有强大的原创力,也有很高的欣赏水平。好内容是《修文物》能够在 B 站引起年轻观众追捧、在新媒体平台引发二次传播热潮的原因,它高质量的内容是一切裂变式传播的基础。这部讲述文物修复的纪录片是生活化的,因此显得年轻化。仅仅把纪录片原封不动摆到互联网播出平台就想一炮走红是很难实现的,传统文化纪录片在进行内容制作时,必须兼顾互联网传播的大众化、交互性等特点并将其融入,这才能算是适应新媒体时代的新型纪录片。

五、结语

弹幕在现今被各主流文化广泛使用,但也存在一定的局限性。严肃的纪录片中,弹幕语境甚至会影响到观影体验,妨碍受众对作品本身的理解,它能承载的表意效果是有限的,弹幕亚文化是否能给传统文化纪录片带来转型的契机,还需进行大量的实证研究。近年来中国纪录片市场进入良好的发展轨道,如 2012 年的《舌尖上的中国》及 2017 年的《航拍中国》,它们以独特叙事方式和不同的角度展现出一个观众既熟悉又充满新鲜感的中国,这些改变让年轻群体渐渐爱上纪录片,树立起文化自信与国家自豪感。但能展示中国传统文化的高品质纪录片仅是凤毛麟角,能引起青少年群体关注的纪录片更是少之又少。② 相比综艺娱乐节目和制作粗糙、三观不明的网络视频,传统文化纪录片的发展之路漫漫,仍需上下而求索。

---

① 高晓虹. 中国新闻传播研究[A]. 周勇. 新媒体语境下电视节目的多级传播及效果延伸[C]. 北京:中国传媒大学出版社,2013:21-30.
② 牛光夏. 2016 年中国纪录片的生产与传播[J]. 青年记者,2017(2):66-68.

参考文献:

[1]黄旭君.传播视阈下弹幕视频网站发展策略研究[D].广州:暨南大学,2016.

[2]高雪.抵抗与收编:弹幕亚文化与主流文化的关系研究[D].广州:暨南大学,2015.

[3]窦璐璐.论纪录片《我在故宫修文物》的叙事策略[J].现代视听,2016(09).

[4]姚喜双.媒体与语言[M].北京:经济科学出版社,2002.

[5]索燕华,纪秀生.传播语言学[M].北京:北京师范大学出版社,2010.

[6]沙夫.语义学引论[M].北京:商务印书馆,1979.

[7]甘险峰.传统文化传播依赖新技术助力[J].传媒观察,2016(08).

[8]壹娱观察:当B站爆款《我在故宫修文物》撞上大银幕,曾经表白过王师傅的人,为什么不愿意走进影院?[EB/OL].https://www.huxiu.com/article/175655.html.

[9]手游那些事儿:人物|B站陈睿:年轻人喜欢的亚文化将成为主流[EB/OL].http://mt.sohu.com/20151029/n424578875.shtml.

[10]bilibili荣膺"中国十大纪录片推动者"称号[EB/OL].http://www.sh.chinanews.com/whty/2016-12-15/16084.shtml.

[11]李彦宏:文化产业从业者需要重新思考作品的展现形式和展现平台[EB/OL].http://mt.sohu.com/20161220/n476414388.shtml.

[12]高晓虹.中国新闻传播研究[A].周勇.新媒体语境下电视节目的多级传播及效果延伸[C].北京:中国传媒大学出版社,2013.

[13]牛光夏.2016年中国纪录片的生产与传播[J].青年记者,2017(2).

民俗传播学视角下的
安徽地方文化研究

——以巢湖地区渔民文化为例①

张杲阳　安徽大学

摘　要:巢湖作为安徽省城合肥的独特资源和靓丽名片,在城市发展和地方文化传播中发挥着重要作用。当下,国内对于巢湖文化的研究多集中于区域文化的历史传承与文化旅游资源开发等方向,而渔民文化作为巢湖文化中的重要部分,目前缺乏系统性研究。此外,在我国众多涉及"渔民文化"的研究中,也缺少以巢湖渔民为研究对象的范例。本文从民俗传播学视角出发,通过文献阅读与田野调查方式,探究巢湖渔民文化,分别从语言、精神、物质、渔文化角度进行梳理,并对巢湖渔民文化传承与保护提出对策建议。

关键词:民俗传播;巢湖;渔民文化;传承

一、引言

(一)研究背景概述

巢湖古称"居巢""南巢",始建于秦朝,有文字记载的历史有3000余年,位于安徽中部,是我国的五大淡水湖之一。巢湖的渔业资源丰富,巢湖三珍"银鱼、白米虾、中华绒螯蟹"自古有名,其中巢湖银鱼更是被誉为"鱼类皇后"。丰富的水产资源也促成了自古以来沿岸渔民群体的形成,他们世代依托着渔船在巢湖上漂泊,同时也孕育了独具地方特色的巢湖"渔民文化"。

国内过去的研究,一方面对于巢湖渔民的研究方向多聚焦于渔民生产

---

① 本研究受到安徽大学舆情与区域发展协同创新中心资助。

生活状态,而关于文化领域涉猎较少,另一方面我国"渔民文化"的研究中几乎没有以巢湖渔民为对象的范例。本文基于民俗传播学视角研究巢湖地区渔民文化,旨在对巢湖渔民文化进行传承与保护,同时也为安徽地方民俗文化、巢湖文化增添新内容。

(二)相关概念界定

本文是基于民俗传播学视角下的地方性文化研究,民俗传播学是民俗文化学与传播学相交叉的一门边缘学科,它以民俗信息流动和民间文化传播为研究对象。民俗传播所研究的不仅是民俗的内容与形式,更是研究怎样传承民俗文化信息,即研究"传"活动本身,其构成要素包括物质民俗传播、社会民俗传播、精神民俗传播和语言民俗传播。[①]

(三)研究方法

按照民俗传播学的研究方法,本文的研究方法主要采用的是文献查阅与田野调查法,笔者实地前往巢湖市龟山公园附近的下朱村等地进行调研,对当地渔民长期传承下来的文化现象进行文字和图片记录,并在此基础上对所涉渔民文化内容进行整理概括。

二、巢湖渔民文化研究

在本文中,巢湖渔民的文化存在于渔民的语言、心理、物质、行为、仪式等表现中。根据巢湖地域的渔民活动,本文将渔民文化中的语言及文字层面体现为方言、渔歌,心理层面外化为渔民信仰与日常禁忌,物质层面体现于渔船、渔具、器物等,行为层面表现在捕鱼的劳作,仪式层面体现于当地的各种民俗节日等。

(一)渔民语言文化

语言民俗传播是民俗传播的重要组成部分,是记录、传承和传播民族文化的重要工具。语言的产生使得人们逐渐形成具有地方特色的文化内容,不同的地域会有不同的语言,不同的语言又会形成不同的文化。

1. 巢湖方言

巢湖处于安徽中部,安徽省会合肥市的南部,濒临长江。从方言划分来看,巢湖方言属于官话大区中的江淮官话,江淮官话可以分为泰如、洪巢、黄孝三个片,而巢湖地区属于洪巢片,其特点是声调大多是阴平、阳平、上声、

---

① 仲富兰.民俗传播学[M].上海:上海文化出版社,2007:106.

去声、入声五个。古入声、古去声字今读不分阴阳。古仄声全浊声母字今读塞音、塞擦音时不送气。①《安徽方音辨正》则提出了巢湖方言声韵调上的特点为"巢湖方言有五个声调，比普通话多一个入声，入声字读音短促"②。

2. 渔歌文化

渔歌是渔民、船工在渔船和运输劳动程序中或织网、晒网、休息时自编自唱的民歌，是渔家们在长期的劳动过程中逐步积累和创作出来的一种口头文化。③ 渔歌传唱内容包括荡桨歌、行船歌、码头歌、开船歌等，我国不同地域渔民基本都有渔歌的传唱，如浙江舟山地区的渔歌可分为劳动号子和渔歌小调，鄱阳湖地区渔歌有《彭蠡渔歌》《划船歌》《东湖渔歌》《鄱阳湖木桴歌》等。

"渔民号子"是渔民在集体劳动时，为了统一劳动节奏、协调劳动动作、调节劳动情绪而唱的一种民歌。根据查阅相关文献资料，旧时巢湖渔民在排缆、拉流、绞锚、升帆的时候都要喊号子，"鲤鱼跳缺，蜜蜂钻天"的号声脱口而出，一领众和，直到完事。笔者在对于巢湖下朱村渔民的实地调查中，据部分渔民回忆过去本地存在"渔民号子"，可惜现在"渔民号子"已失传。

(二) 渔文化

1. 渔民的捕鱼时令

中国早在周代就有"山林非时，不升斤斧，以成草木之长；川泽非时，不入网，以成鱼鳖之成长"之说，目的在于让人们遵守自然规律而后行事。为了保证巢湖地区鱼类资源能够不断恢复和增长，当地的捕鱼活动也在地方渔政部门的规定下有序进行，以下根据与下朱村渔民的谈话，整理出当地渔民捕鱼的时令表。

表 1　巢湖渔民捕鱼时令

开始时间	渔业资源	捕捞器具	结束时间
6 月 18 日左右	头季虾	地笼	7 月中旬
8 月 20 日左右	毛鱼、银鱼	毛鱼网、银鱼网	9 月中旬
9 月下旬	二季虾	地笼	10 月底结束
10 月底	青虾	虾耙子	11 月中下旬
11 月下旬	大鱼(鲤鱼、大头鲢、青鱼)	快速网(渔网)	大约至 12 月底

从表 1 中可以看出，巢湖渔民的捕鱼季和禁渔季基本各占半年。在捕鱼期中，捕鱼与补虾几乎交替进行，每个时节都有特殊的渔业资源，且捕捞每

① 刘祥柏. 江淮官话的分区(稿)[J]. 方言,2007(4):353.

② 孟庆惠. 安徽方音辨正[M]. 合肥:安徽人民出版社,1961.

③ 张岩成. 浙江舟山渔民口语文化的整理与分析[J]. 大众文艺,2011(15):162.

种渔业资源时都会有不同的渔具和捕捞方法。在捕捞虾资源上，夏天湖水温度普遍较高，虾一般会在水中活动，此时要用到地笼捕捞，而到了秋冬季天气转凉，湖水变冷后虾一般会钻到泥土里，此时就要用到虾耙子捕捞；而在捕捞鱼的种类上，使用不同的渔网意味着捕捞不同品种的鱼，毛鱼和银鱼的体积小，因此网眼也比较小，而像捕捞鲤鱼、大头鲶、青鱼等个头较大的鱼就只能使用网眼近似手掌大小的快速网了。

2. 旧俗中的造船与起航

在传统习俗中，每造一艘新船都要举行铺底摆墩、烧香鸣炮的仪式。木船竣工下水，称为"活水"。按照旧俗，除了要烧香放鞭炮以外，中舱内要挂一张米筛，贴上大红纸，再对中佩挂一面镜子，名为"筛镜"，寓意是驱邪之物。此外，还要杀公鸡祭祀，并将公鸡血淋在滚龙口上，淋得越红越好，血柱淋得越长就意味着红到头了。祭祀后，要将公鸡扔进船舱，寓意"元宝进舱，万担归仓"。

渔船在航行沿途中遇到庵堂、寺庙都要烧香敬佛祖。旧俗中，如若遇到老牛横跨船头，视为碰撞之兆，必须及时调转船头；如若见到黑狗在船后游渡，水蛇在舵后尾追，则视为吉祥顺利，名为"奔兽送行，青龙赶舟"。船在归港停泊时，要遵照习惯程序，避扫湾水，让暗礁石，抛看家锚，系太平缆，封船伏板，闭安全门。①

值得注意的是，20个世纪60年代开始，巢湖地区的木船开始逐渐被水泥船、钢质船所取代，一些过去的旧风俗也逐渐消失。

3. 渔家春节风俗

据实地访谈，下朱村渔民在春节期间家家户户需要杀一只带红冠的雄鸡，并用鸡血洒在船头、锚上和绞关上，渔民称之为"见红"，以此寓意"鸿运当头"，希望在新的一年渔势能够更好。

根据春节的传统习俗——贴对联，当地渔民的船上一般会贴上"福"或"顺"字，船头贴大字号的"顺"，船中间和船尾贴小字号的"顺"，以此寓意未来能够一帆风顺、风调雨顺。此外，渔民也会贴上由古诗词改编后的对联，如将白居易《琵琶行》中的"大珠小珠落玉盘"改成"大鱼小鱼进船舱"。

(三)渔民信仰文化

宗教与信仰是人类自古至今的一种民俗文化现象。远古时代，当人们无法解释超越自身认知能力的事物时，便认为在现实世界之外存在着某种超自然的神秘力量，这种力量拥有着主宰万物变化和决定人类命运的超凡能力，从而使人们对此产生敬畏与崇拜，进而演化出了不同的信仰认知和仪式活动。

---

① 蔡善康. 巢湖文化全书(民俗文化卷)[M]. 北京：东方出版社，2008：18-19.

1. 渔民宗教信仰

在巢湖区域内传播的宗教有佛教、道教、伊斯兰教、基督教等，多种宗教信仰融合发展。在巢湖两岸的一些地方以及湖心的姥山岛，都有一些以供奉湖神为主的寺庙，其中以北岸的中庙和姥山岛上的圣妃庙最具代表性。这两座庙宇的建造已有千年历史，主要用作供奉湖神娘娘，而一些往来的船只往往会靠岸就近祭拜，祈求湖神保佑。①

2. 渔民禁忌

方言禁忌语乃民俗事象的一种，具有一定警示性、神秘性和强迫性。巢湖方言下民俗禁忌语繁复，包括生产行业禁忌、岁时节庆禁忌、人生礼仪禁忌和衣食住行禁忌等。巢湖渔民的方言禁忌既有同当地人重合的部分，也有渔业生产生活中特殊的禁忌。本文根据相关文献资料查询和实地渔民访谈，从渔民语言、行为和捕鱼禁忌三方面进行总结概括：

表2　巢湖渔民禁忌

语言禁忌	1. 过去的捕鱼船只主要是木船，捕鱼时依靠帆来航行，但船家忌说"帆"，改称大蓬，因为"帆"和翻船的"翻"同音。 2. 渔民在船上吃饭时，忌称"盛饭"，而要说"装饭"，也因"盛"和翻船的"翻"字同音。 3. 对船队的负责人，一般忌称船"老板"，而是要改称为船"老大"。
行为禁忌	1. 不能坐在渔网上。 2. 晒鞋子不能晒鞋底，因为"底"朝天意味翻船。 3. 筷子忌平放在碗口上，即"竹杠横担，不沉则翻"。 4. 船头地方不能小便。 5. 妇女上船忌走船头，必须从船尾和船中间上船。 6. 忌外人上船借火种，忌将船上的烧火材扔进水中，因为"材"和"财"读音相似，这样做都会让"财"外流。
捕鱼禁忌	1. 过去巢湖船家造船，船头不用桑树，船底不用槐树，方言称之"头不顶桑，脚不踩槐"。这其中的原因是"桑""丧"音近，"槐""木鬼"，皆不吉。（随着近几十年来巢湖地区水泥船基本取代木船，该禁忌已缺少实在的物质对象） 2. 每年开湖时，生人和女人不能上船。 3. 渔民出门打鱼，忌倒提鱼篓，否则意味着打不到鱼。 4. 两船进港，忌相互"对头"停靠，否则会从"相帮"变成"对头"。

以前渔民捕鱼船只主要是木船，相比现在的水泥船吨位较轻，当遇到大

---

① 巢湖市地方编撰委员会办公室. 巢湖市志[M]. 合肥：黄山书社，1992：292.

风天气,舟楫之灾时有发生,因此渔民无论在语言上还是在行为上都很忌讳"翻",是希望从事捕鱼活动时能够一帆风顺。另外,在巢湖渔民文化中,就像人的头部对之于身体一样,渔船的船头是比较重要的,承载着渔民"鸿运当头"的美好期待。此外,对于部分禁忌产生的原因,当地渔民往往也不了解其中缘由,可见禁忌在千百年传承下来的过程中,符号及符号指涉的对象依然保留,但对于符号的意义解释逐渐消失,即能指的继续传承和所指的丢失。

(四)渔民物质文化

人类要生存与发展,须从事物质生产活动,以满足衣食住行方面的物质文化生活需要。而物质民俗传播可包括饮食习俗、舟车交通、劳动工具、工艺技术文化等。本文根据对巢湖渔民文化的文献查阅与实地调查,分别从渔具渔法、渔船演变、饮食习惯等方面观察巢湖渔民的物质文化,并在此基础上阐释物质变迁对渔民社会交往、行为习惯和价值判断产生的影响。

1. 渔具文化

早在三国时期,东吴水军中有些原江浙一带的渔民,就把先进的渔具渔法带入巢湖。清光绪十六年(公元1890年)前后,巢湖一带已有钩、钓、板罾、网、罶、鸬鹚(鱼鹰)、摸鱼等十几种渔具渔法。

而到了20世纪末,据1992年《巢湖市志》记载,当时渔具渔法共计32种,其中网渔具17种、钩渔具6种、杂渔具8种、特种渔具渔法1种。网渔具类有拖网类、刺网类、敷网类、掩网类、插网类、张网类、抄网类等;钩渔具类有小钩、大钩、卡钩、鳖钩、黄鳝钩、泥鳅钩等;杂渔具类有蟹簖、虾笼、黄鳝笼、鸬鹚、鱼叉、摸冷、炸鱼、毒鱼等;特种渔具渔法为赶、拦、刺、张结合捕捞。[①]

以下是由笔者根据下朱村渔民口述,列举出目前正在使用或已经被禁止使用的几种重要渔具:

表3 主要几种渔具

工具	用途
地笼	主要捕捞小鱼、龙虾、螃蟹等鱼类的一种工具,将一头固定好后另一头投入水中再固定
虾耙子	虾一般在寒冷季节会钻到泥里,此时地笼的作用难以发挥,需要用虾耙子沉底后捕捞
银鱼网	捕捞银鱼的专用网
毛鱼网	捕捞毛鱼的专用网

（续表）

工具	用途
快速网	网眼约3寸长,主要用于捕捞大鱼时所用,需要两只船一起拉动
锅网	类似于毛鱼网,主要靠人拉
旋网	也称手抛网、撒网,多用于浅海、江河、湖泊养殖的捕捞工具,借助环的重力将渔网撒出,因撒出时网像旋出去一样,故称之为旋网
罾	一种用木棍或竹竿做支架的方形渔网,罾是一种用棉纱帐布做的小网,张口面积在10平方米左右,悬挂在一个十字形富有弹性的吊杆上,一个撑竿架将罾网一端固定在木鱼盆内,另一端可以灵活地上下浮动于水面
迷魂阵	通常用在大面积湖面,弯弯曲曲地插上许多竹竿,竹竿之间用渔网连接起来,就像古代兵法上易进难出的兵阵,故称为"迷魂阵"
鱼罩	用于捕鱼的竹器,圆筒形,上小下大,无顶无底,可在夜晚鱼产卵时使用

图1　虾耙子

（来源:摄于下朱村）

图2　罾

（来源:百度图片）

2. 渔船演变下的行为变迁

根据麦克卢汉"媒介即信息"的观点,"任何媒介对个人和社会的任何影响,都是由于新的尺度产生的;我们的任何一种延伸,都要在我们的事务中引进一种新的尺度"[1]。媒介是社会发展的基本动力,任何新媒介的产生都开创了人类感知和认知世界的方式,传播中的变革改变了人类的感觉,也改变了人与人之间的关系,并创造出新的社会行为类型。

渔船是巢湖渔民生产生活的重要工具,也是记录渔民文化的重要传承媒介。巢湖从汉代开始就有了船舶制造的历史,多用于渔捕、货运、客运,过

---

① ［加］马歇尔·麦克卢汉. 理解媒介:论人的延伸(增订评注本)［M］. 南京:译林出版社,2011:18.

去多为木制,这些船只大小形状各不相同。随着时代的发展,后来又有了铁质和水泥质的,船型主要有焦湖划子、跳驳子、黄稍子、五粮舟子、粮划子等。

图3　水泥船
(来源:摄于下朱村)

图4　小木船
(来源:摄于下朱村)

在巢湖渔民使用木船作为劳动工具时代,与之同时产生的还有独特的生活方式与行为习惯:过去渔民们在操作渔船时,要齐心合力搏风斗浪,排缆、拉流、绞锚、升帆都要喊号子,一领众和,直到完事;在船民行话上,比较有代表性的是"九杆十八板"之说,"熟悉九杆十八板,伙计早晚当老大",可见熟悉"九杆十八板"是船工的基本功;在贴春联上,会在木船的大桅上写一张"大将军八面威风"条幅,头桅贴的是"二将军镇守乾坤"直披,以此表示双蓬二桅无论在顺风、偏风还是迎风的情况下都能扬帆航行。①

近些年来,巢湖地区的船运与造船工艺快速发展,那些以人为动力的木帆船渐渐被以柴油机为动力的水泥船、钢质船所取代,与此同时,改变的还有渔民的生活方式与行为习惯,一些旧的传统习俗也逐渐淡出人们的视野。下朱村渔民在此捕鱼有三四十年历史,以前这里捕鱼所采用的一般是带帆的木船,后来随着条件的改善开始使用水泥船,当地最为常见的水泥船是45吨级,像这样普通的船一般需3~4人正常运作,船上一般会配有五六台柴油机。

随着渔船上柴油机对船帆的替代,渔民过去那些船帆的操作技巧几乎已经消失;随着渔船中柴油机和太阳能电板的普遍使用,渔民也能在夜晚凭借照明进行渔业活动,而非过去的"日出而作,日落而息";随着渔民的捕鱼方式从过去的集体合作演变成一家一户的单独行动,劳动场景的变迁也造成了"渔民号子"的逐步消失。

综上,如果将渔船视为一种长期稳定的物质媒介形态,其属于英尼斯所

---

① 蔡善康主编.巢湖文化全书(民俗文化卷)[M].北京:东方出版社,2008:285.

指的时间偏向性媒介,它使得群体无论是否有意识、是否情愿,都不得不在这些媒介所影响的信息环境中不断接受集体记忆的训练和操演。①

三、民俗传播视角下巢湖渔民文化的传承对策

民俗与传播是互动和一体,民俗是传播的民俗,传播是民俗文化的传播。没有民俗的传播和没有传播的民俗都是不存在的。民俗传播学研究中,所谓"传承"包含两种意义,一是它的传播性,二是它的继承性。做好对巢湖渔民文化的传承,一方面要依靠人、船、器物等媒介实现时间上的纵向继承,另一方面也要积极利用媒体资源、文化产业等开展渔民文化在空间上的横向传播。

(一)开展对巢湖渔民文化的挖掘与保护工作

国内关于巢湖区域研究主要体现在两方面,一是以巢湖水污染治理为主的巢湖区域生态环境研究,二是以史学研究为主的巢湖区域文化研究。关于巢湖区域文化的史学研究主要集中于巢湖区域文化的历史传承,但没有对巢湖区域文化的具体文化事项和文化特性进行系统的研究。②

关于巢湖渔民文化的研究,多分散于巢湖方言、巢湖民俗、巢湖地方志等文献资料中,缺乏研究的整体性与系统性。其中,由巢湖文化研究会编著的《巢湖文化全书》(民俗文化卷)对巢湖渔民的传统习俗、捕鱼方式、行业禁忌进行介绍,1992年《巢湖市志》中对当时巢湖地区的捕鱼工具进行统计整理,并收录了几则描写旧时渔民生活的诗词等。

当下,做好对巢湖渔民文化的传承,应积极开展对巢湖渔民文化的挖掘与保护工作,分类梳理出渔民文化内容,开展对巢湖地区渔村、渔民的田野调查,尽可能多的收集来自渔民口述的第一手资料。在资料的挖掘上,可从巢湖历史文化、民俗文化、艺术文化和地方市志等巢湖各类文化研究中发掘新史料、新知识,并进行系统性归类。此外,在梳理文献资料的基础上,还应开展对巢湖渔村的实地调查与巢湖渔民的人物访谈,以文字记录等方式做到对渔民文化的继承。

(二)发挥媒体和文化产业对渔民文化的对外传播功能

根据拉斯韦尔的"三功能说",传播具有社会遗产传承功能,传播是保证社会遗产代代相传的重要机制。发挥好媒体对于渔民文化的传承作用,是

---

① 张庆园. 传播视野下的集体记忆建构[M]. 北京:中国社会科学出版社,2016:126.
② 张媛. 巢湖区域文化研究[D]. 合肥:安徽大学,2014.

发掘和保护渔民文化的重要途径。当前媒体对于巢湖渔民的新闻报道较多集中于渔民的生产生活，其中对于每年巢湖地区开湖节与各类鱼汛报道占有较大比重，内容上多是关于渔民捕鱼整体态势，总体来看新闻报道的同质化严重，缺少对读者的吸引力，而涉及渔民文化方面往往是浅尝辄止，缺乏对于文化的深入挖掘与渔民的深度访谈。

媒体对于巢湖渔民文化的传播，首先要在内容和渠道上进行创新，报道不能仅停留在对渔民捕鱼现象的描述与概括，那些原汁原味的渔家生活和渔民故事更具有可读性，媒体可采用深度报道、人物访谈的方式形成对渔民日常生活的记录，也能从千篇一律的报道中脱颖而出。此外，新媒体应发挥其对渔民文化的传播作用。

其次，目前公众对于巢湖渔民的关注度不高，对渔民文化了解也就更少，媒体应积极发挥自身的"社会地位赋予功能"，加大对渔民文化的报道力度，让地方文化保护问题、巢湖渔民群体、巢湖渔业活动、巢湖渔民节日等相关话题不断成为社会关注的焦点，以此呼吁更多公众参与到对于渔民文化的传承与保护中。

如果说媒体是渔民文化传播的信息载体，那么文化产业就是传播的物质载体。近年来，随着巢湖地区旅游文化资源的不断开发，出现了一大批相关的节日活动，如"巢湖渔火音乐节""槐林渔网文化节""巢湖开湖节"等，对传播当地渔民祭祀文化、渔网文化、巢湖民歌等地方民俗文化具有重要意义。

四、结语

安徽文化如果按照三大水系划分，自北向南可分为淮河文化、皖江文化、新安江文化，后来有人提出了"四大区域文化圈"的概念，即"徽州文化""皖江文化""淮河文化"和"庐州文化"，如果按照该划分标准，本文所研究的巢湖渔民文化归属于庐州文化圈。近年来虽然有关巢湖文化的研究成果有所增加，但从整体来看还未形成系统，从民俗传播学角度出发研究巢湖渔民文化，是本文关于安徽地方文化研究的创新点。区域文化研究是一个不断深入的过程，本文对巢湖渔民文化研究更多体现在共时性的文化梳理上，但缺乏历时性的文化演变研究，相关研究仍需要在以后的实地调研中不断补充和完善。

参考文献:

[1] 仲富兰.民俗传播学[M].上海:上海文化出版社,2007.

[2] [德]哈拉尔德·韦尔策.社会记忆:历史、回忆、传承[M].北京:北京大学出版社,2007.

[3] 刘祥柏.江淮官话的分区(稿)[J].方言,2007(4).

[4] 孟庆惠.安徽方音辨正[M].合肥:安徽人民出版社,1961.

[5] [德]扬·阿斯曼.文化记忆:早期高级文化中的数字、回忆和政治身份[M].北京:北京大学出版社,2015.

[6] 张岩成.浙江舟山渔民口语文化的整理与分析[J].大众文艺,2011(15).

[7] 蔡善康主编.巢湖文化全书(民俗文化卷)[M].北京:东方出版社,2008.

[8] 巢湖市地方编撰委员会办公室.巢湖市志[M].合肥:黄山书社,1992.

[9] [加]马歇尔·麦克卢汉.理解媒介:论人的延伸(增订评注本)[M].南京:译林出版社,2011.

[10] 张庆园.传播视野下的集体记忆建构[M].北京:中国社会科学出版社,2016.

[11] 张媛.巢湖区域文化研究[D].合肥:安徽大学,2014.

媒介环境学的传播史视野辨析

毕路琦　华中科技大学

摘　要：作为传播学第三大学派的北美媒介环境学派崛起发展至今已逾四十年，对传播学研究产生了深远的影响。本文将从传播史的视野出发，通过梳理媒介环境学派主要代表人物的思想，管窥其媒介发展史观的变迁、特点和影响。研究发现媒介环境学派的传播史观更关注媒介与文明发展的关系、人在媒介发展史中的作用以及在互动中理解媒介更迭和变迁。媒介环境学派的这些思想也为中国的新闻史研究拓宽了视野，产生了在地的新闻史研究、整体的新闻史研究、生成的新闻史研究等一系列新方向。

关键词：媒介环境学派；媒介史观；中国新闻史

一、传播学研究的新视角：媒介环境学派

"媒介环境"术语为 media ecology，又译作"媒介生态"，是由麦克卢汉首创，波兹曼正式使用。媒介环境学派萌芽自 20 世纪初的北美，当时通信技术和媒介技术快速发展，促进了媒介产业的大变革，也带来了自然资源日益枯竭、环境污染等问题。于是人们开始培育一种生态学的思维模式，开始思考生活中许多事物的相关关系。其中一些学者开始反思传统经验主义的弊端，将关注点从短期的实用效应，转移到媒介的长效、宏观效应，媒介环境学由此应运而生，并于 20 世纪末成为与经验学派和批判学派并列的传播学三大学派之一。

在媒介环境学派出现之前，传播学传统学派注重传播的内容分析和政治经济学分析，但忽略了传媒技术自身的特性及其对文化形式和社会结构的冲击。媒介环境学派的出现进一步开阔了研究视野，开始重视媒介在历

史发展中的作用。学派将媒介本身作为研究对象,研究人交往的信息及信息系统。具体地说,媒介环境学所研究的是包括符号环境、感知环境以及社会环境在内的作为环境的媒介,它试图揭示媒介系统所包含的固有结构,揭示其对人的感知、理解和情感的影响。① 正如麦克卢汉的经典名言"媒介即讯息",不同的媒介促成了各种社会的、经济的、政治的、文化的结果。媒介环境学派从历史的角度出发,探讨每一段媒介史中占主导地位的媒介与文化、社会等之间的关系,开创了传播史研究的新范式——媒介发展史观②。本文全面梳理了媒介环境学者对媒介史的不同划分方式和理念,以便更好地理解不同媒介的影响,清晰地考察媒介环境学派给传播学理论体系带来的影响。

二、媒介环境学派媒介史观的变迁

媒介环境学发展到现在经过了三代人的生命历程,下文从媒介史观的维度出发,分析八位代表学者的思想,勾勒出一幅清晰的媒介变迁图,管窥媒介环境学理论的发展之路。

(一)先驱和奠基人:格迪斯和芒福德

帕特里克·格迪斯和刘易斯·芒福德被誉为媒介环境学派的先驱和奠基人,他们的技术哲学思想影响了几代媒介环境学人。格迪斯是媒介环境学派的先驱和奠基人,他是最早研究自然、人造环境及人类文化的相互关系的学者,开启了环境与人类文明相连的生态研究视角。格迪斯在研究中把自然科学与社会科学融汇,借用古生物学的模型,创造了"旧技术阶段"和"新技术阶段"的术语。旧技术阶段是以蒸汽机为特征的早期工业化时代,诞生了铁路和工业镇,也带来了资源浪费和环境污染。这一时期社会组织以追求利益为目的,最终导致人类耗尽了自然、人力资源建设的城市却有贫民窟的特征。新技术阶段就是以电力为特征的晚期工业化时代。新技术时代中塑造的人类社会不仅节约自然资源,还能美化环境。③ 格迪斯这种用技术划分历史的方式直接影响到他的学生芒福德,而芒福德崇拜电子技术、将人与环境相联系、强调道德关怀等理念更是影响了整个媒介环境学。

---

① 吴予敏. 传播与文化研究[M]. 北京:北京大学出版社,2007.

② [美]刘易斯·芒福德. 技术与文明[M]. 陈允明,等译. 北京:中国建筑工业出版社,2015.

③ 金经元. 帕特里克·格迪斯的一生把生物学、社会学、教育学融汇在城市规划之中[J]. 城市发展研究,1996(3).

芒福德是城市生态学的创始人。20世纪30年代他在《技术与文明》中打破了社会学和史学研究轻视技术的传统，首次总结了西方文明的技术历史，揭示了社会环境和技术成果之间、生产力和生产关系之间的相互作用。他将技术作为考量的首要因素，提供了一套建立在机器之上的历史分期，将人类历史划分为前技术时期（约公元前1000到1750年）、旧技术时期（1750年到20世纪前）和新生代技术时期（20世纪后）。这三个阶段是互相交叠和互相渗透的，每一个阶段发轫于特定的地区，有特定的手段和资源，也产生了特定的生产方式。这三个阶段的划分标准是它们特有的能量、原材料和生产方式在多大程度上改变了自然环境和人类生态。因此，三个阶段又称为"水木复合体阶段""媒铁复合体阶段"和"电力与合金的复合阶段"。早期阶段以生活为中心，技术与文化和谐共生。后来随着技术的发展，追求效率、追求数量成为终极目的。人们开始盲目崇拜技术带来的"进步"，技术不再以人为中心，相反人以机器为中心进行机械化劳动，最终从内部重构社会，塑造了不同阶段的文明。① 总之，芒福德的媒介史观重视技术的领头作用，勾勒了人类历史的新视角。这种历史分期方式给了"媒介环境学派"无穷的灵感，影响了后来伊尼斯、麦克卢汉等学者的媒介史观。但是他没有将传播媒介单独挑出来，也没有建立相对系统的技术变革理论。

（二）第一代媒介环境学代表：伊尼斯和麦克卢汉

哈罗德·伊尼斯和马歇尔·麦克卢汉是媒介环境学派的第一代代表人物，开创了媒介环境学派之多伦多学派，被誉为"多伦多学派的双星"。伊尼斯是经济政治学出身的，他在经济学研究中发现了传播技术对政治和经济的革命性意义，并从历史的宏观角度考察了人类历史文明和媒介之间的关系。与前辈不同的是，伊尼斯将媒介史界定的重点放在传播媒介而不是能源和原材料上。伊尼斯的媒介史划分涵盖了时间和空间两个维度，从记录的物质载体、工具和符号等因素综合考虑，将人类历史细分为9个时期：埃及文明（莎草纸和圣书文字）；希腊-罗马文明（拼音字母）；中世纪时期（羊皮纸和抄本）；中国纸笔时期；印刷术初期；启蒙时期（报纸的诞生）；机器印刷时期（印刷机、铸字机、铅版、机制纸等）；电影时期；广播时期。此外，他还提出了一个简化的版本，将西方历史分为文字和印刷两个时期。② 不同时期的媒介技术各有优劣，口语等偏向时间的媒介虽笨重但耐久，适于知识和宗教的

① 金经元. 帕特里克·格迪斯的一生把生物学、社会学、教育学融汇在城市规划之中［J］. 城市发展研究,1996(3).

② ［加］哈罗德·伊尼斯. 帝国与传播［M］. 何道宽,译. 北京:中国人民大学出版社,2003.

传承,塑造出固守传统、具有凝聚力的文明统一体,备受伊尼斯推崇。印刷等偏向空间的媒介轻便集中化,扩大了传播范围,其主导下的文明则强调地域扩张、个人主义。伊尼斯曾说"一种新媒介的长处,将导致一种新文明的产生",不同偏向的媒介正是在这种互补中不断交替发展。此外伊尼斯从历史经验出发,直言不讳地指出了当代"西方文明的危机":"专注于当下的执着,已经严重扰乱了时间和空间的平衡,并且给西方文明造成严重的后果。"①作为媒介环境学派的第一代旗手,伊尼斯率先看到了传播对文明的影响,认为传媒媒介作为影响社会体制变迁和社会稳定的关键因素之一,是构成帝国兴衰的动力。

麦克卢汉作为媒介环境学派影响力最大的人,凭借着对媒介独到的见解在学术界造成了轰动效应,成为该学派的集大成者。他从媒介演化史的角度去概括人类的历史,提出了著名的"部落化—非部落化—重新部落化"公式,认为人类历史上共有三种基本的技术革新:其一是拼音文字的发明,它打破了人类眼耳口鼻舌身的平衡,突出了眼睛的视觉,实现了部落化。其二是16世纪机械印刷的推广,加速了感官失衡的进程,形成非部落化。其三是以1844年电报发明为标志的电子革命时代,它恢复了人的感官平衡状态,使人重新部落化②。这三次技术革新,分别对应三个传播时代:口语传播时代、书面传播时代、电力传播时代,这一划分影响了后来罗伯特·洛根的媒介史观。至于不同媒介是如何发展进化的,麦克卢汉父子在《媒介四定律:新科学》中给出了答案,指出媒介发展遵循媒介功能的提升、新媒介取代旧媒介并使之过时、旧媒介功能的再现、媒介形态的逆转的规律。这个过程并不是线性单向的取代,而是媒介之间交融影响的复杂演化。"媒介四定律"很好地阐释了媒介的更新换代过程,为预测媒介进化方向提供了指南,其关于"地球村"的设想也随着互联网的出现成为现实。

(三)第二代媒介环境学代表:波兹曼和沃尔特·翁

尼尔·波兹曼和沃尔特·翁是媒介环境学派第二代代表人物。其中,波兹曼在麦克卢汉的启示下创立了媒介环境学派,并在纽约大学首创媒介环境学博士点,一手绘制了学派的理论框架和蓝图。在《技术垄断》一书中,尼尔·波兹曼根据技术发展程度对历史进行分期,将人类技术的发展分为三个阶段:工具使用、技术统治和技术垄断三个阶段。它们分别对应工具使

---

① [加]哈罗德·伊尼斯. 帝国与传播[M]. 何道宽,译. 北京:中国人民大学出版社,2003.
② [加]马歇尔·麦克卢汉. 理解媒介:论人的延伸[M]. 何道宽,译. 南京:译林出版社,2011.

用文化、技术统治文化和技术垄断文化三种类型的人类文化。其中工具使用文化从远古到 17 世纪，这一阶段人和技术大体是友好关系，技术完全以工具的形式出现，服务于人的物质和精神生活。技术统治文化滥觞于 18 世纪末瓦特蒸汽机的发明和亚当·斯密《国富论》的发表，这一时期技术和人的关系开始逆转，社会分工服从于工具发展的需要，但文化并没有向技术投降，技术也并未完全摧毁社会文化的传统。技术垄断文化滥觞于 20 世纪初，技术与人的关系几乎完全颠倒过来了，人成为技术的附庸。传统的世界观随之消失，一切形式的文化生活都臣服于技术的统治①。技术垄断文化是一个强调准确性和效率性的文化，技术话语的地位上升，并逐渐定义我们的活动和思想，带来了信息泛滥、无序等一系列现实威胁，人逐渐沦为信息的奴隶，童年的特质逐渐消逝和瓦解……

沃尔特·翁是美国当代研究口语文化和书面文化的著名学者，他首创了原生口语文化和次生口语文化的概念，提出了口语文化—书面文化两级理论，考察了口语文化和书面文化里思维和表达的心理动因和差异。原生口语文化是文字和印刷术的前身，这一时期群体心态意识被迫形成。在原生口语文化中，声音是转瞬即逝的，所以文化依靠复诵、套语式的史诗被传承下来。随着希腊字母表的产生和印刷术的发明，口语文化与书面文化开始分野，听觉主导开始让位于视觉主导，并重构了人们的意识。在书面文化里，文字推动了人们的意识高度内在化，而从口语文化向书面文化发展的路程正是人类现代化意识演化的进程。次生口语文化，或称"电子时代"则是文字和印刷术的产物。次生口语并不是人与人之间面对面展开的真正会话，而是虚拟的、仿真的，它是由一种言语—视觉—声觉构建的，以电影、广播、电视、电话和网络等为载体发生的公共会话。② 沃尔特·翁的研究为口语文化正了名，肯定了其价值，纠正了今人的偏见，为现今的非物质遗产保护提供了理论支持。同时他也提醒人们注意高科技时代的口语遗存，即"次生口语文化"现象的出现，能够比较圆满地解释麦克卢汉所谓的"地球村"时代。

（四）第三代媒介环境学者：罗伯特·洛根和保罗·莱文森

罗伯特·洛根和保罗·莱文森是媒介环境学派第三代代表人物。洛根

---

① 尼尔·波兹曼. 技术垄断：文化向技术投降 [M]. 何道宽，译. 北京：北京大学出版社，2007.

② [美]沃尔特·翁. 口语文化与书面文化：语词的技术化 [M]. 何道宽，译. 北京：北京大学出版社，2008.

是麦克卢汉的同事,是横跨了媒介环境学派第二代和第三代的核心人物。洛根强力推行了麦克卢汉的媒介生态学理念,并将其延伸到数字传播时代。洛根在麦克卢汉三个传播时代(口语传播时代、书面传播时代、电力传播时代)的基础上,加上了模拟式传播时代和互动式数字时代,进一步丰富并细化这个分期说。模拟式传播时代是言语出现之前的时代,包括前言语的声音以及手势、面部表情、体态语。互动式数字时代是个人电脑和互联网出现之后的时代,又称为"新媒介"时代。与之前相比,互动式数字媒介时代的人们不再是被动的信息消费者,而是能与其存取的信息进行积极互动的信息使用者。① 洛根确定的五个传播时代,向我们展示语言起源和演化的路径,进一步更新了媒介环境学理论。此外洛根还强调口语的作用,在沃尔特·翁的基础上提出了口语文化三阶段:原生口语、次生口语和数字口语。回眸语言演化史,洛根提出语言演化链的创建,指出7种互动式语言媒介:言语、文字、数学、科学、计算语言、互联网和谷歌。洛根还前瞻语言演化链的未来发展,认为数据空间也有独特的语义和句法,并建议把数据空间视为人类认知能力演化中的第八种语言。

莱文森是媒介环境学派较为多产的学者,被誉为"数字时代的麦克卢汉"。他的学术成就主要表现在两方面:一方面是对麦克卢汉思想的捍卫和阐释,另一方面是自创的媒介理论。莱文森从进化论视角切入,指出媒介的进化是由人的需要和理性来主宰和选择的,"人决定媒介的演化""人性化趋势"是媒介发展的最终方向。2009年,他的《新新媒介》延续了《软利器》的媒介演化视角,提出了媒介的三分说——旧媒介、新媒介、新新媒介,完成了理论上的突破。旧媒介是指互联网诞生前的一切媒介,它们是时间和空间定位不变的媒介,如报纸、广播、电视、电影等。旧媒介的突出特征是自上而下的控制,由专业人士生产。新媒介是互联网上的第一代媒介,滥觞于20世纪90年代中期,如电子邮件、报刊网络版、聊天室、亚马逊网上书店、iTunes播放器等。新新媒介是互联网上的第二代媒介,滥觞于20世纪末,兴盛于21世纪,如Facebook、Twitter、YouTube、Wikipedia、Blogging等。与新媒介相比,新新媒介的用户则被赋予了真正的、充分的权利,每个人可以选择生产和消费新新媒介的内容,他们构成了一个消费者/生产者共同体。② 莱文森对媒介史的界定体现了媒介的进化规律,是对麦克卢汉"媒介即讯息""媒

---

① [加]罗伯特·洛根. 理解新媒介:延伸麦克卢汉[M]. 何道宽,译. 上海:复旦大学出版社,2012.

② [美]保罗·莱文森. 新新媒介[M]. 何道宽,译. 上海:复旦大学出版社,2011.

即人的延伸"理论的发展,有助于人们更好地把握媒介发展格局,理解当下媒介使用。

三、媒介环境学派媒介史观的特点

媒介史研究是媒介环境学派的核心研究范式之一,它以技术为维度,将人类传播史划分为前后相续、重叠的时期。芒福德等学派先驱首次将技术作为主要考量因素,提供了一套建立在机器之上的历史分期,即前技术时期、旧技术时期和新技术时期,影响了后来很多学者的媒介史观。第一代媒介环境派学者在继承中发展,将媒介史划分的重点放在传播媒介而不是能源和原材料上,明确指出了传播与文明的关系。如伊尼斯提出了人类历史的九个时期和媒介偏向论,麦克卢汉提出了"部落化—非部落化—重归部落化"公式、三个传播时代和媒介四定律等。随着技术发展,传播媒介带来社会进步的同时其弊端开始凸显。于是第二代媒介环境学者开始进行批判性反思,波兹曼提出人类文化三分论、技术垄断论,批判了电子媒介对印刷媒介的冲击。沃尔特·翁提出口语文化二分说、口语文化—书面文化两级论,肯定了口语的价值。第三代媒介学者从当今互联网时代出发,对媒介史进行丰富和发展。洛根在麦克卢汉等前人的基础上提出了五个传播时代、口语文化三分说、语言演化链接。莱文森提出人性化趋势理论、补救性媒介理论、媒介发生三阶段论、新新媒介论等。①

纵观媒介环境学派的发展,其对于媒介史的认知是不断变化而又一脉相承的。第一,他们都非常关注媒介与文明发展的关系,格迪斯、麦克卢汉、莱文森、洛根等人认为随着媒介发展,新技术创造了新的文化生态,推动了文化的革新。芒福德、伊尼斯、波兹曼、沃尔特·翁等人则认为媒介技术的发展,尤其是电子文化的出现极大冲击了传统的口语文化、书面文化,使得技术冗余,意识被重构,更容易走向垄断。第二,媒介环境学派很重视人在媒介发展史中的作用。"媒介是人的延伸",从芒福德等学派先驱开始,媒介环境学派就树立了人文主义传统,一方面新媒介的发明源自对旧媒介的补充或改善,另一方面媒介技术的发展也塑造了人的生活和文化形态。如麦克卢汉考察了媒介技术对人的感官和心理的影响,认为机械技术帮助我们实现了自身在空间中的延伸,而电子技术更是延伸了我们的中枢神经。尼

---

① 梁颐,刘华.论未来媒介的五种特征——媒介环境学巨擘麦克卢汉、芒福德、莱文森思想探析[J].东南传播,2013(6):1-6.

尔·波兹曼抨击电视对印刷文化的冲击,认为人们在娱乐泛滥的电子文化中渐渐失去了理性。保罗·莱文森自称是"人类沙文主义者",认为人在与媒介的关系中占据着主导地位,人们可以主动选择和改进媒介,这也使得媒介的发展越来越人性化。第三,媒介环境学派还强调在互动中理解媒介的更迭和变迁。麦克卢汉"四定律"表示要想更好地理解当下媒介,必须先通过"后视镜"理解新背景里的旧媒介;洛根也提出"新媒介是延伸的延伸",它将旧媒介一部分功能淘汰,并逆转为新的形式,以便更好地适应新环境。第四,媒介环境学派以发展的眼光看待媒介变迁的历史。"如其运转,则已过时"是麦克卢汉一句著名的警句,在很多媒介环境学者的思想中也都有体现。学者们按时间顺序界定"新""旧"媒介,但又不限于此。洛根多次强调我们所定义的新媒介是有时代背景的,它"只能是相对意义上的新"。莱文森在《新新媒介》里也指出:"新新媒介的出现和演化都很快,其相对重要性的变化也快……当你读这本书时,我所论述的新新媒介的重要性可能或多或少有所变化。"媒介环境学派这种发展的媒介史观,使媒介理论研究永远具有前瞻功能,对我们把握未来媒介发展的方向和对待媒介的态度具有启发式的影响。

四、媒介环境学视角下的中国新闻史研究

新闻史研究是新闻学领域重要的研究方向,新闻学术界对于中国新闻史的研究呈现百花齐放的姿态。但是,纵观这些年的研究成果不难发现,中国新闻史的研究总是与中国革命史的研究融合在一起,因此,许多学者认为所谓的中国新闻史就是中国革命史。从 2007 年起,史学界也开始意识到这一问题,并不断反思,《新闻大学》也曾就此专门组织笔谈。在此背景下,新引入的媒介环境学成为新闻史研究新的理论视野。

吴廷俊教授曾指出应该从媒介生态学的视角研究新闻史,这包括将媒介作为有生命的有机体来看待,而不是为实现使用者目的而可任意支配和使用的工具。他认为媒介这个主体的生存历程就是新闻传播发展、演变的历程,所谓新闻史就是研究媒介生存的科学,即媒介之间的竞合及其生存环境之间的相互适应、不断调整、不断平衡、协调发展的科学。① 基于此,很多学者在新闻史研究中开始更加倾向于对不同媒介发展历史的研究,包括在

---

① 刘宗义. 中国新闻传播史研究态势:一个文献综述[J]. 新闻出版与传播研究,2013(9):54
-60.

地的新闻史研究、整体的新闻史研究、生成的新闻史研究。① 在地新闻史认为媒介的生存、发展与生存地域密切相关，主张把中国新闻史视为一个具有历史连续性的整体，从"中国"这个媒介的生存地域中探究新闻媒介的源头活水，揭示被显在的媒介现象所遮蔽的历史，重新定义中国新闻史的书写。整体的新闻史是以"新闻实践"为观照中心，一方面既关注媒介自身的生存发展过程，另一方面也关注媒介生存与政治、经济、文化之间的关系，以及后者对媒介发展的影响。生成的新闻史认为新闻媒介的历史不是现成的，而是生成的，一部新闻史就是媒介生存实践活动的历史。因此，研究新闻史离不开各时期的阶级斗争史、政治运动史和政党史，也离不开各时期的生产斗争史和经济发展史。

通过梳理媒介环境学派的媒介史观，我们可以更为清晰地认知每种媒介，尤其是电子媒介的出现给整个媒介环境学理论体系带来的变化。三个阶段的代表学者对媒介影响的观念存在明显区别，从划分标准来说，呈现出由机器到媒介种类再到媒介发展程度的变化；从对媒介发展的态度来看，呈现由超然到悲观再到乐观的总态势。总体而言，媒介环境学派的媒介史观是辩证的、发展的、以人为本的，学者们也紧跟时代发展步伐在理论和实际研究中不断调整。历史就像一面镜子，反映过去，照亮未来。当今媒介发展日新月异也问题重重，我们作为媒介利用者要学会并善于和媒介相处，弄清楚是"我们在使用媒介，而不要变成媒介支配了我们"。

参考文献：

[1] [美]刘易斯·芒福德. 技术与文明[M]. 陈允明，等译. 北京：中国建筑工业出版社，2015.

[2] 金经元. 帕特里克·格迪斯的一生把生物学、社会学、教育学融汇在城市规划之中[J]. 城市发展研究，1996(3).

[3] [加]哈罗德·伊尼斯. 帝国与传播[M]. 何道宽，译. 北京：中国人民大学出版社，2003.

[4] [加]马歇尔·麦克卢汉. 理解媒介：论人的延伸[M]. 何道宽，译. 南京：译林出版社，2011.

[5] 尼尔·波兹曼. 技术垄断：文化向技术投降[M]. 何道宽，译. 北京：北京大学出版社，2007.

[6] [美]沃尔特·翁. 口语文化与书面文化：语词的技术化[M]. 何道

---

① 阳海洪，赵平喜. 媒介生态学：中国新闻史研究的新路径[J]. 新闻界，2009(2)：68-70.

宽,译．北京：北京大学出版社,2008.

[7] [加]罗伯特·洛根．理解新媒介：延伸麦克卢汉[M]．何道宽,译．上海：复旦大学出版社,2012.

[8] [美]保罗·莱文森．新新媒介[M]．何道宽,译．上海：复旦大学出版社,2011.

[9] 梁颐,刘华．论未来媒介的五种特征——媒介环境学巨擘麦克卢汉、芒福德、莱文森思想探析[J]．东南传播,2013(6).

[10] 刘宗义．中国新闻传播史研究态势：一个文献综述[J]．新闻出版与传播研究,2013(9).

[11] 阳海洪,赵平喜．媒介生态学：中国新闻史研究的新路径[J]．新闻界,2009(2).

回溯　引入　流变：
略论近代新闻传播音译词

张志丹　武汉大学

摘　要:在近代新闻传播新词的引介中,新闻传播音译词曾起过重要的作用。但在现有研究中,尚无对新闻传播音译词的系统研究。因此,本文拟对新闻传播音译词的出现背景、存在必要性、基本特点和"消逝"原因等做一较为系统的考察,进而探讨西源近代新闻传播学科术语的定译问题。

关键词:新闻传播学;音译词;学科术语

音译是一种将外来新词翻译成发音相似的中文的翻译方式,它在中外交往中有着重要的作用,能够将外来事物自然地引入汉语。如在魏晋南北朝时期,音译就已成为汉民族在对外交往中常用的一种翻译方式。当时,伴随着佛学的传入,大量的佛学用语以音译的方式传入中国,如"佛""禅""袈裟""世界"等。①

及至近代,随着中国国门的打开,东西方交流日益增多,新事物不断涌现。汉语词汇迎来了新一轮的发展,外来新词被引入汉语体系。在这些外来新词引进的初期,音译成了引进外来新词的主要方式。大量的音译词在此期间产生,其影响甚至延续至今。据王宏远统计,第六版《现代汉语词典》(2012 年)中共收纳了 234 个源自英语的音译词。②

作为汉语词汇的重要组成部分,音译词不仅是人们日常生活的词汇,也是中外交往的重要历史见证。对音译词的探究,有助于考察一定历史时期

---

① 何干俊. 汉语音译词的多维考察[J]. 江西社会科学,2012(04).
② 王宏远. 从《现代汉语词典》中的音译词看英语对汉语的影响[J]. 榆林学院学报,2014(01).

中外交往的特点，外来文明对中华话语体系的影响等。若将对音译词的考察置于某一学科内，则有助于探究该学科的话语系统的发展机制。

通过检索中国知网，笔者发现当前对音译词进行研究的文章数量较少，且研究多是对音译词的分类、语素与音节特点等的考察，缺乏对音译词的辞源考证、演变的研究。而将对音译词的考察置于近代新闻传播学领域之内，则目前尚未发现相关研究。

因此，本文拟对近代中国新闻传播学领域内的音译词做一些探讨。本文所指近代的起讫点为1834—1949年。中国近代出现的第一个新闻传播音译词是《新闻纸略论》（1834年）一文中的"加西打"，因此本文研究时段的上限设定为1834年；1949年后的一段时期，外来新词的引入进入发展慢行期，引入新词相对较少，因此本文将研究时段的下限设定为1949年。本文所指新闻传播音译词特指词源为普通名词的音译词；对人名、报社名等词源为专有名词的音译词，本文将不多做涉及。①

一、近代新闻传播音译词基本情况

从现已掌握的资料看，中国新闻学领域内的音译词约有100个。② 笔者对已掌握的音译词归纳分析后，发现中国近代新闻传播学领域的音译词多集中为对器物的翻译，且同词异译③现象明显。此外，同当代中国新闻传播学专科词汇进行对比后，笔者发现大部分的近代新闻传播音译词都被相应的意译词取代，仅有少量音译词仍在被使用。④

一般而言，某一学科或类型的音译词的引入往往源自该领域内的研究者，如佛学音译词汇往往是由高僧在翻译佛教经典的过程中引入的。甚至在翻译

① 关于将词源为专有名词的近代新闻传播音译词排除在本研究中理由如下：第一，专有名词往往具有稳定性，在其得到音译后，经过一段时间的传播，往往就会定型下来；第二，专有名词具有特定性，如人名、机构名等，其指代内容特定而不具有普适性；第三，本研究主要是想通过对近代新闻传播音译词的研究分析中国近代新闻学的发展进程和新闻传播术语的发展史，而人名、机构名等专有名词与本研究契合度较低。

② 在查找新闻传播音译词时，参考文本包括如下工具书（专著）：《近现代辞源》（黄河清）、《汉语外来语词典》（岑麒祥）、《近现代汉语新词词源词典》（香港中国语文学会编著）、《中国报学史》（戈公振）、《最新实验新闻学》（周孝庵）、《新闻学总论》（邵飘萍）、《新闻学撮要》（戈公振）、《实用新闻学》（休曼）、《记者道》（袁殊）、《实用新闻学》（任白涛）等。通过查找上述工具书和专著，加上对部分研究文献中新闻传播音译词的收集，现收集并可以确定其出处的音译词有65个。

③ 同词异译指的是同一个英文词根对应多个中文词汇。

④ 在收集到的65个音译词中，仅有6个音译词仍较多地被人们使用，其他的音译词仅散见于学术论著和部分工具书中。

外来词时，他们还提出了一些将外来语翻译为汉语时的准则。如玄奘曾提出佛经的五不翻原则①，用来指明在何种情况下不意译而采用音译的方式。

同其他学科相比，近代新闻传播音译词的引入可能更为复杂一些。但通过归纳近代新闻传播音译词的来源，笔者发现近代新闻传播音译词的译制者在 19 世纪和 20 世纪间变化很大。19 世纪，相应音译词的译制者多不具备新闻传播学的学科背景；20 世纪时期，音译词的译制者或使用者多为新闻传播从业者或研究者。以 19 世纪为例，该时期出现的 10 个音译词，仅有"加西打"一词出自学术型文章；20 世纪时，戈公振在其专著中使用了"崩德纸""新狄慨特"等，邵飘萍在专著中使用了"玳帕脱曼爱迭透""玛内琴爱迭透"等。

早期中国新闻学人对音译新闻传播词汇的创制、使用，一方面体现了近代新闻传播学科话语体系的搭建过程，另一方面也体现了中国近代新闻传播学术史的发展历程。我国近代中国报刊业产生于西方传教士的办报活动，19 世纪，西方新闻学，亦起步不久，来华的西方传教士更少有专业报人。因此，这一时期被引入中国的新闻传播音译词也就较少出现在研究性文章中了。

20 世纪初，伴随着新闻业的发展，我国本土新闻学也艰难起步，以留学报人为主的中国本土新闻学研究群体逐渐形成。早期新闻学人在此期间纷纷著书立说，为新闻学科的建立做出了显著贡献。在写作中，鉴于本国关于近代新闻业在实践与理论方面的匮乏，他们只能从西方新闻学中汲取养分。在新学科引介初期，音译自然也不可避免地出现了。音译成为中国新闻传播学科建立初期引介西方新闻业词汇的一种必要手段。因此，音译新闻传播词汇在戈公振、邵飘萍、任白涛等人的专著中集中出现②也就不难理解了。

二、近代新闻传播音译词存在的必要性

中国近代新闻业肇始于西方传教士的在华报刊活动，无论是近代新闻学的学科概念，抑或是近代新闻学所涉及的外来事物，都是中国人从未接触过的"新名词"。如何将这些"新名词"同中国本土词语建立起对译关系，成为近代来华传教士和早期中国本土翻译者③急需解决的问题。但就来华传

---

① 五不翻原则：秘密故不翻；多义故不翻；此无故不翻；顺古故不翻；生善故不翻。

② 已明确掌握出处的出现在 20 世纪（1900—1949）的新闻传播音译词有 55 个，而戈公振、邵飘萍和任白涛等人的专著和论文中均出现的音译新闻传播词汇共计 29 个，占比达 52.7%。

③ 主要指能够接触到新闻学领域内概念、事务的官员、商人、开明知识分子或早期中国本土新闻从业者。

教士而言,他们的中文水平一般都不是很高,想要他们从"晦涩、艰深"的汉语中找到"新名词"精确、具体的对译词难度很高;而对于早期的中国本土翻译者而言,相对于要求译者能够把握住"新名词"特性的意译词,他们更乐于使用对译更简单、更快捷的音译词。

此外,在引介一种新的学科时,为了避免在对译过程中出现"义缺省"或"义溢出"现象①,有必要选择音译的方式。章士钊就曾说过:"夫以音定名之利,非音能概括涵义之谓,乃其名不滥,学者便于作界之谓。"

部分早期中国新闻学人,在中国本土新闻研究已经初步发展后,在其著作中仍使用音译的方式引介一些新的概念、事物,可能也是为了保证"其名不滥"。如,在已有"报学"②和"新闻学"③同"Journalism"对译的情况下,袁殊在《记者道》中仍以"集纳"对译"Journalism",除考虑到集纳符合报刊的"集纳性"特征外,应当也有防止对译中出现"义缺省"或"义溢出"的目的。在《新闻学总论》一书中,邵飘萍以"玛内琴爱迭透"对译"Managing Editor",以"启芙萨勃爱迭透"对译"Chief Sub-Editor"等,而非采用总主编和副总主编对译,可能也是如此。

不过,这种以音译的方式防止对译出现"义缺省"或"义溢出"的做法,一般仅出现在一个新学科的引介初期,当该学科的研究者对本学科所属概念、器物有了充分认知后,研究者们还是倾向于采用意译的方式对译"新名词"。

三、第一个新闻传播音译词的引入与流变

最早出现的新闻传播音译词应当是"新闻纸"的对译词"加西打",该词首现于《东西洋考每月统记传》中的《新闻纸略论》一文:

> 在西方各国有最奇之事,乃新闻纸篇也。此样书纸乃先三百年出于义打利亚国,因每张的价是小铜钱一文,小钱一文西方语说加西打,故以新闻纸名为加西打,即因此意也。后各国照样成此篇纸,至今到处都有之甚多也。④

此时的中国近代报刊业刚刚起步,无论是早期来华传教士,还是中国本

---

① "义缺省"指译入语词所表示的意义少于源语言的词语;"义溢出"指译入语词在意义上多于源语言的词语。

② 较早出现于 1904 年《万国公报》刊登的《报学专科之设立》一文。

③ 日本人使用的汉字词,1903 年随松本君平《新闻学》一书在华出版而被引介到中国。

④ 新闻纸略论[N]. 东西洋考每月统记传,1834.

土早期报人,对报与刊的认识都比较模糊。在 1919 年之前,中国新闻业通常是以外国传教士创制的新词"新闻纸"或"新报"作为中国报刊的定名,报与刊间并没有太大的区别。① "加西打"作为"Gazette"的对译词,在此时既有报纸的含义,又有期刊、杂志的含义。

在 1919 年后,随着中国新闻传播业的发展、新闻学学术本土化的加快,对报纸和杂志的细分成为中国本土学人发展新闻学学术的客观需要。近代中国报人对报与刊的认识逐步从"刊报未分"发展到"刊报两分"。

在这种背景下,"Gazette"的对译词的词意也发生了变化。邵飘萍在其《"Gazette"名称之由来》一文中,将"Gazette"一词对译为"葛赛脱":

世界各国报纸,每多称为"Gazette"者,此系意大利罗马 Venice 共和政府一种货币之名称。当一千四百九十九年,意大利凯伦地方发行一种"Colonigua"新闻,每张售一 Gazette。嗣后相延,遂称报纸为"葛赛脱"矣。②

此处的"葛赛脱"与"加西打"一词虽然同为"Gazette"的音译词,但两词的含义却有较大区别。在《新闻纸略论》一文中,"加西打"对应的为"新闻纸",因此时尚处于"报刊未分"时期,所以"新闻纸"有报、杂志等多重含义。《"Gazette"名称之由来》一文的"葛赛脱",虽然也是"Gazette"的对译词,但此处的"葛赛脱"应当仅有"报"的含义,而不包括"杂志"的含义。在邵飘萍所处时期,自 1815 年《察世俗每月统计转》的诞生,历经百年发展,我国新闻传播业已经得到了相当大的发展,区分"报""杂志"与"书"成为新闻业发展的一种必然趋势。尤其是,伴随着"杂志"同"Magazine"的对译关系的确定,在现代报刊术语逐渐明晰的情况下,"Gazette"的对译音译词的词意缩小也就在所难免了。

四、近代新闻传播音译词基本特点

通过比对已基本确定对译情况的 65 个近代新闻传播音译词,笔者认为近代新闻传播音译词有如下特点:

(一)音译无定字,同音异字词多

在音译的过程中,或由于译者拼读等方面的差异,在翻译中常出现多个同音异字对译词的现象,导致在外来新词的传播、推广中容易出现争议、混

---

① 李玲. 从刊报未分到刊报两分——以晚清报刊名词考辨为中心[J]. 近代史研究,2014(03).

② 邵飘萍(著),肖东发,邓绍根(编). 邵飘萍新闻学论集[M]. 北京:北京大学出版社,2008.

淆等问题。在已收集到的音译词中，以电话一词的这一特点最为突出。曾与"Telephone"建立对译关系的音译词约有九个，分别为得律风、德利风、得利风、得力风、德律风、爹厘风、独律风、特累风、太立风等。①

过多的同词根音译词在一定时期的同时存在，一方面在早期国人对外来新词的接受过程中造成了交流与认知上的障碍；另一方面对译的不固定，导致外来新词的"词化"过程缓慢，阻碍了新闻传播学科术语的常态化、规范化。

(二)派生词多，其存续依赖于词根音译词的存续

近代新闻传播音译词的另一大特点在于同词根派生词多，且派生词多为半音译词。以"Journalism"的对译音译词"集纳"为例，袁殊的《记者道》一书中，先后使用了"集纳文化""集纳学""集纳主义""新闻集纳主义""电影集纳主义""广播集纳主义"等十余个半音译词。此外，根据"托拉斯"（托辣斯）这一音译词，近代新闻传播学领域内还产生了由"影业托拉斯""电影托拉斯""记者托拉斯""报纸托辣斯""新闻托辣斯""新闻托拉斯"等新词群。

这种由同词根音译词派生出的半音译词其基本构成，一般为音译词加上类别语素，相较于单纯的音译词更容易为受众理解、接受。不过此种派生半音译词虽然数量较多，但是其是否能够得到认同从而流传下来，则在于其对译词根是否能够经过检验成功确立起固定的对译关系。在"新闻学"和"集纳"两词与"Journalism"的对译关系的竞争中，"新闻学"获胜，逐渐确立起同"Journalism"的对译关系，"集纳"则成为一个历史名词。相应的，由"集纳"扩展而来的"集纳"加类别语素而构成的庞大词群也被淹没在了历史的尘埃中。由"托拉斯（托辣斯）"发展而来的词群，则在"Trust"同"托拉斯"的对译关系确立后，保存下了"新闻托拉斯""影业托拉斯"等派生词群。

五、从音译趋于意译，近代新闻传播音译词的消逝

随着时间的推移，1949 年前产生的新闻传播音译词，除了少量词汇仍在使用，大部分音译词都逐渐消逝在历史中。近代新闻传播音译词的消逝，除了语言学研究者提出的音译词相较于意译词不够准确的缺点外，也许同中

---

① 上述 9 个 Telephone 的对译音译词发现于《近现代辞源》，在相关数据库检索后，发现得律风、德利风、得利风、得力风、德律风和特累风等的出处是可供验证的，而爹厘风、独律风和太立风虽在数据库中未能找到相关文献，不过在同已有研究进行比对后，基本也可确认其对译身份，故将其与其他 6 个对译词并列。除这 9 个 Telephone 的对译音译词外，其他的几个对译音译词，因其出处既非相关辞书，也无法在相关数据库中检索验证，提及者在文献中也未指明出处，故并未采用。（注：上述所用数据库指大成老旧报刊数据库、民国时期期刊全文数据库、《大公报》数据库和《申报》数据库）

国近代新闻学科产生、发展的特殊性不无关系。

（一）近代新闻传播音译词表达效度不足

史有为认为："外来语词与本土语汇相同，能够被广泛接受传播的，必然有很好的表达效度，即语词是否通俗，是否为人理解，是否可以通用或较易使用，这就涉及透明度与通用度。"①相对于意译词，音译词更难懂、难说、难用，其透明度、通用度均不如相应的意译词。

透明度是决定一个外来新词的表达效度的重要因素。透明度就是指仅从字面层次，就可以对词汇的意义做出分解、认知。越是透明度高的外来新词，表达效度越高，其得到认可、采用的概率也越高。如"Telephone"一词的音译对译词虽有 9 个之多，但这些音译词仅是对外来新词发音的平译，既不可以分解为多个与整体语义有关联的语素，又无法在中国传统文化中找到支撑。而作为意译词的"电话"，一方面侧重原理性的阐释，突出了"电"的作用；另一方面，也一定程度从语义上解释了"电话"的功能，表达效度要优于同词根的音译词。类似的词汇还有"Television"，它的意词是"电视"，音译对译词有"得丽术""得力影""德律维雄"等。

通用度不足，则是音译词难以竞争过意译词的另一原因。就语言经济学而言，语言的长度会直接影响到外来新词的通用程度。过长，既不经济，也可能导致语义模糊；过短，虽然经济，却难以确保语义清晰。

近代新闻传播音译词一般为多字词（三字词甚至更多字词），与之相应的意译词却多为两字词、三字词。因此就经济角度而言音译词不如意译词更通用。而在长度不占优势的情况下，近代新闻传播音译词在表意上也未能展现出优势，甚至在大部分情况下反而是如前所述的那样多有劣势，所以表达效度、通用度更高的意译词比音译词更容易流行开来。

（二）中西文明碰撞加深，外来新词"词化"趋于意译

在外来新词的译介中，音译词仅是从外来新词的发音形式出发进行译介的，而未能将外来新词的译介置于中国本土语言体系下，故难以系统地探索音译词的形成过程与内部语言组合规律。这种以源语言文化为基础的形成模式，同中国以本民族语言为认知基准的文化认知心理相容性很低。这导致在固定外来新词的对译关系时，意译词比音译词更容易得到接受与认同。

另外，新闻传播活动是人们社会生活和生产活动中必不可少的一部分，相较于其他学科，新闻传播学科更接近人们的生活，其学科术语的确定也更

---

① 史有为. 外来词：回忆与思考[J]. 武汉大学学报（人文科学版），2005（06）.

容易受到普通人的影响,即人们接触到新闻传播活动中的新概念、新事物的机会很多,在它们的对译固定过程中,普通人的意见可以直接影响新闻传播学科术语的确立。对于普通人而言,显然意译词更为容易获得认同。因此,新闻传播意译词相对于同词根的音译词生命力更强。当这两种形式的译词同时存在时,人们更乐于接受意译词。如:"麦克风"和"话筒"分别为"Microphone"的音译形式和意译形式,当二词并行时,就会呈现出"话筒"代替"麦克风"的趋势。此前,提到的"德律风"与"电话"、"得力影"与"电视"的竞争也都呈现出此种趋势。

意译词代替音译词表面上看是受到了人们的语言习惯影响,实质上却是由一定的民族文化心理决定的。外来新词作为不同文化、不同语系交流的产物,不仅是一种语言的交流,更是一种文化交流。通过对外来新词"词化"过程的探析,可以反映出不同文化间的碰撞与争鸣。

(三)中日新闻交流对音译词消逝的作用

日源汉字词在近代中国的引入,也是造成近代新闻传播音译词在中国新闻学领域内消逝的原因之一。在近代外来新词的对译中,许多中国人翻译的译词却比不过日制汉字词,尤其是音译词在竞争中往往不敌日制汉字词。日源或日源回流词汇对中国近代词汇系统的影响极大。(表1)

表1 部分为日源词汇所代替的新闻传播音译词简表

词源	音译词	日源或日源反馈术语
Journalism	集纳	新闻
Telephone	得律风;德利风;得利风;得力风;德律风; 爹厘风;独律风;特累风;太立风	电话
Journalist	集纳学	新闻学
Gazette	加西打;葛赛脱	报纸
News	纽斯;纽斯纸;纽斯列特	新闻;新闻信

中国新闻学的诞生与发展深受日本新闻业影响。"中日新闻交流的内容十分广泛,几乎囊括新闻业的所有方面,主要是在对方国家创办新闻媒体,报人间的个人交往,组织新闻代表团互访,举办与参加世界报纸展览会,新闻学者的访问与考察以及译介新闻学论著等等。"①在这种大的环境下,在确定学科名词时,中国早期新闻学者必然会受到日本新闻业的影响。

---

① 周光明.早期中日新闻交流中的中方代表人物[J],东南传播,2014(09).

此外,日制汉字词在认同度、传播效度等方面的优势,应当也是其可以在竞争中较好地击败中国本土音译词的原因。日制汉字词使用的是汉语构词法,在传播中往往无法分清其是否为本土所创制的新词,其文化认同度、传播效度更高。中日在地缘上十分接近,大量的外来新词或是在中国首创后流传至日本,再经日本回馈中国;或是由日本译者创用后,由中国旅日学生、官私访问者、革命避难人士等带回国内。

伴随着中国新闻学学科的建立,新闻学学科术语也在逐步确立,以日本新闻学对中国新闻学的影响而言,部分地为日源词汇所代替是颇有可能的。不过,对近代新闻传播音译词的消逝情况、原因的进一步论证,仍需对更多的外来音译词辞源进行考证、溯源。

六、结语

近代新闻传播音译词在中西方文明交流之初,打开了国人对现代新闻传播业的认识。从"加西打"到"葛赛脱",新闻传播音译词见证了中国近代新闻传播业从"报刊未分"到"报刊两分"过程中的学科术语定型史。随着近代本土新闻学术研究的发展,在新闻传播词汇的对译中,"意译词"往往会比"音译词"更容易得到认同,也更容易被确定为学科用语。对近代新闻传播音译词的考察,既有助于厘清近代新闻传播学科的术语生成机制和话语系统发展机制,也有助于达成初步建立新闻学术语谱系的目标。

不过,受笔者学识及资料所限,本文对近代新闻传播音译词在不同文体中的使用情况、同词根音译词间的关系、新闻传播音译词和意译词间竞争关系等的探讨还有待深入。

参考文献:

[1] 郭嵩焘. 伦敦与巴黎日记[M]. 湖南:岳麓书社,1984.

[2] 戈公振. 新闻学撮要[M]. 上海:新闻记者联欢会,1925.

[3] 黄河清. 近现代辞源[M]. 上海:上海辞书出版社,2010.

[4] 岑麒祥. 汉语外来语词典[M]. 北京:商务印刷馆,1990.

[5] 香港中国语文学会. 近现代汉语新词词源词典[M]. 上海:汉语大词典出版社,2001.

[6] 周光明. 近代新闻史论稿[M]. 北京:社会科学文献出版社,2014.

[7] 邵飘萍. 邵飘萍新闻学论集[M]. 北京:北京大学出版社,2008.

[8] 周孝庵. 最新实验新闻学[M]. 上海:上海时事新报馆,1928.

[9] 休曼. 实用新闻学[M]. 上海:商务印刷馆,1913.

[10] 袁殊. 记者道[M]. 上海:群力出版社,1936.

[11] 任白涛. 应用新闻学[M]. 上海:上海书店出版社,2010.

[12] 李玲. 从刊报未分到刊报两分——以晚清报刊名词考辨为中心[J]. 近代史研究,2014,03.

[13] 陈红,罗明辉. 汉日外来词吸收机制和动因对比研究[J]. 湖南工程学院学报(社会科学版),2017,27(03).

[14] 王瑛芳. 外来词汉译的理据性研究[J]. 外国语文研究,2017,3(04).

[15] 何干俊. 汉语音译词的多维考察[J]. 江西社会科学,2012,04.

[16] 刘馨阳. 试论现代汉语中英源外来词的音节语素化[J]. 黑龙江工业学院学报(综合版),2017,17(07).

[17] 王文琦. 汉语多音节音译外来词的音节语素化[J]. 现代语文(语言研究版),2017,(04).

[18] 田永弘. 音译规范的韵律学视角探究[J]. 中国科技语,2016,18(05).

[19] 李安琪. 汉语音译词的中国文化内涵研究[J]. 语文学刊,2016,(09).

[20] 刘祥清. 音译汉化与音译词在汉语中的规范与接受[J]. 湖南科技大学学报(社会科学版),2016,19(01).

[21] 张荣荣.19 世纪传教士编粤语文献音译词用字探析[J]. 重庆理工大学学报(社会科学),2015,29(12).

[22] 汪振军,乔小纳. 新媒体环境下传统文化传播的价值迷失与精神重构[J]. 新闻爱好者,2015(11).

[23] 杨霞. 五四时期汉语外来词的引入特点[J]. 河北大学学报(哲学社会科学版),2015,40(06).

[24] 李彦洁. 基于《现代汉语词典》的音译外来词定型情况考察[J]. 汉字文化,2015(03).

[25] 史有为. 外来词:回忆与思考[J]. 武汉大学学报(人文科学版),2005(06).

[26] 郭素红. 网络环境下的信息交流与文化传播[J]. 现代情报,2003(10).

[27] 樊宇皓. 汉泰语外来词对比研究[D]. 桂林:广西大学,2015.

[28] 冉斯帅. 从文化传播看近代汉语外来词的传承[D]. 武汉:华中

师范大学,2014.

[29] 王文琦. 晚清外来词发展研究[D]. 西安:陕西师范大学,2012.

[30] 姚娟. 音译词研究[D]. 南京:南京师范大学,2008.

[31] 谢亚男. 外来词研究[D]. 西安:陕西师范大学,2016.

[32] 新闻纸略论[N]. 东西洋考每月统记传,1834.

[33] 得律风有益[N]. 画图新报,1880,1(1).

[34] 洋务摭闻二(续):德比议设德律风[N]. 利济学堂报,1897(11).

[35] 大英国事:中国钦差试看得利风[N]. 万国公报,1877(468).

[36] 各国近事:大日本国:盛行得力风[N]. 万国公报,1880(586).

[37] 大清国事:德律风妙用[N]. 万国公报,1878(487).

从物化到异化:卢卡奇批判思想的演变及其传播学价值

彭志翔　安徽大学

摘　要: 卢卡奇因物化理论而闻名于世,然而物化理论在今天却失去了应有的生命力。通过对卢卡奇晚年著作《社会存在本体论》的审视,本文试图连接卢卡奇对物化和异化的分析,并揭示其在互联网时代的生命力,发现其隐藏的传播学意义。本文认为,互联网实现技术赋权的同时,又被"再中心化",沦为资本和商业的附庸,并通过新的物化意识形态,影响和控制生活在其中的用户,从而导致了现代人的异化生存。

关键词: 异化;物化;意识形态;图像

一、卢卡奇早期物化理论

《历史与阶级意识》是卢卡奇的扛鼎之作,也正是凭借该书卢卡奇当之无愧地成为西方马克思主义的开创者。而该书最为世人所关注的就是卢卡奇对马克思异化的洞见——物化理论。在马克思 1844 年手稿尚未面世的20 世纪 20 年代,卢卡奇准确而又富有洞察力地通过马克思晚年手稿中对商品拜物教的批判而推演出"物化"概念,其与马克思的"异化"概念的内涵惊人一致。无疑,卢卡奇是 20 世纪最伟大的马克思主义学者之一,他是西方马克思主义最主要的开创者,在马克思主义哲学研究方面更是做出了开创性的举动。物化理论至今影响着世界各地的学者。物化理论一方面连接了马克思对商品拜物教的批判,与马克思的异化一脉相承又各有侧重;另一方面,物化理论又或明或暗地影响了法兰克福学派中阿多诺、哈贝马斯等对工具理性的批判。前者体现的是卢卡奇思想的理论渊源,后者则表现出物化理论的价值和生命力。

（一）从商品拜物教到物化理论

马克思在《资本论》中强调了商品本身所固有的价值：使用价值和交换价值的二重性，并且突出商品社会中的交换价值，强调它是在市场上能够计算出来的价值，以至于使人的劳动也还原为脱离本质的可计算的商品交换价值。"在商品世界里，人手的产物也是这样。我把这叫作拜物教。劳动产品一旦作为商品来生产，就带有拜物教性质，因此拜物教是同商品生产分不开的。"①从劳动产品转换为商品的那一刻开始，即用交换价值衡量产品，商品内在的劳动社会性表现为劳动品本身所具有的物的性质，表现为物的属性；物与物的关系遮蔽了人与人之间的关联，物的属性支配人与人的关系，人成为商品的奴隶，这就是商品拜物教的威力。因为其开创性和洞察力，商品拜物教理论在马克思主义理论体系中具有非常独特的、重要的地位，它是理解对资本和货币崇拜的前提和基础，也是揭示资本主义政治经济的神秘性的基本武器。

在《历史与阶级意识》的中心文章《物化和无产阶级意识》中，卢卡奇阐释和发展了马克思《资本论》中的思想，即他从马克思商品拜物教理论出发，通过逻辑，推演出自己的物化理论。在卢卡奇看来，随着资本主义商品经济的确立，也就是商品拜物教成为社会普遍现实后，物化才形成。"在这里最重要的是因为这种情况，人自身的活动，他自己的劳动变成了客观的、不以自己的意识转移的某种东西，变成了依靠背离人的自律力而控制了人的某种东西。"②物化是指人的活动成了与他对立的客体存在，这个客体受社会自然规律统治，与人互相排斥。通俗来说，物化指的是本来不是物，却恰如其分地表现为某物，这大约就是"物化"概念的最广泛含义。

卢卡奇提出的物化现象是资本主义社会的普遍状况和必然结果，它关乎每一个人，影响生活在资本主义社会中的每一个人的命运。卢卡奇提出："当代资本主义体系本身不断地在越来越高的经济水平上生产和再生产的时候，物化的结构逐步地、越来越深入地、更加致命地、更加明确地沉浸到人的意识当中。"③因而，物化不仅是一种支配人的力量，而且物化内化到人生活的方方面面，成为一种物化意识。也就是说，人们越来越认同物化和物化现象。物化的基础即商品拜物教，卢卡奇通过《资本论》透视商品拜物造成

① 马克思恩格斯全集（第23卷）[M]. 北京：人民出版社，1972：89.
② [匈]卢卡奇. 历史与阶级意识[M]. 杜章智，译. 北京：商务印书馆，2014：96.
③ [匈]卢卡奇. 历史与阶级意识[M]. 杜章智，译. 北京：商务印书馆，2014：104.

的劳动的变异,人的劳动成为控制人的外在力量,人与人的关系体现为物与物的关系。① 卢卡奇用物化理论对资本主义社会生活和人的异化进行了本质性的批判,这与马克思1844年手稿中关于异化的思想一脉相承。

(二) 卢卡奇和马克思关于物化思想的异同

《资本论》中马克思严格区分了物化、异化和对象化的关系。② 马克思认为,对象化是人类经过劳动在改造对象的过程中实现自身的目的,显然马克思是支持这种改造自然的对象化。"一切生产都是个人在一定社会形式中并借这种社会形式而进行的对自然的占有。"③对象化有益于人类的进步,也是人类进步和发展的重要手段。而对物化,马克思谈道:"个人在一种社会规定(关系)上的物化,同时这种规定对个人来说又是外在的。"④在这里,生产的物化表现为产品支配生产者,人造出来的东西反过来奴役人。显然,卢卡奇的物化思想与《资本论》中的物化含义有相近的地方。

马克思这样描述物化现象:"商品形式在人们面前把人们本身劳动的社会性质反映成劳动本身的物的性质,反映成这些物的天然的社会属性,从而把生产者同总劳动的社会关系反映成存在于生产者之外的物与物之间的社会关系。由于这种转换,劳动产品成了商品,成了可感觉而又超感觉的物或社会的物。"⑤卢卡奇从对象化出发,援引商品拜物教的论述,阐述了物化。然而与马克思的肯定态度不同,卢卡奇根据马克思对象化的描述,对资本主义社会的"可计算性"⑥进行了彻底的批判,实际上卢卡奇的批判建立在韦伯的"合理化"思想之上,把对资本主义社会的批判集中在"精准的""可计算的"量化之上。因而,马克思是在宏观的层面揭示和论述物化的;卢卡奇是在微观的层面,即有针对性地揭示物化。⑦

有关物化形成的路径,马克思与卢卡奇也有所不同。马克思所处的时代背景是资本主义从工场手工业向大工业生产过渡,机器化大生产空前地把工人物化为机器的一部分。"滥用机器的目的是要使工人从小就转化为机器的一部分。这样,工人自身再生产所必需的费用大大减少,工人终于毫

① 李俊文. 社会存在本体论——卢卡奇晚年哲学思想的研究[D]. 哈尔滨:黑龙江大学,2004.

② 周立斌. 卢卡奇的物化理论及其演变[M]. 北京:中国社会科学出版社,2012:5.

③ 马克思恩格斯全集(第46卷)[M]. 北京:人民出版社,1979:24.

④ 马克思恩格斯全集(第46卷)[M]. 北京:人民出版社,1979:176.

⑤ 马克思恩格斯全集(第23卷)[M]. 北京:人民出版社,1972:88—89.

⑥ [匈]卢卡奇. 历史与阶级意识[M]. 杜章智,译. 北京:商务印书馆,2014:155.

⑦ 周立斌. 卢卡奇的物化理论及其演变[M]. 北京:中国社会科学出版社,2012:6.

无办法,只有依赖整个工厂,从而依赖资本家。"①正是凭借机器的大规模运用,工人在劳动中的能动性和创造性逐渐丧失,物化逐步深入。卢卡奇所处的时代,流水线生产和分工的日益精细,将工人阶级孤立化和原子化。② 因而,可以说卢卡奇的物化理论更加切中现代资本主义的要害,尤其是他对物化意识在现代社会的运作方式的分析,对今天尤其具有启示作用。"从物化意识看来,这种可计算性形式必然成为这种商品性质真正直接性的表现形式,这种商品性质——作为物化的意识——也根本不力求超出这种形式之外;相反,它力求通过'科学地强加',这里可以理解的规律性来坚持这种表现形式,并使之永久化"。③ 当今的物化已经通过科学技术的撒播固化为意识形态,从而影响无产阶级的阶级意识。

从马克思和卢卡奇对物化的论述来看,他们都描绘了物化导致的劳动者对自己的疏离,人被自己生产出来的商品所奴役。马克思从宏观的角度看到了对象化是人类生存和发展的必需,而卢卡奇以韦伯"合理化"为根基,更有针对性地批判了资本主义社会的"合理机械化的和可计算性的原则遍及生活的全部表现形式"④。当然,物化理论的内核与灵魂与马克思异化概念基本一致。

二、卢卡奇晚期异化思想

尽管在出版《历史与阶级意识》时,卢卡奇并未看过马克思1844年手稿,但是他的物化概念却与马克思在手稿中论述的异化极为相似。卢卡奇用物化理论对资本主义社会进行了激烈的批判,尤其是对社会关系的异化。虽然他可能还没有区分出马克思物化和异化概念的不同,但是卢卡奇在异化的意义上解读了物化。可以说,卢卡奇对异化问题倾注了颇多心血,从《历史与阶级意识》中对异化和物化的揭示,到晚年《关于社会存在的本体论》站在存在论的视野中再一次审视异化。

(一)回归马克思的异化

晚年的卢卡奇又一次回归了马克思主义,在他的《关于社会存在本体论》中对其早期物化理论作了扬弃,延续并深化了马克思异化思想,并将异化与意识形态相关联。他认为异化在很大程度上又是一种意识形态现象;

---

① 马克思恩格斯全集(44卷)[M].北京:人民出版社,2001:485-486.
② [匈]卢卡奇.历史与阶级意识[M].杜章智,译.北京:商务印书馆,2014:159.
③ [匈]卢卡奇.历史与阶级意识[M].杜章智,译.北京:商务印书馆,2014:161.
④ [匈]卢卡奇.历史与阶级意识[M].杜章智,译.北京:商务印书馆,2014:159.

尤其是主体和个体为摆脱异化而进行的解放斗争,更具有根本的意识形态的性质。① 在本体论上,卢卡奇回到了马克思,"每个人的异化都是直接从他和他的日常生活这两者之间的相互关系当中产生出来的。无论是就其整体还是就其局部而言,这种异化都是一定情况下广泛存在的经济关系的产物,因此,这种经济关系当然对人产生着最终起决定作用的影响,就是在意识形态领域也是如此"②。与卢卡奇早期将物化理论的根源聚焦于马克思·韦伯的"合理化"思想不同,在对异化的分析上,卢卡奇重新回到马克思主义的道路上,着重分析了资本主义经济关系造成的异化。"社会异化是在经济基础上产生并且具有经济性质,这种对于各种异化表现形式的普遍性的认识,绝非只是简单地从数量方面去扩展异化的社会存在。"③通过对异化根源的分析,卢卡奇深刻认识到资本主义经济关系必然导致异化。

异化指的就是本来人的东西或人的活动,现在获得了相对独立性,脱离了人的意志、愿望、思维和意识而独立存在的物与物之间的关系,这种关系不受人意志的控制,按照他自身的规律行事。事实上异化所反映的并不是主客体的矛盾,而是由这种矛盾反过来支配人。也就是说,异化是主客体的颠倒,不仅在认识论上,而且在本体论上颠倒。如今异化已不再仅仅表现在经济领域,而是渗透进日常生活领域,人们的悲惨状况被消除了,物质的极大丰裕使得人们获得表面的解放。正是在这种虚假意识形态中,人们以为获得了自由,实际上是受到资本更深层次的异化。

故而,卢卡奇主张对于异化的克服要集中在日常生活领域,认为在这场斗争中"个人必须通过主观途径为自己克服自身的异化"④。这里的主观途径指的就是人的个性,这里就涉及卢卡奇晚年最重要的本体论思想,人的劳动是自由的,是一切社会存在的基础,人可以通过劳动来实现个人的发展。劳动分工,一方面削弱了人的个性;另一方面人的目的性劳动又会形成新的个性,并推动人的发展。

(二)意识形态:连接物化与异化

在《关于社会存在本体论》中卢卡奇对异化和物化做了严格区分:"这

① [匈]卢卡奇. 关于社会存在的本体论·下[M]. 张西平,等译. 重庆:重庆出版社,1993:680.

② [匈]卢卡奇. 关于社会存在的本体论·下[M]. 张西平,等译. 重庆:重庆出版社,1993:680.

③ [匈]卢卡奇. 关于社会存在的本体论·下[M]. 张西平,等译. 重庆:重庆出版社,1993:689.

④ [匈]卢卡奇. 关于社会存在的本体论·下[M]. 张西平,等译. 重庆:重庆出版社,1993:676.

里所说的另外一些物化,是那些直接导致异化的物化。这里我们还必须对我们以前的说明再作两点补充,其一,如果那些从异化立场看来本身是'无辜的'社会行为方式深入到日常生活中去,它们就会加强那些本来已经在这方面起作用的行为方式的贯彻力;其二,个人的生活关系愈是被抽象的物化,愈是不被当作具体的、自发的过程而加以感知,那么个人便愈容易被异化所俘虏,我们甚至可以说,便愈是自发地、毫无反抗地向异化靠拢。"①至此,卢卡奇发觉了物化的一体两面,在卢卡奇语境下的物化指的是能够导致异化的物化。在这一时期,通过对马克思原文的理解,卢卡奇区分了物化和异化。异化是物化的一种可能导致的后果,物化是通向异化的前提和中介。"物化达到了最高阶段,从而直接转变为异化和自我异化。"②从青年时期《历史与阶级意识》中对物化导致的精准的、可计算的工具进行理性批判,到晚年回归马克思,分析物化社会中人的异化,卢卡奇对物化的认识层层深入。不管是物化还是异化,这两个概念都是对资本主义社会的揭示,都批判了资本主义对人的宰制,即人成为客体,成为对象,丧失人之所以为人的东西。只是卢卡奇物化理论植根于韦伯的合理化,将火力集中于对现代技术带来的工具进行理性的批判;马克思的异化则着重批判资本成为统治人的力量。晚年卢卡奇对异化的研究就是在早年物化概念和马克思异化分析的基础上建立的,这里他把物化作为异化的前提和条件,从而连接了物化与异化。然而,我们在回到马克思异化分析的同时,往往忽略物化概念的张力。

异化也好,物化也罢,它们既是资产阶级意识形态的表现,又是其对人造成的后果。恰如卢卡奇所提到的,随着资本主义日常生活越发的物化,生活在其中的人会认为物化是理所应当的,并且从精神上去适应它们,而不从道德和思想上反抗它。在这里,物化和异化的影响是意识形态般的,作用于人的精神层面,在精神上控制着人。例如在《1984》中,主人公在真理部中受到思想警察的监视,失去自我意识和能动性,像一件机器一样条件反射般地服务老大哥。卢卡奇同时又分析了物化的作用方式:"正是在这种以自发的必然性而出现的社会格局的本质的基础上,才从作为人类社会的物质和精

---

① [匈]卢卡奇. 关于社会存在的本体论·下[M]. 张西平,等译. 重庆:重庆出版社,1993:710.

② [匈]卢卡奇. 关于社会存在的本体论·下[M]. 张西平,等译. 重庆:重庆出版社,1993:715.

神的再生产形式的商品流通中,产生出来的、具有重要社会意义的物化。"①卢卡奇将作为文化现象的意识形态和经济中的异化联系起来,意识形态正在试图异化人类的思想,它们试图将人的意识异化,从而符合统治阶级的利益,服务于统治。

三、物化的互联网与现代人的异化生存

今天,第四次传播革命已经影响每一个人。互联网的推广和应用,以更具交互性的模式,使得传者和受者之间的关系分崩离析,传播权力正在面对空前的结构调整。当人们为互联网实现的技术赋权而狂欢之时,刚刚拥有传播权力的网民也在逐步步入市场和资本的漩涡。詹姆斯·卡伦指出,"新媒体会导致新的权利中心的出现"②,互联网"去中心化"在削弱国家对传播权力垄断的同时,又"再中心化"——互联网时代就是消费时代。商品拜物教从未像今天一样直白,拥有传播权力的网民在不知不觉中受到来自商品和资本逻辑的奴役。

(一)社交平台沦为商业平台

每天阅读微博、使用微信已经构成中国人的"在世存有"。与其说我们乐在其中,不如说,人们已经被束缚进新媒体编织的幻象中。2017年新浪微博市值已经突破200亿,其第三季度财报显示,新浪微博第三季度总营收为3.2亿美元,其中包含2.768亿美元的广告营销收入以及4320万美元的其他收入,净利润为1.011亿美元。腾讯2017年第二季度财报显示,其总收入566.06亿元,社交及其他广告收入增长61%,达到60.71亿元,该项增长主要来自微信。③ 互联网在提供用户全新生活方式之时,也通过用户来获利。社交平台上充斥着商业信息和商品推广,而平台运营方从来不会征求用户的意见,获利是平台和商家的共识与共谋。

然而,"生活"在社交平台中的用户对于各式商业推送不仅不反感,反而积极地参与其中,以至于转发抽奖、集赞、代购等商业行为浸入人们的日常生活领域。今天的物化意识形态已经不同于卢卡奇所处的年代,在互联网中一种转发、分享、点赞的意识形态悄然兴起。用户既是社交平台的用户,

---

① ［匈］卢卡奇.关于社会存在的本体论·下［M］.张西平,等译.重庆:重庆出版社,1993:712.

② ［美］詹姆斯·卡伦.媒体与权力［M］.史安斌,译.北京:清华大学出版社,2006:74.

③ 新浪科技.微博发布2017年第三季度财报［R/OL］.［2017－11－7］.http://tech.sina.com.cn/i/2017-11-07/doc-ifynmvuq9302185.shtml.

也是商品的生产者、推销者。用户疯狂地转发商家的广告、集赞,从而获得商品或者优惠。用户可能不会考虑转发、集赞的过程中自己已经陷入商品拜物教的陷阱。社交平台的使用价值掩盖了客观存在的商品形式,商家通过引诱用户转发、分享、点赞服务于资本的累积,即社交平台以社交的价值理性掩盖了商业中的工具理性。当我们看到社交平台中的这些场景,或许才能体会到商品拜物教离我们并不遥远,人们正在经受着物化的洗礼与考验。在互联网高速发展的今天,互联网中的资本逻辑和工具理性也在悄无声息地笼罩着人,正是在这种意识形态的侵蚀下,人们对商品的依赖与向往愈演愈烈。人不仅热衷于商品,而且自觉地为商品服务,服务于商家的资本累积,以社交为目的的平台沦为实质上的商业平台。平台高度物化,生活其中的用户又怎能逃过异化的命运?

(二)图像霸权:新拜物教的诞生

"霸权"通常指的是葛兰西意义上的意识形态领导权。图像霸权则是指,图片和影像取代文字成为人们接收信息和认识世界的主要途径,并主导和控制了人们对周遭世界的看法。德波提出"景观"的概念:景观在人与人之间造成的关系亦如影像。他甚至认为:"景观是人们自始至终相互联系的主导模式。"①如此看来,景观就是一种图像霸权。德波以马克思的分析为切入点,发现了从"商品的堆积"到"景观的庞大集聚"的转变②,工业时代的商品拜物教,正在被媒介时代的图像霸权所取代。

互联网为图像霸权的到来奠定了基础。人们倾心于图像的直观感受,拒斥文字的冗长复杂,尤其是随着社交平台的兴起,晒图成为现代人日常生活的一部分。社交平台上充斥的景观不仅有自拍,还有各种商品、景点的影像。通过直白的图像符号,现代人得以实现社交中的自我呈现,从而实现现代人关于理想自己的表达。然而,当人们沉溺图像中,乐此不疲,希望通过虚拟图像代替现实中的自己之时,作为客体的图像反而隐藏了作为主体的人,成了人的主宰。这时,一种新的拜物教——图像拜物教诞生了。图像拜物教崇拜的不仅是图像,更是图像内容所代表的符号。显而易见,图像中经过美化的自己、昂贵的商品才是人们所真正追求的。因此,图像拜物教归根到底还是商品拜物教,是其在互联网时代的新表征。

今天,读图时代,图像无处不在,图像拜物教也如影随形。互联网中图

---

① [法]居伊·德波. 景观社会[M]. 王昭风,译. 南京:南京大学出版社,2006:174.

② 芮必峰,彭志翔. 朋友圈景观与现代人的精神分裂——以七夕的微信朋友圈为例[J]. 新闻界,2017(1):85.

像景观的堆积,激发人们对各式商品的欲望。比如,朋友圈的自拍不仅激发观众对于手机像素、美图软件的诉求,也激发了对于服饰、首饰等的追求;而晒出来的各种名牌商品更是直接刺激观众对品牌的想象。

　　生活在图像霸权的意识形态中,人们热衷晒图,享受晒图带来的成就感和满足感。这些成就感不是来源于图像本身而是其背后的符号价值,即商品价值。无疑,人们的欲望依赖于图像的抒发,又通过物化的图像展示出来,而本该作为图像主宰的人类则沦为附庸,成为异化的人。

媒介叙事与形象建构

Stylistic Analysis on Political News from Associated Press and Agence France–Press （美联社和法新社政治类新闻报道文体特征的比较研究）

吴　潇　北京外国语大学

Abstract：This paper chooses ten pieces of political news reports from AP and AFP respectively concerning five political events as two corpora to make a stylistic analysis on linguistic features of political news from the two news agencies. The analyzing process includes graphological level, lexical level, syntactic level, and semantic level with detailed analysis on each level. In order to have a quantitative study on the two corpora, the paper uses the software Wordsmith to calculate relevant statistics in need. The results of analysis on the four levels show that there are both similarities and differences between political news reports from the two news agencies. The similarities, such as in reporting structure and paragraphing, are shared almost by most news media with similar style. The differences can be found on each level in the regard of some detailed aspects and the underlying reason might be associated with the native language background of journalist, stance of news agencies and others.

Key words：stylistics；political news；AP；AFP；linguistic features

I. Introduction

Stylistics is a subject which focuses on the characteristics of varieties of written text including news report by analyzing them in different language levels including phonology, graphology, lexicon, syntax, and semantics. News reports, as a special variety of language, can also be analyzed from stylistic perspective during which the underlying reasons of the results can also be inferred.

News agency is a distinguished kind of media which specializes in providing news to the other media such as Television Station, Radio, and Newspaper. As a result, the news reports from news agency are quite different from the others we often read. Among the three top international news agencies in the world, Associated Press (AP) and Agence France-Press (AFP) are renowned media in the United States and France respectively. However, the news reports, especially political news, from the two agencies are quite different in some aspects such as paragraphing, sentence patterning, etc. Therefore, it is meaningful to research the similarities and differences between the news reports from these two agencies. It can not only make us better realize the different methods in writing and reporting news but also help us in understanding political news from news agencies.

II. Literature Review

A. Development of Stylistic Analysis

1. Stylistic Research in the West

Stylistics is a subject derived from style, which has several definitions. David Crystal and Derek Davy(1969) gave four commonly senses of "style". It may refer to speech and writing habits of one person's language; it may refer to the language habits of a group of people at a point of time or during a period; it may refer to an expression evaluating a person's spoken or written language; it may also refer solely to literary language.

In 1882, the word "stylistics" first appeared in French scholar Charles Bally's book *Traite de Stylistique Francaise* which was published in 1909 and is often regarded as a landmark of modern stylistics. As the student of the famous modern linguist Ferdinand de Saussure, Bally reconsider traditional rhetoric more scientifically and systematically base on structural linguistics by Saussure. Linguists studying stylistics at Bally's time focused on oral discourse. Bally believed that there was usually an "overtone" which indicated different "feelings" in addition to the denotative meaning of language.

The German scholar L. Spitzer(1887-1960), considered as the "father of literary stylistics", was the first person who analyzed literary works from a stylistic perspective. Stylistics developed slowly and was only confined to the European continent during 1930s to 1950s. The Russian and French formalists, the Prague School, and stylisticians such as E. Auerbach, J. Marouzeau emerged at that time and contributed to the development of stylistics.

Modern stylistics has become prosperous from the end of the 1950s to the present time. In 1960s Formalist Stylistics was popular and books like *Style in Language*(1960) written by Sebeok T. A. and *The Five Clocks*(1962) written by Joos M. appeared. Functionalist Stylistics predominated the period of 1970s. Books in that times includes Chatman's *Linguistic Style: A Symposium* (1971) and Turner's *Stylistics* (1973). Discourse Stylistics flourished during 1980s such as *Style in Fiction*(1981) written by Leech G. N. and M. H. Short, while in 1990s the Socio–Historical Stylistics or Contextualized Stylistics developed quickly.

Stylistics got further development in the new century when it became a main subject or course of research in the department and institute of language, literature and linguistics around a lot of universities in the world. Semino E. and J. Culpeper's *Congnitive Stylistics – language and Congnition in Text Analysis* (2002) and Simpson P. 's *Stylistics: A Resource Book for Students*(2004) are representatives of the achievements of stylistics in the news and reflect the trend of stylistic development at the beginning of the new century.

2. Stylistic Research in China

It can be viewed that Chinese stylistics began to develop as far as in the Southern Dynasty when a work of literary criticism–*The Carving of the Literaty Mind* by Liu Xie appeared. Then there were the generic classification of the Tang poetry, the Song prose poems, the Yuan verse poems, and the Ming and Qing novels.

The study of modern Western stylistics in China started from the founding of People's Republic of China when scholars like Wang Zuoliang, Xu Guozhang, Xu Yanmou, and Yang Renjing began to study stylistics in its modern sense. Some articles on stylistics got published from 1949 to 1976 and the first of them is Wang Zuoliang's article entitled "On the Study of English Style" (1980). During that period, the number of published articles concerning stylistics was no more than 30 and there was almost no academic works or textboos on modern stylistics.

Modern stylistics has developed more quickly from 1977 up to the present time during which Wang Zuoliang took the lead in the research of modern stylistics. More and more academicworks concerning stylistics published such as *Papers on English Stylistics* (1980) written by Wang Zuoliang, *A Survey of Stylistics* (1986) written by Qin Xiubai, *English Stylistic Analysis* (1998) written by Guo Hong, *Stylistic Analysis of Varieties of English* (2006) written by Dong Qiming, etc.

The founding of the Chinese Association of Rhetoric in 1980 marked the new era of Chinese stylistics research, while the funding of China Stylistics Association in 2004 in Henan University marked the new era of studies of Western stylistics in China. In addition, the International Stylistics Conference held in Tsinghua University in June 2006 further indicated the development and achievement of stylistics in China.

B. Research on Journalistic English

Journalistic English is a variety of English which has its own style and should be in line with the requirement of news writing and reporting. The language of journalistic English can be used in newspaper, magazine, radio, television, cable news and news agency. In the book entitled *A Classified Dictionary of Media English* published by Foreign Language Teaching and Research Press of China, journalistic English was divided into eight parts——politic, military, law, economic, culture and society, education, sport, technology. Zhang Delu (1992) described news reporting as the most familiar type of writing in modern society. Scholars both in China and around the world have paid attention to the research of journalistic English.

The study and research of journalistic English in the west is quite earlier than that in China. David Crystal and Derek Dave (1969) gave a brief definition of journalistic English as English used in newspaper and magazines in a broad sense which focuses on the central function of a newspaper in their book *Investigating English Style*. They also made stylistic analysis on two pieces of news in the book in the regard of four stylistic levels——phonology, lexicon, grammar, semantics. Allan Bell began to study journalistic English in 1970s and published a book entitled *The Language of News Media* in 1991 in which he made an analytical framework. He also discussed some professional issues of journalism in the book such as news reporting and editing, audience's need, etc. Mencher (1987) revealed the craft and ethics of journalism in his book *News Reporting and*

Writing. Then there are a lot of works which are interested in the style showed in journalistic English and the rhetoric devices in news report such as *News Writing and Reporting for Today's Media* (1991) by Bruce and Douglas, *The Newspapers Handbook* (1998) by Richard, and *News Talk: Investigating the Language of Journalism* (2010) by Colleen Cotter.

Chinese scholars have also researched journalistic English and contributed to its development. Wang Zuoliang and Ding Wangdao (1987) made a discussion of news style in their book An Introduction to English Stylistics. Zhang Delu (1998) used a systemic functional theory to analyze the stylistic features of journalistic English regarding lexical, grammatical, semantic and text level. Yao Lijun (2001) made a comparative and contrastive analysis on news reports in Chines and English. Xu Youzhi (2005) not only made a stylistic analysis on two pieces of news reports but also introduced the stylistic features of newspaper reporting. Zhang Jian (2006) made a study and analysis on stylistic features of news concerning different field such as economy, politic, culture, technology, etc. Qian Yuan (2006) listed three aspects of language features frequently found in news reporting——graphological devices, syntactic markers, and lexical markers in his book *Stylistics: A Coursebook for Chinese EFL Students*. Dong Qiming (2009) analyzed stylistic features of the English of news reporting in his book in graphological, lexical, syntactic, and semantic lavels. Zhang Xue made a comparative study on stylistic features of online news reports by *China Daily* and *Reuters*. Li Yuwei (2014) made a comparative study on sports news in English from stylistic perspective based on 2012 London Olympics Reported by *China Daily* and *New York Times*.

C. Main Concerns of English Political News

Political news refers to the news reporting political events, government attitude, diplomatic activities, impeachment or protest, etc. Many studies have been made on political news from various perspectives by different methodologies.

The study on political news discourses can be traced back to 2004 when Yang Xueyan applied Halliday's Systemic Functional Grammar to analyze the features of English international political news discourses in the article *The Stylistic Features of English International Political News*. Zhu Lixuan (2005) made a contrastive analysis on political news reports from *The Times* and *China Daily* and focused on the realization of interpersonal functions of mood in political news reports. Duan Jing(2005) analyzed Western political news discourses by making a critical discourse analysis from the perspective of lexical process, syntax, transitivity and implicature. Hui Changzheng(2006) studied English political news applying Fairclough's three dimentional model of critical discourse analysis. Xie Yan(2006) made a tentative comparison of speech reporting in Chinese and English political news. Zhuang Liying(2007) paid attention to the rhetoric devices in news reports and focused on metonym in English political news. Shao Hong (2008) researched on the nominalization in international political news reports in newspapers. Yang Qi(2013) made a contrastive analysis on Engagement resources in English and Chines political news.

III. Stylistic Analysis on Political News from AP and AFP

A. On Graphological Level

Graphology refers to the physical characteristics and patterns of handwriting which can be used to analyze the writer's intention. Various skills in this aspects can be utilized for communicative purposes such as spelling, capitalization, and punctuation. Graphological features of news are quite conspicuous that almost everyone could find some characteristics when reading news on newspaper or website. The correspondents and editors often use some graphological devices to catch the readers' attention and to stress what they think is important. This paper focuses on three of those devices——paragraphing, punctuation and format design to analyze and compare graphological features of political news reports by AP and AFP.

1. Paragraphing

Paragraphing is a graphological device referring to how the paragraphs in the text are arranged and organized in order to achieve the writer's aim. It can be easily found that almost all the English news reports including political news follow one principle——to make paragraphs short. Differing from that in Chinese news, paragraphs in English news reports are often shorter which consist of only one to two sentences. Maybe it is because the journalists in English media think short paragraphs could promote reading and more space can leave better enjoyment. Political news reports by AP and AFP are of no exceptions.

Sample 1:

Serbians went to the polls Sunday to elect a new president, with strongman Aleksandar Vucic hoping to tighten his grip on power amid opposition accusations he is shifting the country to authoritarian rule.

Vucic, the 47-year-old prime minister, is hoping to clinch more than 50 percent of the ballot, winning a five-year mandate as president outright.

(AFP, April 2, 2017)

Sample 2:

Serbs voted Sunday in a presidential election that was a test of their powerful leader's authoritarian rule amid growing Russian influence in the Balkan region.

Prime Minister Aleksandar Vucic, a former ultranationalist now a declared pro-European Union politician, is slated to win the presidency by a high margin against 10 opposition candidates, including a parody candidate who is mocking the country's political establishment.

(AP, April 2, 2017)

The two examples above are some paragraphs chosen from two pieces of political news reported respectively by AP and AFP about the same story. It can be easily found that the paragraphs are all short and consists of no more than two sentences.

The paper collects several pieces of news from the two news agencies reporting the same stories and calculate the number of word, sentence and paragraph and the results are as follows.

Table 1　Average Paragraph Length of the Two News Agencies

	AP	AFP
News	5	5
Paragraphs	80	104
Sentences	113	113
Words	2741	2536
Average News Length	16 paragraphs	20.8 paragraphs
Average Paragraph Length	1.41 sentences	1.08 sentences
	34.26 words	24.38 words

From the table above it can be noticeably found that there are differences between the two news agencies in the regard of paragraphing. As for the same stories, AP tends to use less paragraphs but more words than AFP so that the average news length of AFP is 20. 8 paragraphs which is more than that of AP. As a result, the average paragraph length of AP is much longer with 1. 41 sentences and 34. 26 words per paragraph, while the number of AFP is 1. 08 sentences and 24. 38 words per paragraph.

It might be concluded from the samples and data thatthe two news agencies both prefer to use short paragraphs with no more than two sentences in each paragraph when reporting political news and AP tends to use longer paragraphs and longer sentences in its political news reports than AFP. However, AFP often employs very short sentence and paragraph in its political news reporting with almost one sentence in each paragraph. The political news reports from AFP, to some extent, are much more convenient for readers to read and receive relevant information because the paragraphs and sentences are shorter which are suitable for most readers. The reason behind the difference may be partly attributed to the groups of reads of the two news agencies. AP is the most important news agency in the United States where people are mainly native English speaker though it is an international news agency. As for them, to read long sentences is not a big problem and they could get the information easier when reading news report. However, AFP is an international news agency in France where most people are French speakers. The group of readers of AFP are mostly non-native English speakers so short paragraphs could promote reading for them.

2. Punctuation

Punctuation is a necessary part in almost every language which could express some feelings and achieve some effects that words could not do. According to the ten pieces of news from AP and AFP, the use of punctuations can be presented below.

Table 2　Ratio of Punctuation Marks to Number of Words

	AP	AFP
Total punctuation marks	443	473
Total words	2741	2536
Ratio	16. 16%	18. 65%

As is shown in the chart above, the use of punctuation are very similar between the two news agencies with small difference. Among the ten pieces of political news reported by them, journalists of AP used altogether 443 punctuations while the number of AFP is 473. When comparing to the number of total words, the ratio of punctuation marks to number of words are 16. 16% in AP and 18. 65% in AFP.

According to the results, AFP might be more flexible in news writing and editing since news reports from the agency tend to employ more punctuations to achieve the effects so that it can be understandable to readers. However, news reports from AP tend to be more professional in language and use written English in a careful way though that may make readers a little difficult to absorb the information. Journalism in political area often involve some political terms and interviews of politicians so that various kinds of punctuation marks need to be used in the news reports. To further explore the punctuation shown in the political news, the frequencies of occurrence of every punctuation marks in the ten pieces of political news are shown as following table.

Table 3　Number of Times Punctuations Appear

	AP	AFP
Comma	130	143
Period	141	132
Quotation Mark	63	80
Hyphen	31	58
Single Quotation Mark	67	36
Semicolon	0	0
Parenthesis	2	16
Question Mark	0	0
Dash	4	4
Colon	2	3
Exclamation Mark	2	0
Ellipsis Mark	1	1

Table 4　Appearing Frequencies of Punctuations Marks

	AP	AFP
Comma	29. 35%	30. 23%
Period	31. 83%	27. 91%
Quotation Mark	14. 22%	16. 91%
Hyphen	7%	12. 26%
Single Quotation Mark	15. 12%	7. 61%
Semicolon	0	0
Parenthesis	0. 45%	3. 38%
Question Mark	0	0
Dash	0. 9%	0. 85%
Colon	0. 45%	0. 63%
Exclamation Mark	0. 45%	0
Ellipsis Mark	0. 23%	0. 21%

It is clearly shown in the table that comma and period appear most frequently in the political news reports of both the two news agencies with the largest percentages. Quotation marks and single quotation mark also contains an important part of percentage. However, semicolon and question mark never appear at least in the ten samples. AP tends to use more single quotation mark with a number of 67 than AFP whose number is 36 and the number of parenthesis in AFP is 16, much more than that in AP.

Comma and period are highly used not only in the process of journalism of the two news agencies but also in the daily life while writing all kinds of text. According to the data, AP tend to use more period than comma while AFP is just on the contrary. It may partly indicate that sentences in political news from AP are mostly long and complete while AFP tend to use smaller sentences because commas mark short break of a complete sentence. Apart from the two common punctuations, quotation mark is quite important in political news writing and reporting. When it involves the position or statement of a person or a country, it is very necessary to use direct quotation so that readers could get to know what were actually said. For example：

Sample 3：

"I really hope that with these elections, Serbia will carry on toward its further stability with full support of its government, "Vucic said as he cast his ballot. "I don't know if I'll win, but I truly hope that those who want to destabilize Serbia will not succeed. "

(AP, April 2, 2017)

Sample 4：

"Well, if China is not going to solve North Korea, we will. That is all I am telling you, " he said in an interview with the Financial Times of London.

(AFP, April 3, 2017)

The two paragraphs above are both real comments of politicians which were cited by the journalists in their news reports. Vucic expressed in his remarks that he hope the country could be more stable and Trump told Financial Times that he will deal with the problem of North Korea himself if China does not solve it. They use quotation marks to present the direct quotation so that the news can be more vivid, real, popular and convincible.

Dash, although not used very frequently, is also important for news writing. Dong Qiming (2009) indicated the three functions of the mark——to indicate an abrupt break in a sentence, to set off a summary or a long appositive, and to set off strongly parenthetical expressions. The second function can be embodied in political news writing more often. For instance：

Sample 5：

Haley deemed that measure——which was in keeping with UN sanctions against North Korea over its nuclear program and missile program—— insufficient, saying that coal is "going in other ways".

(AFP, April 3, 2017)

Dash in the paragraph above well present a long appositive of the word "measure" so that readers could know at once what the measure is.

As for other punctuations, they were rarely seen in political news reports of the two news agencies which are employed in specific purpose, just like using that in some other literary writing process.

3. Format Design

Format design concerns the organization and arrangement of the format of the web page or newspaper. When reading news reports from a newspaper as well as the official website of news agencies，it can be found that there are some distinguished or common features in the regard of format design. AP and AFP have their characteristics in this aspect and this paper focuses on the format of their online pages since they are the main platforms and outlets of the two news agencies.

The paper collect the home pages of the two news agencies and the pages of 20 pieces of news from them and the screenshots are as follows.

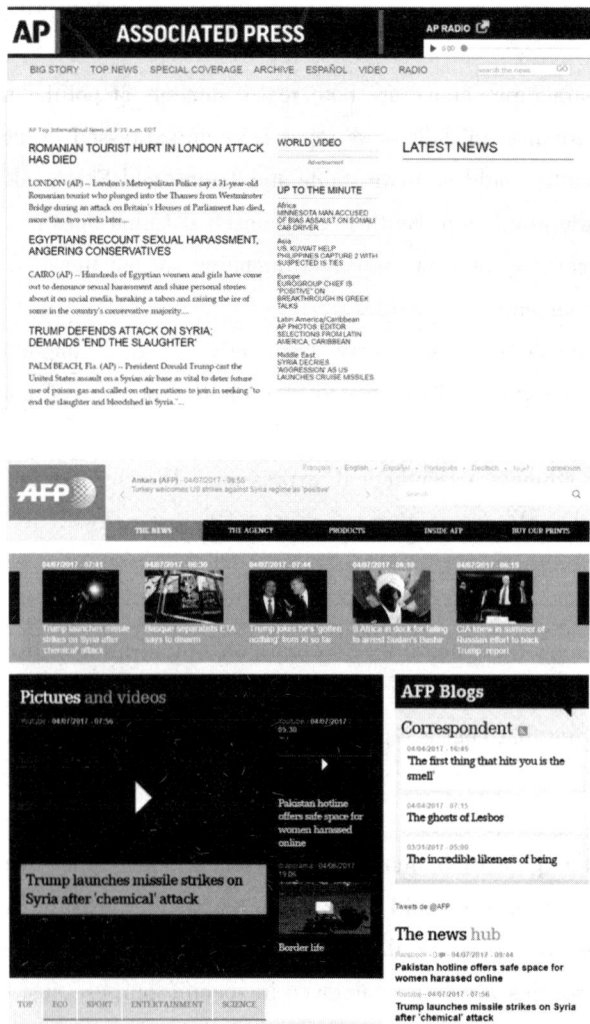

The most prominent difference between the pages of the two news agencies is the use of pictures. AFP tend to use more pictures and videos along with words while AP appears use only words without any pictures on the home page. Maybe it is because AFP hold the view that pictures can well show the vivid scene of a story and attract reader's attention.

Another difference between the home pages of the two news agencies is the capitalization of words and letters. All letters of headlines in AP are capitalized while AFP just capitalize the first letter of the first letter of the first word and some special words. The two ways of capitalization are both feasible because capitalizing all letters can stress the highlight information of the story and the latter one makes the headline more readable.

The last difference is thatthe main color of AP home page is purple while that of AFP is blue.

When clicking into a concrete piece of news, the styles of the two news agencies are also quite different with very few similarities. Both of them consist of headlines, lead, body and pictures as well as some other elements.

According to the screen shots above of two pieces of news from the two news agencies, the main difference is that AFP tend to put the body of the news report into a very narrow space with small font while the words in AP news are larger and quite suitable for readers to read.

B. On Lexical Level

Lexical analysis of the given text mainly focuses on the art of choice of words. How to use words to well describe the fact and express opinions and make it easy for readers to understand is a question that every political journalist should consider. To discuss the lexical features of political news reported by the two news agencies, the following aspects are necessary to consider: word length, word complexity, vocabulary diversity, and the use of compound and abbreviation.

1. Word Length

Word length is one of the most important factors to analyze the stylistic features of given texts in lexical regard. It can be associated with readability and difficulties of understanding for the groups of reader.

It seems a very conspicuous principle that news reports tend to use short word. It can be easily found that short words are mostly seen in news than the longer ones of their synonyms. For example, aid is more popular than assistance; ban is more common than prohibition; link is used more often than connect.

Sample 6:

Trump son-in-law, top aid Jared Kushner on visit to Iraq

(AFP, April 3, 2017)

The above is a headline of a political news report from AFP. The word "aid" well show the choice of word when the journalist was reporting the story. He used "aide" rather than "assistant" maybe because the word is shorter so that it can save more space for the webpage and it can be more readable.

To compare the length of words in political news reports of the two news agencies, the paper calculates length of all the words in the ten pieces of news and the results are shown as follows. Generally the number of syllables in the texts is calculated to analyze the lexical features. Since the method will be used in the latter section to discuss word complexity, here the number of letters is calculated.

Table 5   Distribution of Different-Length Words

	AP	AFP
1-letter-words	151	75
2-letter-words	399	408
3-letter-words	466	386
4-letter-words	405	372
5-letter-words	388	322
6-letter-words	282	248
7-letter-words	241	250
8-letter-words	160	148
9-letter-words	162	127
10-letter-words	96	87
11-letter-words	24	27
12-letter-words	24	18
13-letter-words	6	5
14-letter-words	7	2
15-letter-words	0	1
16-letter-words	1	4
17-letter-words	0	2
Average Word Length	4. 88 letters	4. 95 letters

It is clearly shown in the chart above that three-letter-words are mostly appeared in political news reporting of AP while AFP tend to use mostly two-letter-words. In addition, the two news agencies' top three frequently used words are both two to four-letter words and the average word length of them are respectively 4. 88 letters and 4. 95 letters.

According to the average word length, the two news agencies are both used to employ short words and AFP might use longer words than AP in general in that the use of one-letter words of AFP is almost half of that by AP and it has distribution in the length of one to seventeen letters while AP has no distribution in fifteen and seventeen-letter words. The reason might be that AP is a news agency in a native English speaking country. Native English speakers are quite flexible in using short and powerful English words to achieve the goal of briefness and conciseness in political news reporting.

2. Words of Top Frequency

By counting the frequency of words in a given text, the style and formality of the corpora can be analyzed. Various texts have different characteristics in this regard. For example, political words and terms may appear more often than others in political news reports and closed-class words might be more than open-class words. By the help of the software Wordsmith, the frequency of words was calculated and the following table shows the top 30 frequent words in the ten pieces of political news from the two news agencies.

Table 6　Top 30 Words in the Two Corpora and Their Frequency of Occurrence

Rank	AP	Times	AFP	Times	Rank	AP	Times	AFP	Times
1	The	152	The	135	16	Has	18	North	19
2	A	71	To	78	17	Was	17	Vucic	19
3	To	71	A	72	18	Had	15	His	15
4	Of	61	Of	65	19	North	15	Korea	15
5	And	60	In	59	20	Trump	15	Be	14
6	In	60	That	34	21	China	14	At	13
7	He	34	And	33	22	Been	13	By	13
8	That	34	Has	26	23	Would	13	Opposition	13
9	With	32	He	25	24	An	12	Percent	13
10	Said	30	Is	25	25	At	12	Was	13
11	By	26	On	24	26	From	12	Year	13
12	On	24	Said	22	27	Lasso	12	But	12
13	His	21	With	21	28	Will	12	President	12
14	For	20	An	19	29	About	11	United	12
15	Is	20	For	19	30	Korea	11	Have	11

It can be easily detected from the above that the two corpora have some similarities and few differences. "The" serves to be the most frequent word in both corpora. It is a definite article which is used at the beginning of noun groups to refer to someone or something. Undoubtedly, it is an important word in English so that it is mostly seen in almost all kinds of texts.

According to the chart, closed–class words are more frequent than open–classed words. It is a normal phenomenon in English since closed–class words are core content words including articles, conjunctions, prepositions, etc. AFP seems to use fewer closed–class words than AP which means political journalists from AFP use fewer common core English words.

The third person words "he" and "his" are in important position both in the two corpora and they appears more frequently than the first person and the second person words. This might be attributed to the objectiveness of news reporting. It is one of the most important principles in news writing and reporting and the journalists need to be as objective as possible so that "he" and "his" are used very often. What's more, the word "I" is often used in direct quotation. As political news reports, political words must be in the top frequency table of words such as "Korea", "president", "China", etc.

3. Vocabulary Diversity

Vocabulary diversity refers to the extent of vocabulary variety of the two corpora. Here the Type Token Ratios of them are calculated during which it is needed to count the word types and word tokens first. This index can be analyzed in considering how many varieties of a word there in the two corpora. The paper collect the statistics with the help of Wordsmith. The higher the ratio is, the more diversified the vocabulary is.

Table 7　Vocabulary Diversityof the Two Corpora

Corpora	AP	AFP
Word Types	1079	1007
Word Tokens	2785	2591
Type/Token Ratio	39%	39%
Standard Type Token Ratio	49.55%	48%

According to TTR of the two corpora, they are highly identical in the regard of vocabulary diversity. The Type Token Ratios of both corpora are 39% while the Standard Type Token Ratios of them are respectively 49.55% and 48%. As a result, the different forms of words in political news from AP and AFP are less than that of Standard Type Token Ratio. In other word, political journalists from the two news agencies tend to use less various words. Since the Standard Type Toke Ratio of AP is a little higher than that of AFP while the TTR of the two corpora are the same, the vocabulary of AFP is a little more diversified.

4. Word Complexity

Word complexity is a factor used to see whether a word is a simple word or a complex word. Using complex word in a text can make it more formal and more serious while simple words can make it more understandable and comprehensive. To discuss word complexity here defines the words which has more than three syllables as "hard word" and the results of the two corpora in this regard are in following table.

Table 8   Word Complexity of the Two Corpora

	AP	AFP
Number of Hard Word	84	95
Number of Word	2741	2536
Percentage of Hard Word	3.06%	3.75%

From the chart above the percentages of hard word in the two corpora are both between 3% and 4% and AP tend to use less hard word than AFP. To make it easy to read, news reporting often prefer to choose easy and brief words rather than hard and complex words so than the news can be more understandable for readers. To some extent, 3.06% and 3.75% are very low percentage comparing to that of legal documents, novels or other varieties of texts. However, it seems that AP is more flexible in and good at using short word to replace complex word than AFP because the percentage of hard word in the political news reports from AP is a little lower than that of AFP.

C. On Syntactic Level

Syntax is the rule to link words into a sentence. Syntactic analysis is focusing on the sentence in the given text, including clause type, group type, sentence length and other aspects.

1. Sentence Length

The length of sentence can indicate, to some extent, the complexity of sentence of given corpora. Long sentence and short sentence have their own features and function in English in that long sentences are often used in formal and serious occasion while short sentences embodiescasualness and briefness. In general, it is better for news reporting to use short sentence so that it is accessible to most readers. However, their also some long sentences in English news reports because clauses are good choice for journalists to further explain things or link them with other relevant information. By counting the number of words and sentences of the two corpora we can calculate the average sentence length and the results are as follows.

Table 9   Average Sentence Length

	AP	AFP
Number of Sentences	113	113
Number of Words	2741	2536
Average Sentence Length	24. 26 words	22. 44 words

As is shown in the table, as for the same news stories the two news agencies almost use the same number of sentences with a little difference in the number of words. AP uses 2741 words and AFP uses 2536 words so that the average sentence length of them are 24. 26 words and 22. 44 words respectively. According to the results, the average sentence length seems two words longer than that of AFP in political news reports. To explore the underlying reason, it can be inferred that political journalists in AP might seek to include more information in one sentence or they are better at using complex syntactic structure when writing news. For example.

Sample 7:

Prime Minister Aleksandar Vucic, a former ultranationalist now a declared pro-European Union politician, is slated to win the presidency by a high margin against 10 opposition candidates, including a parody candidate who is mocking the country's political establishment.

(AP, April 2, 2017)

Sample 8:

Vucic, the 47-year-old prime minister, is hoping to clinch more than 50 percent of the ballot, winning a five-year mandate as president outright.

(AFP, April 2, 2017)

The two sentences above are respectively chosen from the political news from AP and AFP reporting the same story. It can be clearly detected that AP tends to include more information. The structures of the two sentences are highly similar which consist of a main sentence, an appositive and a prepositional phrase. However, in the sentence of AP, the appositive and prepositional phrase contain more words and that that of AFP so that it can present more information.

2. Tense

The news reports has its own features in tense. Most of news reports use past tense since a large number of story reported by journalists happened in the past. However, in order to make the reports fresher and present them to readers timely, simple present tense is also often used by journalists. Particularly, there is a type of news which foresee and predict things happened in the future so that journalists need to take simple future tense or use words like "to" to indicate the future tense especially in headlines. Of course, the other tenses are used if it is necessary in certain situations.

Sample 9:

Moreno, meanwhile, said he would start work immediately on his transition. With Correa standing behind him, the two joined supporters in singing leftist classics in an outdoor rally.

(AP, April 3, 2017)

Sample 10:

Trump says US is ready to act alone on North Korea.

(AP, April 3, 2017)

Sample 11:

The Mar–a–Lago meeting will be the two leaders' first face–to–face encounter.

(AFP, April 3, 2017)

The examples above are respectively past tense, simple present tense and simple future tense.

D. On Semantic Level

Semantic level refers to the analysis of the meaning the writers intend to express. Halliday(1976) holds the view that a text is a semantic unit of meaning rather than just a string of sentences. In most cases, the authors would attempt to achieve the effect of cohesion when writing their works. News stories are description of facts and events so it is also important to be cohesive. What's more, as a special variety of written English, news report has its own features in semantic regard.

1. Cohesion

Cohesion is the artistic writing method to make elements in the texts be arranged and connected into a logic order and form a semantic unit. Halliday and Hasan(1976) firstly gave the definition of cohesion as a continuity that exists between an element in the text and some others that is crucial to the interpretation of it. Cohesive devices can be found in the texts such as "what's more", "in addition", etc.

News reports has its own features from the perspective of cohesion. Most of English news reports follows similar structures. Journalists always put the most important and attractive information, the summary of the story, or the latest progress of a big event at the very beginning of the whole passage. Then the facts with less importance and supporting details are stated right after the lead. The left section contains background information of the story or introduction of persons involved. This logic order of arranging information might well reflect the reading habits of English readers. When reading a piece of news, they may want to get the most striking and important information at first and then get known to the details and background. The ten pieces of political news reports from AP and AFP are all obeying this rule.

2. Format of News

All news reports consists of headline, lead and body. Writing headline for a news story is an artistic and important job since the headline directly decide whether the readers have desire to click into the news to know detailed information. In order to not only best describe the story or express the opinion, headlines need to be brief, striking, vivid, eye – catching, and interesting sometimes. Some even describe headline as the "soul" of news reports.

Sample 12:

Serbia's powerful PM favored to win presidential election

(AP, April 2, 2017)

Sample 13:

Serbia PM bids for presidency, opposition fears one-man rule

(AFP, April 2, 2017)

Sample 14:

Trump says US is ready to act alone on North Korea

(AP, April 3, 2017)

Sample 15:

US urges China to take action against North Korea

(AFP, April 3, 2017)

Sample 16:

Official: Trump senior adviser Jared Kushner travels to Iraq

(AP, April 3, 2017)

Sample 17:

Trump son-in-law, top aide Jared Kushner on visit to Iraq

(AFP, April 3, 2017)

Sample 18:

3 dozen reported arrested in Moscow protest attempts

(AP, April 3, 2017)

Sample 19:

Police detain dozens at Moscow opposition protest

(AFP, April 3, 2017)

Sample 20:

Leftist claims win in Ecuador election, rival cries foul

(AP, April 3, 2017)

Sample 21:

Ecuador opposition candidate alleges fraud

(AFP, April 3, 2017)

From the examples above, we may draw the conclusion that AFP tends to use shorter headlines than AP; words like articles, linking verbs are omitted and prepositions are commonly used in the headlines; short, powerful words like "aide", "fraud", "claim", "detain" are often used in headline.

Lead is a brief summary of the story and gives the gist of the whole event in one to two sentences at the beginning of the passage. From traditional perspective, the lead needs to answer the five questions of who, what, when, where, and why. However, with the development of media outlet and change of reading habit of readers, more and more journalists tend not to use the traditional way to write news lead. They put the most highlighting and shining point of the news event at lead so that it can attract readers to continue to read the body of the reports to get detailed information.

Sample 22：

Serbs voted Sunday in a presidential election that was a test of their powerful leader's authoritarian rule amid growing Russian influence in the Balkan region.

（AP, April 3, 2017）

Sample 23：

President Donald Trump says that the United States is prepared to act alone if China does not take a tougher stand against North Korea's nuclear program.

（AP, April 3, 2017）

The two examples are respectively taking the traditional and new way of writing lead. The former one almost answered all the five question and normally stated the truth while the latter chose the most shocking fact in the news to be the lead. President Donald Trump's remark about acting alone against North Korea's nuclear program is definitely the most eye-catchinginformation so it is no need to answer all the five questions in lead.

The body is the main part of news reports which contains a great many information. Journalists from AP and AFP as well as other news agencies use inverted pyramid method in most cases. In this method, facts are arranged in descending order of importance and then the supporting details. Political news reports seems to obey the inverted pyramid structure more strictly and the ten pieces of political news in the two corpora all take this method.

IV. Conclusion

A. Major Results

On graphological level, the two news agencies both prefer to use short paragraphs with no more than two sentences in each paragraph when reporting political news and AP tends to use longer paragraphs and longer sentences in its political news reports than AFP. AFP might be more flexible in news writing and editing since news reports from the agency tend to employ more punctuations to achieve the effects so that it can be understandable to readers. However, news reports from AP tend to be more professional in language and use written English in a careful way though that may make readers a little difficult to absorb the information. AFP tend to use more pictures and videos along with words while AP appears use only words without any pictures on the home page. All letters of headlines in AP are capitalized while AFP just capitalize the first letter of the first letter of the first word and some special words. The main color of AP home page is purple while that of AFP is blue. AFP tend to put the body of the news report into a very narrow space with small font while the words in AP news are larger and quite suitable for readers to read.

On lexical level, the two news agencies are both used to employ short words and AFP might use longer words than AP in general. "The" serves to be the most frequent word in both corpora. Closed-class words are more frequent than open-classed words. The third person words "he" and "his" are in important position both in the two corpora and they appears more frequently than the first person and the second person words. In addition, the vocabulary of AFP is more diversified. News reporting often prefer to choose easy and brief words rather than hard and complex words so than the news can be more understandable for readers. AP is more flexible in and good at using short word to replace complex word than AFP.

On syntactic level, the average sentence length seems two words longer than that of AFP in political news reports. Most of news reports use past tense and, in order to make the reports fresher and present them to readers timely, simple present tense is also often used by journalists and they need to take simple future tense or use words like "to" to indicate the future tense especially in headlines.

On semantic level, the ten pieces of political news reports from AP and AFP are all obeyingcohesive principle. AFP tends to use shorter headlines than AP; words like articles, linking verbs are omitted and prepositions are commonly used in the headlines; short, powerful words like "aide", "fraud", "claim", "detain" are often used in headline. More and more journalists tend not to use the traditional way to write news lead. They put the most highlighting and shining point of the news event at lead. Journalists from AP and AFP as well as other news agencies use inverted pyramid method in most cases.

B. Significance and Suggestions

By analyzing stylistic features of political news reports from AP and AFP, the paper got some conclusions in different levels. It not only help us better understand writing styles of the two news agencies but also give us inspirations in news writing and reporting. When reporting political news, journalists need to observe linguistic rules and principles to make the news stories better to understand and know the reading habit of readers to change some of their writing methods so that the news reports can be more suitable for most readers.

References：

［1］王立非,梁茂成. WordSmith 方法在外语教学研究中的应用［J］. 外语电化教学,2007.

［2］杨雪燕. 国际政治新闻英语的文体特征［J］. 外语研究,2004.

［3］胡文仲,吴冰. 英语文体学引论(新)［M］. 北京:外语教学与研究出版社,2010.

［4］钱瑗. 实用英语文体学［M］. 北京:外语教学与研究出版社,2016.

［5］董启明. 新编英语文体学教程［M］. 北京:外语教学与研究出版社,2008.

［6］Agee Warren K. ,Ault Philip. H. *Reporting and Writing the News* ［M］. New York：Harper & Row Publishers,1983.

［7］ Bell, Alan. *The Language of News Media* ［M］. Oxford：Blachwell,1991.

［8］ Berner R. Thomas. *Language Skills for Journalists* ［M］. Noston：Houghton Mifflin,1979.

［9］Carina Jacobi,Katharina Kleinen-von Königslöw,Nel Ruigrok. *Political News in Online and Print Newspapers* ［J］. *Digital Journalism*,2016.

［10］Crystal D. *Investigating English Style*［M］. London：Longman,1969.

［11］Meiling Zhang. *A Critical Discourse Analysis of Political News Reports* ［J］. *Theory and Practice in Language Studies*,2014.

［12］ Halliday M. A. K, R. *Hasen. Cohesion in English* ［M］. London：Longman,1976.

［13］ Joanna Thornborrow. *Patterns in Language：Stylistics for Students of*

Language and Literature ［M］. Foreign Language Teaching and Research Press,2004.

［14］ Li Pei. *Stylistic Analysis on Online News Story Comments*［J］. 海外英语,2013.

［15］ Maria Touri, Nelya Koteyko. *Using Corpus Linguistic Software in the Extraction of News Frames：Towards a Dynamic Process of Frame Analysis in Journalistic Texts* ［J］. *International Journal of Social Research Methodology*, 2015.

［16］ Xu Wenmei. *A Study of Styistic Features of English News Headlines* ［J］. 英语广场(学术研究),2012.

［17］ Yon Soo Lim. *Semantic Web and Contextual Information Semantic Network Analysis of Online Journalistic Texts* ［D］. South Korea：Recent Trends and Developments in Social Software,2010.

［18］ Zhang Li. *Discourse Analysis of English New－A Contrastive Study of Stylistic Features of Straight News and News Features*［J］. 文学界(理论版),2010.

中国高铁的传播框架研究

——以 2006—2016 年《人民日报》报道为例

晏慧思　华中科技大学

摘　要：高铁不仅是一种交通工具，更是一种无形的传播手段。中国高铁如今已成为中国创造的"金字招牌"，在"走出去"的过程中对营造良好的国家形象和有影响力的国家品牌具有重要的促进作用。媒体是国内外受众了解中国高铁，传播中国高铁的重要渠道。本文通过对《人民日报》2006—2016 年共 11 年间的中国高铁报道进行内容分析，考察中国主流媒体传播中国高铁的框架，研究发现受国家利益、民族主义意识形态、媒介组织的性质和利益取向等诸多因素的影响，《人民日报》的中国高铁报道呈现出"国家品牌"框架、权威来源框架、程式化政绩宣传框架，中国高铁的负面报道呈现"舆论导向"框架，并对此提出反思建议。

关键词：中国高铁；《人民日报》；框架理论；国家形象

一、引言

20 世纪 90 年代我国开始自主钻研高铁技术，2004 年政府作出引入海外高铁技术的决策，短短 13 年间中国高铁实现"引进技术—中国制造—中国创造"的跨越式发展，成为代表中国综合国力和国家品牌的闪亮名片。但由于国外媒体歪曲报道"7·23 甬温线特别重大铁路交通事故"以及中国高铁技术专利在世界范围内存在争议，中国高铁声誉和形象受到严重冲击，为中国高铁产业实现进一步发展、走向国际市场带来不小挑战。

为了帮助中国高铁更好地发展，李克强总理曾在与英国、泰国等国家的国际贸易交流中主动推荐中国的高铁技术，中国高铁产业的发展不仅需要国家领导人的"卖力吆喝"，也需要社会各领域的支持，新闻媒体就是对外传播中不可或缺的帮手。媒体客观真实的报道和准确密切的关注不仅有利于国内外受众了解中国高铁的发展状况,也对塑造传播中国高铁积极正面的形象有很大帮助。本文通过分析《人民日报》2006—2016 年 11 年来的中国高铁的报道框架,考察中国主流媒体如何对内对外报道中国高铁这块中国创造的"金字招牌",为今后媒体如何传播中国高铁提供些许思考。

二、文献综述

1955 年,加拿大人类学家和心理学家 G. 贝特森最先提出"框架"的概念,认为框架是传受双方为了理解彼此的符号表达而相互规定的诠释规则。1974 年美国社会学家戈夫曼提出框架是人们用来认识和阐释外来客观世界的认知结构。[①] 20 世纪 80 年代开始,框架理论被引入新闻和传播研究领域,Gitlin(1980)指出框架是媒体基于客观现实,对繁杂、真假难辨的信息进行选择、限定、重组时使用的惯用规则。Entman(1997)则提出框架可分为媒体框架和受众框架,媒体通过框架有选择性地呈现事实并影响受众认识和解读现实,从而形成受众自我解读事件的框架。

国内外关于框架理论的探究主要可分为理论探索和实证研究两类。理论探索主要是建构框架的内涵、影响因素以及框架对新闻生产的影响,如T. Gitlin(1980)认为框架对新闻媒体的话语生产有较大影响,影响新闻框架形成的重要因素是意识形态。而国外最具代表性的实证研究是 Entman,R. M(1997)以美国主流媒体报道韩国 KAL 客机失事和伊朗航空 655 客机被击落的同期内容分析,发现不同的媒体完全采用不同的新闻框架,从而得出媒体的新闻立场、新闻事件与媒体所在国的利益关系会影响媒体的报道框架。国内的框架理论探索以实证研究为主,缺乏理论深度和高度,如吴国娟(2013)发现新华社对奥运会的报道采取了宽泛框架、本土框架和以主要事件为主的图式框架,这与新华社自身定位、新闻工作者的意识形态或政治倾向及迎合中国读者的心理等因素相关。

通过文献综述发现,框架理论下的实证研究多以突发性的灾难性事件、固定群体的人物形象或者大型活动作为研究对象。以中国高铁报道为对象的研究很少,仅有的一篇关于中国高铁报道的研究是借助大规模的语料库对中国高铁话语进行微观上的把握,没有进行系统深入的分析。因此本研究主要选取《人民日报》对中国高铁的新闻报道为研究对象,以框架理论为

① 郭庆光. 传播学教程[M]. 北京:中国人民大学出版社,2011:209.

理论支撑，运用内容分析法探究我国主流媒体报道中国高铁呈现怎样的框架并对影响因素进行分析。

三、研究方法

本文运用内容分析法对《人民日报》2006年1月1日至2016年12月31日的全部中国高铁报道进行分析，样本选取是在读秀学术搜索上采用报纸高级搜索，来源选定为《人民日报》，限定日期为2006年1月1日—2016年12月31日，以"高铁"为全部字段进行搜索，共检索到611篇报道。对这些报道进行筛选，排除与高铁毫无关系、仅仅在报道中提到高铁的报道，最终筛选出354篇报道作为样本，一条新闻文本作为一个分析单位。

本文依照Entman划分新闻框架的四个维度：新闻涉及的话题（内容的取舍）、外在表现（编辑中的篇幅和位置）、认知上的属性（被包含进框架的细节）、感情属性（全篇的基调），将此次研究的框架类目分为8类（表1）。

表1 高铁新闻报道的类目建构表

报道数量	根据年份进行分类，2006—2016年
报道体裁	消息、通讯、评论、专题报道、人物群体特写、图片新闻、其他
报道版面	要闻版、科技版、国际版、经济版（财经视野）、社会民生版、视点新闻、其他
报道篇幅	600字以内，600～1500字，1500～3000字，3000字以上
新闻议题	国家政策战略；高铁运营与发展（价格调整、始发时间变更、服务质量提升等）；高铁建设；高铁开通；高铁"走出去"（高铁合作）；高铁事故；高铁与国家发展（区域发展、经济发展）
消息来源	政府部门（包括铁道部、铁路局）；企事业单位（研发高铁的机构如中国南车、中国北车公司）；专家学者（社会知名人士、评论员）；普通公众（包括网友）、本报记者
标题关键词	建设（铺轨、全线铺通、如火如荼、干劲十足、再掀高潮、工人努力、不回家）；开通（缩短时间、票价确定）；发展（区域发展、改变货运发展格局、推动旅游、重构经济格局）；事故（生命救援、保障生命安全、痛定思痛）；自主创新（知识产权）；高铁时代（高铁里程居世界第一、中国速度、高铁经济、国家名片、民族梦想、高铁社会）；高铁运营（服务质量要跟上、高铁更便利、提速、降速、高铁体检）；高铁合作（走出去战略）
报道立场/报道基调	正面（赞扬、支持、情感积极向上）；负面（批评、反思、反对）；中立或无法判断（不带任何感情色彩陈述事实）

四、研究发现

（一）高层次结构：国家品牌框架

臧国仁（1999）将框架结构分为高、中、低三个层次，高层次结构主要是指在事实的内在结构中具有高层次的意义，通常在报道的主旨和标题中彰显，是对事物性质的界定。《人民日报》的中国高铁报道将高铁喻为国家品牌的符号象征，具有丰富国家形象的重要意义。

从图1、图2发现，报道有将近一半分布在要闻版，并且以短小精悍的消息为主，消息所占百分比相当于其他体裁的总和。用最迅速、明了的体裁和最重要的版面来传播中国高铁的发展情况，由此可见《人民日报》对高铁话

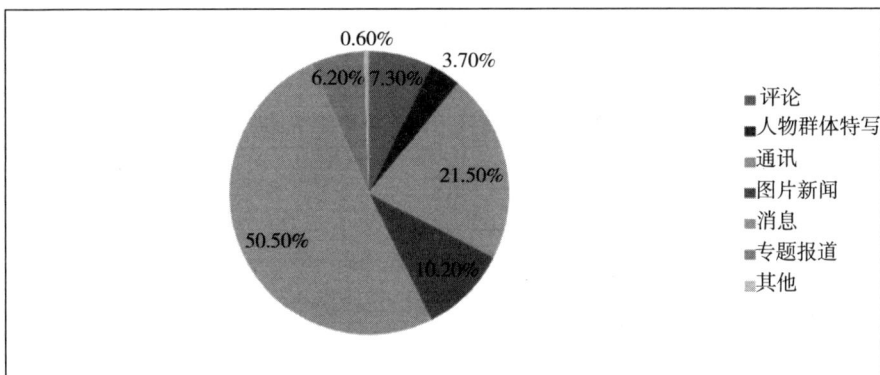

图1　《人民日报》2006—2016年中国高铁报道体裁比例分布图

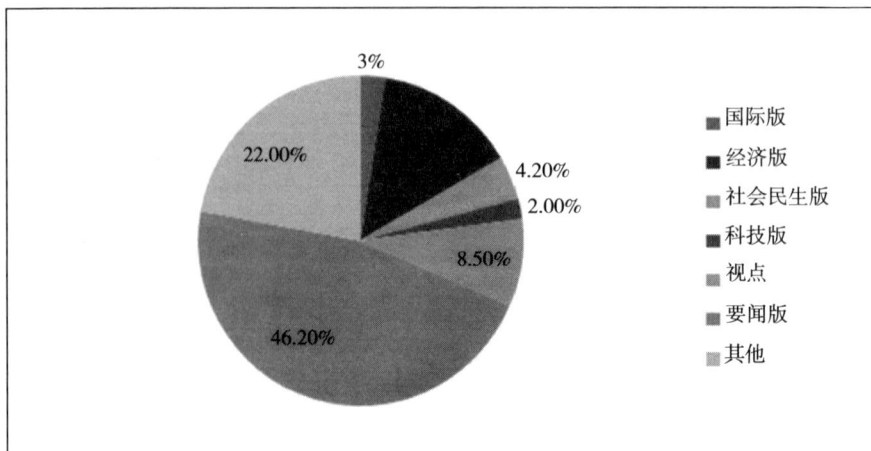

图2　《人民日报》2006—2016年中国高铁报道版面比例分布图

题的关注和重视程度。从图3看《人民日报》报道高铁的话语倾向,除却一半报道的关键词是建设、开通、运营等关于高铁客观的发展情况,出现关键词"自主创新""高铁时代""高铁合作""发展"的文章共计143篇,占总报道量的40%。在这143篇报道中,高铁里程世界第一、中国速度、国家名片、高铁经济、高铁时代等名词频繁出现,这些明喻符号通过媒体高频率地曝光让高铁有了除运输工具以外更深层次的含义,高铁成为国家品牌的象征。正如商品需要塑造品牌形象一样,国家也可以通过旅游推广、媒体传播、对外投资等方式进行国家品牌的塑造①,《人民日报》通过不断宣传和渲染,国内外大众对中国高铁发展的意义有了深层意义的认知,即高铁发展对内与区域经济的腾飞、国家经济格局的变化息息相关,对外中国高铁是国家品牌的名片,代表着中国速度和国家综合国力的增强,我国高铁技术的对外合作彰显着我国自主创新、合作共享的友好大国形象。

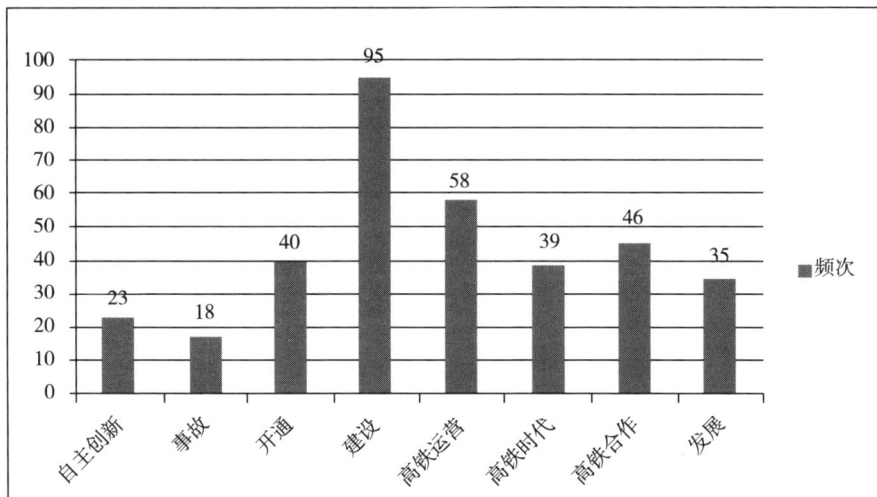

图3　《人民日报》11年中国高铁报道标题关键词分布图

(二)中层次结构:权威来源框架

　　臧国仁指出框架的中层结构是指新闻文本的内容建构,由主要事件、结果、影响、归因、观点等环节构成。这些环节的内容表达都能表现出传播者自身对信息的选择偏向和机制。因此本研究重点分析报道的消息来源。

　　由图4可见《人民日报》高铁报道的第一大消息源是政府部门,有38%的消息来自党政部门内部,14%左右来自与高铁相关的专家学者和社会名

①　金正昆,徐庆超.国家形象的塑造:中国外交新课题[J].中国人民大学学报,2010(2):120.

人,而来自其他媒体、企业、社会公众的消息所占比例极少。这说明《人民日报》在选择消息来源时偏向于权威渠道,消息来源严重失衡,在一定程度上造成高铁的消费者和受益者话语权的缺失,影响了报道的内容表达。由于权威性的消息来源渠道较多,文章角度和内容不可避免地倾向于报道高铁工作进程、取得的阶段性成果或者成就,而很少有从普通百姓视角出发的对高铁服务和质量的考察。即使是突发性公共安全事件,从批判性视角进行问责究因的报道很少,报纸反而成了政府进行危机公关的传声筒,救援和检查成为报道的核心。比如2011年"7·23甬温线特别重大铁路交通事故"发生后,《人民日报》关于该突发性事件的报道与政府应对解决事情的步伐完全吻合,7月25日发表《把救人放在第一位》,8月1日发表《甬温线信号设备缺陷已纠正》,8月11日发表《全国高铁降速运行》,8月13日发表《开展国务院安全大检查》,9月22日发表《国务院调查组通报7·23事故调查进展》,《人民日报》成为政府进行事故处理的宣传工具,救人、调查、降速、检查安全、事故情况通报,这一完整的政府处理高铁事故的进程成了主流媒体报道事故的内容呈现。

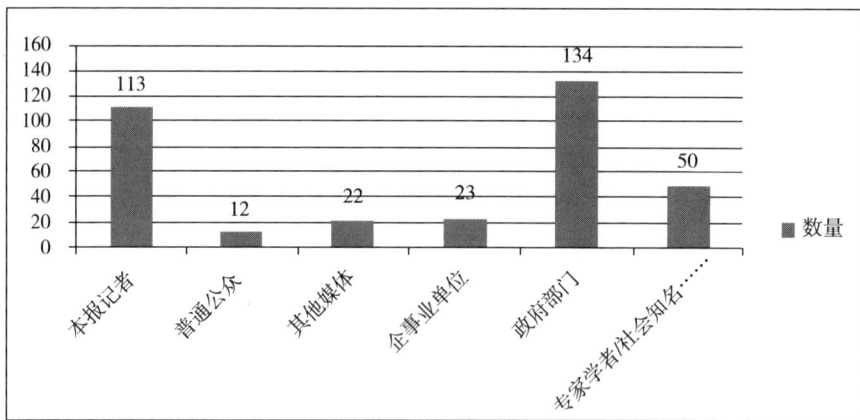

图4　《人民日报》2006—2016年中国高铁报道消息来源数量分布图(单位:条)

(三)低层次结构:程式化政绩宣传框架

在新闻框架的低层次结构中,不同语韵色彩的词语、短句的组合,比喻、标语等修辞手法的运用对呈现新闻事件都影响深远。从新闻议题分布和报道基调倾向可以看出中国高铁报道呈现程式化政绩宣传框架。

《人民日报》中国高铁报道的议题中,高铁建设和高铁的运营与发展大约共占总报道量的58%(见图5),当中的新闻事实大多以成绩、成果为主,报道中频繁出现"首次开通、建设顺利、如火如荼、里程世界第一、价格调整、服务质量提升"等话语,有固定程式化的报道架构,每篇文章基本先告知高铁建设顺利和开通运营的消息,然后不断歌颂建设过程中的不易和工作人员的辛勤努力。

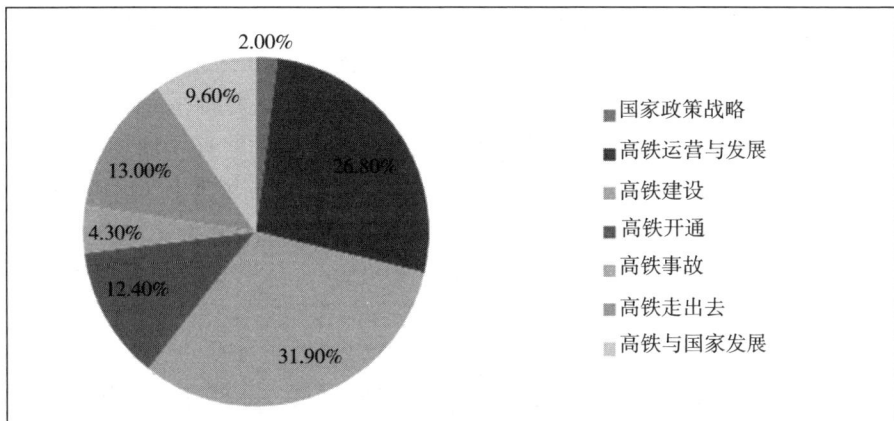

图5　2006—2016 年中国高铁报道基调比例分布图

　　而从报道基调来看,《人民日报》11 年间的高铁报道以正面宣传报道和客观报道为主,在舆论引导中处于积极客观的位置。占据部分比重的中性报道符合新闻客观反映事实的要求,而其占据一半比重的正面报道则彰显了一定的宣传色彩(见图6)。在正面报道中,《人民日报》善于使用煽情性的文字和语句来烘托情绪氛围,表达情感偏向。如 2010 年 6 月 11 日的《闪着泪光的事业》一文中"笑声和掌声中,在场所有的铁路人都泪光闪闪。'中国高铁速度'的第一座里程碑昂然崛起""他们从事的是'闪着泪光的事业'"等语句都十分具有煽情效果,一方面让受众感受到高铁建设的不易,另一方面也为政府部门作出这些成绩进行了宣传推广。

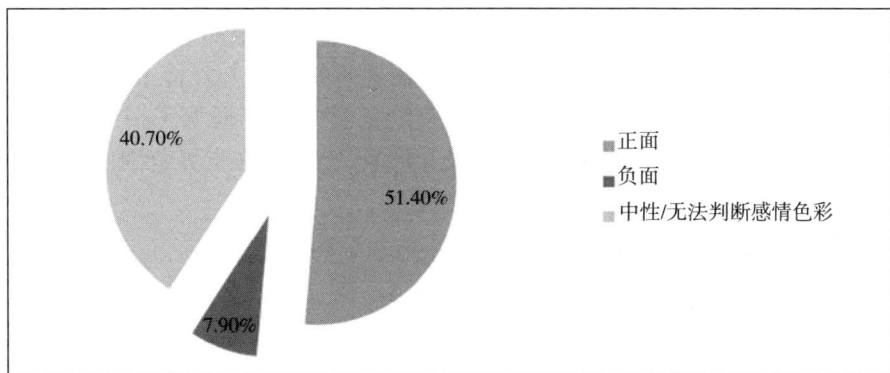

图6　2006—2016 年高铁报道基调分布图

（四）负面报道："舆论导向"框架

在《人民日报》2006—2016 共 11 年间的高铁报道中共有 28 篇负面报道,仅占全部报道量的 8%,这说明《人民日报》在报道高铁时舆论监督功能相对缺失。同时《人民日报》的负面报道并不是以追因问责的批评性报道为主,而是关注问题、解决问题,以提高高铁的服务质量和安全为第一要务,具有一定的舆论导向框架。就拿负面报道中所占比例最大的评论来讲,在 16 篇评论中,针对"7·23 甬温线特别重大铁路交通事故"的有《高铁时代尤须系好安全带》《确保安全是高铁首要之义》《消除隐患方能重树信心》《高铁要坚定科学发展既定轨道》等评论,这些评论的核心论点并不是放在对事故的反思问责上,而是强调事故后的隐患解决和信心重塑,稳定突发性灾难事件发生后民众恐慌的心理,带有一定的舆论导向作用。

五、影响《人民日报》中国高铁报道框架的因素

（一）国家利益和对外宣传策略的需要

一国媒体无论塑造本国形象还是塑造他国形象,其最终目的是借此来维护和争取本国、本民族利益和媒体自身利益,并通过对他国施加影响使己方获益。[①] 在如今经济增长速度放缓、更加注重经济质量的中国,"中国制造"逐渐向"中国创造"迈进,而高铁是塑造"中国创造"品牌的重要突破口。这种品牌塑造离不开媒体的宣传造势,因此记者在报道新闻时,国家利益这只"无形的手"都会促使记者带着"有色眼镜"向受众展现一个繁荣发展的高铁形象。

再加上目前在激烈的国际竞争市场上,我国的高铁技术专利与知识产权不断被别国抹黑、抄袭,面临很多非议,"7·23 甬温线特别重大铁路交通事故"使国际社会对中国高铁的安全表示担忧,这些问题都成为中国高铁迈向国际市场的阻碍。在这种情况下,媒体需要承担起对外宣传中国高铁、营造良好舆论形象的重任。因此以带有政绩色彩的宣传框架来报道中国高铁,有利于树立中国高铁积极正面的媒介形象,提升其在世界范围内的影响力,为高铁走出国门营造了良好的舆论氛围。

（二）媒体性质的"引路人"作用

媒体的性质是整体报道框架形成的前提。《人民日报》作为中央第一大

---

① 张昆. 国家形象传播［M］. 上海：复旦大学出版社,2005.

党报,是党和人民的主要喉舌,其宣传工作必须服从党中央的安排,报道方向会受到中央政策的影响。从逐年增长的报道数量可以得知中国高铁从引进技术到成为自主创新的中国创造名片始终是媒体关注的焦点,因为这是政府在交通运输上的重要企划和工作,自然要提上媒体重点宣传的日程。所以《人民日报》的报道焦点始终紧跟政府建设高铁的步伐,在消息来源的选择和报道素材的选取上高度依赖官方消息来源,在报道内容的呈现上有极强的政绩宣传色彩。这都是党报性质使然。

(三)民族主义意识形态和政治倾向的影响

新闻报道作为精神领域的活动从属于意识形态范畴。新闻报道通过话语架构起一个富有意义的符号世界,它不仅仅能传递信息,也是各国争夺意识形态的战场。因此,意识形态对媒体及其工作者的内容生产有重要影响。自中国从国外引进高铁技术到高铁成为中国制造的名片,高铁俨然成为国家品牌的代表和民族的骄傲。在报道高铁时,媒体从业者出于对"中国创造"代表事物的认同感,以及与生俱来的民族自信心和自豪感,其在新闻写作时会不自觉地偏向于赞扬和宣传。同时新闻工作者受到教育环境和生活环境的影响,政治倾向往往与当前的主流意识形态保持一致,中国政府当前是鼓励支持高铁的发展,这种倾向也会使媒体从业者对高铁的建设发展多呈现正面积极的评价。即使是在负面报道中,也很少出现问责批评的现象,更多的是解决问题、引导舆论。

(四)媒体组织的利益取向和价值取向

从传播政治经济学的角度来看,经济力量对大众传播活动有较大影响。政府通过把握媒介组织的经济命脉从而实现对媒体内容生产的"变相操控"。《人民日报》在报道高铁时会偏向报道高铁建设的成果和成绩,不可避免地呈现出"宣传框架"。同时《人民日报》作为党政机关报,受众主要是政府和企事业单位的行政管理人员、专业技术人员和学生等文化水平较高的群体。高铁作为最近几年发展迅速的新事物,是《人民日报》特定受众群有较高求知欲和关注焦点积聚的领域,所以在满足受众信息需求的价值判断上,高铁对于《人民日报》极具新闻价值。

六、对主流媒体报道高铁的反思

(一)建立中立客观的新闻话语体系,加强舆论监督

立足于 2011 年发生的"7·23 甬温线特别重大铁路交通事故"和京沪高

铁出现多次故障的前车之鉴,我们应该认识到中国的高铁技术还存在运营经验缺乏、技术不成熟、本身存在安全隐患等缺点,因此媒体在进行高铁报道时,不能仅仅局限于高铁建设和高铁发展成果的宣传,还要发挥好舆论监督职能,防止一边倒的政绩宣传框架给高铁发展带来盲目和不理性的舆论导向。媒体首先要坚守职业道德和操守,保持公信力,在新闻报道上坚持实事求是的原则,把握好分寸,做好舆论监督工作;同时在报道内容中,要尽量减少政治宣传和使用煽情性的话语,应使用更加中立客观的词语,用委婉自然的表达获得理想的传播效果。

(二)加强平衡报道,避免过度赞扬

《人民日报》2006—2016 年的高铁报道突出体现了用同一种表达方式传递单一的声音和态度、注重宣传色彩的传播特点。90% 以上的报道都是正面和中性的,而对高铁发展过程中遇到的挫折和不利因素鲜少谈起,这种片面强调正面报道、规避负面报道的做法,会让人怀疑报道的真实性,在某种程度上也会降低媒体传播的公信力。所以媒体应做到平衡报道,在讲正面报道时把握好分寸,不能过度赞扬,更不能不加选择地歌功颂德。同时不要避讳中国高铁的缺点和不足,要始终牢记中国目前处于社会主义初级阶段,在高铁的建设和发展过程中遇到问题是正常的,重点是要正视并努力解决问题,保障高铁的安全生产和运营。媒体报道高铁的不足时要以实事求是、坦诚以待的报道态度中立报道,坚持客观、公正、真实、全面的报道原则,形成良好的对内对外传播格局。

(三)扩大消息来源,创新报道方式,加强报道深度

学者臧国仁曾说过各种消息源其实是社会活动中的竞争者,他们争相尝试掌握控制媒体从而获得发言权。这些竞争者一旦获得媒体的控制权后,往往从自己或者各自所代表的组织的利益和立场出发进行内容生产。而对权威消息来源的倚重无疑会强化这一群体的"话语霸权",从而造成弱势群体的"失语"沉默,话语结构出现失衡。《人民日报》高铁报道高度依赖党政机关以及其内部的专业学者和社会知名人士,高铁报道往往变成政绩宣传,普通百姓才是对高铁的服务和质量最有体会的群体,因此《人民日报》应扩大消息来源,全方位、多层次地选择信息源和报道内容,立体展现报道对象;同时媒体从业者也应提升自身的媒介素养,不断学习有关高铁的专业知识,拓展知识视野,从形式和内容上创新报道方式,不仅仅传递高铁建设和发展的事实消息,还要学会追问背后的原因和问题,加深报道深度,让国内外受众更深入了解中国高铁。

(四)加强国际交流,争夺国际舆论话语权

中国作为最大的发展中国家,深受西方媒体的关注。但出于意识形态和维护国家利益的需要,西方媒体对中国的报道偏负面、扭曲,我国高铁技术对外输出存在较大挑战。《人民日报》作为我国第一大权威报纸,应当承担起对外宣传高铁的责任,要站在国际受众的角度上,用他们听得懂、能够接受的传播方式来影响他们,全面、准确、有针对性地传播中国高铁的信息;要加强与国外媒体的文化交流,打破意识形态和价值观念的壁垒;要加强媒体间的合作,学习先进的传播技术,加强国内媒体的业务水平,进而获得在国际舆论场上的话语权,更好地为中国高铁正名。

参考文献:

[1] 樊一江. 高铁走出去——世界的召唤与中国的期待[J]. 世界知识,2010.

[2] 张晓通. 中国高铁"走出去":成绩、问题与对策[J]. 国际经济合作,2014.

[3] 黄小雄,沈国麟,杜旭赟. 新华社台湾地区领导人选举报道的框架分析[J]. 新闻大学,2009.

[4] 孙彩芹. 框架理论发展35年文献综述[J]. 国际新闻界,2010.

[5] 臧国仁. 新闻媒体与消息来源——媒介框架与真实建构之论述[M]. 台北:三民书局,1999.

[6] 黄旦. 传者图像:新闻专业主义的建构和消解[M]. 上海:复旦大学出版社,2005.

[7] 李希光. 新闻学核心[M]. 广州:南方日报出版社,2002.

[8] 代国丽. 7·23甬温线动车事故新闻框架分析——以《人民日报》《南方都市报》《纽约时报》为例[D]. 上海:上海师范大学,2012.

[9] 郭慕清.《人民日报》汶川大地震报道框架理论分析[J]. 神州,2012.

[10] 冉吉意. 基于语料库的媒介话语分析——以国内媒体对中国高铁的报道为例[J]. 青春岁月,2015.

[11] 金正昆,徐庆超. 国家形象的塑造:中国外交新课题[J]. 中国人民大学学报,2010.

[12] 宋欢欢. 美国报纸对北京奥运会的报道框架研究[D]. 上海:上海外国语大学,2006.

[13] 张昆. 国家形象传播[M]. 上海:复旦大学出版社,2005.

[14] 美赫伯特甘斯. 什么在决定新闻[M]. 北京:北京大学出版社,2009.

[15] 沈苏儒. 对外传播学概要[M]. 北京:今日中国出版社,1999.

[16] Entman, R. M.. U. S. Coverage of International News ：Contrasts in Narratives of the KAL and Iran Air Incidents[J]. Journal of Communication,1997.

[17] Yioutas J, sejvic I. Revisiting the Clindon/Lewinsky Scandal：The Covergence of Agenda Setting and Framing[J]. Journalism & Mass Communication Quarterly,2003.

女排精神：一个游走在体育
与政治之间的"隐喻"

——以《人民日报》相关报道为例(1981—2016)

聂泠然　安徽大学

摘　要：从20世纪80年代至今，中国女排及其"女排精神"对全体中国人来说都有着特殊的意义。本文以《人民日报》为例，选取该报2017年以前所有关于"女排精神"的报道（共132个），主要采用内容分析和框架分析的研究方法。研究发现，"女排精神"主要是在体育和政治的维度下被建构起来的，它是带有意识形态的精神力量，适应了社会变迁的需要；也是具有体育专业性的科学训练法，是体育报道走向成熟、理性的表现。"女排精神"的意义也在体育与政治的互动与博弈间不断丰富、立体。

关键词：女排精神；《人民日报》；意识形态；体育专业主义

1981年至1986年，中国女排在世界杯、世界锦标赛、奥运会中蝉联世界冠军，成为世界女子排球队历史上第一支连续5次夺魁的队伍。而中国女排身上所体现出来的无私奉献、团结协作、艰苦训练、自强不息的"女排精神"也鼓舞了一个时代的中国人。直到今天，媒体依然没有降低对"女排精神"的关注度。以《人民日报》为代表的主流媒体为"女排精神"建构了不同的报道框架，在不同时代背景和话语逻辑下，赋予其不同的意义。体育和政治这两个报道主题贯穿于这三十几年"女排精神"的报道中，有时媒体把"女排精神"放到体育的维度下，是追求更高更快更强的体育精神，有时又是政治框架下为国争光、无私奉献的民族精神和时代精神。体育与政治相互联系，共同建构"女排精神"的意义。

一、研究设计与方法

本文以《人民日报》1981—2016年的相关报道为分析样本。在《人民日报》图文数据库中，以"女排精神"为关键词检索2017年前（截止至2016年

12 月 31 日)所有出现"女排精神"的文本,共计 132 个。《人民日报》作为中共中央机关报,具有权威性,也是我国最有代表性的主流媒体,其数据库内容完整、连贯,适合做历时性研究。

在研究方法上,本文主要运用了内容分析和框架分析的研究方法。先通过量化的统计、分析,从宏观层面把握"女排精神"报道的特点,其次采用框架分析的研究方法重点观察"女排精神"报道的政治逻辑。本文主要借鉴了加姆森等人发展出的框架分析方法。加姆森认为,媒体的报道文本可以分解成一个个的话语包,每个话语包都有一个标识,反映了话语包的核心框架以及话语包在简略的表达方式中所处的位置。标识又可进一步区分为两种装置:框架装置和推理装置。① 本文借用其中一个装置——框架装置,分别从警句、口号、描述等方面解构《人民日报》如何用政治报道框架建构"女排精神",之后采用内容分析和文本分析的方法阐释体育维度的"女排精神"。

二、研究发现

(一)"女排精神"报道的内容分析

通过对 132 个样本做具体分析,以下将从报道数量、版面分布、报道主题等方面宏观把握《人民日报》对"女排精神"报道的特点。

1. 持续性与重要性

总体而言,《人民日报》对"女排精神"的报道呈现出了持续性的特点。尤其是在 2001 年之后,每年都有关于"女排精神"的报道,2016 年更是达到了"女排精神"报道量的巅峰(如图 1 所示)。从图 2 头版的报道量来看,刊登在《人民日报》第一版的"女排精神"报道量占总样本的比例为 14.39%,而在前四版的比例为 33.33%(《人民日报》2010 年 1 月起扩至 24 版②),由此可见"女排精神"报道的持续性和重要性。

2. 报道高峰期

观察图 1 可以发现,《人民日报》对"女排精神"的报道有两个最明显的高峰期,其报道数量远超出临近的年份,即 1981 年和 2016 年。1981 年,中

---

① 徐桂权,方若琳等. 主体建构与利益博弈:现实建构主义视角下亚投行报道的框架分析[J]. 国际新闻界,2016(6):48.

② 《人民日报》2009 年 7 月 20 日 21—44 版公告"100 位为新中国成立作出突出贡献的英雄模范人物候选人"事迹。

国女排在第三届世界杯女子排球比赛中夺冠,这是中国女排战胜世界强队第一次获得世界大赛冠军,而2016年里约奥运会则是中国女排时隔12年后第三次获得奥运会冠军。两次具有特殊意义的夺冠成为"女排精神"报道高峰期的社会背景。

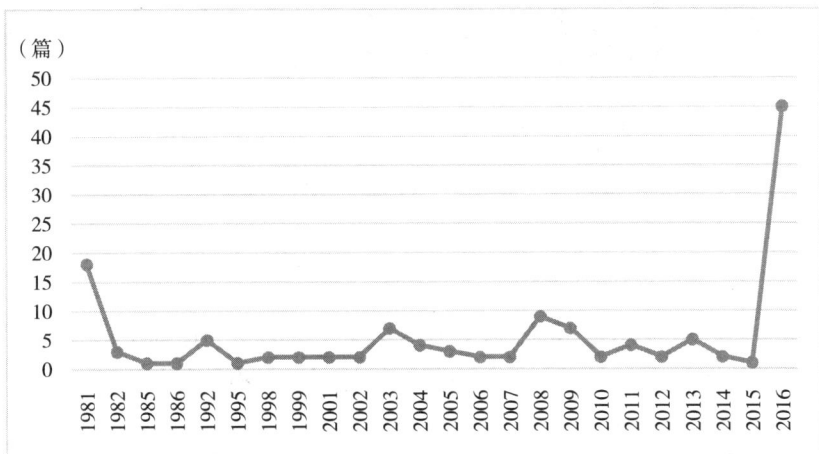

图1　1981—2016年《人民日报》关于"女排精神"的报道数量年度分布

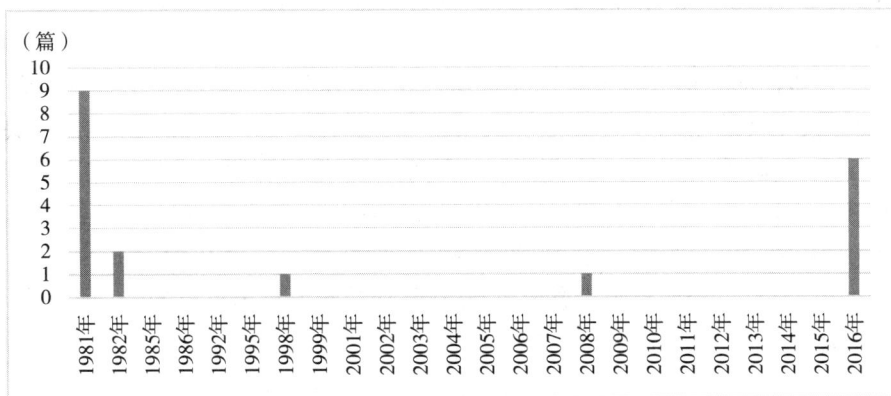

图2　1981—2016年《人民日报》(第一版)"女排精神"报道数量

除了以上两个明显的高峰期外,还有1992年、2003年、2008—2009年三个"女排精神"报道小高峰。1992年中国女排在巴塞罗那奥运会上遭遇"滑铁卢",《人民日报》在报道中感叹"女排精神"的丢失;2003年,中国女排在第九届女排世界杯上荣获世界冠军,报道认为她们发扬了"女排精神";在2008—2009年的报道中,媒体细化了女排精神"拼搏、超越自我"的内涵。

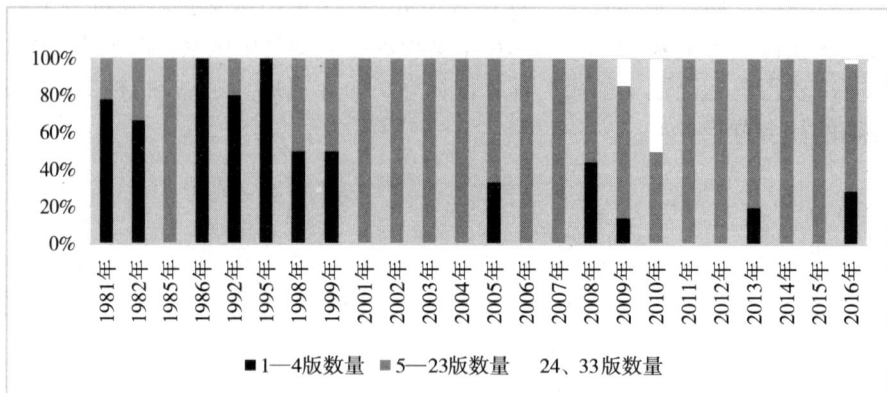

图3　1981—2016年《人民日报》女排精神报道版面分布

可见，对"女排精神"的报道主要围绕在女排的系列比赛中，而媒体的态度则在总体上呈现出"赢了就有女排精神，输了就没有"的特点。

3. 两个报道主题

通过对132篇报道的版面和报道关键词做具体分析后（由于版面受限，不做具体呈现），可以总结出体育与政治两大报道主题，量化统计见表1。其中，有66个文本在政治主题下建构"女排精神"，占比50%；其次是体育，占比30.3%。

从版面的整体分布来看，"女排精神"报道在版面位置上呈明显"后移"的趋势，尤其是在2000年以后。从版面类型来看，1—4版主要是报纸的"要闻"版，5—23版是体育・文化版，24、33版主要是副刊版。参照图3，"女排精神"在体育专业主义框架下呈现出明显被强化的态势，而在一些年份中虽未在"要闻"版看到对"女排精神"的报道，但在体育・文化版面上的"女排精神"并没有完全摒弃政治意识形态逻辑，作为政治意识形态的"女排精神"在整体上呈现"表面淡化"的报道趋势。

表1　体育与政治两大报道主题的量化统计表

报道主题　　　　时间	政治	体育	其他	合计
1981	13	0	5	18
1982	2	1	0	3
1985	0	0	1	1
1986	0	0	1	1

（续表）

报道主题 时间	政治	体育	其他	合计
1992	2	2	1	5
1995	0	1	0	1
1998	1	0	1	2
1999	1	1	0	2
2001	0	1	1	2
2002	1	1	0	2
2003	4	2	1	7
2004	2	2	0	4
2005	2	1	0	3
2006	0	1	1	2
2007	0	1	1	2
2008	4	2	3	9
2009	5	2	0	7
2010	2	0	0	2
2011	3	1	0	4
2012	0	2	0	2
2013	2	2	1	5
2014	1	1	0	2
2015	1	0	0	1
2016	20	16	9	45
总计	66	40	26	132
百分比	50%	30.30%	19.70%	100%

（二）爱国主义与民族振兴：政治意识形态化的"女排精神"

本文采用加姆森等人发展出的框架分析方法。在反复阅读、比较《人民日报》中出现"女排精神"的政治报道框架文本后，将它们分成若干意识形态包裹，进而分析这些包裹采用的结构框架、警句、口号等，目的在于廓清《人民日报》用什么样的态度和手段建构"女排精神"。

表2　报道意识形态分析

意识形态包裹	"四化建设"的推动力	改革开放和社会主义现代化建设的成果	民族精神的代表	时代精神的象征
结构框架	号召全国党政军民和各行各业都向中国女排学习,搞好工作,搞好四化建设	总结出了"女排精神""冲出亚洲走向世界""振兴中华"等思想道德和精神文明建设的硕果	中国女排精神,影响了整整一代中国人。"女排精神"成了时代的主旋律、民族精神的象征	时代在发展,社会在进步,或许女排不再是中国人追逐世界的唯一寄望,但女排精神仍可在这个时代找到新的注解
警句	用中国女排的这种精神去搞现代化建设,何愁现代化不能实现	改革开放和现代化建设时期的女排精神	那不畏强手、敢打敢拼、百折不挠、反败为胜的女排精神,令全国人民精神振奋、备受鼓舞	女排精神不是赢得冠军,而是有时候知道不会赢,也竭尽全力。虽一路走得摇摇晃晃,但站起来抖抖身上的尘土,依旧眼中坚定
口号	团结起来,振兴中华	使体育真正成为反映中华民族精神风貌和改革开放成果的窗口	团结一心、顽强拼搏、为国争光、勇攀高峰	女排精神不是赢球就有,输球就没有
描述	学习女排奋不顾身,为祖国荣誉而英勇拼搏的爱国主义和革命英雄主义精神;学习她们越是形势险恶越是团结战斗的集体主义精神和优良风格	正是有了这种精神,中国人民在共产党的领导下,改变了一穷二白的落后面貌,逐步走向了繁荣和富强,取得了社会主义现代化建设的一个又一个新胜利	中国女排用实绩告诉人们,集体主义精神永远不会过时	在团结一心、顽强拼搏、为国争光、勇攀高峰的基础上,再为女排精神注入一球一球拼、一分一分顶、不到最后一刻决不放弃的实质内涵
诉求对象	团员、青年、党政军民、解放军、工人、农民、学生、体育工作者	体育工作者、经济科技、教育等社会其他各界	市民、体育工作者	个人、国家、全国体育战线

宣传形式	电报、表彰、领导撰文或讲话、座谈会、茶话会、媒体评论	座谈会、领导讲话、媒体评论	电报、表彰、座谈会、领导撰文或讲话、媒体评论	媒体评论、郎平撰文、诗歌歌颂、领导撰文或讲话
报道时间和数量	1981（13篇）；1982（2篇）	1992（2篇）；1998（1篇）；1999（1篇）；2002（1篇）；2010（1篇）	2003（4篇）；2004（2篇）；2005（2篇）；2008（4篇）；2009（1篇）；2010（1篇）；2011（2篇）；2015（1篇）；2016（8篇）	2009（4篇）；2011（1篇）；2013（2篇）；2014（1篇）；2016（12篇）

"女排精神"政治意识形态化的表现主要从国家领导人的慰问、致电，各单位举行的茶话会、座谈会等方面表现出来。这个报道框架倾向于把"女排精神"跟国家荣誉、民族振兴联系起来。由表1可见，50%的文本在政治报道框架下建构"女排精神"，表2从这些文本中总结了以下四个意识形态包裹。

1．"四化建设"的推动力（20世纪80年代）

20世纪60年代，第一代党和国家领导人提出了"全面实现农业、工业、国防和科技四个现代化"国家发展总体战略目标；在1979年3月召开的全国新闻工作会议上，胡耀邦又提出了"四化建设"的舆论动员要求："要经常宣传党政军民举国上下实现'四化'的雄心壮志和百折不挠、英勇向前、艰苦奋斗的动人情景。"①

作为这一时期精神文明的典型，主流媒体对女排精神的宣传则顺应了当时舆论动员的要求。1981年11月17日，在女排获得第一个世界冠军后，《人民日报》发表社论《学习女排，振兴中华——中国赢了》，开启了全国范围内对女排精神的弘扬：

中国女排在体育战线上为国争光，我们就不能在自己的岗位上为祖国多做贡献吗？用中国女排的这种精神去搞现代化建设，何愁现代化不能

---

① 中国社会科学院新闻研究所．开创新闻工作新局面：中央领导同志关于新闻工作的指示和省以上报刊有关新闻工作者的重要文章[M]．北京：中国新闻出版社，1985：7-8．

实现？①

于是,在80年代、90年代"女排精神"的报道中,借领导发言、撰文、机构表彰、发电报等方式称赞中国女排在比赛中发扬"女排精神"并以此鼓励全国人民身体力行,为实现"四化"而奋斗的报道比比皆是。

与此相伴的还有一系列带有政治意识形态的奖章、称号。如1981年团中央授予中国女排的"全国新长征突击队标兵"称号,全国妇联向中国女排授予的全国"三八"红旗集体标兵光荣称号等。这些带有政治话语的表征符号成了主流媒体舆论宣传的扩音器,再次扩大了"女排精神"在全国各行各业的影响。于是,本因努力拼搏而形成的一种向上的精神力在集体无意识中与政治"捆绑",从体育中来的"女排精神"在政治视域下得到了升华。

2. 改革开放和社会主义现代化建设的成果(20世纪90年代末—21世纪初)

1964年12月第三届全国人民代表大会第一次会议上,周恩来在政府工作报告中首次提出,在20世纪内,把中国建设成一个具有现代农业、现代工业、现代国防和现代科学技术的社会主义强国,并宣布了实现四个现代化目标的"两步走"设想。因此,20世纪90年代末至21世纪初,对"女排精神"的报道基本延续了上一个意识形态包裹的诉求,"女排精神"成为改革开放和现代化建设以来取得的思想道德和精神文明建设的成果予以呈现。

时值改革开放初期,在即将进入新世纪的时代背景下,以《人民日报》为代表的主流媒体在总结改革开放和现代化建设以来已经取得的优异成绩之时,把"女排精神"当作精神文明的典型以推动各项方针政策的落实,政治经济文化等各个领域的改革顺利进行并起到振奋国人精神的作用。在这个意识形态包裹下,诉求对象开始变得模糊,相比较而言,其政治性被弱化。

3. 民族精神的代表(2003年以后)

在这个意识形态包裹里,报道围绕着"老女排精神"的继承与发扬展开。"团结一心、顽强拼搏、为国争光、勇攀高峰"是老女排精神的内涵,也是这一时期媒体建构下的作为民族精神代表的"女排精神"的口号。

2008年时值改革开放30周年,是中国举办奥运会的"体育年",也是"女排精神"报道的又一个小高峰。《人民日报》罗列了这个时期内中国人在精神领域所达到的成就,"女排精神"在媒体对民族精神的诠释中延伸和细化。

爱国主义与集体主义精神是这个包裹中女排精神的特点,"为国争光"

---

① 本报评论员. 学习女排,振兴中华——中国赢了[N]. 人民日报,1981,11(17):1.

是其核心内涵。即便历经几十年的历史变迁，当中国女排在 2016 年夺冠时，媒体以"五星红旗"为借代再次彰显了"女排精神"在国家话语下的重要性。如表 2 所示，这个包裹下对"女排精神"宣传的类型多样，与 80 年代将其放在"四化建设"的背景中类似。但是不同的是，这个时期媒体主要是借评论员文章进行宣传，与 80 年代报道中浓厚的政治色彩相比，此时"女排精神"的政治性显得较为隐晦。

4. 时代精神的象征(2009 年—2016 年)

从表 2 的分析中可以看到，这一时期的"女排精神"报道与时代发展、阶段性政治目标密切联系。在新中国成立 60 周年的系列报道中，"中国女排五连冠群体"被评选为 100 位新中国成立以来感动中国人物之一。媒体在回顾、总结中国在软实力方面的提升时，"女排精神"被称为"以其鲜明的时代特色刻下中国人在精神领域所达到的新高度"①。

在 2011 年"纪念建党 90 周年特刊"上，媒体纪念了中国女排荣获"五连冠"的事迹和"顽强拼搏、团结奋斗"的精神，"女排精神至今仍然激励着中华各族儿女不断奋发向上，追求卓越"②，以此激励当下的中国人以中国女排为榜样，不断赋予女排精神新内涵。

2016 年，实现"两个一百年"奋斗目标和中华民族伟大复兴中国梦成为时代的主旋律，习近平总书记在会见第 31 届奥运会中国体育代表团时强调："让体育为实现'两个一百年'奋斗目标、实现中华民族伟大复兴的中国梦增添强大中国力量。"③

中国女排在里约奥运会上的胜利引发全民热议、鼓舞人心，主流媒体也借势将对"女排精神"的宣传放到全面深化改革和实现中华民族伟大复兴的中国梦这一大背景下诉诸政治理想，为"女排精神"赋予"个人—国家梦想"的意义。

(三)顽强拼搏与科学训练:作为体育专业主义的"女排精神"

与政治意识形态下的"女排精神"所不同的是，作为体育专业主义的"女排精神"直到 20 世纪 90 年代后期才得以回归。由图 4 可见，2000 年之前对"女排精神"的报道很少涉及体育专业性的内容，而在 2001 年后几乎每一年都有对"女排精神"在比赛技战术、科学训练等方面的诠释。

---

① 刘阳,张音. 体验"软实力"的提升(中国形象·文明)[N]. 人民日报,2009,9(29):5.

② 人民日报. 坚守,穿越"九十征程"(解码90)[N]. 人民日报,2011,7(1):22.

③ 人民日报. 习近平在会见第 31 届奥运会中国体育代表团时表示中国队加油! 中国加油! [N]. 人民日报,2016,8(26):1.

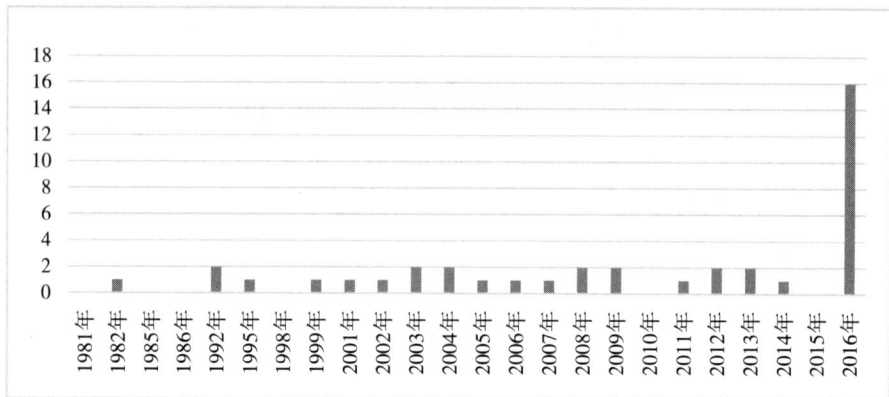

图4　1981—2016年《人民日报》体育报道框架下"女排精神"报道数量年度分布

1. 对比赛战术与排球未来发展的探讨

从上述内容分析可见，"女排精神"的报道主要围绕着女排比赛而展开。近年来，越来越多的报道开始从排兵布阵和打法方面关注女排比赛过程的精彩。此外，还有相当多的报道在赛后将目光聚集到扩大女排联赛的影响力上，并为中国排球未来的发展出谋划策。

2005年全国排球界在共商下一个奥运周期备战计划时，就详尽分析了未来几年内中国排球在世界排坛的位置，对国家队、地方队、业余训练、排球普及、市场开发等分别提出具体措施①，强化了体育管理对女排比赛取得胜利的重要性。

此外，媒体在80年代为中国女排的胜利做了简单的"精神"归因，普遍认为是"女排精神"造就了中国女排在世界大赛中取得一次又一次胜利；而如今走向理性的媒体愈发能看到冠军背后教练组大胆起用新人，因材施教，实施"大国家队"战略，以及充分调动、整合资源，运用国际化理念等的胜利。对中国女排的体育报道，媒体的表现更加专业、成熟。

2. 人文精神的失与得：从牺牲肉体到注重科学

"现代奥运之父"顾拜旦在恢复奥运会时，就明确地把人文精神作为这项国际体育赛事的基础。然而在对中国女排及"女排精神"报道之初，各报道着力刻画运动员不顾伤病、疼痛参加比赛的英雄形象，在报道中为树典型，"严重的伤病在精神的高度亢奋状态下消失，英雄的形象在超越自我的

①　汪大昭，李长云. 充分挖掘女排夺冠规律[N]. 人民日报，2005，3(29):12.

象征叙事中得到神化"①。

　　而随着体育报道中人文精神的增强，爱护、尊重运动员的倾向也愈发明显。为了控防伤病，郎平在 2009 年接手国家队时采用"多人打球"的战略，这一战略使得二线队员和年轻人通过国家队集训飞快成长，老将和伤员也有了更充足的恢复时间。例如双膝有伤的魏秋月在重回国家队的前几个月，一直跟着康复师进行肌肉锻炼，直到伤病情况通过评估才参加全队训练，进而有节制地参加比赛。

　　而"女排精神"也正如赖亚文所说："女排精神一直在延续、在丰富，郎指导回归后带来的科学训练与国际化理念，又为其注入了新的内涵。"②

　　3. 体育人物报道的变迁：从被神话的英雄到个性多元的普通人

　　对中国女排队员的报道在近些年中突破了之前人物刻画时的简单化、程式化，且逐渐回归体育娱乐的特性，把运动员从英雄的神坛上拉回到普通人的身边。

　　80 年代对女排队员的报道多是描述她们如何刻苦训练，要球不要命，如何将自己的生活、幸福、身体健康置之度外，媒体塑造的体育英雄形象千篇一律，缺乏个性且高高在上。而 2016 年《人民日报》在《读懂女排》系列报道中通过讲故事的方式所呈现出来的女排姑娘形象则更加可亲、可感，她们是漂亮、活泼、会哭会笑的 90 后。以袁心玥为例，媒体用了比喻的表现手法来刻画人物形象：

　　　　像极了她的外号"小苹果"。1 米 99 的身高，是国家队史上"第一海拔"……这个队里的"开心果"，登上赛场就像变了一个人。两眼充满杀气，每一次扣球或得分，彪悍的"海豚音"响彻全场。可回到场下，她依然像个孩子：跑到主帅郎平身边，跳着脚求抱抱。③

　　与此同时，在对女排队员的报道中也通过她们的价值观传递了这样的主旨：体育可以是只关乎兴趣无关乎功利的爱好，是值得为之追求一生的事业。

　　4. 输赢球报道逻辑的变迁：拼搏的过程比输赢更可贵

　　"女排精神"报道回归体育专业主义的另一表现就是从"赢了就有女排精神输了就没有"的逻辑到享受体育比赛拼搏的过程，并接受失败与遗憾。

---

　　①　王辰瑶. 嬗变的新闻——对中国新闻经典报道的叙述学解读[M]. 北京：中国传媒大学出版社,2009:75.
　　②　郑轶,李长云. 拼搏的人生最美丽（读懂中国女排·魂）[N]. 人民日报,2016,9(27):22.
　　③　郑轶,李长云. 拼搏的人生最美丽（读懂中国女排·魂）[N]. 人民日报,2016,9(27):22.

80年代历经"五连冠"辉煌的中国女排是不能失败的,一旦失败,很多报道就会总结为运动员的思想品质出了问题。如1988年中国女排兵败汉城、1992年巴塞罗那奥运会中国女排成绩大幅下滑,国人和媒体都无法接受这巨大的落差,"女排的拼搏精神"一夜之间就换成了"作风不顽强""骄娇二气"等字眼。

而2000年后,这种报道逻辑则有所改观。2002年中国女排在世界女排锦标赛上为选择对手先后有意输给希腊队和韩国队,报道则引用国家体育总局副局长李富荣在工作汇报上的讲话,从体育道德、体育精神的层面批评了中国女排丢失"女排精神"。

郎平在2016年里约奥运会上带领中国女排取得冠军后对"女排精神"的解读更强化了拼搏过程的意义:

我觉得女排精神就是一种团队精神,特别是遇到困难、不顺的时候永不放弃,我觉得就是这种精神。哪怕我输给你,也要把我的水平打出来,永远不放弃。①

她还不断向公众及媒体强调"女排精神"并非赢了就有输了就没有,为"女排精神"的内涵做了最具说服力的界定。

三、总结与讨论

在特定的历史时期和政治背景下,"女排精神"是政治报道框架下不同的意识形态包裹,迎合各时期的政治宣传诉求。但是相较于早期过于直白的意识形态表达,当代的"女排精神"报道则是一种披着各式各样外衣的隐性政治话语。而处于不同时代的体育传媒报道本就会带有更多时代的烙印,"女排精神"在80—90年代也确实感染了许许多多的中国人,为中国的改革和发展带来了精神力量。

伴随着体育报道愈发凸显体育专业主义的趋势,有关"女排精神"体育层面的重要性不断被突显,内涵也更加丰富,再加之商业资本的渗入,"女排精神"不仅更"专业"也会更加具有娱乐性和观赏性。"体育英雄"也不再是传统典型人物报道中高大全且脱离实际和普通百姓的形象,而是更具个性、更亲民,也更具有娱乐特质的。

尽管体育与政治的报道框架贯穿于整个"女排精神"的报道中,但实际

---

① 姚友明,吴书光,孔祥鑫. 从洛杉矶到里约 续写了32年的传奇[N]. 人民日报,2016,8(30):23.

上,二者是在互动与博弈的过程中共同建构"女排精神"的内涵和意义。时而意识形态化的"女排精神"占主导地位,时而作为体育专业主义的"女排精神"占上风。

因此,也不难得出这样的结论:媒体所建构的"女排精神"无论是运动还是历史,它们都不是非此即彼,它体现着媒介场中各种话语的角力,是排球、体育传媒和社会之间互动关系的投射。

参考文献：

[1] 马廷魁. 从政治泛化到大众狂欢——我国体育报道的流变及转向[J]. 新闻大学,2006.

[2] 王辰瑶. 嬗变的新闻——对中国新闻经典报道的叙述学解读(1949—2009)[M]. 北京:中国传媒大学出版社,2009.

[3] 王芳,申立平. 女排精神:一种集体记忆的建构——以《人民日报》(1981—2016)相关报道为例[J]. 重庆工商大学学报(社会科学版),2017.

[4] 阴良,张志安.《人民日报》雷锋报道的话语变迁与形象建构(1963—2009)[A]. "传播与中国·复旦论坛"(2009)——1949—2009:共和国的媒介、媒介中的共和国论文集[C]. 上海:复旦大学出版社,2009.

[5] 陈阳. 框架分析:一个亟待澄清的理论概念[J]. 国际新闻界,2007.

[6] 陈阳. 青年典型人物的建构与嬗变——《人民日报》塑造的雷锋形象(1963—2003)[J]. 国际新闻界,2008.

"一带一路"背景下
中国形象传播渠道方式研究

——基于孟加拉国达卡市的田野调查

张伊慧　山东师范大学

摘　要：“一带一路”倡议的推动与实施有助于中国形象的国际传播，中国形象的传播需要传播渠道。但是中国的传媒机构对于“一带一路”沿线国家的传播辐射力度到底如何，中国媒体都是通过怎样的传播渠道进行“一带一路”相关政策的报道、中国形象的传播的，目前国内对于这个领域的研究并不多。本文深入“一带一路”的沿线国家——孟加拉国，通过探访孟加拉国具有悠久历史的达卡大学的老师和学生，对中国形象在孟加拉国的传播渠道进行了实地研究，以期为中国的媒介机构提供一些参考和建议。

关键词：一带一路；传播渠道；孟加拉国；国际传播；国家形象

"一带一路"倡议自2013年习近平总书记提出以来到2017年5月结束的"一带一路"峰会为止，经历了一个从理论到实践的过程。这是一项不仅有利于中国，更有利于全世界的，能够联结起全世界各个国家各个大洲的具有广阔视野与和平设想的，能够给世界人民带来福祉的伟大战略。"一带一路"倡议不只是给沿线国家带来了经济上的发展，也能够让更多的国家和人民借着"一带一路"倡议的东风了解中国的文化，逐渐消除对中国形象的偏见。我们期望世界各国人民通过"一带一路"倡议不仅获得经济上的支持，也能够在文化交流与传播领域打开新的局面。但是不得不承认，在传播的过程中难免出现偏差，受到政治、经济、宗教等多方面的影响，沿线的国家未必能够了解到一个真实的中国。这就需要我们在对外传播的过程中，适时地调整战略，才能实现最佳的传播效果。

本文以"一带一路"沿线南亚地区的孟加拉国首都达卡市为案例，旨在通过田野调查的方式呈现出"一带一路"倡议在沿线国家的传播情况。

一、相关概念及研究方法

"一带一路"的概念首次提出是在 2013 年,分别是指"丝绸之路经济带"和"海上丝绸之路"。2013 年,习近平总书记在访问哈萨克斯坦时,在纳扎尔巴耶夫大学发表了主题演讲并提出了共同建设"丝绸之路经济带"的构想。"丝绸之路经济带"的概念既是历史的,又是现实性的;既是区域性的,也是全球性的;既有经济内涵,又有文化内涵,同时也是综合性质的。同年,习近平总书记在印度尼西亚国会发表演讲时指出:中国愿同东盟国家加强海上合作,使用好中国政府与东盟海上合作基金,发展好海洋合作伙伴关系,共同建设 21 世纪"海上丝绸之路"。至此"一带一路"构想的框架初步成形。"一带一路"构想的提出旨在促进全球经济复苏的同时,推动沿线各国的文化交流,使沿线各国增强互利互信,让世界都能看到发展中的中国,了解中国。"一带一路"倡议并不只是一个实体或机制,而是区域合作发展的理念和倡议。通过构建平台,依靠中国与世界各国已有的多边机制,实现区域的合作,促进中西方文化融会贯通。"一带一路"的构想是符合国际传播概念的。

"国际传播"是由西方引入的一个概念,兴起于二战之后的美国。伴随着 20 世纪初通信科技的进步和传播手段的增加,国际间进行信息交流成为一件可以实现的事情。一些国际上发生的重大事件可以通过大众媒体在世界范围内传播。再加上一战之后,政府对于传播已经有了明显的干预和介入,这使得国际传播从一开始就带有一定的政治色彩。所以说国际传播的服务对象是国家和政府是没有错的,但并不是仅限于此,传播的主题同时也是多元的,可以是个人、社会群体或是商业机构。现如今,得益于互联网技术的更新换代,国际传播的影响力已经渗透到了我们生活中的很多方面。撇开"冷战"这个特殊时期所赋予国际传播的特定意义不谈,当今世界全球化已经被广泛认可,世界上的每个国家和政府都希望通过国际传播,让世界了解自己。对于中国来说,更是如此。

"国家形象"的概念同样也是来源于西方,美国学者马丁等认为,国家形象是一个"多维度"的建构,它是"关于某一具体国家的描述性、推断性、信息性的信念的总和"①。不得不说,这是一个很笼统的概念。巴洛古等人则认

① 参见 MARTIN I M,EROGLU S. Measuring a Multi-dimensional Construct:Country Image,Journal of Business Research,Volume 28,1993.

为，国家形象是"对某一国家认知和感受的评估总和，是一个人基于这个国家所有变量因素而形成的总体印象"①。而对于中国来说，随着中国实力的逐年提升，中国的地位和形象在国际上的地位也越来越高。国际社会对于中国的关注程度也越来越高，从2008年的奥运会让世界惊艳，到如今"一带一路"倡议的实施，一些大的事件让世界了解中国，的确有助于提升中国的国家形象。有学者认为，国家形象就是国家实力的一种体现。程曼丽认为，国家形象是"在历史文化传统的基础上，融入现代化的要素，经萃取、提炼而成"，它汇集了"国家或民族精神气质中的闪亮点"②。刘小燕认为，国家形象是"国际社会公众对一国相对稳定的总体评价"，是"国家的客观状态在公众舆论中的投影，也就是社会公众对国家的印象、看法、态度、评价的综合反映，是公众对国家所具有的情感和意志的总和"③。崔宝国、李希光将国家形象概括为"一个国家在国际上或者他国眼中的整体形象，包括政治、经济、文化和社会的发展程度"④。国家形象与国际舆论之间同样也有着有密切的联系，李寿源认为，国家形象指"一个主权国家和民族在国际舞台上所展示的形状相貌及国际环境中的舆论反映"⑤。国家形象受到多方面因素的影响，但其中最为重要的因素还是新闻媒体的报道，就像徐小鸽所说，国家形象是"一个国家在国际新闻流动中所形成的形象，或者说是一国在他国新闻媒介的新闻言论报道中所呈现的形象"⑥。所以说，想要通过一带一路倡议提升中国的国家形象，新闻媒体起着举足轻重的作用，也只有在传播过程中合理地运用传播渠道，实现有效传播，才能够接着实现预期的目标。

二、研究发现

（一）传统媒体依然是主要传播渠道

孟加拉国的全称是孟加拉人民共和国，这是一个被印度环抱，紧邻巴基

---

①　Seyhmus Baloglu，Ken W Mc Cleary. A Model of Destination Image Formation，Annals of Tourism Research，Volume 26，Issue 4，1999.

②　程曼丽：《大众传媒与国家形象塑造》，2007年6月4日，http：//media people.com.cn/GB/40628/5815856. Html.

③　刘小燕：《关于传媒塑造国家形象的思考》，《国际新闻界》2002年第2期。

④　崔保国、李希光：《媒介上的日本形象——1990—2000年中国报纸的日本报道分析》，《第2届中日传播国际研讨会论文集》，2000年。

⑤　李寿源：《国际关系与中国外交———大众传播的独特风景线》，北京：北京广播学院出版社，1999年，第305页。

⑥　徐小鸽：《国际新闻传播中的国家形象问题》，《新闻与传播研究》1996年第2期。

斯坦的古老南亚国家。达卡是孟加拉国的首都，同时也是孟加拉国第一大城市，这里汇集了孟加拉国 60% 的人口，孟加拉国人都盼望着能够在达卡找到工作，因为在他们看来，来到达卡就相当于一种荣誉。这座城市的人口达到 3000 多万，这里被称作世界上人口密度最大的城市之一，它不仅是孟加拉国的地理中心，同时也是政治和经济中心。所以相较于整体经济欠发达的孟加拉国的其他城市，达卡的经济水平几乎代表了整个孟加拉国的经济水平，有了一定的经济基础作为支撑，大众传媒也才能够得以普及。作为孟加拉国的首都，达卡同样肩负着文化传播与交流的责任。

1. 报刊与通讯社

首都达卡是孟加拉国的报业中心，孟加拉国的报刊数目达到一千种之多，孟加拉国的报刊发行总量能够保持在日均 250 万份以上。可见，报刊这一传统的纸质媒体依然拥有着广泛的受众，孟加拉国本国的英文报纸，如《孟加拉国观察家报》《每日星报》《独立日报》等，都拥有着稳定的订阅量。但是相比于东南亚地区悠久的华文报刊历史，孟加拉国却并没有专门为华人发声的报纸和刊物。这是由特定的历史时期和经济原因造成的，早在明清时期中国沿海地区就已经出现了"下南洋"的风潮，这里的南洋基本上涵盖了如今东南亚的各个国家，也正是因为自古就有下南洋的传统，东南亚地区的华人群体形成了稳定的数量和规模。在物质基础足以满足温饱且有了富余之后，华人群体有了政治诉求，需要有渠道能够为自己发声，随后便有了华人办报的先例。

但由于地理位置、宗教信仰和经济发展等因素，历史上并没有大批中国人赴孟加拉国的记载，小规模的中国人赴孟加拉国的历史也只是始于改革开放之初，且赴孟人数总数无法与东南亚的华人相比，到目前为止居住在孟加拉国首都达卡的华人的数量也只有两万余人。有鉴于此，建立属于华人自己的报纸和刊物显得有些不合时宜，也并不会达到预期的传播效果，由于孟加拉国的宗教信仰，在发生政治动荡时期，报纸内容会受到一定限制。在军人执政时期，政府曾对报纸实行审查制度。再加之互联网技术和通信技术的普及，创办报刊的实效性就显得捉襟见肘了。所以，孟加拉国并没有华人刊物，但这并不意味着孟加拉国人不会从报纸上获得有关中国的信息。在 2016 年 10 月，习近平总书记访问孟加拉国时，孟加拉国本地的多家报纸都对其做了整版的报道。可以说，虽然孟加拉国没有华文报刊，没有办法直接通过报刊发行的方式传播信息，但在重大的事件中，报刊在报道新闻事件时仍然起着一定的作用。

新华社作为我们国家的国家通讯社，几乎涵盖了世界上每一个主权国家和领土地区,对于孟加拉国同样也不例外。在孟加拉国,新华社设有办事处,人员编制为两名记者,尽管人员配置少,但应该履行的义务和职责却一样也不少。现任的新华社派驻孟加拉国的记者已经在孟加拉国工作生活了近5年,除了需要将孟加拉国新近发生的事情及时反馈回国内,还需要协助大使馆做好文化宣传工作。

2. 电视与广播

电视台是孟加拉国最大的新闻传播媒体。国有电视网络孟加拉国电视台的前身属于巴基斯坦电视台。孟加拉国电视台播送的主要节目包括新闻、热点话题、文化、教育、电影、电视剧等,其中包括从印度、美国、英国等国引进的电影等节目。该台还能通过卫星地面站转播英国广播公司的电视节目。中央电视台的国际频道同样能够在孟加拉国电视台的节目单上找到。孟加拉国广播电台是孟加拉国的国有无线电广播机构。实际上,如今孟加拉国所在地区早在1939年12月16日即已开始在首都达卡发送无线电广播节目。孟加拉国广播电台兼用众多中波、短波和调频发射器向全国各地发送各种节目。中央电视台的中央四台——国际频道,同样也能够在孟加拉国收看到,无论是中国汉办举办的汉语桥比赛,还是中央四台的大型纪录片《远方的家》,每周都有固定的播放时间,尽管无法达到广播电台的覆盖受众量和播放时间,但因为电视节目独有的画面冲击感,依然在孟加拉国收到了不错的反响,对于传播中国形象起到了一定的效果。

孟加拉国的传统媒体,如报纸、电视和广播虽然是民众收听收看国内、国际新闻的主要渠道,但由于孟加拉国整体经济水平很低,社会阶层的贫富差距极大,决定了受教育的水平,这就使得收听广播成为最好的选择。以孟加拉国的首都达卡为例,达卡市常住人口近2500万,其中有近300万人收听广播。中央人民国际广播电台在孟加拉国有卫星落地频道,不仅有固定数量的线上收听率,还有自发成立的线下中文广播收听俱乐部,并且定期举行线下活动。在线下活动里,达卡当地的孟加拉国人会就最近收听到的关于中国的信息交换各自的看法意见。中央人民国际广播电台成为很多达卡民众了解中国的窗口,节目会从衣、食、住、行等各个方面介绍中国的风土人情,全天18个小时的循环播放也使得收听中央人民国际广播电台的节目成为生活中的一部分。

由此可知,在传播信息、扩大国际影响力方面,广播的作用依然不容小觑。广播虽然不及电视画面更有视觉冲击力,但因广播信号的传播能力和覆盖能力极强,无论是身处何地都可以接收到。加之广播这一通信技术早在第一次世界大战时期就已经成为大众传媒最为重要的通讯,无论从使用实效还是使用技术层面都已经达到了成熟的阶段。并且随着互联网技术的升级,广播信号已经从原本单一的无线广播扩大至网络广播讯号的阶段,这也就保证了传播信号的稳定性和传播效果的质量。在孟加拉国,中国中央人民广播电台之所以受到人们的喜爱,除了节目内容新颖,可以让人们在没有画面的情况下想象中国的大好河山;还因为孟加拉国人的地理环境和生活环境决定了他们收听广播的时间要多于阅读报纸、收看电视节目的时间。孟加拉国地处亚热带,常年温度高使得这个民族白天工作的时间并不长,再加上多雨多雷电,断电是这个国家的常态,在电力无法供应的情况下,收听广播便成为一项排解业余生活的方式。

(二)新媒体的使用成为流行趋势

虽然孟加拉国是经济欠发达地区,但依然没能阻止新媒体的普及。据达卡大学中文系阿主任介绍:"达卡大学近三万在校生,全部都已经普及了电脑和手机,这也是达卡大学学生了解中国的一个最主要的途径。"通过手机和电脑上网看新闻已经成为当今达卡大学学生的常态,能够查询到有关中国新闻的,除了新华社门户网站,就是孟加拉国本地的报纸网络版。通过网络不仅能够收听到网络电台,还能观看中国国际电视台的节目。可以说在网络传播的建设方面,中国媒体的传媒机构做出了创新和努力。最显而易见的便是在 2016 年将原有的 CCTV 国际电台更改为 CGTN 中国国际电视台。

CGTN 中国国际电视台是一个集多语种和多平台于一身的新媒体媒介。伴随中国国际电视台开播,CGTN 移动新闻网(CGTN. COM)同步上线,打造国际网络和数字传播新渠道。通过打造融合平台,打通新闻阅读、移动直播、手表轻阅读及 PC 端等多个终端,实现多媒体内容的多渠道落地和点播收看。首次设立时政报道原创融媒体交互页面,以多媒体、多时空方式报道重要时政活动,深度解读我国领导人的治国理念。从这样的改变可以看出,现有的传播平台已经不足以满足中国的国际传播需求,媒介融合的大趋势也使得中国的国际网络电台做出适时的调整,不仅覆盖的面积需要扩大,影响力也应该随之增强。

(三)孟加拉国人眼中的中国

中国与孟加拉国的传统友好关系源远流长。随着佛教的传入,古代中国僧人络绎不绝地前往印度朝圣求法,到过如今孟加拉国所在地区并留下宝贵的文字记录。《后汉书》提到的磐起国就是指孟加拉国,与当今的孟加拉国有一定联系。明代郑和下西洋,《明史》中就有中国与孟加拉国地区交往的文字记载。孟加拉国在独立之后,中国与其一直保持着交往,1975 年,孟中两国发表公告,才正式建立外交关系。孟中建交在两国关系史上是一座重要里程碑。孟中友谊的历史从此翻开全新的一页,两国的友好关系进入迅速发展阶段。两国的政治关系、经贸关系、军事关系和文化关系不断加强和深化。进入21世纪以来,孟中友好关系出现了新的气象,我国多位总理访问过孟加拉国。孟加拉国总理也曾多次访问中国。2016年10月,习近平总书记来到了孟加拉国,成为首位访问孟加拉国的中国国家主席,并将中孟关系提升为战略合作伙伴关系,这将中国与孟加拉国的传统友谊推向了一个新的高度。

尽管中国与孟加拉国一直有着割舍不断的交往与联系,中国的媒体在传播中国形象的方面也做出了不少努力,但实际情况与预期的设想还是有一定的出入。不得不承认,中国媒体通过广播、电视和新媒体的渠道传播中国资讯,但有关于"一带一路"倡议的信息并没有受到太多的关注。在达卡大学的大学生群体里,知道"一带一路"倡议的人也并不多。当问及他们对中国的印象时,在随机寻问调查到的近一百个人当中,只有不到百分之五的人表示对于中国并不感兴趣,也并没有想要去了解的诉求,相较于西方国家,中国这个东方国家存在于他们脑海中的印象不过是一个笼统而模糊的概念。但绝大多数的受访大学生还是对中国显示出了极大的热情,其中有三十余名大学生表示曾经去过或是将要去往中国,他们中的很多人从小就对中国有过了解。

三、原因及应对策略

首先,传播效果与调查初期的预想出现差距的首要原因是受地缘政治的影响。孟加拉国三面都与印度相邻,印度又处于穿过孟加拉国的恒河的上游,这就使得孟加拉国在很多方面受到印度的限制。从主观层面来讲,孟加拉国人,特别是孟加拉国政府是积极响应中国的"一带一路"倡议的号召的。2016年习近平总书记访问孟加拉国的半个月之前,孟加拉国当地的报纸就对这次访问进行了多次报道,篇幅和版面虽并不算多,但每天都有介绍,形成了持续的一系列报道。习近平总书记访问孟加拉国当日,孟加拉国发行量最大的《观察家报》更是用了整个篇幅的版面进行了报道。但很多时候,由于西方国家依靠其过往的殖民历史,很多人在意识形态层面就已经出现分歧,也就很难轻易接受中国这个带着诚意想要促进地区稳定与和谐的东方大国的观念。

其次,经济基础是决定一个国家能否顺利进行国际传播的关键因素之一。对于孟加拉国这样的经济欠发达地区尤为显著。国际传播需要技术支持,技术支持就一定少不了资金的支持。纵观中国媒体在孟加拉国的传媒渠道,不难看出,搭建属于本国的传播平台受到了孟加拉国本身经济水平发展的桎梏,想要做到兼容并包并非易事。文明的进步离不开经济先行,这也是"一带一路"倡议一直在倡导的,通过一带一路提振经济带动沿线乃至世界各国的经济发展。也只有沿线国家获得了显而易见的经济红利,才会更有想要去了解别的国家的欲望和需要。两国之间的沟通桥梁始终是畅通的,才不会出现不必要的曲解与误会,也只有这样才能使得国际间沟通朝着更加良性的方向发展。

最后,传播交流的过程中依然要坚持尊重的前提。尊重各个国家发展模式的多样性,每个国家都需要走符合本国国情的发展道路,国际传播亦然。进步的前提的学习,"凡益之道,与时偕行",学习其他文明,学习时代新知识,才能与时俱进,适应时代发展需要,否则就会故步自封,在以自我为中心的优越感中被时代淘汰。当今世界,新产业革命和产业结构调整蓄势待发,国与国争夺的焦点在于创新,创新成为国家竞争力的来源和缩小南北国家差距的重要手段。中国逐渐成为创新领先者,所提出的"一带一路"倡议着眼于 21 世纪的全球化,推动人类文明创新和世界各国优秀文明的共同进步。总之,兼收并蓄、融会贯通,是中华文明生生不息的根源,也是"一带一路"文明逻辑的精髓。正如《周易》所言:"天行健,君子以自强不息。地势坤,君子以厚德载物。"①

四、结语

通过探访孟加拉国达卡这座城市,对达卡大学的学生和老师进行随机调查和深度访谈的方式获得了第一手资料,综合整理这些资料继而发现一带一路沿线传播媒介渠道存在一些问题,并不能够将中国的国际形象较为全面地传播出去,并不是一带一路所经过的国家都能了解到相关的政策和相关信息。在不考虑一些客观因素的情况下,我们的媒体是不是也应该相应地调整一下传播策略,而不只是一味地去抢夺所谓的话语权。毕竟在一些受众国家看来,这些接收到的信息并不足以让他们有想要更进一步去了解的欲望。由此可见,想要加强国际传播,提升一带一路的传播效果,仍然需要中国媒体的共同努力。

---

① 张岱年:《文化传统与民族精神》,《学术月刊》,1986(12)。

参考文献:

[1] 托马斯·费里德曼. 世界是平的[M]. 长沙:湖南科学技术出版社,2016.

[2] 乐黛云,李比雄[法]. 跨文化对话[M]. 北京:三联书店,2016.

[3] 刘小燕. 政治传播中的政府与公众间距离研究[M]. 北京:中国社会科学出版社,2016.

[4] 胡颖. 传播学调查研究方法[M]. 北京:中国传媒大学出版社,2010.

[5] 李煜. 新闻学与传播学:全球化的研究、教育与实践[M]. 北京:中国传媒大学出版社,2009.

[6] 风笑天. 社会研究方法[M]. 北京:高等教育出版社,2006.

[7] 刘建. 孟加拉国[M]. 北京:社会科学文献出版社,2005.

[8] 徐希燕. "一带一路"与未来中国[M]. 北京:中国社会科学出版社,2013.

[9] 王义桅. 世界是通的:"一带一路"的逻辑[M]. 北京:商务印书馆,2016.

[10] W. 兰斯·本奈特,罗伯特·M. 恩特曼. 媒介化政治:政治传播新论[M]. 北京:清华大学出版社,2011.

[11] 严怡宁. 媒介事件化的中国民族问题——以《纽约时报》2000 年以来中国民族问题报道的研究[J]. 外交评论,2013(5).

[12] 周宏刚. 从国际舆论的形成机制看"一带一路"的传播策略——以印度主流报纸的报道为例[J]. 新闻知识,2017(3).

[13] 范红. 国家形象的多维塑造与传播策略[J]. 清华大学学报,2013,28(2).

[14] 沈正赋. 对外传播中国文化的价值观照与路径选择——写在中国国际电视台开播之际[J]. 名家论坛,2017(2).

[15] 李胜福. 试论中国国际广播电台海外机构建设[J]. 现代传播,2012,196(11).

国际舆情视域下南海仲裁事件的新闻话语研究

刘　行　南京大学

摘　要：南海仲裁事件发生后，国际社会掀起舆论热潮。本文围绕国际社会关于南海仲裁事件的新闻报道进行新闻话语研究，追溯国际舆论场中话语来源，分析各国媒体的话语表达，建构对国际舆论场的话语认知，探究话语背后的深层次含义和影响，提出关于南海问题国际舆情中新闻话语对策建议的思考。以新闻话语为理论工具来分析国际舆论场中有关南海仲裁事件的舆情，有助于丰富南海问题的研究视角，帮助中国在国际舆论场上应对南海问题所面临的话语权问题。

关键词：南海仲裁事件；国际舆情；新闻话语；话语权

2013 年 1 月 22 日，菲律宾以中国在南海区域所主张的"九段线"违反了《联合国海洋法公约》（UNCLOS）为由，单方面将南海问题提交临时组建的"仲裁庭"进行"国际仲裁"。2016 年 7 月 12 日，"仲裁庭"作出最终"裁决"，判定菲律宾"胜诉"，声称中国对南海海域没有"历史性所有权"，并否定了中国主张的"九段线"。针对这一"仲裁结果"，国际社会掀起舆论热潮。对国际社会关于南海仲裁案的新闻报道进行新闻话语研究，有助于了解国际社会对南海仲裁案的观点、态度，为以后南海问题可能发生的争夺话语权的舆论战提供研究资料，防范话语风险。

新闻话语作为一种公共话语，其结构既直接地与社会实践和新闻制作的意识形态联系在一起，又间接地与新闻媒介的机构环境、宏观社会环境联系在一起。① 在国际社会中，新闻媒体能够在最大程度上代表其所在国的立

---

① 刘晓畅. 新闻的话语与话语的新闻——解读《作为话语的新闻》[J]. 湖北社会科学,2006(1):133-135.

场和主流观点,其所发布的报道形成的新闻话语在相当程度上能够形成公共舆论的原初核心。不同国家对南海仲裁事件的报道更多会采用本国的语言,但是一个国家对于国际事件的第一步认知仍然基于英语文本,而且各个国家对南海仲裁事件的表态也会以英文报道的形式发出或被采集。

本文选取与"南海仲裁"相关的英语文本为主要对象,采用 Meltwater News 舆情监测系统(可监测 91 种语言,全球 260767 家新闻媒体)2016 年 7 月 12 日至 7 月 20 日以南海仲裁英文关键词("South China Sea"OR"West Philippine Sea"AND"arbitration")针对南海仲裁涉事国(中国、菲律宾)、欧美主流国家(日本)以及国际上支持中国的国家的舆情监测数据,研究相关国家的媒体在国际传播空间对南海仲裁事件的叙述和建构所形成的新闻话语。①

一、南海仲裁事件国际舆情概况

从报道数量来看,在以英文为世界通用语言的国际舆论流通场内,美国或凭借报道数量优势(14994 篇)主导世界话语权,而中国对外媒体(2448 篇)虽然在国际发声数量上远超菲律宾(1105 篇),但在报道量级上远远落后于美国,在南海仲裁的国际舆论中,中国处于劣势。除了南海仲裁涉事国,印度(2325 篇)、英国(1080 篇)、加拿大(915 篇)、南非(777 篇)、新加坡(628 篇)、马来西亚(471 篇)、澳大利亚(395 篇)等国也占据一定的媒体报道量,在国际舆论中占据一定话语权,尤其是印度,在此次事件的媒体报道中表现突出。(图 1)

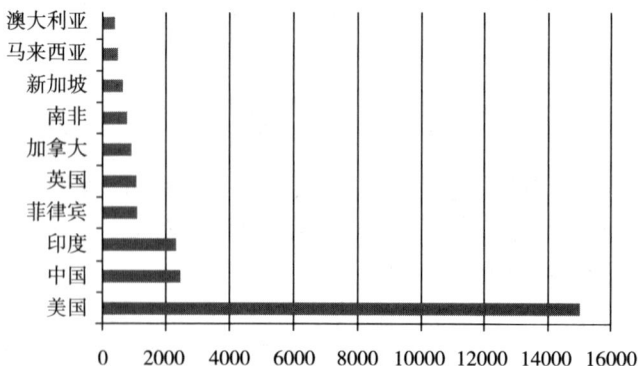

图 1　全球媒体报道量总览图(条形图)

---

① 本文舆情数据来源于中国南海研究协同创新中心南海舆情监测与传播管理平台。

而从时间维度来看,全球新闻媒体关于南海仲裁事件的英文报道量走势经过了激增、跌落又缓慢抬升的过程。如图2所示,南海仲裁结果发布当天(2016年7月12日),全球媒体报道量高达8660篇,并成为该监测时段的峰值,之后持续走低并于17日跌入舆情冰点,随后舆情有所升温,在监测截止日期之前仍在缓慢回升。

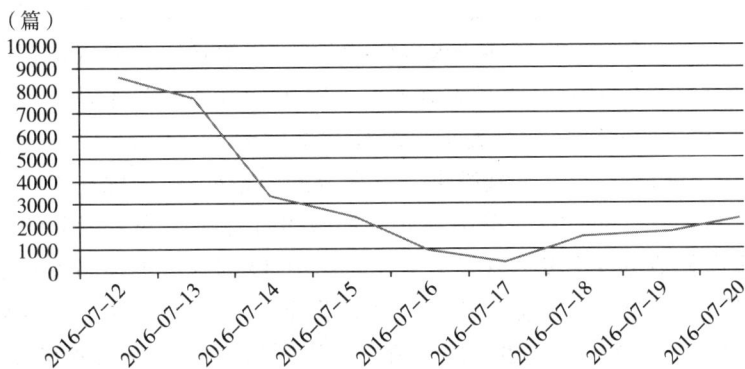

图2 全球相关报道量时间走势

从追踪具体信息源来看,美联社(AP)、世界新闻报道(World News Report)和新闻门户网站(One News Page)的报道量居于前三位,整体来看呈现出欧美主导的世界舆论格局,欧美国家拥有国际话语权。(图3)

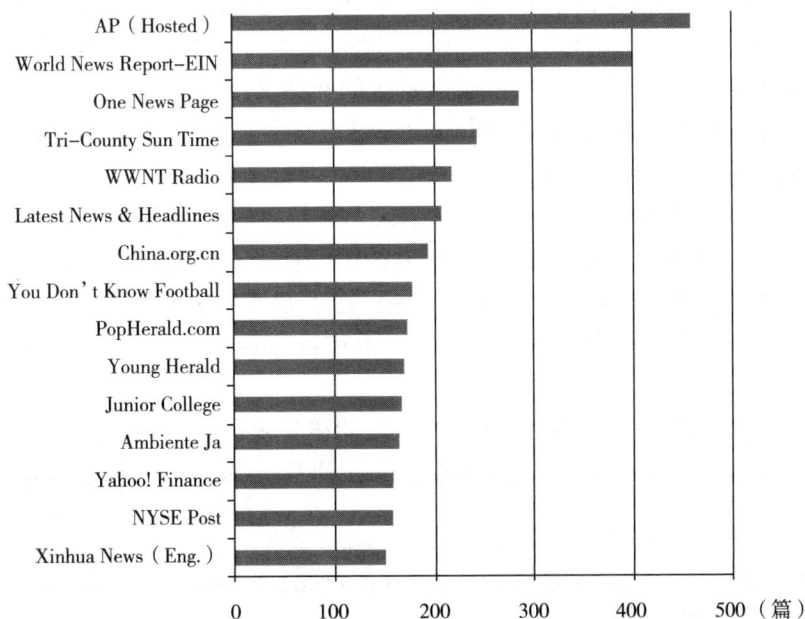

图3 全球范围内媒体报道量统计图

二、南海仲裁事件新闻话语分析

话语是一切社会和政治生活的主要构成因素,从根本上来说是一种聚合、一种建构,与思想、观念和社会生活密切相关;①新闻话语是在一定的社会文化语境中应用语言系统叙述与建构新闻事实而产生。在当下国际社会中,国际话语主要通过新闻话语得以传播,国际话语权也主要依赖新闻话语权得以实现。② 国家利用新闻话语来表达对国际事务的关注以及政治参与和利益诉求。此次国际社会关于南海仲裁事件的报道中,菲律宾作为仲裁事件的声索国,针对此次仲裁结果做了充分的舆论准备,因此在国际舆论场中占据一定的话语地位;而美国为此次仲裁事件也做了充分持久的舆论准备,在本次仲裁事件中发挥着舆论主导的作用;欧洲则以英国和俄罗斯最为关注此次事件;日本官方立场为支持和声援菲律宾的仲裁请求。本文将结合上述地区关于南海仲裁事件的舆情数据进行话语分析,追溯舆情来源,侧重于从语境视角分析不同国家的媒体在报道南海仲裁事件的新闻文本中所蕴含的主观意图。

舆情监测数据显示,菲律宾国内关于南海仲裁事件的新闻报道主要由新闻网站 Inquirer. net、菲律宾 ABS-CBN 新闻网站(ABS-CBN News)和《马尼拉时报》和《马尼拉公报》进行报道,其中设在马尼拉的全国报纸《马尼拉时报》和《马尼拉公报》作为官方色彩浓厚的媒体也具有较高的报道量。通过舆情监测系统对菲律宾主流媒体发布的新闻文本进行热词频次分析发现,菲律宾在南海仲裁事件报道中对争议海域名称描述采用"South China Sea(南中国海)"词汇的频次远高于"West Philippine Sea(西菲律宾海)"。深究该话语形成机制,其背后所蕴含的是菲律宾对国际话语的屈从,菲律宾欲大肆对外传播南海仲裁事件,必须遵循国际社会对该海域名称的话语认知,从某种意义上来说"South China Sea"已经成为正式国际用语。显然,"South China Sea"作为新闻话语在国际上传播,更有利于中国抢占国际话语权。

结合热词频次进一步分析可以发现,菲律宾媒体在新闻报道中主要使用 ruling(裁决)、decision(决定)、arbitration(仲裁)、claims(索赔)、dispute(争

---

① [美]乔治·拉伦. 意识形态与文化身份:现代性和第三世界的在场[M]. 戴从容,译. 上海:上海教育出版社,2003.

② 毛家武,黄冬冬. 新闻话语视角下的南海问题研究[J]. 亚非纵横,2017(4):30-39.

议）、Permanent Court（常设国际法院）、international law（国际法）等词汇（图4），例如《马尼拉标准今日报》发文称：在与中国关于西菲律宾海（南中国海）的仲裁案中，菲律宾获胜，菲律宾外长 Perfecto Yasay 表示："菲律宾对仲裁法庭的裁决表示欢迎，这一仲裁成果值得我们的专家认真和详尽地研究。"该类新闻话语形成背后，是菲律宾国家媒体突出强调自己的索赔诉求，强调"仲裁法庭""裁定"结果，试图营造一种依"法"说"理"的国际形象，以展现菲律宾的国家意志。

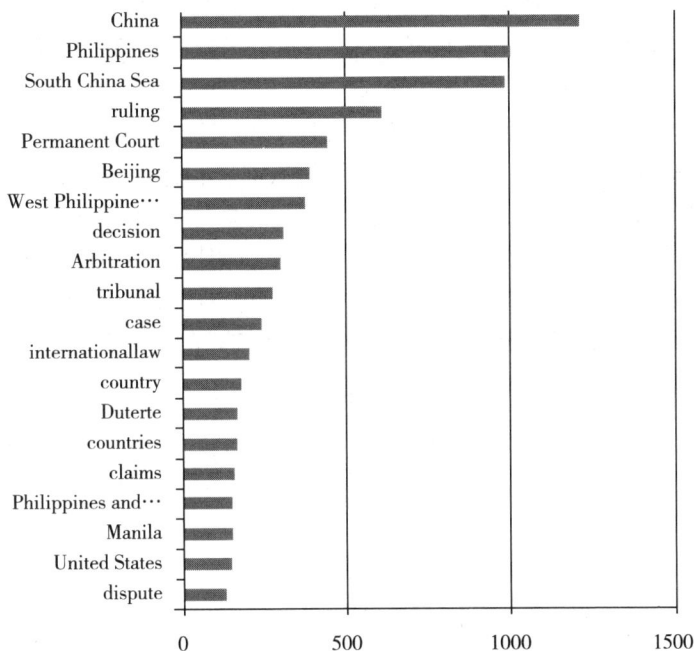

图 4　菲律宾相关报道高频词汇总

　　根据舆情监测数据显示，美国作为南海仲裁事件涉事国之外的域外国家，其关于此次仲裁事件的新闻报道总量远超涉事国双方。由此可见，美国仍掌握着国际话语霸权，主导着国际舆论场。通过舆情监测系统对美国主流媒体新闻报道文本进行高频词云统计分析发现，美国媒体非常强调"Philippines（菲律宾）"和"ruling（裁决）"两个单词；此外，美国媒体较为频繁地通过提及菲律宾外长来传递菲方意图，但高频词汇群中却没有出现中国外长或新闻发言人的声音。上述话语的形成，显示了美国媒体在报道框架上存在明确的倾向性，作为国际话语霸权的掌控者，美国试图通过自身传媒力量为菲律宾发声引导国际舆论，支持"仲裁结果"，明显存在遏制中国国际话语权的嫌疑。

　　而从具体报道内容来看,美国媒体十分关注中国政府动向,但在报道内容中不乏负面词汇,如《华盛顿邮报》7月12日刊文,标题为"南海仲裁案宣判在即,中国采取愤怒、漠视和防御姿态";《时代》杂志7月12日刊文,标题为"中国的国际声誉取决于南海仲裁案的结果"等。该话语现象背后是美国通过采用曲解事实、片面报道的方式,试图将此次仲裁事件摆在"合理合法"的立场上,引导国际社会对南海仲裁事件的认知,削弱我国的国际话语表达,以此来掣肘中方的应对行为。

　　根据舆情监测数据显示,英国地区的网络新闻媒体成为本次南海仲裁事件主要报道力量,老牌知名的传统报刊媒体和通讯社(例如国际性金融媒体 Financial Times——《金融时报》,政治观点中间偏左的 The Guardian——《卫报》以及苏格兰地区发行量最大的日报 Daily Mail Online——《每日邮报在线》、路透社等)排列在后,成为主要的信息推送和评论方。而通过分析报道文本中的高频词云可以发现,英国媒体较多地使用了 region(地区)、artificial islands(人工岛)等词汇。英国媒体在新闻报道中使用上述话语表现了英国作为域外国家在对争议事宜并无直接利益纠葛的情况下,更多的是将视点聚焦在仲裁"判决结果"中关于"人工岛礁"的争议问题上,深层次体现了英国孤立主义的传统外交政策。(图5)

Arbitration　artificial islands　Beijing　case　China　claims
countries　decision　Hague　international law　NewsLocker
Permanent Court　Philippines　region　Reuters　ruling
South China Sea　tribunal　United States
World news

图5　英国媒体相关报道高频词云

　　从具体报道内容来看,英国媒体充分知悉和分析了此次"仲裁结果"的重要程度,并从现实利益获取的角度剖析相关国家的立场和行为。例如《经济学人》杂志通过图表的形式呈现了南海海域各国专属经济区的划分、岛礁建设情况以及油气资源分布;《卫报》发文关注了中国国内媒体的表态,并引用专家的话称中国目前最担心南海"九段线"违反国际法,未来中国在南海的动作将遇到更多困难,以及此次"裁决"将给中国在南海争议海域搞军事扩张增加压力等。英国媒体使用的新闻话语在某种程度上"预设"了中国可能采取的负面行动,对于中国历史性权利的主张却鲜有说明,在客观上形成了一定的倾向性,这背后亦蕴含着英国作为具有世界影响力的大国在国际事务中的单边主义倾向。

欧洲其他各国官方,对于此次仲裁事件态度各异,这也使得各国媒体报道的具体内容和倾向性有了进一步比较的必要。通过舆情监测系统对各国媒体报道文本中的新闻话语进行情感分析,可以看出,大部分报道偏向于就事论事,重点旨在传递此次"仲裁结果"而不涉及定性或者评判;但同时也有部分报道质疑此次仲裁结果的合法性,并将之定性为一种损害中方主权的行为。故而,在情感构成方面,除了大部分文本被判定为"中性"之外,还有部分文本呈现出负面的情感色彩,并且相比而言,俄罗斯媒体采用了更多负面情感的词汇,这与他们的官方表态是相一致的。上述国家媒体所使用的新闻话语情感色彩迥异于美、英等国家,代表着在欧美主流社会中,美、英所把持的国际话语霸权正在遭遇解构;这些国家在南海问题上存在对中国提供话语支持的潜在可能。

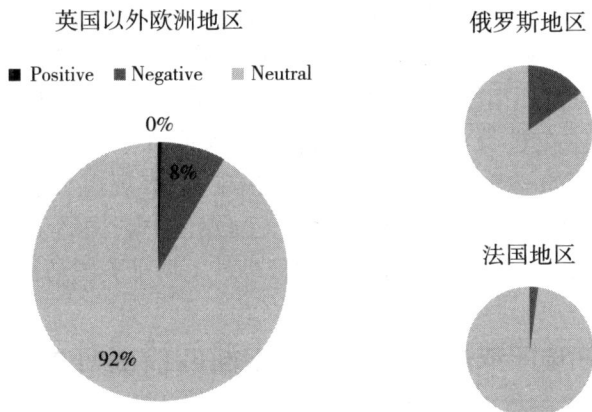

英国以外欧洲地区　　　　俄罗斯地区

■ Positive ■ Negative ▨ Neutral

0%　8%

92%

法国地区

图6　欧洲地区相关报道情感分析图

舆情监测数据显示,日本媒体,如 The Mainichi(《每日新闻》)、AJW-The Asahi Shimbun(《朝日新闻》)、JIJI Press(时事通讯社)、The Diplomat Magazine(《外交家杂志》)和 Nikkei Asian Review(《日本亚洲评论》)等也发表了相关报道,尤其后两者,分别发表了63篇和61篇相关报道,报道量位列前两位。此外,东京出版的英文报纸 The Japan Times(《日本时报》)和共同通讯社等日本主流报刊的报道数量也十分可观。日本媒体之间虽然存在着不同报道倾向,但围绕南海仲裁,各大媒体的态度趋于一致,即支持菲方诉求,并警惕中方应对措施甚至给予负面预判和评价。(图7)

通过分析报道文本中的高频词云可以看出,日本对南海仲裁事件的报道与美国较为相似,不仅较多提及 Philippine Foreign Secretary Yasay(菲律宾

Arbitration Asia Beijing case **China** claims countries

decision disputes international law Japan Permanent Court

Philippines ruling

South China Sea tribunal U.S. United States

中国 南シナ海

图7　日媒相关报道热词词云

外长 PERFECTO Yasay)、较少提及中国外长或新闻发言人的声音,还对"仲裁法庭""仲裁结果"相关词汇多有提及。日本媒体在"支持菲律宾行为"的语境下表达的新闻话语背后展示的是支持和声援菲律宾的仲裁请求的日本官方立场。日本媒体在进行报道时相较于其他国家媒体不同的是更多使用 Asia(亚洲)、U. S.(美国)、United States(美国)等词汇。借用福柯的话来说,话语"不是自然而就,而始终是某种建构的结果"[①]。由于此次仲裁事件涉事国均为亚洲国家,而南海问题在实质上属于亚洲区域问题,日本又是域内国家,故日本媒体在进行话语表达时自然会侧重 Asia(亚洲)相关表述;而 U. S.(美国)、United States(美国)的频频出现,则表现出了掌握国际话语霸权的美国对国际舆论的影响,亦表现出美国媒体的新闻话语对日本参与南海仲裁事件的影响,说明日本在此次仲裁事件上持唯美国马首是瞻的态度。

三、关于南海仲裁事件国际舆情中新闻话语对策建议的思考

正如福柯所言:"必须将话语看作是一系列的事件,看作是一种政治事件:通过这些政治事件才得以运载着政权、并由政权反过来控制着话语本身。"[②]尽管南海仲裁事件已经过去,但是南海问题并未解决。通过分析国际舆论场内关于此次南海仲裁事件的新闻话语的报道来源、主要特征、构成要素及其生成机制,剖析新闻话语生成的内外原因,有助于提出我国有关南海问题的新闻话语应对策略。

(1)加强南海问题国际话语分析,建构对国际舆论场的话语认知。话语的发展已超出了语言实践的意义,话语与权力、意识形态和信仰等发生了密

①　冯俊. 后现代主义哲学讲演录[M]. 北京:商务印书馆,2003
②　冯俊. 后现代主义哲学讲演录[M]. 北京:商务印书馆,2003.

切联系。① 国际舆论场有关南海问题的新闻话语的实质是受新闻媒体所在国信念和价值观念所操纵,这种话语对国际社会认知南海问题有极大影响。加强对南海问题国际话语分析,对国际话语蕴含的意识形态进行思辨、感悟的定性分析,从而发现各国社会制度和社会构成如何影响主流媒体有关南海问题的新闻话语,以及新闻话语又如何反过来影响南海问题的现状和走向,建构对国际舆论场的话语认知,防范话语风险,更好应对可能发生的关于南海问题的舆论战。

(2)加强中国国际话语的传播,加速解构美国的话语霸权。在国际舆论场中,美国仍掌握着话语霸权,主导着舆论导向,但美国的话语霸权正在面临解构。在此次仲裁事件的报道中,不少欧洲国家的新闻话语呈现出中立甚至倾向于中国的立场,该现象有别于我们对传统欧美社会的话语认知,印证了美国话语霸权正在面临解构的事实。中国应该继续加强国际话语的传播,不断在国际舆论场中发出自己的声音,重建国际舆论场的话语秩序,争取在未来可能发生的关于南海问题的舆论战中抢占更多的话语权。

(3)加强南海问题国际话语规训,重构国际舆论场话语生态。福柯认为规训是近代产生的一种特殊的权力技术,既是权力干预、训练和监督肉体的技术,又是制造知识的手段,认为规范化是这种技术的核心特征。② 话语表现为一种认知过程,任何脱离"话语"的认知都不存在,进行话语规训,可以重塑对事务的认知。加强南海问题的国际话语规训,有助于国际社会重新认知南海问题的事实真相。例如对争议海域的名称进行话语规训,确保在国际话语生态中使"South China Sea"成为该海域名称,更有助于我们在国际舆论场中争夺话语权。

目前在国际舆情视域下从新闻话语角度展开对南海问题的研究还较少,但是在当下国际社会军事冲突逐渐减少的背景下,国际舆论战却在大行其道。深入分析各国媒体的新闻话语,建构对国际舆论场的话语认知,加强南海问题国际话语规训,有助于加强中国国际话语的传播,加速解构美国的话语霸权,重构国际舆论场话语生态。在实践意义方面以新闻话语为理论工具来分析国际舆论场中有关南海仲裁事件的舆情,有助于丰富南海问题的研究视角,帮助中国在国际舆论场上应对南海问题所面临的话语权问题。

---

① [英]诺曼·费尔劳拉夫. 话语与社会变迁[M]. 殷晓荣,译. 上海:复旦大学出版社,2003.

② [法]米歇尔·福柯. 规训与惩罚[M]. 刘北成,杨远婴;译. 北京:生活·读书·新知三联书店,2003:375,193.

参考文献:

[1]刘晓畅.新闻的话语与话语的新闻——解读《作为话语的新闻》[J].湖北社会科学,2006(1).

[2][美]乔治·拉伦.意识形态与文化身份:现代性和第三世界的在场[M].戴从容,译.上海:上海教育出版社,2003.

[3]毛家武,黄冬冬.新闻话语视角下的南海问题研究[J].亚非纵横,2017(4).

[4]冯俊.后现代主义哲学讲演录[M].北京:商务印书馆,2003.

[5][英]诺曼·费尔劳拉夫.话语与社会变迁[M].殷晓荣,译.上海:复旦大学出版社,2003.

[6][法]米歇尔·福柯.规训与惩罚[M].刘北成,杨远婴,译.北京:生活·读书·新知三联书店,2003.

从党的十八大、十九大报告的报道中看国家形象的建构

——以人民网为例

许欢欢　安徽大学

摘　要：科技的迅猛发展，给传统媒体带来了极大的挑战。尤其在对国家形象的塑造上，像人民网这样一个国家级新闻网站，其传播的内容不仅要做到对内启迪明智，也要做到对外树立良好的国家形象。本文以人民网对党的十八大、十九大报告的报道为例，以十八大、十九大开幕当天24小时的时间段进行文本收集，采用内容分析法，将所有的文本进行分析与对比得出结论。共设定了五个分析类目：报道数量、报道体裁、报道方式、报道对象、报道内容。对这五个类目进行收集和分析，然后将十八大与十九大的报道进行对比，解析人民网在重大事件中对外传播的进步与不足。

关键词：国家形象；时政报道；人民网；十八大报告；十九大报告

一、中国国家形象概念阐释

对于国家形象的相关定义，国内外学者从不同的角度都给出了不同的定义，主要是围绕以下几个方面定义的：

从国家的角度来定义，杨伟芬认为国家形象是指"国际社会公众对一国相对稳定的评价"[1]。汤光鸿认为国家形象是指"外部公众和内部公众对某国的总体判断和社会评价"[2]。管文虎认为，一个国家的国际形象是主权国家的国家精神与民族精神的集中体现，是一个国家经济、文化、社会、自然要素等的综合展示[3]。从形象角度来定义，刘继南认为具体而言"国家形象是一国外部公众和内部公众对该国政治、经济、文化、社会、地理等方面的认识和评价"[4]。徐小鸽认为"国家形象是一个国家在国际新闻流动中所形成的形象，或者说一国在他国新闻媒介的新闻言论报道中所呈现的形象"[5]。

二、人民网十八大、十九大报告报道的内容分析

(一)内容分析法

1. 样本的选择

本文选择世界十大报纸之一的《人民日报》建设的大型网上信息交互平台——人民网(http://www.people.com.cn/)。人民网是国际互联网上最大的综合性网媒之一,是我国重点网站的排头兵。此次抽样内容为2012年11月8日当天十八大报告和2017年10月18日十九大报告在人民网上的24小时报道。

选择以上这样的研究对象,原因有下面几点:

一是人民网是我国的主流新闻网站,在重大事件的报道中居于主导地位,代表着国家对外发声。人民网又被称为网上的《人民日报》,而《人民日报》又是中国共产党的中央机关报,是党的主要发声武器。同时,人民网有英文、日文、藏文、蒙古文等15种语言版本,有海外版、环球网。每百万人中就有40839人访问过。并且人民网于2012年开始上市,因此不管在权威性上、资金上、读者分布上,在中国各大网站里都是首屈一指的。

二是新媒体大数据分析平台清博舆情检测系统分析显示,网页和客户端在十八大和十九大报告报道中占据着主导地位,超过了报刊、论坛、微博、微信(详见图1、图2),十八大报告的报道中,网页中媒体分布占总体的40.19%,客户端占总体的11.49%。十九大报告的报道中,网页中媒体分布占总体的21.21%,客户端占总体的11.40%。

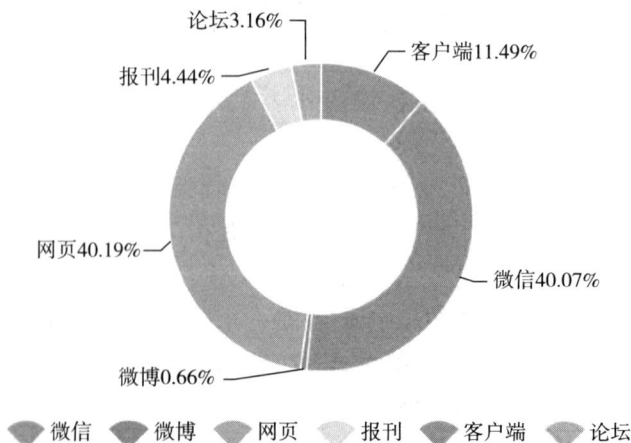

图1 十八大报道媒体分布

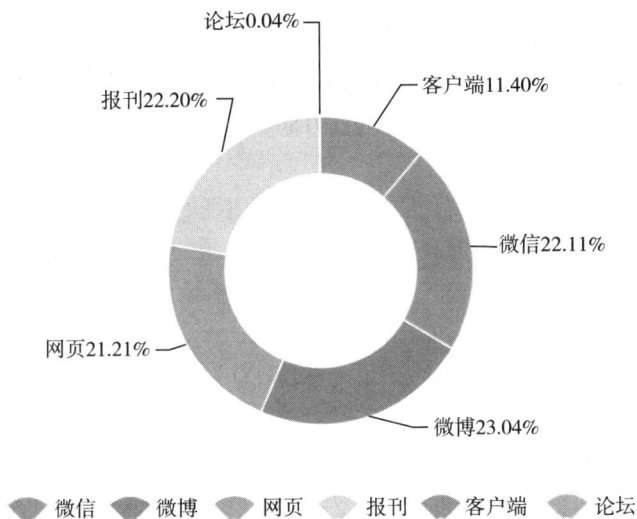

图 2　十九大报道媒体分布

　　三是本研究选取的时间段为十八大、十九大当天，具有一定的代表性，这一天的报道数量相对来说较多，是关注度的高峰期。百度指数分析显示，大会开始的当天为报道和关注的高峰期，即 2012 年 11 月 8 日和 2017 年 10 月 18 日（详见图 3、图 4）。

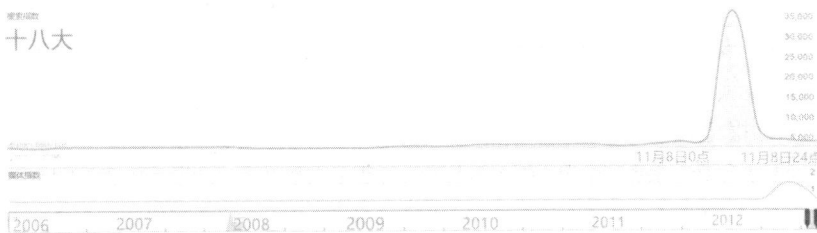

图 3　百度指数十八大报告用户关注度

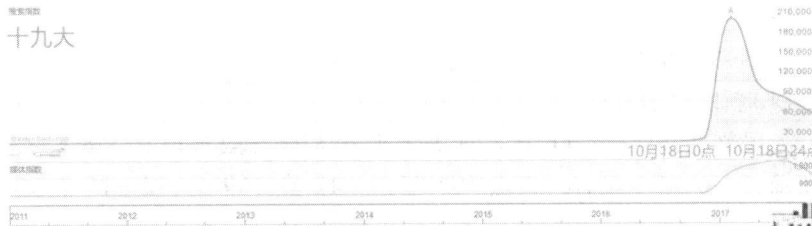

图 4　百度指数十九大报告用户关注度

因此,本文以"十八大报告"和"十九大报告"为关键词,在人民网上选取了 2012 年 11 月 8 日 0 点—24 点和 2017 年 10 月 18 日 0 点—24 点为区间,搜索出的报道为调查样本,以新闻报道时间为编号整理分类,如十八大报告20121108000301 和十九大报告 20171018000301。

2. 分析类目

本文以内容分析法的分析模型,对所选取的样本进行对比分析。将文字表达和图表相结合,分析最后对比出来的结果,反映主流媒体在重大时政新闻报道中的"变"与"不变"。主要有五个分析要素:

(1)报道数量

分别以"十八大报告"和"十九大报告"为关键词在人民网上搜索出现的报道数量,对不同节点的相关文章进行统计与分析。

(2)报道体裁

对从人民网上搜索到的关于十八大和十九大的文章进行整理,分析其报道体裁,这里将体裁分为消息、评论、通讯、视频、图片五大类。收集这些体裁的数据后,统计这些体裁的数量、分析分布比例和报道趋势。

(3)报道方式

本文将人民网对十八大报告和十九大报告的报道方式分为文字、图片、图文、视频这四类。然后统计这些方式的数量、分布比例和报道趋势。

(4)报道对象

本文将两次代表大会主要的报道对象分为:大会、报告、代表(包括代表团)、领导人、党、群众(包括党员和专家)、国内外媒体、国际社会(包括大使馆和国外领导人)。

(5)报道内容

通过分析,最后将内容分为以下六类:大会(包括报告、会议时间、地点、领导人换选)、政治(包括方针政策、党建、立法、中国特色社会主义道路)、经济(包括改革、发展、科技、小康)、文化、民生(医疗、教育、道路)、环境。

(二)样本分析结果

1. 十八大报告报道样本的内容分析结果

(1)新闻报道数量

人民网在 2012 年 11 月 8 日关于十八大报告的报道有 528 篇。0—3 点 2 篇,3—6 点 6 篇,6—9 点 103 篇,9—12 点 169 篇,12—15 点 73 篇,15—18 点 77 篇,18—21 点 77 篇,21—24 点 35 篇,具体统计结果如图 5 所示。

（篇）

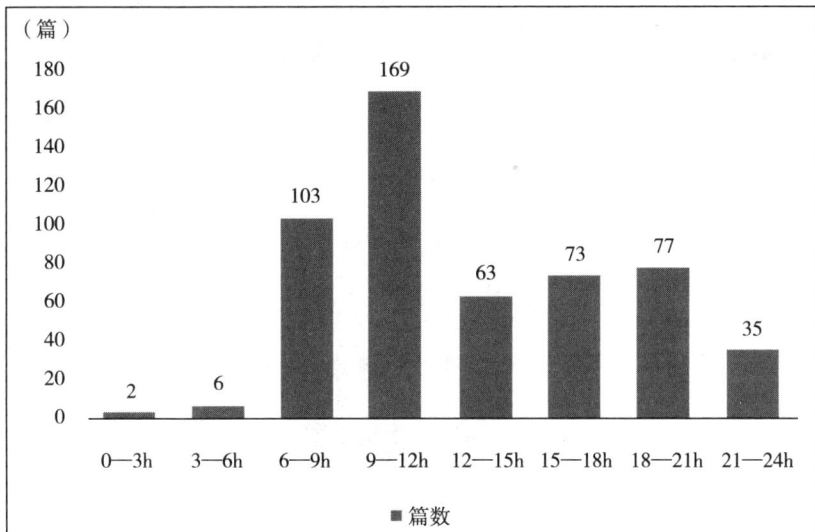

图5 人民网样本中出现"十八大报告"新闻报道数量分布

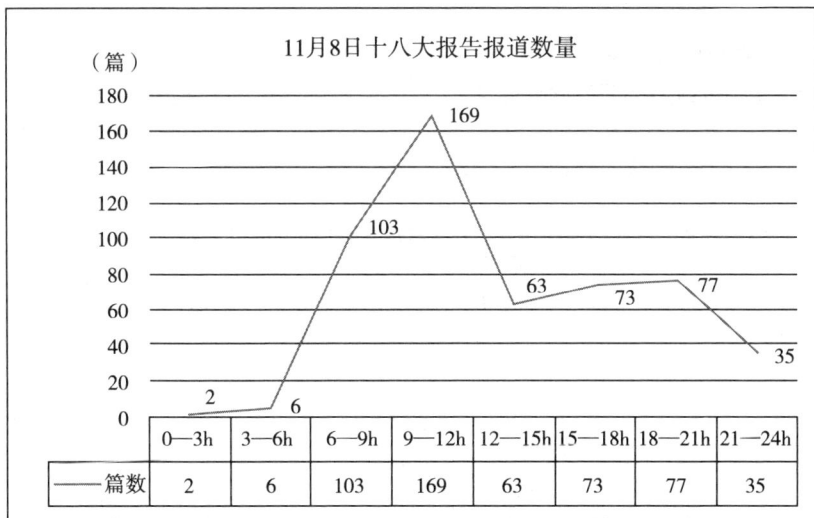

图6 人民网样本中出现"十八大报告"新闻报道数量分布走向

（2）新闻报道体裁

通过搜索人民网发现2012年11月8日十八大报告的报道体裁主要有消息、评论、通讯、专访4大类。其中消息408篇、评论71篇、通讯35篇、专访14篇,详见表1,体裁分布比例如图7所示。

表1　人民网样本中出现"十八大报告"新闻报道体裁分布

消息	评论	通讯	专访
408篇	71篇	35篇	14篇

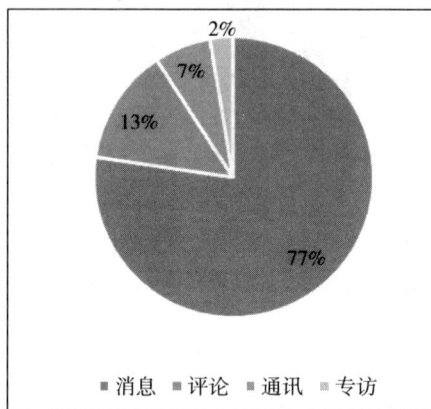

图7　人民网样本中出现"十八大报告"新闻报道体裁分布

（3）新闻报道对象

作者通过统计与整理数据，将"十八大报告"新闻报道对象分为：大会、报告、代表（包括代表团）、领导人、党、群众（包括党员和专家）、国内外媒体、国际社会（包括大使馆和国外领导人）8类。具体分布情况见表2：

表2　人民网样本出现"十八大报告"新闻报道对象分布情况

对象\日期	大会	报告	代表	领导人	党	群众	国内外媒体	国际社会
0—3h	1	0	0	0	0	1	0	0
3—6h	1	0	3	1	0	0	1	0
6—9h	48	9	25	5	12	15	5	3
9—12h	30	15	21	60	5	31	3	4
12—15h	5	4	3	4	3	31	10	3
15—18h	1	2	4	7	2	54	2	1
18—21h	4	13	9	5	3	33	4	6
21—24h	2	1	5	1	3	21	1	1

从以上的分布结果可以看出,人民网关于十八大报告报道的对象主要有三种:领导人、群众、大会。具体这三个对象在8个时间段的报道趋势如图8所示。

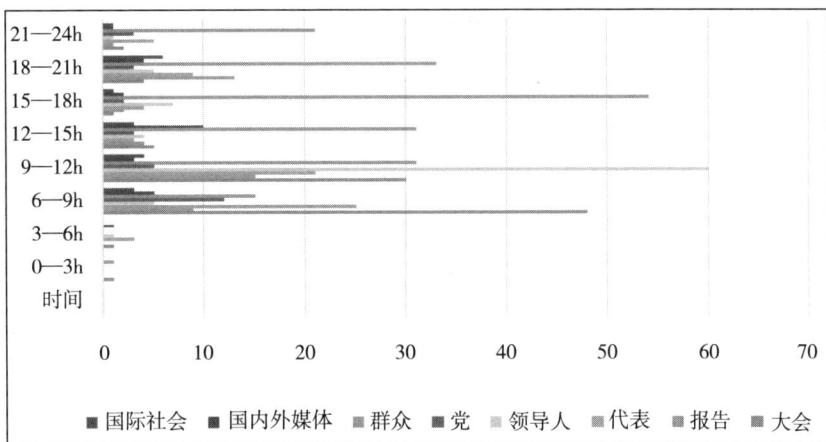

图8　人民网样本出现"十八大报告"新闻报道对象分布情况(篇)

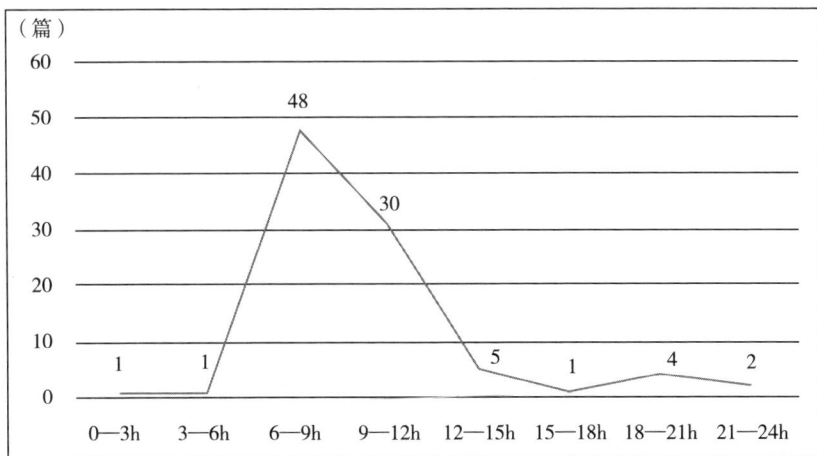

图9　人民网样本出现"十八大报告"大会为报道对象的分布趋势

(4)新闻报道方式

将所选取的样本的报道方式分为文字、图片、视频三种。作者统计整理发现人民网样本中文字报道486篇,图片报道14篇,视频报道28篇。具体见表3:

表3　人民网样本中有关"十八大报告"的新闻报道方式

方式	文字报道	图片报道	视频报道
篇幅	486	14	28

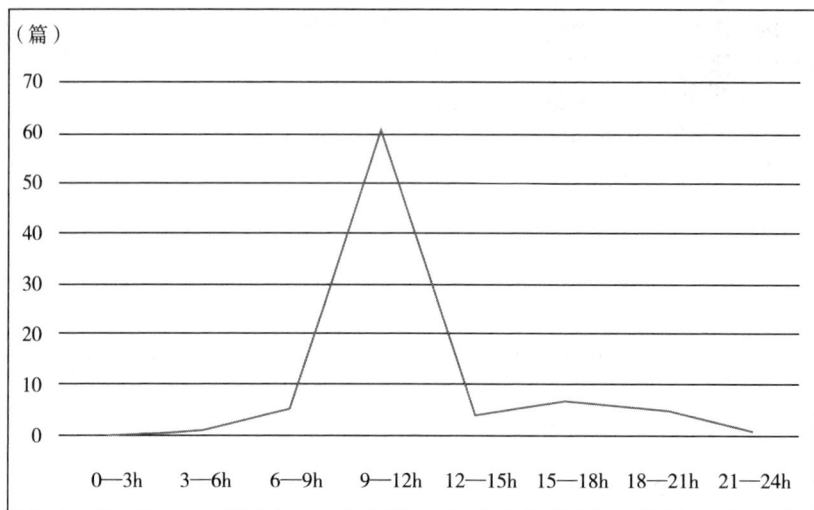

图10　人民网样本出现"十八大报告"领导人为报道对象的分布趋势

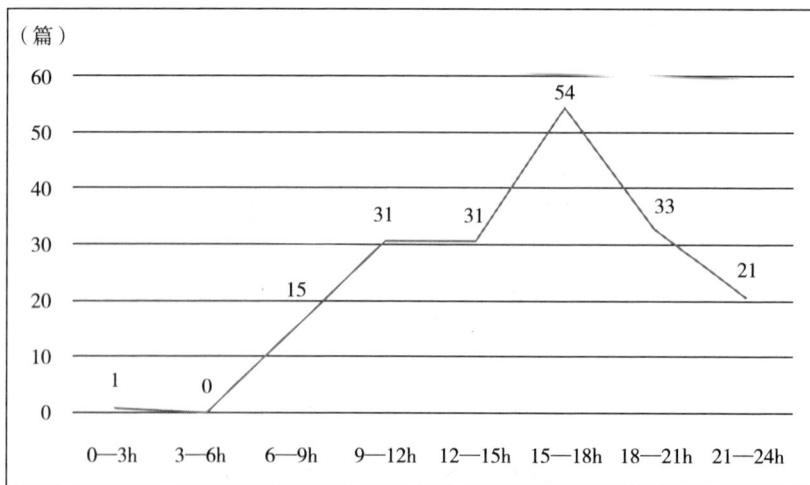

图11　人民网样本出现"十八大报告"群众为报道对象的分布趋势

新媒介·新技术·新视野：新闻传播与社会变革

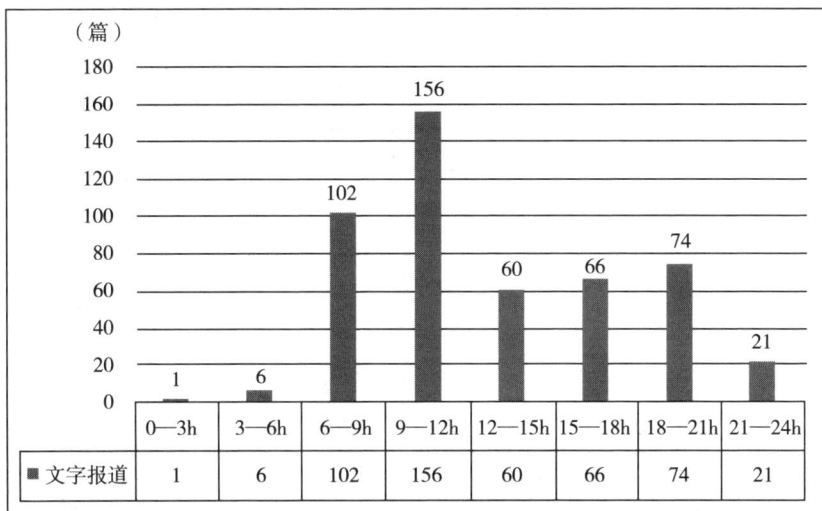

图 12 人民网样本中出现"十八大报告"新闻报道中文字报道分布情况

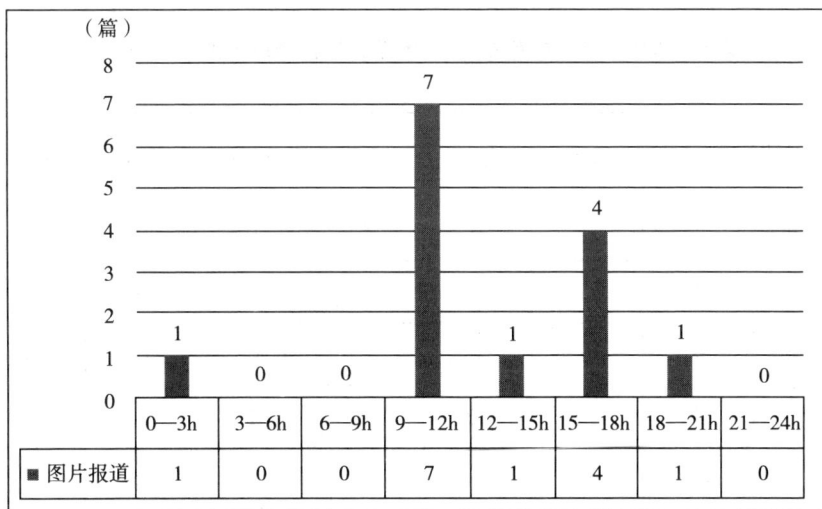

图 13 人民网样本中出现"十八大报告"新闻报道图片报道分布情况

（5）新闻报道内容

通过对人民网 2012 年 11 月 8 日关于"十八大报告"报道的数据统计分析文本，将报道内容分为以下七类：大会、政治、经济、文化、民生、环境、军事。详见表 4：

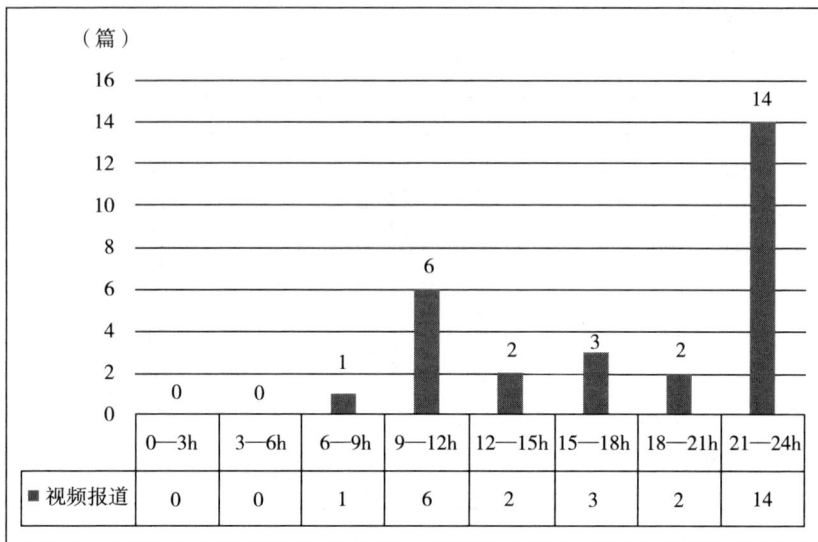

图14　人民网样本中出现"十八大报告"新闻报道视频报道分布情况

表4　人民网样本中有关"十八大报告"的新闻报道的内容分类

（单位：篇）

内容 时间	大会	政治	经济	文化	军事	民生	环境
0—3h	2	0	0	0	0	0	0
3—6h	4	2	0	0	0	0	0
6—9h	68	17	4	2	0	12	0
9—12h	87	38	12	6	1	9	16
12—15h	45	8	1	2	1	2	4
15—18h	52	7	4	5	1	3	1
18—21h	52	11	5	2	1	4	2
21—24h	30	0	0	4	1	0	0
总计	340	83	26	21	5	30	23

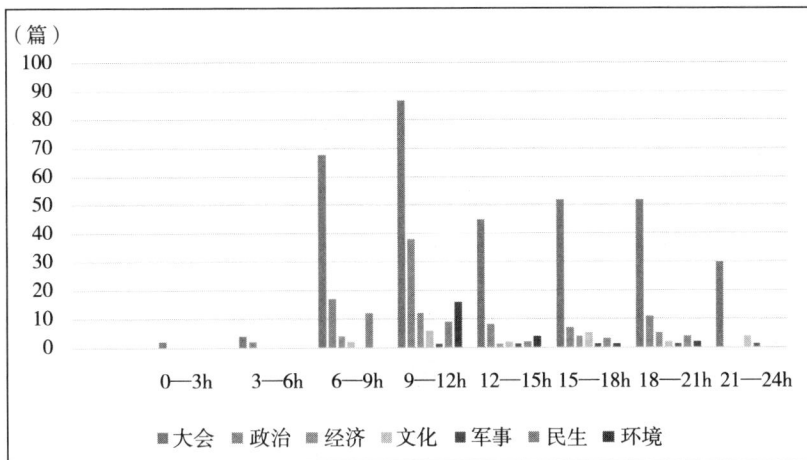

图15　人民网样本中出现"十八大报告"新闻报道内容分布情况

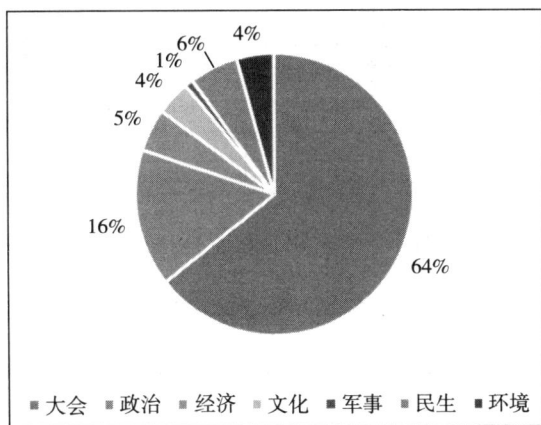

图16　人民网样本中出现"十八大报告"新闻报道内容分布比例

2. 十九大报告报道样本的内容分析结果

（1）新闻报道数量

人民网在 2017 年 10 月 18 日关于十九大报告的报道数量有 248 篇。0—3 点 1 篇,3—6 点 31 篇,6—9 点 40 篇,9—12 点 81 篇,12—15 点 28 篇,15—18 点 29 篇,18—21 点 20 篇,21—24 点 18 篇。具体统计结果如图 17 所示。

（2）新闻报道体裁

通过搜索人民网发现 2017 年 10 月 18 日十九大报告的报道体裁主要有消息、评论、通讯、专访 4 大类。其中消息 149 篇,评论 46 篇,通讯 25 篇,专访28篇,见表5：

表5　人民网样本中出现"十九大报告"新闻报道体裁分布(篇)

消息	评论	通讯	专访
149	46	25	28

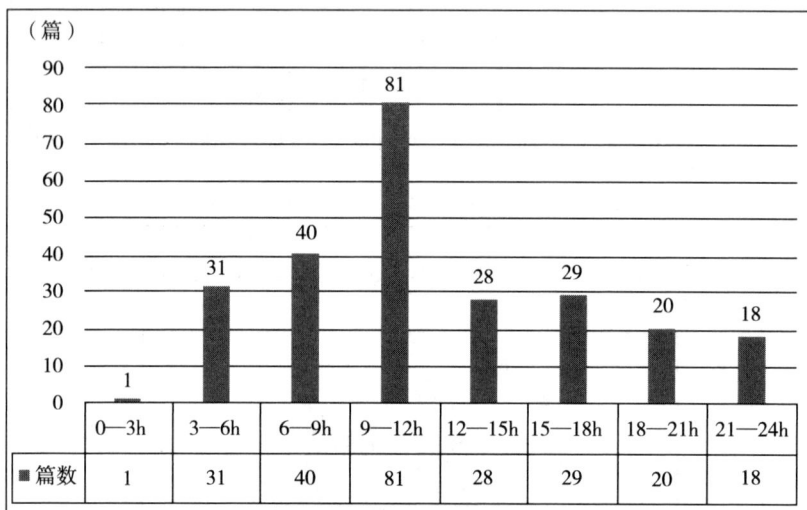

（篇）

	0—3h	3—6h	6—9h	9—12h	12—15h	15—18h	18—21h	21—24h
■篇数	1	31	40	81	28	29	20	18

图17　人民网样本中出现"十九大报告"新闻报道数量分布

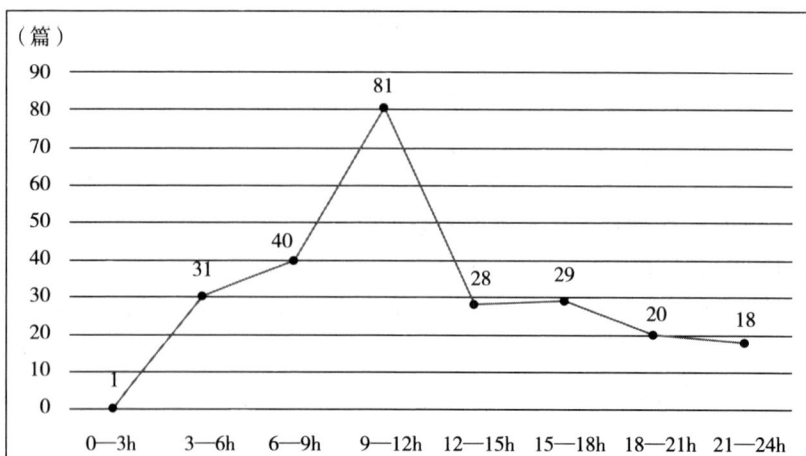

（篇）

图18　人民网样本中出现"十九大报告"新闻报道数量分布趋势

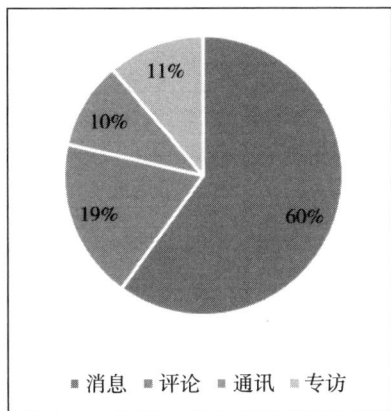

图 19　人民网样本中出现"十九大报告"新闻报道体裁分布比例

（3）新闻报道对象

作者通过统计与整理数据,将"十九大报告"新闻报道对象分为:大会、报告、代表、领导人、党、群众、国内外媒体、国际社会 8 类。具体分布情况见表 6:

表 6　人民网样本出现"十九大报告"新闻报道对象分布情况

对象 时间	大会	报告	代表	领导人	党	群众	国内外 媒体	国际 社会
0—3h	1	0	0	0	0	0	0	0
3—6h	11	0	6	0	1	5	7	1
6—9h	4	1	10	1	1	2	2	0
9—12h	15	10	13	23	3	20	3	2
12—15h	3	3	6	10	2	15	1	1
15—18h	1	1	1	1	3	17	2	1
18—21h	2	5	2	3	1	5	1	1
21—24h	2	3	2	1	2	6	1	1

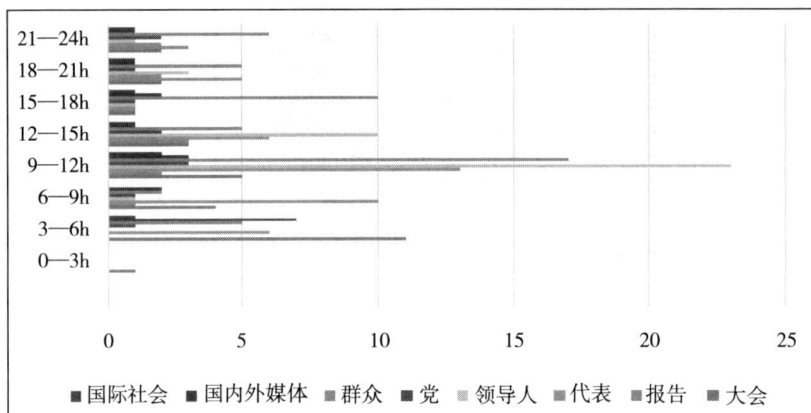

图20　人民网样本中出现"十九大报告"新闻报道对象分布情况（篇）

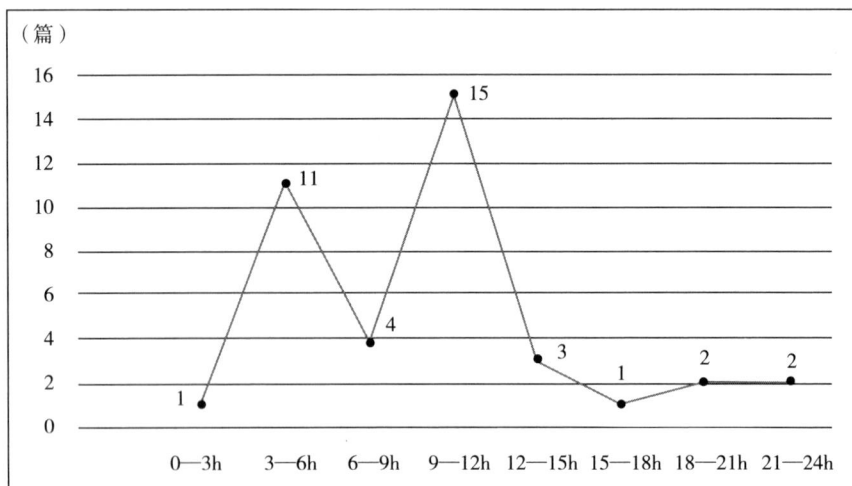

图21　人民网样本中出现"十九大报告"大会为报道对象分布趋势

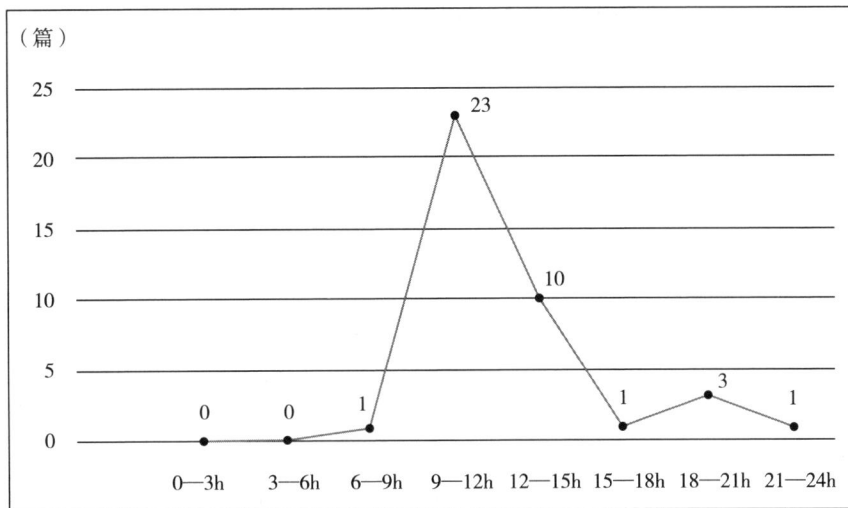

图 22　人民网样本中出现"十九大报告"领导人为报道对象分布趋势

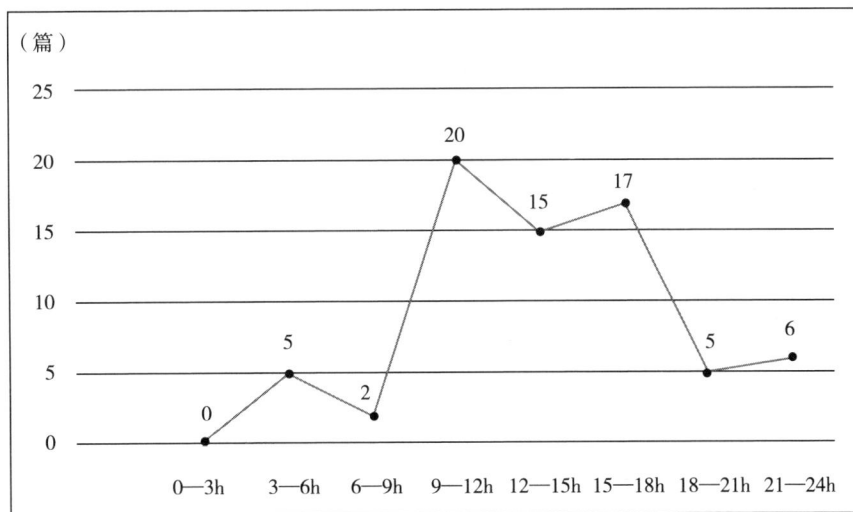

图 23　人民网样本中出现"十九大报告"群众为报道对象分布趋势

（4）新闻报道方式

将所选取的样本的报道方式分为文字、图片、视频 3 种。笔者统计整理发现人民网样本中文字报道 184 篇,图片报道 42 篇,视频报道 22 篇。具体见表 7:

表7　人民网样本有关"十九大报告"的新闻报道方式（篇）

方式	文字	图片	视频
篇幅	184	42	22

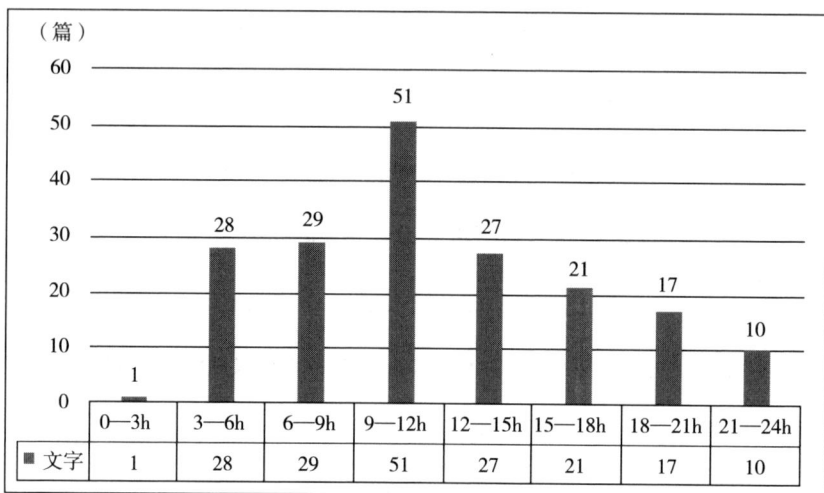

图24　人民网样本中出现"十九大报告"新闻报道文字报道分布情况

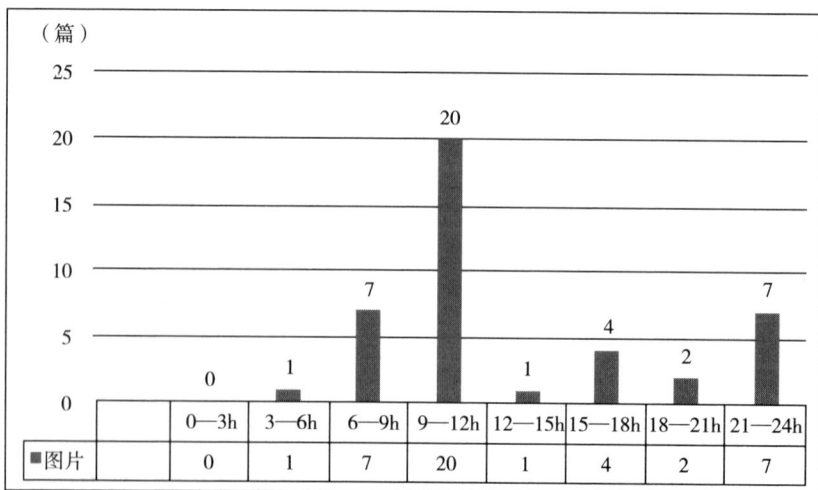

图25　人民网样本中出现"十九大报告"新闻报道图片报道分布情况

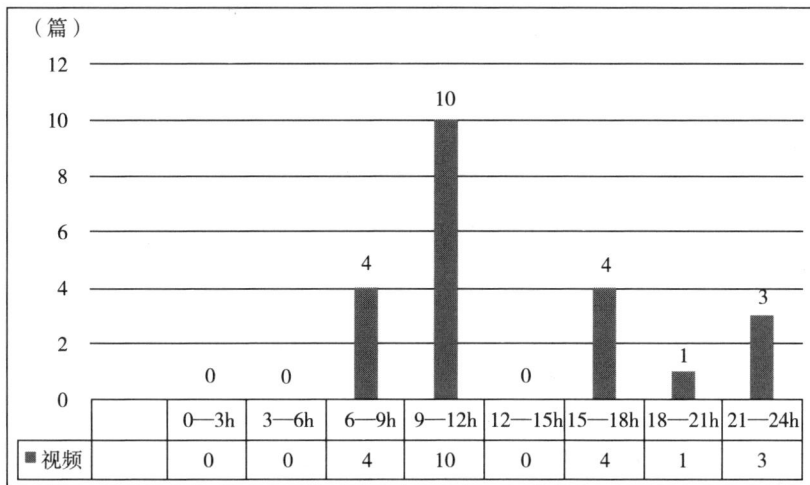

图26　人民网样本中出现"十九大报告"新闻报道视频报道分布情况

（5）新闻报道内容

通过对人民网2017年10月18日关于"十九大报告"报道的数据统计分析文本,将报道内容分为以下七类:大会、政治、经济、文化、民生、环境、军事,见表8:

表8　人民网样本中有关"十九大报告"的新闻报道的内容分类

（单位:篇）

内容 时间	大会	政治	经济	文化	军事	民生	环境
0—3h	1	0	0	0	0	0	0
3—6h	7	5	6	4	2	4	3
6—9h	17	7	4	2	0	10	0
9—12h	23	18	10	10	1	9	9
12—15h	5	9	3	2	1	5	4
15—18h	9	7	4	5	1	2	1
18—21h	6	4	4	2	1	2	1
21—24h	7	3	1	4	1	2	0

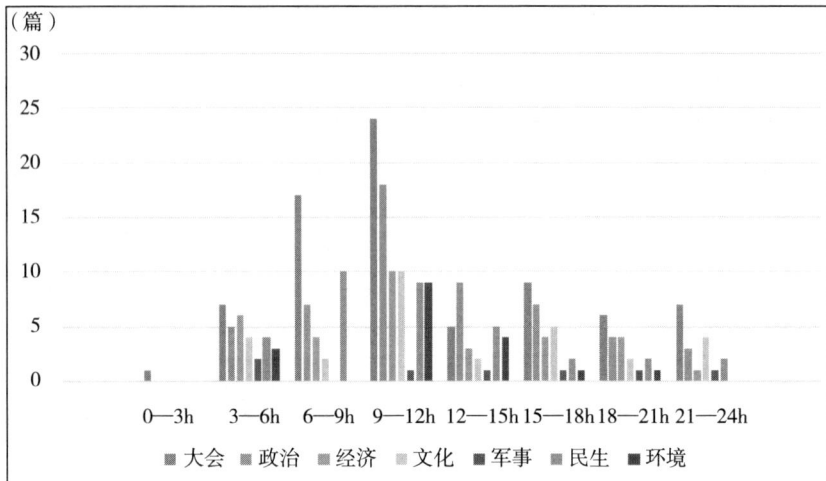

图27　人民网样本中出现"十九大报告"新闻报道内容分布情况

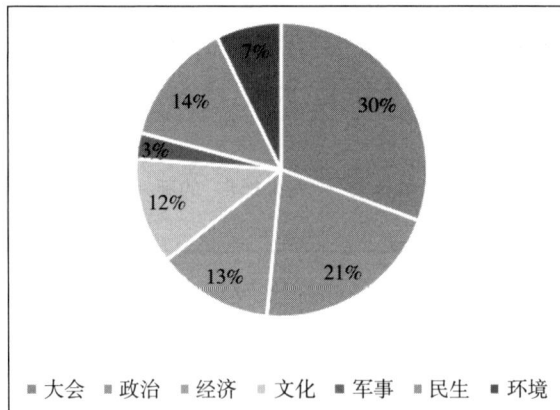

图28　人民网样本中出现"十九大报告"新闻报道内容分布比例

三、人民网十八大报告和十九大报告报道的内容分析结果比较

（一）新闻报道的数量

首先，从两次报道的总量上看，人民网2012年11月18日十八大报道的总量为528篇，平均每三个小时报道66条相关新闻。人民网2017年10月18日十九大报道的总量为248篇，平均每三个小时报道31条相关新闻。从总体的数量对比来看，人民网对十九大的报道力度明显比十八大的力度有

所降低。但党的代表大会这一重大政治事件在当天仍然是重要的报道对象。

其次，在数量的分布上，通过统计可以发现十八大报告和十九大报告的报道数量分布基本趋势一致。但从图29仍然可以发现两次报道数量上分布的不同方面，人民网在0—12点对十九大报告的报道基本上呈匀速上升趋势，而在这一时间段里人民网对十八大报告的报道在0—6点呈缓慢的上升趋势。由此可见，人民网对十九大报告的前期报道给予了一定的重视，加强对会议的前期宣传，让更多的人了解党代会的历史、发展现状、人民的感受，让以党为主体的大会更加贴近人民。

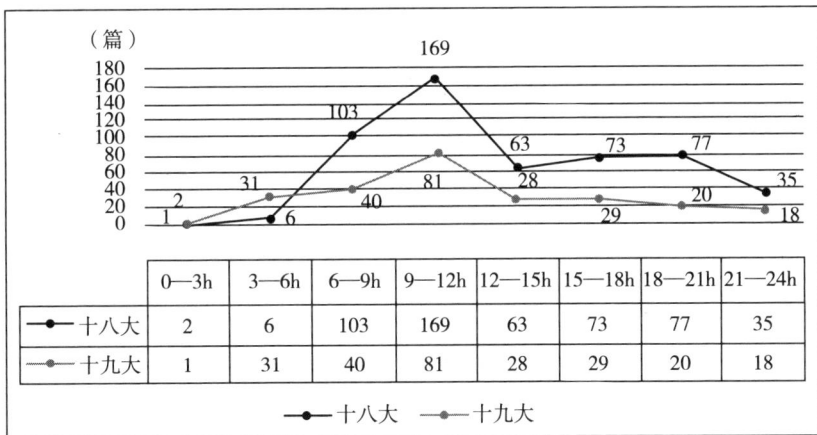

	0—3h	3—6h	6—9h	9—12h	12—15h	15—18h	18—21h	21—24h
十八大	2	6	103	169	63	73	77	35
十九大	1	31	40	81	28	29	20	18

图29　人民网十八大、十九大报告报道数量分布趋势对比

(二)新闻报道的体裁

笔者通过总结两次大会的报道，发现两次报道都以消息为主，评论、通讯、专访次之。

首先，从人民网对两次大会的报道体裁数量上来看。消息报道：十八大报告408篇，十九大报告149篇；评论报道：十八大报告71篇，十九大报告49篇；通讯报道：十八大报告35篇，十九大报告25篇；专访报道：十八大报告14篇，十九大报告28篇。

其次，从不同体裁报道的分布比例上来看。消息报道在十八大报告报道总量中占77%，在十九大报告报道总量中占60%；评论报道在十八大报告报道总量中占13%，在十九大报告报道总量中占20%；通讯报道在十八大报告报道总量中占7%，在十九大报告报道总量中占10%；最后，专访报道在十八大报告报道总量中占3%，在十九大报告报道总量中占10%。

由此可见,和十八大报告的报道相比,十九大报告虽然在报道总量上少于十八大,但从报道的比例上来看,更加突出对评论和专访这两种体裁的报道。无疑,这从一方面体现了人民网对十九大报告的评论和意义的高度重视,体现了人民网对公众观点的引导;另一方面,也体现了人民网对专家、代表、群众这些个体的重视,而并不是简单地、机械式地转发通讯社的消息。专访、评论式的报道使得报道更具有人情味、更贴近群众,为国内外人所理解。

最后,笔者从四种体裁报道的分布上来比较两次会议报道的异同点:

1. 消息报道方面

如图30所示,两次报道中消息报道的数量都在60%以上。同时,两次报道中消息报道的分布趋势基本一致。只是在十九大报告的报道中人民网同样也注重开幕前期的报道,整个报道数量的分布呈现一种分布均匀的趋势,而不是像十八大报告的报道,用过多的篇幅报道大会开幕新闻。消息报道在重大时政事件的报道中占据着主导地位,因为它具有短、平、快的特征,符合人们对信息的急切需求。同时,对十九大报告的平衡报道也是一种报道的进步,体现了媒体对重大事件各个阶段的重视。

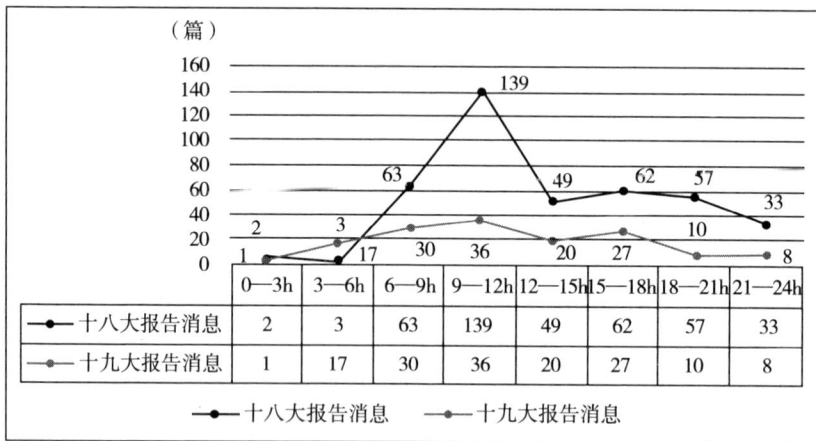

（篇）	0—3h	3—6h	6—9h	9—12h	12—15h	15—18h	18—21h	21—24h
十八大报告消息	2	3	63	139	49	62	57	33
十九大报告消息	1	17	30	36	20	27	10	8

图30　人民网十八大、十九大报告消息报道数量分布趋势对比

2. 评论报道方面

如图31所示,两次会议中评论报道在6—9点之后的报道趋势基本相同,评论都集中于9—12点。只有在6点之前报道趋势有所不同,十九大报告的报道在大会开幕之前就重视评论报道,从专家角度解读中国的发展,从历史角度阐述国家的进步。这种报道的安排体现出人民网对议程设置能力的提高,前期将自身的观点也属于国家的观点传播给公众,是一种价值观的

引导,循序渐进地指导着人们对党和国家新的认识。

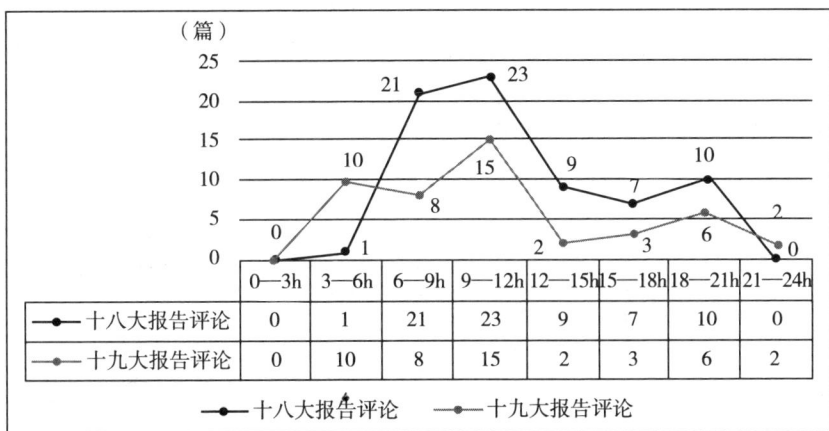

	0—3h	3—6h	6—9h	9—12h	12—15h	15—18h	18—21h	21—24h
十八大报告评论	0	1	21	23	9	7	10	0
十九大报告评论	0	10	8	15	2	3	6	2

图 31　人民网十八大、十九大报告评论报道数量分布趋势对比

3. 通讯报道方面

从通讯报道方面来看,人民网对两次大会的报道中,通讯报道的趋势差距有点大。十八大报告中通讯报道集中于 6—9 点的前期报道,主要内容是前期的开幕时间、地点、代表会议等的报道。同时,十八大报告中通讯报道的集中点还在 18—21 点,这段时间主要报道各个部门对十八大的祝贺、看法、感受等。而相比之下,十九大报告中通讯报道更加集中于 9—12 点,这个时间段主要报道的是十九大报告的内容、领导人讲话等。其中,对一些人物个人经历的报道主要是为了凸显中国社会的发展情况,以小见大。

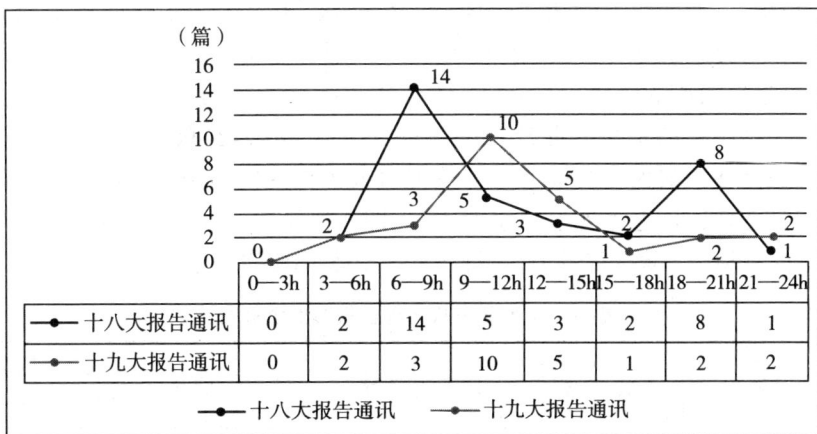

	0—3h	3—6h	6—9h	9—12h	12—15h	15—18h	18—21h	21—24h
十八大报告通讯	0	2	14	5	3	2	8	1
十九大报告通讯	0	2	3	10	5	1	2	2

图 32　人民网十八大、十九大报告通讯报道数量分布趋势对比

4. 专访报道方面

从报道数量上来看,十九大报告中专访报道的数量明显高于十八大报告的专访报道,体现了人民网对重大政治事件报道中个人报道的重视,而淡化对官话套话的报道,更加体现新世纪作为喉舌作用的媒体更加地贴近生活、贴近群众,善于用人们喜闻乐见的方式报道重大事件。

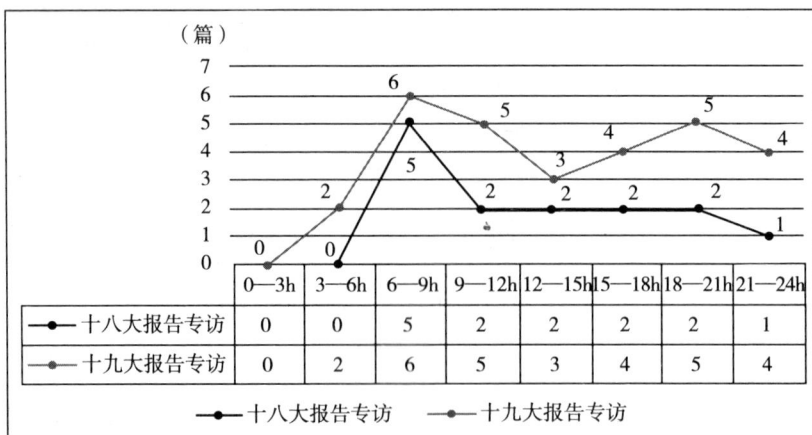

（篇）	0—3h	3—6h	6—9h	9—12h	12—15h	15—18h	18—21h	21—24h
——十八大报告专访	0	0	5	2	2	2	2	1
——十九大报告专访	0	2	6	5	3	4	5	4

图33 人民网十八大、十九大报告专访报道数量分布趋势对比

（三）新闻报道的对象

笔者从人民网十八大报告和十九大报告的报道统计中发现,两次会议的主要报道对象都有大会、报告、代表(包括代表团)、领导人、党、群众(包括党员和专家)、国内外媒体、国际社会(包括大使馆和国外领导人)8 类。

在报道数量上,两次报道均把大会、群众、领导作为主要的报道对象。其中,大会分别为 92、39 篇;群众分别为 176、70 篇;领导人分别为 74、39 篇。大会是本次报道的主体,是每个媒体必然要报道的。而领导人是大会的主体,是一个国家的形象。此外最关键的是人民群众,群众是整个国家的主体,人民网在两次大会的报道中都重视对人民群众的报道,不仅体现了媒体自身的价值取向,也体现了国家的立场,即人民至上。加大对群众的报道力度,对内有利于凝聚人民的力量,对外有利于体现国家的民主。

表9 人民网十八大报告报道对象分布

对象	大会	报告	代表	领导人	党	群众	国内外媒体	国际社会
总计（篇）	92	44	70	74	28	176	26	18
占全部样本比例	17%	8%	13%	15%	5%	34%	5%	3%

表10　人民网十九大报告报道对象分布

对象	大会	报告	代表	领导人	党	群众	国内外媒体	国际社会
总计（篇）	39	23	40	39	13	70	17	7
占全部样本比例	16%	9%	16%	16%	2%	28%	7%	3%

在对十八大报告的报道中,人民网以大会为报道对象进行报道主要集中于9点,也就是大会的开幕时间。从9点过后,对整个大会的报道基本上呈下降的趋势。十九大的报告中,人民网对大会的报道从9点到12点一直处于上升的趋势。可见,人民网对十九大报告以大会为报道对象的报道更加注重后续影响的报道。另外,人民网在两次大会中对领导人的报道趋势基本相同。最后,人民网在两次大会中对群众的报道也存在着差异,十八大在21点后基本呈现下降的趋势,而十九大在这段时间后依然处于上升的趋势。可见,媒体在对重大会议的报道中更加注重人民群众的力量,而不单单重视领导人了。（图34、图35、图36）

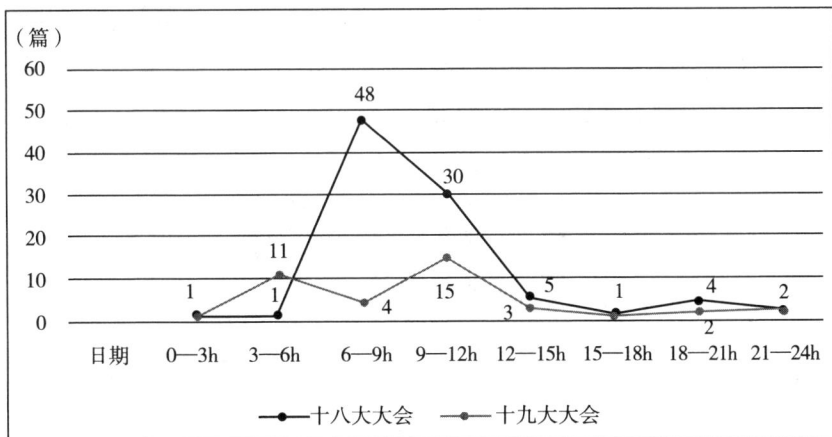

图34　人民网十八大、十九大报告以大会为报道对象报道分布趋势对比

（四）新闻报道方式

人民网关于十八大和十九大报告的报道方式主要分为文字、图片和视频报道。其中,两次会议都主要以文字报道为主要方式。

1. 文字报道

十八大报告的文字报道有486篇,十九大报告的文字报道有184篇,分别占全部样本的比例为92%、74%。（图37）

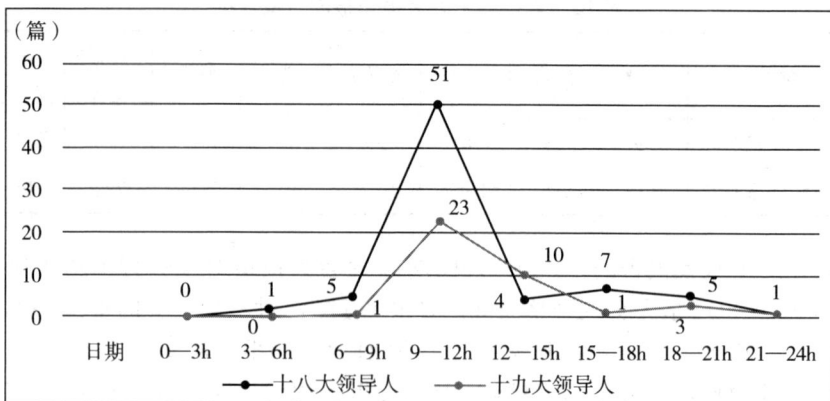

图35 人民网十八大、十九大报告以领导人为报道对象报道分布趋势对比

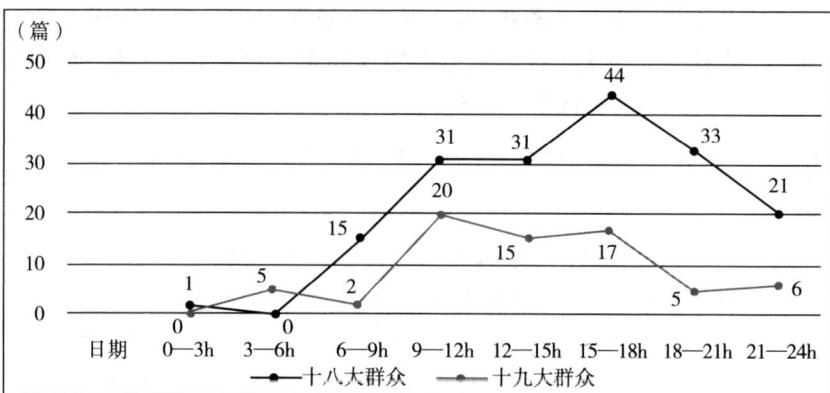

图36 人民网十八大、十九大报告以群众为报道对象报道分布趋势

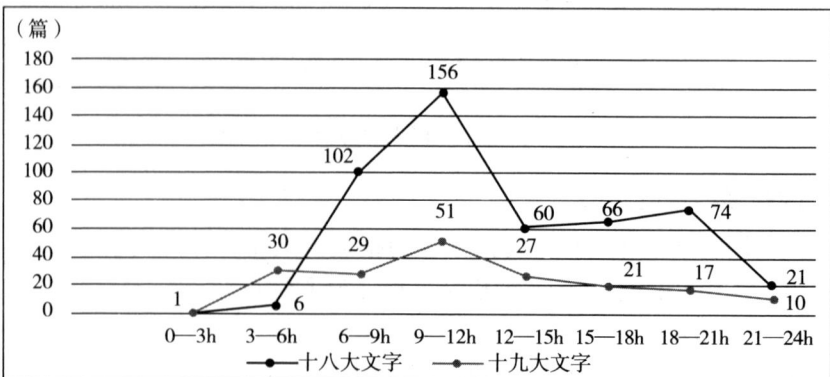

图37 人民网十八大、十九大报告文字报道分布趋势对比

2. 图片报道

十八大报告的图片报道有 14 篇,十九大报告的图片报道有 42 篇,分别占 3%、17%。由此可见,在对十九大报告的报道中人民网更加注重报道形式的多样化。同时,图片报道也符合当前新媒体时代的数据化报道方式的需求,体现了我国媒体在时政新闻报道方面的进步,不再拘泥于生硬的文字报道,如图 38、图 39 所示。

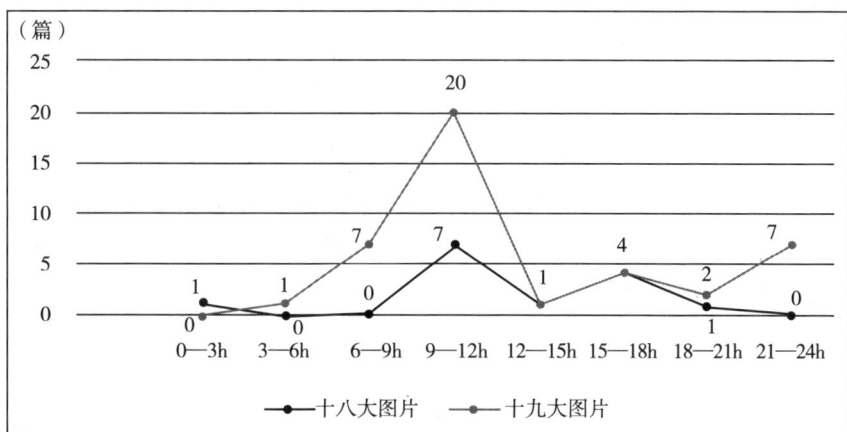

图 38　人民网十八大、十九大报告图片报道分布趋势对比

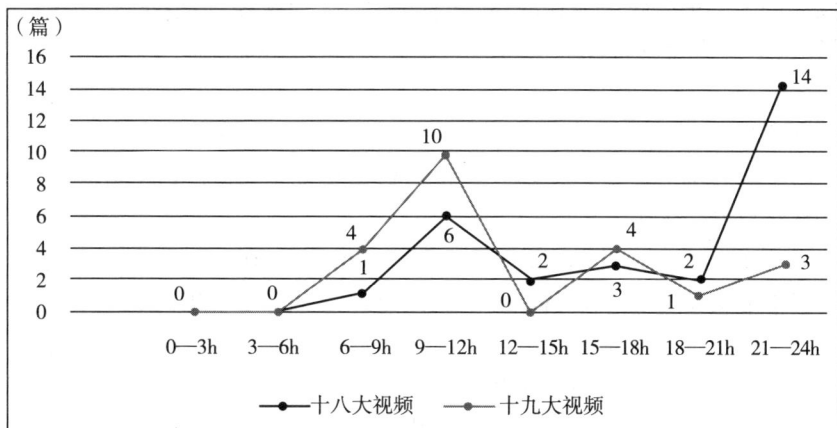

图 39　人民网十八大、十九大报告视频报道分布趋势对比

(五)新闻报道内容

通过对样本的整理分析发现,人民网对两次会议的报道都倾向于对大会的报道,这其中包括对代表、报告等的报道。其次是对政治的报道,尤其

是对经济、政治、文化等各方面体制改革的报道,体现了一个政治大国的形象。同时,从表11和表12可看出人民网对文化和经济的报道更加重视,这和当前我国的社会经济与文化发展相适应。

表11 人民网十八大报告报道内容分布情况

内容	大会	政治	经济	文化	军事	民生	环境
总计(篇)	340	83	26	21	5	30	23
占全部样本的比例	64%	16%	5%	4%	1%	6%	4%

表12 人民网十九大报告报道内容分布情况

内容	大会	政治	经济	文化	军事	民生	环境
总计(篇)	76	53	32	27	7	34	19
占全部样本的比例	31%	21%	13%	11%	3%	14%	7%

四、结束语

综上所述,在新老媒体融合的今天,面临重大的时政事件时媒体如何报道成为一个关键问题。抓住时机、把握主动、设置议程、传播正能量、树立大国形象,这些已经成为各个媒体适应传播需要的潮流。

参考文献：

[1] 杨伟芬. 渗透与互动——广播电视与国际关系[M]. 北京：北京广播学院出版社,2000.

[2] 汤光鸿. 论国家形象[J]. 国际问题研究,2004(4).

[3] 管文虎. 国家的国际形象浅析[J]. 当代世界,2006(06).

[4] 刘继南. 中国形象——中国国家形象的国际传播现状与对策[M]. 北京：中国传媒大学出版社,2006.

[5] 宋任智. 美国主流期刊如何构建中国国家形象——以2016年上半年《经济学人》和《时代周刊》的中国报道为例[D]. 武汉：武汉大学,2016.

[6] 李洋. 从汶川、玉树地震报道看国家形象塑造——以中国日报网为例[D]. 合肥：安徽大学,2011.

[7] 焦占广. 和谐外交理念与中国国家形象的建构[J]. 思想理论教育导刊,2008(3).

[8]冯惠玲,胡百精.北京奥运会与文化中国国家形象建构[J].中国人民大学学报,2008(30).

[9]哈罗德·伊萨克斯.美国的中国形象[M].北京:时事出版社,1999.

[10]托马斯·博克,丁伯成.大洋彼岸的中国幻梦——美国"精英"的中国观[M].北京:外文出版社,2000.

[11]刘娟.国家形象与新闻框架——对 CCTV - 4 2008 年全国两会报道的框架分析[J].新闻世界,2009(3).

[12]刀国新,孙永虹,印凡.泰国主流媒体中国两会报道中的中国形象研究——以泰国电视九频道和《泰叨报》为例[J].新闻研究导刊,2017,8(13).

电视汽车广告中女性形象的分析

——以央视广告为例

王燕霞　安徽大学

摘　要： 近些年来，随着科学技术的不断发展，网络和电视等大众传媒对人们的影响也越来越深刻。电视广告作为视听语言，对引导大众的消费心理和文化价值认知发挥着重要的作用。一方面，中国"男尊女卑"的思想根深蒂固，一些广告受到传统社会文化的影响，存在对女性有偏见及贬损女性形象的现象，这些广告加深了对女性的歧视，构建了两性不平等关系；另一方面，由于商业广告的营利性质，广告制作者和传播者缺乏必要的社会责任，公共传播中也就存在一些错误的价值取向，广告作为社会权力的话语，错误的价值取向会误导受众的社会角色定位，不利于构建和谐、平等的两性关系。本文借助社会性别和符号学的相关理论，通过样本来分析汽车电视广告中的女性形象以及里面所蕴含的男女不平等现象，甄别其中隐含的男权思想。这不仅对国内广告业发展有启示和监督作用，对于建立健全媒体监督机制也有重要作用，对改善和提高公众的媒介素养也有所裨益。

关键词： 汽车；广告；女性形象；社会性别；符号学

一、绪论

（一）研究背景

改革开放以来，我国的大众传媒迅速发展。电视、广告、电影、报纸、网络对人们的日常生活、价值取向和消费观念的影响也日益深远。电视广告作为大众传媒重要的一部分渗透到我们的日常生活中。电视广告中也加入越来越多的女性形象,广告中的女性形象也成为吸引消费者、制造卖点的重要因素,为大众营造的是一种视觉上的"盛宴"。无论是厨房卫具还是杂志封面,女性形象无处不在,女性形象的广告也屡见不鲜。在电视广告的创意中,流传着一个黄金法则,即"3B"法则,指的是 Baby、Beast、Beauty,即婴孩、动物、美女。这三个元素中,美女是广告商最喜欢、最常用的表现元素,这主要是广告与其传播的特性密切联系。① 广告中的女性形象有的被塑造成贤妻良母型的家庭妇女,有的被塑造成美丽性感的年轻女性,还有的被塑造成精干的商业精英女白领。商家为了追求商业利益强化了女性的传统家庭主妇的角色,使"男主外,女主内"的模式成为理所当然。

因此,本文从客观真实的角度对汽车电视广告中的女性形象塑造进行案例分析,对隐藏在里面的问题和问题的原因进行分析,就问题提出应对措施,从而更好地发挥商业广告的商业效益和社会效益。

(二)本文研究的价值和意义

央视作为中国媒体的领头羊,其影响力是不容小觑的。央视的一些汽车电视广告中存在错误定位女性形象的现象。而这种错误的角色定位对于改观传统思想不但没有指导作用,反而让人们认为"男尊女卑"是一件理所当然的事情。

通过分析央视汽车电视广告中的女性形象以及在知网搜索相关期刊文献,笔者发现对于女性形象的塑造大概分为:贤妻良母型的女性形象;女性作为男性附属品;女性形象包揽爱美广告。

这些电视广告问题都可以反证本项研究的重要性。电视广告作为大众传媒强有力的传播方式之一,对社会有着重要的影响。我们应该认清,电视广告进行正确的社会角色定位对正确引导受众对女性形象的认识有重要意义,对于国内广告业的健康发展和建立健全媒介监督体系都有很重要的实践意义,亦对受众有着媒介启蒙的实践意义。

(三)研究的思路和方法

既有研究的出发点大多数都是女权主义。笔者查阅相关文献和期刊,搜集央视近些年的含有女性的汽车电视广告,主要研究以下几个方面的问题:中国的电视广告展示的是一种什么样的女性形象? 女性形象这些年来有何变化? 女性形象地位的呈现和社会文化背景有何关系? 性别角色定位为何延续至今? 受众对汽车电视广告中的女性形象的认知如何? 广告制作

---

① 应莹. 电视广告中女性形象塑造及问题对策的研究[D]. 金华:浙江师范大学,2013.

者又如何更好地迎合消费者？本文通过个别具有代表性的案例,分析女性形象在汽车电视广告中的呈现。

本文采取的研究方法是文献研究和抽样调查法。本文以社会性别理论和符号学理论作为分析工具,查阅现有文献、期刊以及搜集到的央视汽车电视广告案例进行分析研究。

文献研究:检索与汽车电视广告、女性形象、媒介批评、社会性别、符号学有关的文献,在此基础上开展本项研究。

抽样调查法:对央视一套(综合频道)、央视二套(财经频道)、央视五套(体育频道)和央视八套(电视剧频道)等四个频道的电视汽车广告进行抽样分析。

(四)本文的创新之处

本文基于社会性别理论和符号学理论,结合定量定性的研究模式,对央视近些年的汽车电视广告中的女性形象进行全面分析。

对广告中的女性形象进行分析的文献不少,但对汽车电视广告中的女性形象的研究还是不全面。本文是对央视汽车电视广告中的女性形象的研究,央视作为中国电视的领头者,其影响的是十几亿人民。甄别广告中所隐藏的男权思想,不仅对国内广告业的健康发展有积极作用,对于女性地位、男女平等、社会和谐发展以及建立健全媒介监督体制也有重要的实践意义。

二、汽车电视广告中女性形象研究理论框架

(一)社会性别概念及理论

1. 社会性别概念

每个人一出生都带有一个性别标记,这种标记就是生理标记。社会性别概念不同于传统意义上的"性别"概念。《社会性别分析框架指南》中指出"社会性别"在特定的社会中,描述"由社会形成的男性和女性的群体特征、角色、活动及责任"。[①] 由此可以看出,社会性别是大众受到某种特定的历史文化和环境影响,对两性责任和角色的分工定位,不同的性别在不同的背景环境下承担不同的职责。

男性和女性作为社会中不可缺少的两种性别角色,他们的差异不仅仅

---

① 胡力方. 央视商业广告中的两性社会性别呈现研究[D]. 南昌:江西财经大学,2015.

体现在生理等方面,也体现在社会领域中的地位不平等,中国受到几千年来的儒家思想影响,"男尊女卑""男主外,女主内"的思想根深蒂固,两性的不平等的社会差异更是由生理方面决定的。女性的附属地位也主要由于她们在生理上异于男性。因此,这种性别不平等便成了"理所当然"。当然这种社会性别概念主要是由社会文化根源造成的,在世界上,不同民族的社会性别概念也表现不同,中国由于受到儒家思想的影响,其男女不平等表现得比较突出。

2. 社会性别理论

社会性别理论起源于 20 世纪的美国。社会性别理论主要是指受历史文化和自身所在环境的影响,对性别地位、角色定位的重新认识,是社会的基本属性之一。男女两性作为社会中两种必然存在的社会角色,两性的差异不仅仅体现在生理上,还体现在两性社会角色的不平等。几千年来在人们的思想意识里,这种两性地位的不平等很大程度上取决于生理方面的差异,女性的从属地位也自然而然地被认为是两性的生理差异导致的。社会性别理论着眼于从两性关系方面来研究社会制度和社会关系存在的必然关系。当然,作为历史文化的产物,社会性别理论在分析社会政治、经济、文化方面也成为强有力的工具。

在当今这个女权主义盛行的时代,人类社会注重"以人为本"的理念。社会性别理论对于重新审视性别以及促进男女平等观的形成等方面有着重要的作用和意义。社会性别理论也为女性形象研究提供新依据、开拓新视野;为制定合理的两性平等政策提供新依据;为重新审视女性角色定位制定新的参考标准;为分析广告中的女性形象和地位提供了新的方法论指导。

本文运用社会性别理论探讨汽车电视广告中所塑造的男女两性形象及其含蓄意指的男女不平等问题,主要研究的是汽车电视广告中女性的家庭地位、社会分工、家庭角色等方面的定型化,以及这种定型带来的不良影响。

(二) 符号学理论

1. 符号学的提出

符号的概念最早是由被称为"现代语言学之父"的瑞典语言学家索绪尔提出的,并将其划分为两个部分:所指和能指。叶尔姆列夫进一步丰富并扩展了索绪尔的观点,指出符号学包含内容层和表达层两个层面的内容。罗兰·巴特发扬了索绪尔和叶尔姆列夫的符号学说,并以大众文化的独特方式进一步解说,为符号学的艺术批判提供有效的方法论。

2. 符号学的表述运用

符号学是以现有的视觉符号和听觉符号来解读隐藏在深处的隐性意

义,对于认识客观事物具有指导性的作用,对于隐性意义的解读也结合每个人不同的文化观、价值观和世界观等多重因素。更确切地说,不同的人解读的含义也有所不同,要想读出符号的隐含意义,首先必须具有一定的文化价值与信念的相关知识。

符号学由直接意指内容和间接意指内容两个部分构成,其中直接意指包含能指和所指,主要是从视觉要素、语言要素和神话(含蓄意指)等方面进行分析。符号学的运用可以结合以下案例分析:

如 LG-ADIOS 冰箱广告,直接意指内容从视觉要素分析广告中的女性手拿红色草莓,左侧是冰箱,形象是模特;语言要素分析公司 LOGO 以及广告词"因为是女人,所以幸福";含蓄意指即模特在使用该品牌的冰箱时表现出满足感和幸福感可以刺激消费者的购买心理,已达到广告的宣传目的。

三、汽车电视广告中女性形象的内容研究

(一)选取样本来源及说明

本文研究的样本均选自央视汽车电视广告,随机在央视一套(综合频道)、央视二套(经济频道)、央视五套(体育频道)、央视六套(电影频道)、央视八套(电视剧频道)的汽车广告。选取这 5 个频道主要是因为这 5 个频道相对来说收视率比较高。通过筛选样本再随机取样的方法分析央视汽车广告中的女性形象,选取的样本包含以下几个汽车品牌。(表1)

选取的样本包含以下几个汽车品牌:

表 1　选取样本框

样本名称	奔驰	新赛欧汽车	东风日产道客	东风启辰	北京现代悦动	Jeep	大众途观
样本来源	CCTV-5	CCTV-6	CCTV-5	CCTV-5	CCTV-5	CCTV-5	CCTV-5
涉及角色形象	男女朋友男女两性	夫妻与孩子三口之家	男女两性	父母与孩子六口之家	父母与孩子四口之家	母子三口之家	朋友男女两性
类别属性	力量与柔美		内与外	尊与卑	控制与附属		

(二)基于二元对立框架的汽车电视广告女性形象分析

1. 力量与柔美

力量经常被看作男性特有的特征,而女性往往被赋予柔美的形象。

奔驰广告中的女性形象——父亲的话"我预测她将找个成功的男人",

透露出女性依附于男性,同样体现了男性的力量与女性的柔美,当然也体现了男女两性的控制与附属关系。(图1)

图1 梅赛德斯–奔驰广告

这幅图片源自广告中父亲所期待的女儿回来的样子,女士轻挽男士胳膊下车,这是力量与柔美的结合。父亲站在男性的角度想象女儿回家的样子,体现了他的潜意识中就有这种"男力量""女柔美"和"男控制""女附属"的思想。

2. 内与外

比如新赛欧汽车电视广告所呈现的视觉画面是爸爸开车行驶在林荫小路上,妈妈坐在后座抱着孩子,面容洋溢着幸福的微笑。这里面的女性充当着贤妻良母的形象,这种"女主内"的女性形象可以说是众多男士理想中的女性形象。但是随着男女平等思想愈来愈强,这种女性形象也太过局限。(图2)

图2 新赛欧汽车广告

3. 尊与卑

自古以来"男尊女卑"的意识就根深蒂固地存在于人们的潜意识之中。

东风日产逍客广告中，一位男士意气风发地驾车闯入一间办公室，从他的动作中我们看到的是对女性的不尊重。（图3、图4）

图3　东风日产逍客广告

图4　东风日产逍客广告

广告中驾车男士撞到女士，并让女士因此受到惊吓，图4体现了女士对这种行为的不满，女性的表情显示出她对于这种"男尊女卑"的反感。

4. 控制与附属

中国几千年来盛行男权主义，尤其是受儒家的礼教思想"三从四德""男尊女卑""男主外，女主内"等影响，女性经常被看作男性的附属品。

东风启辰电视广告中，一个六口之家，丈夫驾车，妻子坐在副驾驶位置，后面坐着孩子和公婆，在视觉符号中呈现出的是妻子甘心附庸，陪衬丈夫，体现了中国传统妇女的形象。

图 5　东风启辰汽车广告

又如北京现代悦动的广告也体现了女性的从属地位。（图 6）

图 6　北京现代悦动广告

　　这种女性形象的塑造影响受众树立正确的性别意识，也无法使女性形象得到有效改善。

　　当然央视中也有一些比较正面的女性形象塑造的案例，比如孙俪拍摄的 Jeep 汽车广告，在家做好母亲，在外也不失风度，"刚与柔，不分家"，这种女性形象就比较符合性别平等意识。（图 7）

　　很多汽车广告为了体现男性的力量，故意把女性放在副驾驶的位置上，而大众途观没有将女性局限在副驾驶的位置，体现了正确的女性形象塑造。（图 8）

　　像大众途观和孙俪拍摄的塑造正面的女性形象的汽车广告也有很多，这也体现了女性形象的塑造较过去有所改观,但是想要改变女性社会角色的定位还需要长期的努力。

图7　Jeep 汽车广告

图8　大众途观汽车广告

（三）小结

　　从社会性别、符号学(视觉要素、听觉要素和含蓄意指)方面分析上文所选取的六个案例,可以看出央视汽车电视广告中的女性形象塑造存在严重问题,虽然也有对女性形象正确塑造的案例,如孙俪拍摄的 Jeep 汽车广告和大众途观汽车广告,但大多数为对女性形象不良塑造的广告案例,比如东风雪铁龙 C5 和奔驰广告体现了力量与柔美;新赛欧汽车广告体现了"男主外,女主内"的思想;东风日产逍客体现了"男尊女卑"的思想;东风启辰和北京现代悦动体现出控制与附属的关系。这些广告存在的这些问题并没有及时更正,东风雪铁龙 C5 是央视一套 2011 年出现的汽车广告,但是 2017 款奔驰广告同样出现类似的女性形象。这些错误的女性形象塑造会导致女性意识低下,进而会引发严重的男女不平等思想。

四、基于电视汽车广告女性形象分析下的广告批判

(一)男尊女卑的文化倾向

无论是在日常的生活中,还是在娱乐活动中,又或者在广告中,男尊女卑的文化倾向无处不在。法国一位著名的女权主义者同时也是一名著名作家的西蒙曾经说:"女人不是天生的而是生成的。"女性的存在很大程度上是受到某种文化的塑造,这并不是一种符合现实状况的存在。在远古时期的母系社会,女权的出现也如昙花一现般,而男权经过上千年的洗礼,其影响根深蒂固,已经深入我们的骨髓和血液。所以社会生活中就出现了"男主外,女主内""男尊女卑"、女性经常以附属品的形象存在等现象。

当代许多的广告中特别是电视广告中所塑造的女性形象,有一部分隐性的是对女性形象的贬斥,但这些并不是女性形象的真实展现,而是男性对于女性形象所期待的塑造,是被男性理想化的女性形象。有一些人说这是"女为悦己者容",是对女性的歧视,是男尊女卑的体现。

(二)女性形象的不良塑造带来的负面影响

1. 沉默式的扩散造成螺旋式的传播

电视广告中不良的女性形象塑造是一种社会文化的传播过程。由于女性话语权没有得到提高,广告中自然而然地也就出现一些不利于女性的形象塑造,人的社会属性是约定俗成的,随着对女性不良形象的塑造的日积月累,人们将这种女性形象看成理所应当。女性也因自身沉默没有及时做出反抗,这种女性形象的传播范围越来越广,传播年代越来越久远。人们对所塑造的女性形象做出的评价和女性对于自身被错误的形象塑造的"沉默"是一个螺旋式的传播过程。

2. 低级趣味广告泛滥成灾

虽然法律上赋予了"男女平等",但就传统文化而言这种被法律赋予的"男女平等"只是披着法律华丽的外衣,并没有什么约束力。男女不平等是由社会历史文化和生理方面的差异所导致的,现在很多广告中会采用美女或者美女的身体来博取男性受众的眼球,进而导致低级趣味的广告泛滥成灾。就广告的制作者来看,电视广告作为一种快速而特殊的信息传递方式,

如果不能顺利吸引受众的眼球,那么就代表着该广告是失败的。所以广告制作者为了吸引受众的眼球,费尽心思,尽可能地制作一些感官上的刺激效果来引起受众的高度关注,电视广告中经常出现以女性身材比喻某个东西的现象,如饮料电视广告中就放大女性唇部,席梦思的广告中女性身穿性感的晚礼服侧卧在床上,沐浴产品的广告就特写女性肌肤,这种传播效果也正是低级趣味泛滥的表现。正是这种低级趣味的广告使女性处于被男性"观望"的位置,这种营销观念必然也会导致女性形象的扭曲和人们对女性价值的忽视。

五、汽车电视广告中女性形象塑造存在的问题及解决对策

(一)汽车电视广告中女性形象塑造存在的问题

1. 深陷性别歧视之中

由于生理或者心理上的差异,男性在生理或者体能上可能相比女性而言确实有很大优势,但是除去这些因素,女性在社会中所发挥的作用并不亚于男性所发挥的作用。在当今世界的各个领域中活跃着众多优秀的女性,比如英国女王伊丽莎白、英国首相特蕾莎·梅、美国国务卿希拉里,但是在电视广告中,特别是商业电视广告中,女性形象的塑造仍然体现出对女性的歧视,进而把女性肢解物化并且通过女性的某个部位来吸引男性受众的注意。

2. 阻碍女性意识的探寻

电视广告不仅仅是媒介传播的一种手段,它的传播更是体现了一种社会责任。但是,我们所看到的一些宴会或者是公司宣传片的前台这些形象都是由女性担任。汽车电视广告所塑造的女性形象不外乎是贤妻良母型、控制附属型、香艳美女型等。这种女性形象的塑造也使得女性的弱者形象、附属形象被一味夸大,这是汽车电视广告中所塑造的女性形象,体现出一个文化层面的漏洞,不利于女性对自身的地位和自身价值观的觉察和醒悟。

3. 缺乏媒介素养和性别平等意识

现在,电视广告中仍然存在很多在形象塑造上的问题,由于媒体工作人员在媒介素养方面接受能力不强,对于性别认识不强,所以广告中有关形象塑造方面的滥用、误用情况时有发生。因此,媒体工作人员也应该加强媒介素养教育和性别平等意识教育,加强信息的筛选和辨别能力,对于一些不良的信息要正确认识。有关部门必须紧紧跟随电视广告业发展的步伐,同时

也要反思如何更好地解决电视广告中形象塑造的问题,要充分考虑广告中的形象塑造。

(二)当前汽车电视广告女性形象塑造缺陷的解决对策

1. 洞悉受众心理,塑造完美形象

广告制作者应该充分了解受众的心理,制造可以满足受众心理的广告,当代提倡男女平等,虽然这是法律赋予的,但在社会文化的影响下,难免还会存在性别歧视的现象,广告作为媒体话语之一,应该掌握好自己的尺度,在涉及女性形象的塑造时要杜绝出现歧视的现象,当今女权主义盛行,有关性别歧视的广告难免会被放大,所以广告制作者在制作过程中也要站在女性受众的角度思考问题,塑造完美的形象。

2. 完善广告评估工作,制定评估标准

首先,要制定一套完善的电视广告运行准则。从电视广告的前期策划到中期拍摄过程再到后期的剪辑和放映,都应该以制作的这一套评估准则为依据。其次,有关部门也应该建立一个专门负责检测的小组,一起商讨广告是否符合有关标准,充分考虑各方面问题,达成一致意见再实施。虽然法律规定男女平等,但是由于受到几千年的男权主义的影响,广告往往无形中仍然有对女性含沙射影的歧视。总的来说,制定一套完善的电视广告的运行规则势在必行,我们应该着重从广告的立意着手,使其健康发展。

3. 提高观赏趣味,增强性别意识

目前国内存在一些低俗趣味的广告,一方面是为了迎合消费者,另一方面受我国几千年来的男权主义"男尊女卑"等封建传统思想的潜移默化的影响,大多数的电视广告中采用歪曲事实的表现手法将女性形象融入其中,对这种现象我们不能不采取有效的措施,对于那些涉及性别歧视的广告我们应该给予抵制,进行批评,作为消费者的我们应该提高我们的观赏趣味,广告制作者也应该避免在广告中使用性别歧视的符号和言语。我们也要增强自己的性别意识。

4. 建立健全监督体制,加强思想道德教育

要建立健全电视广告中的女性形象塑造,相关部门必须出台相关的条款条例,使得电视广告中有关女性形象的塑造可以有相关参考依据。在建立健全监督体制方面,相关人员应该注重广告制作过程中是否符合相关条文的规定,尤其是制作有关女性形象的电视广告时,要把握适度原则。

在道德层面我们应该加强学习。作为电视媒体人,广告的制作者、监管者,要加强自身的社会责任感,要时刻提醒自己,电视媒体反映的不仅是人们的认知,还反映了一个国家和社会的文化和精神。

参考文献：

[1] 应莹. 电视广告中女性形象塑造及问题对策的研究[D]. 金华：浙江师范大学，2013.

[2] 胡力方. 央视商业广告中的两性社会性别呈现研究[D]. 南昌：江西财经大学，2015.

[3] 张鹿鹿. 后殖民理论的多维性视角和批判性策略[J]. 大连理工大学学报(社会科学版)，2010，31(3).

[4] 谭姣姣，戚晓昱. 符号学理论在广告设计中的应用研究——以罗兰·巴特(Roland Barthes)的符号学理论为中心[J]. 韩国中央大学研究生院产业设计学，2011(23).

[5] 黄纯纯. 从"沉默的螺旋"看商业广告中塑造的女性形象及其产生的影响[J]. 当代代理人，2006，08(02).

[6] 魏居娴. 基于结构主义符号学的革命样板戏研究[D]. 兰州：兰州大学，2016.

[7] 徐晨红. 社会性别视角下的广告女性形象探析[J]. 农村经济与科技，2016(17).

[8] 刘瀚潞. 商业广告中女性形象的变化[J]. 吉首大学报，2014(S2).

[9] 彭兰. 社会性别视角下的媒介女性形象——以央视商业广告为例[J]. 新闻爱好者，2011(01).

[10] 郑智斌. 性别的媒介形象对比研究——以电视广告为视角[J]. 南昌大学学报，2002，33(04).

[11] 莹莹. 符号权力视角下广告中的美女形象[J]. 安徽警官职业学院报，2011，10(04).

[12] 焦杰. 传媒切忌选择性呈现女性负面形象[N]. 中国妇女报，2016，08(9).

[13] 杨雨萌. 从女性主义视角看中国广告中女性形象的发展[J]. 新闻研究导刊，2016(9).

[14] 查玮. 新视角下的当代中国电视广告女性形象研究[D]. 合肥：安徽大学，2010.

[15] 袁翠清. 从社会性别视角审视当代中国女性消费[J]. 长春大学学报，2016(3).

[16] 尹莉莲. 中美性别视觉符号的跨文化解读及传播实践[J]. 新闻研究导刊，2016，7(20).

新媒体时期故宫形象传播的互动仪式

王玉琪　东北财经大学

摘　要：故宫作为享誉海内外的中华民族传统建筑，在某种程度上已脱离其建筑本体并成为象征民族精神的文化符号之一。故宫博物院利用自身的文化资源与如今的新媒介技术及传播方式相结合，使古老的故宫在新时期焕发了新活力。本文将运用美国社会学家柯林斯的互动仪式链理论，分析故宫在以情感传达为基础的传播过程中传播方式的转变，探析转变对于故宫形象的意义。

关键词：故宫文化；互动仪式链；情感能量

2016 年故宫博物院年接待量超过 1600 万人次，成为全世界唯一一座年接待量超千万级别的博物馆。作为文化传播主体，故宫的辐射及带动作用不可小觑。近几年在"互联网+"的环境下，故宫博物院根据自身定位及特色并运用新媒体等多种传播方式成功引起故宫风潮。从以传统媒体为主导到运用两微一端及其他方式的传播方式的转变中，话语方式与互动方式的转变最为显著，这一话语方式的转变既包括文本语言，也包括视听语言等。话语转变的同时带来互动方式的革新，对于故宫形象的再塑造具有重要意义。

一、故宫形象传达状况概述

（一）传统媒体时期的"严肃"故宫

故宫是中国传统建筑精华，兼具文物学、考古学、建筑学，具有重要的文化价值和文化影响力，所以故宫的宣传一直受到各方的重视，既有来自故宫的宣传机构，也有来自官方或个人的自发传播。

从传播的具体方式上看主要分为以下几种：①传统纸质媒体，包括各类报纸与杂志对故宫的日常事务或事件的文章报道。②视听媒介,日常新闻的电视报道或电视宣传片和纪录片,比如 2005 年投资超过千万的纪录片《故宫》。③知识传播,包括游客游览故宫时的讲解及官方定期举办的各类知识型的讲座和介绍性的展览。④文化附加传播,包括故宫博物院推出的文化产品等。

观察这一时期的传播内容,是以故宫严肃正统的形象为定位,在话语表达上遵循的是严谨的官方话语体系,保持着与普通大众之间的距离感。受传统媒体传播方式所限,普通人获取文化资源的成本高,因此传播文化的主体与传播对象的互动频率低,这导致普通民众深入了解文化内涵的意愿降低。由于严肃的话语以及低频的互动,故宫树立的是一个严肃精英分子的形象。

(二)新媒体时期的"网红"故宫

长时间以来,故宫博物院在传播过程中的话语和方式选择使其被划分到精英行列,代表着严谨的科教文化与传播内容,但就故宫本身的文化职能而言,应该是深奥知识与普通大众之间沟通的桥梁,而不仅仅是精英文化的书写者或代言人。新媒体时期故宫博物院在传播知识与文化的过程中将原有的话语方式重组,在保证对知识与文化有敬畏之心的情况下,使用普通大众所喜闻乐见的方式,对故宫文化重新组合后再次传播。

随着"互联网+"时代的到来,故宫官方利用新媒体与新技术逐渐摸索出一系列适合自身的传播方式,并依靠自身强大的文化底蕴和号召力在短时间内走红,成为一个传播文化的"网红"。

1. 新媒体:两微一端

故宫官方微博"故宫博物院"自上线运营以来,截至目前已拥有粉丝 408 万。发布内容包括故宫日常展览与实务性的信息,文物等介绍信息,建筑等景色的图片……从话语使用上来看,严肃克制,但与传统媒体传播平台相比,传播互动效率有所提高。另外,故宫博物院官方微博还具有一定程度的议程设置能力,能设置热点话题并引发网友讨论,提高文化影响力。纵观故宫官方在微博中所使用的语言内容与风格,可以看作是官方话语体系在新媒体平台的延伸,且互动性与议题设置能力较之前有提升。

故宫微信公众号"微故宫"经过几次修改后,现在定位为文化推广与公共服务。在文化推广上,比较同时间段发布在微博上的信息,虽然主题大致是相同的,但是内容的语言表达与行文逻辑做出了符合微信平台特点的更改。在公共服务上,微信自定义菜单及即时回复功能能够在信息服务上发挥优势,基本涵盖了游览所需的绝大部分信息。

依托故宫的文化资源并在结合受众喜好的基础上,故宫官方开发出"故宫出品"系列 App,包括"故宫展览""每日故宫""清代皇帝服饰""故宫陶瓷馆""韩熙载夜宴图""皇帝的一天""紫禁城祥瑞""胤禛美人图"。"故宫出品"系列 App 是在细分受众市场的基础上对文化资源的一次深度挖掘,以更立体与细致的信息手段,让故宫文化融入日常生活。

2. 新视角:《我在故宫修文物》

2016 年故宫博物院推出建院 90 周年献礼纪录片《我在故宫修文物》,并于当年 1 月 7 日至 9 日在 CCTV-9 播放。纪录片在初次放送的一段时间内没有得到太多的反响,但是影视资源上线哔哩哔哩视频网站后,点击量达 70 余万。除了纪录片本身意外走红,纪录片内的工匠也成为网络上的新红人,受到很多人的喜爱。由于纪录片的热度不减,《我在故宫修文物》电影版于 2016 年底上映,再次登录哔哩哔哩后,获得 200 多万的点击率。

与之前关于故宫的纪录片相比,这部纪录片仅能算作是小成本,却成为小成本纪录片发展的新突破。这部纪录片的走红一方面借助于互联网的传播平台,另一方面是将关注的视角从建筑和文物本身转换到人的身上,在人与文物及建筑的互动中营造出一种朴实的生活气息,给观看影片的观众一种全新的体验,而这种新体验的形成就是故宫形象再塑造的过程。

3. 新思路:文创产品

作为世界级的博物馆,故宫有深厚的文化底蕴,2014 年一款朝珠耳机让故宫的文创产品一朝成名。在这之后,故宫博物院借势发力接连推出多个明星产品,包括康雍乾福字玻璃静电贴、雍正御批系列折扇、行李牌卡套等,目前故宫文创产品的总营业额超过 10 亿元。

故宫文创产品的走红一方面源于对创意的运用和对于当下人群喜好的把握,另一方面则是品牌传播上的营销。"故宫淘宝"上线于 2010 年,主要是在网络渠道销售有关故宫的文化产品,并科普故宫文化。自 2013 年以来,故宫淘宝开始用时下流行的语言和形式推出产品,并用轻松的话语方式与广大网友交流,受到了一部分人的追捧。故宫长久以来给人以严肃正经的感觉,而具有生活气息的文化创意却将故宫推向普通人民的生活,使故宫更充分地发挥了文化桥梁的作用,这正是基于思维方式转变基础上的话语转变所造成的成果。

4. 新技术:展览交互

故宫,一座巨大的文化宝库,怎样用更多样和丰富的方式传达文化是一个值得探讨的话题。20 世纪 90 年代末,故宫博物院成立了资料信息部,主要负责故宫的信息化建设和管理。故宫的文物和建筑种类繁多且价值连城,出于文物保护的需要,常需要定期修复和维修,所以运用数字技术展示故宫可使游览者不受修复维修工作的困扰。

受技术发展的限制,故宫博物院的数字展览起初停留在影像的复制呈现上,与真实的文物和建筑还相距甚远。近些年来随着相关技术的成熟,特别是增强现实技术与虚拟现实技术的发展,数字展览不仅能更真实地还原文物本体,还能够实现参观者与文物更近距离地接触。2015年故宫端门数字博物馆成立,在数字博物馆内,任何人都可以与文物交互,比如游览者可以翻看瓷器的年份落款,观看宫殿建筑的内景,这是一种与观看实体完全不同的感受。影像模拟原物及还原建筑场景,可以使身处其中的人产生交互感与沉浸感。

二、互动仪式研究

(一)互动仪式链理论

互动仪式链理论由美国社会学家柯林斯于2003年在其著作《互动仪式链》中提出,柯林斯对于仪式的研究传承于涂尔干及戈夫曼,这里的仪式主要指群体活动中程序化的活动,对于塑造群体意识具有重要意义。而柯林斯的互动仪式理论试图将微观与宏观结合,同时在前人研究的基础上系统阐述仪式作用的机制。柯林斯指出互动仪式和互动仪式链理论首先是关于情境的理论,微观的情境相互关联形成宏观模式,而连接局部情境的网络就是——互动仪式链。

柯林斯认为互动仪式理论的核心是高度的相互关注,最终形成的情感能量是互动仪式的结果,也是整个连接过程的要素,"情感能量是一个连续,从高端的自信、热情、自我感觉良好,到中间平淡的状态,再到末端的消沉、缺乏主动性与消极性的自我感觉。高度的情感能量是一种对社会互动充满自信与热情的感受"[①],所以这里提到的情感是一种长期稳定的社会情感。柯林斯还提出一个重要的概念是"互动仪式市场",组成市场的要素除了情感能量还包括符号资本。符号资本又可以分为一般与特殊,一般符号资本指"一般资源的非个性化符号"[②],而特殊符号资本是个人对他人身份地位的感知。

互动仪式主要包括以下几个要素:"①两个或两个以上的人聚集在同一

---

① [美]兰德尔·柯林斯.互动仪式链[M].北京:商务印书馆,2009:4,5.

② [美]兰德尔·柯林斯.互动仪式链[M].北京:商务印书馆,2009:6.

场所,都能通过身体在场而相互影响。②对局外人设了限定,参与者知道谁在参加,而谁又被排除在外。③人们将注意力集中在共同的对象或活动上。④人们分享共同的情绪或情感体验。"①

(二)故宫对外传播中的互动仪式

1. 虚拟在场

"仪式本质上是一个身体经历的过程"②,身体在场的意义在于能够放大和体验到情感的细节,确认关注的共同点,并在此基础上产生联系甚至爆发情感能量,所以在场是仪式的开端与基础。随着技术的发展,远程的虚拟在场条件成熟,复制情境逐步成为可能,即使没有亲身在场仍可以体会细节。

柯林斯曾在书中预测未来的电子媒介可能被设计成具有模仿生理的功能,而虚拟现实与增强现实技术为这类媒介的出现带来可能。比如故宫博物院制作虚拟现实纪录片《角楼》,通过设备可以全方位地观看建筑物的细节,在观看中可以仿若身临其境一般自由地切换视角,而且能够观看到亲身在场时所看不到的细节,如建筑的细小花纹或多角度俯瞰建筑等。另外在故宫的端门数字馆,虚拟在场的体验方式更为多样,走进并游览宫殿建筑内景,细致观看文物的细节,这些体验方式的改进无一例外都是从人的感官体验出发的,还原程度越高,情感细节就越容易被感知,最终互动仪式的链条启动。

新媒体社交平台是虚拟在场的另一种表现形式,通过关注微博、公众号或下载客户端,为虚拟在场提供际遇场所。两微一端即发布日常信息,同时也是一个互动场所。比如故宫博物院官方微博在日常的信息传达中,除了回复信息也会设置一些互动话题,调整自身的节奏与关注点,并由此达到和谐交流的局面。

2. 对局外人设定限制

在场是互动仪式的开端,为了使焦点得到突出,所以有必要对局外人设定限制,以减少传播中的噪音。比如故宫公众号提供了大量服务信息,包括票务、出行、讲解、天气等。以往用户获取这样的一系列信息需要分别进行查询,而故宫公众号一站式的信息提供在帮助用户满足信息需求的同时,也是在使自身与用户建立联系,排除尽可能多的局外干扰,制造彼此节奏相符的际遇。公众号文章或微博的私信留言与回复,类似于此的互动皆属于对局外人设置限制。这类信息无论是否公开,只有处于信息的两端才能够拥

---

① [美]兰德尔·柯林斯. 互动仪式链[M]. 北京:商务印书馆,2009:86.
② [美]兰德尔·柯林斯. 互动仪式链[M]. 北京:商务印书馆,2009:93.

有互动的权利,任何局外人无法参与,形成一个较私密的互动。柯林斯认为,成功的会话是一个有节奏的连续过程,会话之间有最小的时间间隔,且彼此的话语有最低程度的重叠。对局外人的限定可保证会话节奏的连续性,虽然在新媒体平台上,整个会话的完成有时间的间隔,但相比于传统媒体时期的、有所欠缺的反馈及来自各方的噪音等,新媒体的会话时间间隔小于传统大众媒体时期的噪音对信息传达准确性与效率的影响。

3. 共同的关注焦点

当完成身体在场与对局外人设置后,聚集起来的人群分别形成小型的关注焦点,引起也仅是"最低程度的兴奋"。而只有"当人群作为观众因某项活动而形成关注焦点时,某种较高程度的团结才有可能出现"。① 所以共同的关注焦点是低团结向高团结转变的关键。故宫在对外传播中通过自上而下和自下而上的方式设置共同的焦点。故宫博物院的微博是故宫对外形象展示的窗口,除了日常的信息发布,也会主动设置议题引发网友讨论,此时的话题由故宫博物院微博主导,网友就某一关心话题展开讨论,从而形成一定规模的共同关注焦点。另外,任何话题的设定除了考虑基本的价值要素,也会考虑受众对话题的兴趣程度和在多大程度上引发讨论,这是自下而上的方式对焦点设置的影响。

就故宫这一主题进行共同关注焦点的设置是一个连续不断的过程。对于大部分首次接收到故宫文化的传播信息的受众来说,文化符号的初次接触是一个被动的过程,而只有当文化符号被再次提起,焦点才能又一次集聚,情感也可能再一次激发甚至升华。

4. 共同的情感体验

情感的形成是互动仪式链理论的核心要素,也是整个互动仪式链的终点。当人们就某一话题形成共同的关注焦点后,个人对于话题的情感细节被放大并形成和谐一致的谈话节奏,在符号资本的支撑下,谈话能够有序地进行下去,并最终形成一种共同的情感。"关键的过程是参与者情感与关注点的相互连带,他们产生了共享的情感/认知体验。"②

为与广大受众建立共同的情感体验,故宫博物院在传播内容与方式上做了丰富的尝试与改变。首先是符号资本的重组,针对时下的流行元素对故宫的文化产品进行再开发,就是一次经典文化与流行文化的嫁接。故宫一直以来的形象是严肃正经的,创意文化产品的出现是对固有印象的一次

---

① [美]兰德尔·柯林斯. 互动仪式链[M]. 北京:商务印书馆,2009:129.
② [美]兰德尔·柯林斯. 互动仪式链[M]. 北京:商务印书馆,2009:86.

颠覆,将日常细微的情感体验与故宫的文化资源相结合,从中可以看到故宫自身在追赶现行话语谈话节奏的尝试。其次充分利用新技术与新平台,使用新媒体平台传播信息,积极参与各种形式的互动,结合新技术展览交互……这些际遇的设置为情感与关注点的连接提供各类情境,目的在于最终的情感体验。

(三)符号的情感传达

互动仪式链中一个重要理论是互动仪式市场,借用经济学物质市场中投入与产出的概念,在互动仪式市场上,人们投入符号资本并追求最终的情感能量最大化。符号成本与情感能量是互动仪式市场上两种重要的资源,"在互动中,人们对时间、能力、符号资本和其他他们能应用的资源进行估计,然后选择那些能够最大程度地增进他们感情利益的方式"①。而符号资本则包括"进入某一互动仪式或群体所需要的文化资本和社交技巧,是成员之间沟通的媒介"②。故宫博物院依靠自身的符号资本传播故宫文化,并通过尝试改变传播策略以实现谈话节奏的和谐,最终达到情感能量的传递和故宫形象的再塑造。

1. 故宫的符号资本

故宫从曾经的明清两代皇帝的居住之所到如今的年接待量过千万的世界级博物馆,完成了从封建权利的附庸到民族文化象征的转变。中华文明灿烂辉煌,故宫作为明清两代的皇权中心,承载了大量的历史文化的传承,包含着古老中国上千年的哲学思想、文艺、风俗人情,是几千年中华文化的一个集中的呈现,其在各个方面的价值无法衡量,堪称民族瑰宝、世界奇观。如今的故宫褪去历史的浮华,但仍凭借深厚的文化积淀与长久的历史传统,在国人乃至世界其他国家人民的心目中成为中华文化与中华精神的象征。故宫的文化积淀之深之广,其蕴含的符号资本也同样客观,仅就故宫文创产品一项,在短短几年内,新开发创意产品达 8700 余种,年销售额也是屡破纪录,可以说故宫文化带来的符号资本得天独厚,能够开发的潜力巨大。

2. 和谐的谈话节奏

柯林斯认为,成功的谈话没有中断或重叠。在当今信息爆炸和媒介技术日益精进的年代,作为个人的传播因素被激活,传播的内容与形式十分丰富,如何能够在被激活的个人当中成为焦点般的存在,并作为主导完成互动

---

① ［美］兰德尔·柯林斯. 互动仪式链［M］. 北京:商务印书馆,2009:87.

② 王鹏,林聚任. 情感能量的理性化分析——试论柯林斯的"互动仪式市场模型"［J］. 山东大学学报(哲学社会科学版),2006(01):152-157.

仪式的链条,重要的一环在于利用传播策略保持与在场者和谐一致的谈话节奏。长久以来,故宫所代表的是一种深奥的精英知识文化,与普通大众所熟悉的文化并不在同一节奏上,所以为使故宫文化调整到普通大众的谈话节奏上,故宫博物院在传播策略上做出了很多新的尝试。

首先是话语方式的转变,互动仪式链理论中曾提道,"谈话内容的选择是为了互动的节奏"①。故宫在一定意义上是国家的精神象征,所以在话语转变的方式上既要考虑到普通大众的兴趣所在,又要肩负社会责任。基于这样的考量,在社交媒体平台上,故宫的话语体系形成了两种不同的风格,一是以故宫博物院微博、故宫微信公众号、客户端为代表的话语体系,内容朴实、逻辑严谨,呈现的是一种官方严肃的话语风格;另一种是以故宫淘宝为代表的民间话语体系,时下最流行的话语与故宫的文化结合,使古老的故宫焕发出新时期的光辉,为了配合话语风格的和谐,故宫淘宝在与网友的互动中使用趣味、机智、幽默的话语使谈话能够有序进行。

其次是视角的转变,有意识将被仰视的故宫转变为被平视的故宫。纪录片《我在故宫修文物》重新界定文物和建筑与人的关系,回归人的视角展示了一个有烟火气的故宫。脱离了建筑回归到生活中的普通人,以人的视角再次审视故宫,拉近了故宫与普通人的心理距离。

3. 情感能量传递

在互动仪式市场上存在着各种各样并且拥有不同程度情感能量的际遇,个体倾向于与预期中能够获得最大的情感能量回报的一方互动。在柯林斯的理论中,情感能够影响人际行为与关系的重要力量,以此为线索能够解释社会现象。另外情感能量存在分层,通常拥有更高权力与地位的一方拥有巨大的情感能量,权利仪式存在于发令者与服从者情境,而地位仪式存在于双方平等交流的情境。故宫博物院是国家级文物单位,拥有充分的传播人力物力和传播资源的支持,在互动仪式的关系网中处于核心地位。故宫是中华民族的象征之一,对于炎黄子孙而言,其是民族象征,具有天然的情感能量,这是故宫情感能量传递的先天优势。虽然个人的内心中存在关于民族自豪的情感力量,但是在日常生活中不会轻易表露或是缺少表露的机会。依托于新的传播技术与媒介,故宫博物院为人们提供了更多样的情感交流的际遇。在互动情境中,故宫官方设置能为大多数人接受的共同话题,使互动仪式能够持续进行,关于故宫的符号记忆也能够被多次唤醒,最终实现情感由中心向边缘扩展,长期稳定的情感能量由此形成。

---

① ［美］兰德尔·柯林斯. 互动仪式链［M］. 北京:商务印书馆,2009:123.

三、形象传达效果

高质量的互动仪式可能会产生以下效果："①群体团结；②个人的情感能量；③代表群体的符号；④道德感。"①故宫博物院通过一系列完整的互动仪式，激发了普通民众内心对于国家民族以及历史艺术的情感力量。在长期的互动过程中，故宫的形象也由此逐渐鲜明与立体。

首先，故宫是连接深奥文化与普通大众的文化沟通者，以故宫建筑和文物为代表的故宫文化毋庸置疑是中华民族的瑰宝，但故宫的深奥文化与大部分普通人的经验生活相距甚远，文化的传承不是个别人的任务，而是整个民族要永久进行的事业，以新的技术手段和传播策略让普通人有意愿了解故宫文化是故宫博物院社会责任感的体现。很长一段时间以来，故宫给人的固有印象是严肃深沉，通过一系列有效的互动，包括新媒体平台、故宫淘宝、交互展览等，故宫的文化传播由说教转变为互动感染，故宫的自身形象也由精英形象转变为沟通者。其次，故宫是新时期民族文化情感寄托者，处在新时期的中国社会发展日新月异，很多古老的事物在如今出现"水土不服"的征兆，它们自身和它们具有的文化价值与情感面临着被湮没的风险。柯林斯曾提到，很多互动仪式情境效果欠佳，不是符号资本的欠缺，而是传播情境欠缺或与符号资本的不相符。中国社会处于转型期，各种思潮泛滥，身处其中的个人需要有一个坚定的情感寄托。故宫文化浓缩几千年的哲学、美学、历史智慧，借助当今的媒介技术并以符合大众谈话节奏的方式传播，能够担当起寄托情感的任务。最后，故宫是民族向心力的升华者，成功的互动仪式能够"维护群体的正义感，尊重群体符号，防止受到违背者的侵害"②。参与故宫传播仪式的人群，在一系列的传播情境中付出符号资本与情感能量，并被不断唤起符号记忆，最终对故宫这一文化符号形成文化信仰，对民族文化的信仰是民族精神能够屹立不倒的重要支柱。

新媒体时期故宫博物院以全新的思维方式，将古老与现代运用多种方式相结合，打造出独属于故宫的文化品牌，故宫以全新的形象出现在世人面前。中华文明灿烂辉煌，而有很多诸如故宫一般具有深厚文化底蕴的文化资源，却在新传播方式的冲击下逐渐化为历史书上的存在。如何做好文化资源的整合再创新，这条路任重道远，但故宫的发展之路可以给人很多启示。

---

① [美]兰德尔·柯林斯. 互动仪式链[M]. 北京：商务印书馆，2009：87.
② [美]兰德尔·柯林斯. 互动仪式链[M]. 北京：商务印书馆，2009：87.

参考文献：

[1][美]兰德尔·柯林斯.互动仪式链[M].北京:商务印书馆,2009.

[2]王鹏,林聚任.情感能量的理性化分析——试论柯林斯的"互动仪式市场模型"[J].山东大学学报(哲学社会科学版),2006(01).

[3]朱颖,丁洁.互动仪式链视角下政务微信与用户的互动研究[J].新闻大学,2016(04).

[4]韩璐.基于互动仪式链理论的移动社交媒体互动传播研究[D].兰州:兰州大学,2014.

新媒介生态与网络舆情

偶像的楚门:徘徊在自我建构与他者呈现之间的真实性探究

——基于"演员薛之谦"事件分析

许建根　安徽大学

摘　要:薛之谦作为偶像歌手,从 2005 年成名之后便处于蛰伏状态近十年,2015 年随着一系列正能量新闻以及优秀的音乐作品将其人气值推向了顶峰,并向外界呈现出一个认真负责、才华横溢的优秀音乐人的形象。但在 2017 年 9 月,薛之谦高调与前妻复合之际,薛之谦前女友突然在微博持续发声对其进行抨击,推翻此前薛之谦对外所建构的良好形象,引起网络上关于"演员薛之谦"的热议。本文基于微博之下,将薛之谦人物形象的自我建构与他人对其所做呈现进行对比分析,从个案出发试图探究当下偶像群体形象的自我建构与他者呈现产生偏差背后的真实性问题,并由此出发对当下频频发生的偶像形象迅速坍塌与反转现象背后的症结进行探究和讨论。

关键词:偶像群体;自我建构;他者呈现;形象偏差;真实性

一、研究背景及意义

移动互联的发展与普及已经渗透入人们日常生活之中,它不仅改变了人们的生活方式,对于人们的言行举止甚至思维模式也有一个颠覆性的改变。从明星到偶像,公众人物早已跨越了传统媒体时代中"银幕红人"的界线,如今的互联时代,仅仅凭借银幕上那稍纵即逝的热度早已不能维持一个公众人物长期为大众关注与追捧的生命力,借助网络的自我建构与宣传成了当代偶像群体维持关注度的必然选择。然而偶像群体在自我建构中为实现宣传与模范作用,其形象呈现与现实之间可能存在某种偏差,这种偏差在移动互联时代又极易被受众所接触并被认为是一种"拟态"真实并接受,但网络的泛信息化特征又使得这样一种"拟态"真实变得脆弱不堪,这使得当下的偶像群体形象反转坍塌的舆情热点事件频发。

偶像作为有巨大影响力的公众人物,自身的示范效用在社会中发挥了重要作用,偶像的影响力在移动互联时代变得尤为重要,其自身时刻暴露在聚光灯下,因此偶像的自我形象呈现变得更加复杂,戈夫曼曾用"舞台设置"为例,指出人在越重大的舞台之下,其自身表现中的表演成分变得越刻意和夸张,而如今的网络平台正恰恰成了这样一个华丽而盛大舞台,偶像群体居于其中向外界展示自我形象;然而网络又是这样一个全景式"监狱",各方监督纷至,一旦偶像群体某种行为出现"越轨"状态,并与其既定人物形象产生偏差,其所建构和呈现的人物真实性便会受到质疑甚至遭受全盘否定,甚至人物形象在极短时间内可能迅速反转与坍塌。基于此类当下频发的偶像群体形象反转事件,探究何种因素在左右和影响偶像群体形象建构的真实性成了值得思考的问题。

二、偶像的诞生

(一)互联时代下的偶像

偶像,是一种为人所崇拜、供奉的雕塑品,比喻人心目中具有某种神秘力量的象征物,也指一种不加批判而盲目加以崇拜的对象,特指一种传统的信仰或理想。在当下语境中,偶像是指被追捧的艺术家、作家、娱乐圈艺人等在某些方面有一技之长的人,尤其是指以青少年为主要受众的从事演艺活动的人群。[①] 本文中所探讨的偶像群体主要是指当下风靡于青年群体的演艺人群。随着社会环境与媒体环境的改变,偶像这一群体也在应时而变,其自身形象的塑造与维持出现了一套新的生产方式。

戈夫曼曾说过:当一个人在扮演一种角色时,他必定期待着他的观众认真对待自己在他们面前所建立起来的表演印象。他想要他们相信,他们眼前的这个角色确实具有他要扮演的那个角色本身具有的品性,他的表演不言而喻也将是圆满的,总之,要使他们相信,事情就是它所呈现的那样。[②] 偶像是伴随大众媒体的影响力而不断发展并形成自身独具魅力的一类特殊群

---

① 任冰. 浅析我国青春偶像剧的现状及发展趋势——以电视剧《奋斗》为例[J]. 今传媒,2012,7:45-46.

② [美]欧文·戈夫曼. 日常生活中的自我呈现[M]. 冯钢,译. 北京:北京大学出版社,2008:15.

体,需要与普通人之间保持一种距离感,即肯尼斯·伯克提到的限制接触,即保持社会距离,这能使表演者处于神秘的状态之中,并使观众产生并维持一种敬畏,进而使观众对聚光灯下的偶像产生一种崇拜。①

信息互联时代加速了公众注意力的转移,在当下注意力资源竞争的环境中,偶像群体更是在不断塑造迎合公众喜好的个人形象以博得关注度与好感度,因此互联时代下的偶像群体在公众注意力资源的争夺上变得更加剧烈。可见,偶像群体除了一如既往地需要为了维持偶像光环与神秘感而刻意保持与观众的距离之外,持续抓取公众注意力成了当下偶像群体的一个重要的新特征。

(二)偶像的自我建构

网络科技为我们提供了一个与现实社会不同的人际互动空间,人们可以通过网络人际互动,更加开放地进行自我呈现,并且在自我呈现的过程中建构和塑造自我。② 微博的崛起让偶像群体拥有一个展现自我的平台,在这个平台上,发布人能够自由建构自我形象。对于公众人物而言,更是如此。微博不仅是展现自我的平台,也是与大众沟通的桥梁。因而,公众人物会试图将自己的"角色"加以设定。③ "角色"的设定主要取决于"期望值",即希望自己是一个什么样的人,或是希望他人也将自己看作是这样的人。根据对自己的"角色"设定,个人在微博上的呈现随着时间的推移会逐渐形成一个较为一致的风格,从而在阅读者心目中留下一定的印象。④ 偶像一旦将自己的标签确定好,并发现其所建构的标签受到公众的喜好与讨论,便在之后的社交网络和媒体平台上按照此类风格加以渲染和重复,以达到建构形象在受众心中等同于"真实自我"的传播效果。

(三)作为形象建构要素的他者呈现

塔奇曼认为:"新闻是在其信源素材基础上建构出来的版本,它既是一种叙事,也是一种媒体再现,还是一种对原有事件、言辞和行为的选择性描述。"⑤新闻如此,新闻中的人物亦如此,媒体和受众眼中的偶像不可避免地经过有意识的选择与修饰。尤其网络兴盛的当下,媒介赋予公众话语权和

---

① [美]欧文·戈夫曼.日常生活中的自我呈现[M].冯刚,译.北京:北京大学出版社,2008:48.

② 丁道群.网络空间的自我呈现——以网名为例[J].湖南师范大学教育科学学报,2005,3:97.

③ 程瑛婷.当代"媒介知识分子"的自我建构与他者呈现——基于三个个案的考察[D].合肥:安徽大学,2012:33.

④ 王君玲:试析个人博客中的自我呈现[J].新闻界,2009(2):38.

⑤ Tuchman. Telling Stories[J]. Journal of Communicatiao,1976:4.

监督权,作为信息社会舞台上的"他者",公众在当下社会事件中占有举足轻重的地位,萨义德指出通过建立"他者"的概念来进行自我指认与强化。① 可见,"他者"同样是自我建构中极为重要的一部分,"他者"对主体的呈现存在于建构与反建构的一对矛盾中,主体自我建构的最终归宿在于他者认同,当自我建构与他者呈现相统一时,那么身份认同达成,反之,他者呈现对于自我建构形成一种反建构的推力。因此,他者呈现同自我建构一样,在偶像形象的塑造中承担着重要的作用。

三、基于薛之谦微博内容下的自我建构分析

上文中我们提过网络技术为我们提供了一个与现实社会不同的人际互动空间,微博不仅能够展现自我,同时兼具与受众沟通的双向互动的功能,因此微博在偶像群体的自我塑造中起着举足轻重的作用。基于此,笔者对薛之谦的微博进行了数据统计,从 2010 年 2 月 22 日的第一条微博开始,截至 2017 年 10 月 31 日,薛之谦一共发布了 939 条微博,笔者主要对薛之谦从蛰伏到爆红这一关键性过渡阶段进行分析。

(一)多方面的自我展示

基于薛之谦 2015 年与 2016 年微博评论数量过万的数据走势来看(图1),薛之谦在 2015 年 9 月微博评论数过万开始逐渐提高,从这一关键拐点我们能看出薛之谦开始渐渐进入大众视野并受追捧,可见这一时期薛之谦经历了从蛰伏逐渐走向爆红的转变,在这一时期,其人物形象的自我呈现成为其自我建构中极为关键并具有代表性的一部分。

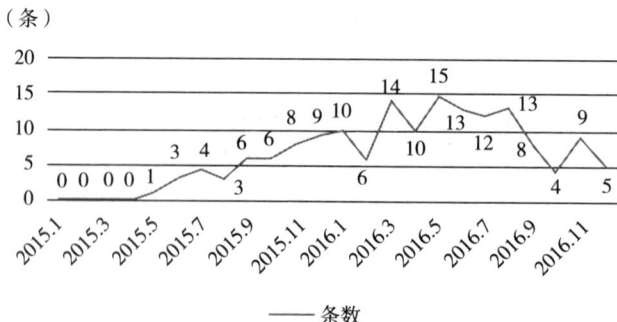

图 1　2015—2016 薛之谦微博评论数量过万统计

---

① Said. Orientalism[M]. NewYork；VintageBooks，1979.

2015 年与 2016 年,薛之谦共发表微博 326 篇,其中原创微博 296 篇,转发和分享微博 30 篇,笔者继而基于内容层面对其原创微博加以分类,其中生活状态类 99 篇、长微博 119 篇、音乐类 54 篇、名下店铺宣传 15 篇以及 9 篇关于社会正能量的微博。(图 2)

从图 2 我们能得出薛之谦在微博上的形象建构是一个多层面的过程,微博既承载其日常生活的表现,又是其工作以及作为公共人物而承担公共责任的平台。薛之谦的微博除了最基本的展示生活状态之外,其在微博中的自我建构主要由以下三部分构成:原创长微博、音乐创作以及薛之谦在社会公益以及正能量宣传中的形象展示,下文将对此三种类型微博进行具体分析。

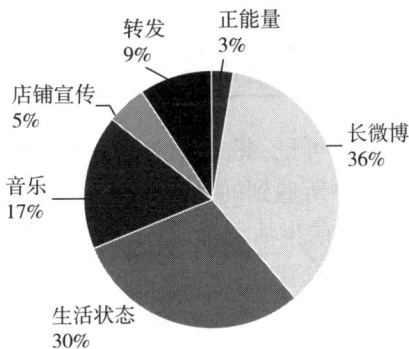

图 2　2015—2016 薛之谦发布微博统计

(二)长微博分析

长微博作为微博功能的重要延续与补充,通过图片,文字信息得以成倍展示,为信息的深度挖掘提供展示平台,同时长微博将用户锁定在自己的空间中完成阅读,避免多平台转换,节省时间。① 长微博作为薛之谦原创微博中最主要的构成部分,是其最受公众关注与讨论的话题之一,笔者对其 119 篇长微博按内容进行整理与分类,详见表 1:

表 1　薛之谦长微博内容分类

内容类型	数量
生活经历	33
随笔	17
创意广告	16
幽默段子	14
音乐创作	13
家人亲情	9

① 李楚璇. 浅议长微博发展形势[J]. 新闻传播,2014,6:308.

（续表）

内容类型	数量
工作状态	7
自嘲反思	5
其他	5
合计	119

由表 1 可见,薛之谦的长微博主题较为发散和轻松,他用幽默诙谐的话语把生活中所遇到的有趣或者窘迫的事情记录下来与公众分享,类似于博客(blog)式的生活记录,将生活点滴与外界分享,让公众介入自己的生活之中,构筑一个透明的生活空间,其中幽默的语言风格是薛之谦长微博中最具特色的标签,图文并茂并附带标志性的结束语"我是薛之谦,我的心愿是世界和平"形成一套个人特色鲜明的"薛氏段子",这样幽默、丰富且有温度的长微博让其人物性格变得更加立体。

分析薛之谦的长微博我们能看出来,薛之谦在网络社交平台上的自我塑造:①诙谐幽默是其为自己贴的最主要的标签,将生活以段子形式全景敞开并与公众相互交流,塑造一种本人在生活中乐观幽默的性格;②坦诚直率,薛之谦多次在长微博中表示自己渴望走红,并对于蛰伏状态表现出一种豁达和不妥协的态度;③人文关怀,无论是对家人的关心与怀念还是对社会中普通人的关怀,都是在提醒大家在忙碌的工作之余不要忘记家人与善念,是一种人文关怀的体现。

（三）音乐创作类微博分析

薛之谦在 2015 年至 2016 年共发布与音乐相关的微博 54 条,笔者根据其主题内容进行了分类,其中关于歌曲分享试听 17 条、音乐创作 14 条、音乐感悟 7 条、音乐梦想 6 条以及其他相关微博 10 条,参见图 3:

由图 3 可见,薛之谦在其音乐领域的主张分为两部分,一是坚持做免费音乐,二是坚持作品的原创性。这与薛之谦在公共场合所表态的依靠"赚钱"来供养音乐创作的言论呈

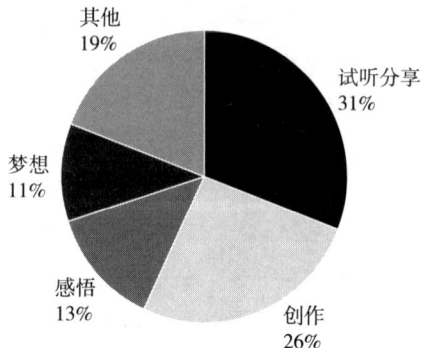

图 3 2015—2016 薛之谦音乐类微博分析

现一致性，"薛之谦在接受《新京报》的采访过程中，两个词是他提及最多的，一个是'赚钱'，一个是'音乐'，前者的目的就是为了支撑后者"①。在音乐创作类微博中所表现出来的关键词有"带病写歌"和"连续加班"，从这类关键词我们能看出来，薛之谦在以一种纯粹与认真的态度为自己的音乐梦想所努力。

从上述薛之谦对于音乐类微博的分析中我们能够看出，音乐是薛之谦自我形象塑造中的一个核心部分，歌手是薛之谦的第一身份，音乐对于歌手来说是受众对其最为基本的诉求，优秀的音乐作品是一个偶像歌手能够获得持续性关注的最根本的内因，薛之谦通过免费音乐、原创音乐以及放低姿态做音乐这三个关键点展现出一个共同主题——他是个才华横溢且热爱音乐的歌手，这一近乎理想化的人物形象受到受众的极力推崇与喜爱，成为其人气持续走高的关键要素之一。

（四）正能量类微博分析

从薛之谦的微博来看，薛之谦对于社会热点也表现出了积极的响应，两年间其微博中有9条是关于社会正能量宣传与回应的。薛之谦在谈及社会问题时呈现出一种担当与责任的正能量形象，除此之外薛之谦也积极主动投身慈善事业，例如将自己音乐专辑的版权全部捐给重症儿童，携手崔永元助力农村儿童教育事业。从此类微博的分析我们能认识到薛之谦在积极参与社会热点的讨论，无论国内还是国际上的问题，他都秉承一种人文主义关怀，以率真直言的态度表达他对社会发展的关心，并乐于投身慈善事业，承担一个公众人物所应肩负的社会责任。

综上所述，薛之谦在人物形象的自我建构中选择强化其作为歌手这一重要身份，并通过持续不断的优秀作品来展示自身的才华，此外通过免费音乐和谦卑姿态来表达他对于音乐的执着与热爱；在日常生活中将自己的生活以一种幽默诙谐的方式向公众传达，以此建构自身乐观积极的生活态度，为自己贴上"段子手"这一标签是薛之谦博取关注的主要方式，这是为自己的音乐事业服务的，而其对于社会阴暗面的抨击以及积极投身慈善事业体现出了他的社会责任感，这一点为其自身形象的美誉度增色许多，其自我形象的塑造示参见图4：

---

① 薛之谦称"赚钱"只为做音乐：最害怕"过气"［N］. 新京报，2016-12-02：06.

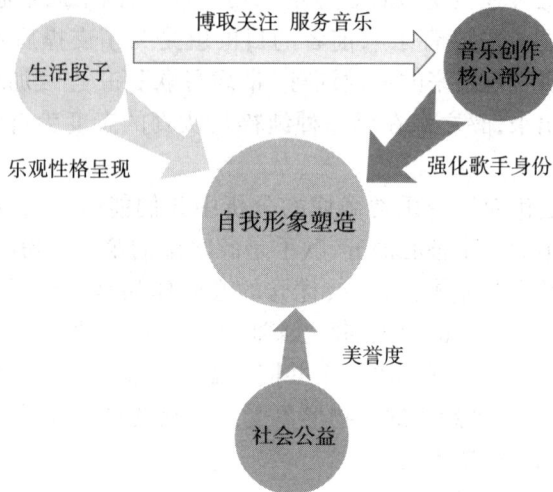

图4　薛之谦微博自我形象塑造示意图

四、基于"演员薛之谦"事件中的他人呈现

偶像作为一个特殊群体,其形象的自我塑造过程呈现一致性与稳定性,从上文对薛之谦微博的分析我们能够清楚地看到,薛之谦的自我塑造趋于一种稳定良性的发展轨迹,并且将自己的形象标签化和符号化;在这种情况下,只有某些突发事件的介入,作为公众才能了解偶像群体脱离自我建构中的另一面,而"演员薛之谦"事件正是背离薛之谦偶像形象的自我塑造的拐点,从这一事件我们能看出薛之谦在日常生活的自我塑造过程中所隐匿的某些部分,而偶像群体的真实性也正存在于这两者的博弈之中。

（一）他人呈现中的偏差比较

2017年9月8日,薛之谦在微博上发布与前妻高磊鑫复合的消息,一石激起千层浪,作为薛之谦前女友的李雨桐9月12日在微博上指责薛之谦在以往的感情中存在欺骗行为,并在之后几天里持续发文抨击薛之谦,笔者对其微博进行了统计,其间李雨桐共发表10篇微博,从感情、生意以及人品等方面对薛进行指责。

从薛之谦在微博中的自我建构与李雨桐在微博中所曝光的他人呈现,我们能看出来,二者既存在对立面,也存在共同点,同时也有很多盲点,例如在慈善方面二者所做的表述和呈现是完全相反的,而对于音乐方面二人的陈述则呈现出一致性,除此之外二者的陈述还存在互无交集的盲点,参见表2：

表2　薛之谦自我建构与他人呈现比较

薛之谦的自我建构				李雨桐的他人呈现
性格特征	√	○		性格特征
生活方式	√	○		生活方式
全身心音乐	√	√		全身心音乐
积极做慈善	√	×		积极做慈善
人品端正	√	×		人品端正
私人感情问题	○	√		私人情感问题
炒作问题	○	√		炒作问题

√:提及　×:否定　○:未提及

　　从表格中我们能看出两人在薛之谦用心做音乐方面达成一致性,这是对立二人所存在的唯一共同点。薛之谦在自我建构中所展现的幽默乐观的性格特征以及在生活中的状态,李雨桐在对薛之谦的呈现中并未提及,而李雨桐所提及的感情问题和炒作问题,薛之谦在其微博的自我建构中也只字未提,这是自我建构与他人呈现中所存在的盲点;而值得商榷的点在于薛之谦的慈善问题与人品问题,二者对于这两点的呈现是一种截然相反的状态。

(二)基于自我建构与他者呈现中的真实性讨论

　　薛之谦的个人形象基于二者呈现中的比较,薛之谦表示音乐是他的梦想与追求,做音乐并不是为了赚钱,并且一直不断往音乐中投入大量时间与金钱,甚至不惜自费制作音乐,这在李雨桐的陈述中能够得到印证:

　　我承认薛之谦对于 UUJULY 前期的宣传和快速成功功不可没,但是之后他主要都在做音乐和火锅店,一直不断投钱,UUJULY 可以说是他当时最重要的经济来源,我也很支持他,而我便全身心投入在我们的店里。①

　　从这里我们可以确定薛之谦在做音乐方面是努力与执着的,这一点的真实性可以得到确认。

　　关于二者陈述中的盲点部分,我们需要从二者身份定位的角度加以分析,微博作为薛之谦日常生活的记录,承载了记录生活的作用,微博中所表现的"段子手"的设定无论刻意于否,在上文中我们已经作出分析,这是为其

---

① https://weibo.com/doodnami? is_all＝1&stat_date＝201709#feedtop.

人气所服务的,生活与性格的表现是薛之谦作为一个偶像人物所必须要借用微博呈现出来的,至于炒作和私人感情问题则是一个偶像在保持人气过程中可以规避的话题,而李雨桐基于否定薛之谦的身份定位,将薛之谦所刻意规避的话题拿出来讨论,因此薛之谦自我建构的真实性存在某些规避与隐藏,盲点部分正是真实性中可以强化或是隐匿的成分。

慈善以及人品部分,二者呈现出截然相反的状态,从李雨桐的种种实证以及薛之谦方面的回应来看,薛之谦在自我建构中所表现出的完美人设确实存在值得商榷之处,其单方面自我呈现无法立足。综上所述,偶像群体对外所呈现的人物形象与其现实中的真实形象确实存在一定的偏差,并且其中的真实性问题受到各种因素的牵制与影响。

五、偶像形象偏差中真实性的影响因素

在上文中我们已经对于薛之谦形象中的自我建构与他者呈现进行了细致的剖析,并得出其自我建构的形象的真实性存在偏差的结论,下文将对影响其真实性的原因加以讨论。

(一)片面真实代替整体真实

现实的建构源自建立共同生活场景的需要,通过交往互动发生,并在此过程中实现社会现实的主体间性(即由相互主观而构成的外在性),人们遵循话语或叙事建构的某些具体规则展开交往行动影响现实的呈现。[①] 从上文中薛之谦微博中的自我建构以及李雨桐对薛之谦形象的他者呈现的比较中我们能看出来,薛之谦在自我建构中立足音乐这一核心点,强化自己的性格呈现,而忽视自己复杂感情生活的呈现,这种自我呈现通过网络力量的放大与传播,被受众看作其本人现实真实写照而被接受,而被忽视的另一部分真实则被作为虚无部分与人物主体相分离,即薛之谦在社会互动中以强化部分真实作为其整体真实的呈现。

(二)自我美化式呈现

偶像群体不同于其他群体,他们需要满足他人崇拜心理的需求,而这种崇拜心理则来自偶像群体自身不同常人的优秀与完美,因此在对外的自我呈现中需要刻意修正自身不完美的一面,因此我们在薛的微博的自我建构中能看到其积极参与社会公益以及传播正能量的优秀面,除此之外还刻意

---

① 王达翔. 新闻报道偏差的认知分析[D]. 保定:河北大学,2009:25.

凸显自身的与众不同,因此对外宣称免费做音乐、绝不炒作等,突出自己与其他偶像的不同之处。这类美化后的呈现必然取自一定事实,但同样也是对事实加以美化,在此过程中人物的真实性必然受到影响。

(三)症结所在:公共性影响真实性

公共属性作为偶像群体最为重要的属性,经过上述分析我们能看到基于偶像群体的社会属性,该群体的公共属性在很大程度上优于真实性的存在,偶像群体为了维持热度与人气值,即保持自身公共性不受损害,需不断进行自我呈现以维持公共性。从李雨桐对薛的呈现与薛之谦自我建构的对比中可以看出,在人品和社会公益问题上,二者呈现出截然相反的表态,这正是偶像群体的公共性与真实性二者相矛盾的集中体现,端正的人品是公众对偶像群体最基本的要求,社会公益同样也是公众对偶像承担社会责任的心理诉求,因此偶像在维持自身公共性时会弱化事实情况,竭尽全力去展示公众对于自身的期许,只有这样才能维持作为偶像生命力的公众属性,可见偶像形象的真实性问题很大程度上受到其公共属性的牵制与影响,因此无论是上文中所谈及的片面真实代替全部真实,抑或是对外呈现中的美化与修饰,其关键症结仍是公共性与真实性之间的博弈问题。

六、结论

从上述分析我们能够得出,偶像群体向外界所呈现的形象并不是其真实面的全部呈现,而是经过了人为建构后对外呈现出的一种"拟态"形象。通过对偶像形象的自我建构与他者呈现的偏差性比较,我们能够发现人物形象的真实性受到很多因素的纷扰与遮掩,首先偶像群体的人物形象呈现是先受到过滤的,强化和隐匿部分事实,以局部真实代替整体真实性,其次在偶像形象建构中通过人为美化成分对真实性加以矫正与修缮,过多的修饰因素让偶像自身的真实性变得脆弱不堪,这成了当下偶像形象反转事件频频发生的重要原因之一。除此之外,偶像群体自身所带的公共属性是影响其形象呈现中真实性的根本因素,其公共属性的维持必定受到真实性制约,因此二者时常处于对立状态,当下偶像群体正处于一个楚门的世界之中,那些看似日常且真实的形象展示,一旦被局外人掀开幕布,作为舞台之下的观众又将看到另一番景象,互联网的介入恰恰加剧此类越轨行为者介入的频率,因此当下偶像群体的楚门世界被频频打破。随着互联网的更深入发展,该类事件也将变得越来越戏剧性与常态化。

参考文献:

[1] 任冰. 浅析我国青春偶像剧的现状及发展趋势——以电视剧《奋斗》为例[J]. 今传媒,2012.

[2] [美]欧文·戈夫曼. 日常生活中的自我呈现[M]. 冯刚,译. 北京:北京大学出版社,2008.

[3] 丁道群. 网络空间的自我呈现——以网名为例[J]. 湖南师范大学教育科学学报,2005.

[4] 程瑛婷. 当代"媒介知识分子"的自我建构与他者呈现——基于三个个案的考察[D]. 合肥:安徽大学,2012.

[5] 王君玲. 试析个人博客中的自我呈现[J]. 新闻界,2009(2).

[6] Tuchman. Telling Stories[J]. Journal of Communicatiao,1976(4).

[7] Said. Orientalism[M]. NewYork:Vintage Books,1979.

[8] 王达翙. 新闻报道偏差的认知分析[D]. 保定:河北大学,2009.

群体心理视域下的网络舆情
生成机制与应对策略

——以"程序员自杀事件"为例

李司航　侯　垚　国防大学

摘　要：随着网络的发展，网络用户个体间的连接得以突破时空的限制，进而形成网络中的群体。网络舆情实际上是一种网络"民意"的反映，而这种"民意"暴露出网民作为一类群体所体现出的群体心理特征。本文以2017年9月热点"程序员自杀事件"的新浪微博内容作为案例文本进行内容分析，试图对案例中网民群体的心理特征及网络舆情的生成机制进行分析和探讨，进而提出应对策略。

关键词：网络舆情；群体心理；程序员自杀事件

一、引言

随着移动互联网的发展壮大，我国网民数量急剧上升。根据2017年8月中国互联网络信息中心（CNNIC）发布的《第40次中国互联网络发展状况统计报告》显示，截至2017年6月，我国网民规模已达7.51亿，其中手机网民占96.3%，为7.24亿，其规模已媲美欧洲的人口总量，我国互联网普及率达到了54.3%。[①] 如此庞大的网民群体为网络舆情的滋生提供了雄厚的基础，网络舆情也因此具备了空前的影响力和传播速度。同时网络所带来的高度的实时性、交互性等特点使得网民能够打破时空的隔离形成具有一定

---

① 中国互联网络信息中心．第40次中国互联网络发展状况统计报告［EB/OL］．http://www.cnnic.cn/hlwfzyj/hlwxzbg/hlwtjbg/201708/P020170803598956435591.pdf.

数量、统一的行为观念和心理上相互依存的群体，一旦有牵动网民心弦的热点事件发生，便会激起汹涌的"民意"，使得群体心理的情绪化、趋同化等特点在网络舆论中暴露无遗。

2017年9月9日，一位名为苏享茂的程序员的自杀事件映入了公众的眼帘，并在此后的一个多星期内由以网络媒体作为主要转播阵地开始扩散，获取了大量关注。其前妻翟某某被推入舆论的中心，在事件演进的过程中网络舆情出现了接近一边倒的局面，在一定程度上反映了网络舆情中的群体极化现象。

新浪微博由于名人明星聚集、内容形式与时俱进、媒体环境更为开放等特点在社交应用中具有举足轻重的地位，用户的使用率达到38.7%[1]，是网络舆情形成的重要领域。本文采用内容分析法，主要以新浪微博中关于"程序员自杀事件"的博文作为研究文本，通过微博搜索功能，以"程序员自杀""WePhone创始人自杀""苏享茂""翟欣欣"等为关键词进行检索，经筛选获取博文1018条，并试图通过内容分析法对"程序员自杀事件"的网络舆情及其体现的群体心理因素进行分析，进而探讨网络舆情的生成机制。

二、"程序员自杀事件"舆情演进及其特点

百度指数和微指数分别以用户的搜索量、关注度、曝光率、博文和行为的海量数据作为数据来源，用来反映和描述事件的发展和受关注状况，具有一定的参考价值。笔者分别以"WePhone""苏享茂""翟欣欣""程序员自杀""翟欣欣事件""苏享茂""程序员""翟欣欣"作为百度指数和微指数的关键词进行检索。综合搜索指数（图1）、媒体指数（图2）和微指数（图3）可以发

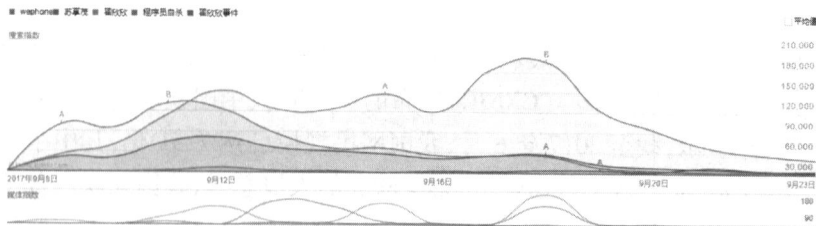

图1 "程序员自杀事件"搜索指数

① 中国互联网络信息中心. 第40次中国互联网络发展状况统计报告[EB/OL]. http://www.cnnic.cn/hlwfzyj/hlwxzbg/hlwtjbg/201708/P020170803598956435591.pdf.

现,"程序员自杀事件"于9月9日—9月20日获得了网民的高度关注,在20日后尽管事件尚未结束,但事件的关注度已急剧下降。其中9月9日—9月10日为舆情预热期,11—15日为舆情稳定期,16—19日为舆情高潮期,20—27日为舆情消退期。

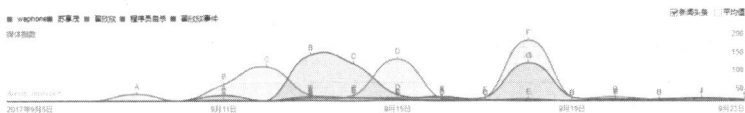

图2 "程序员自杀事件"媒体指数

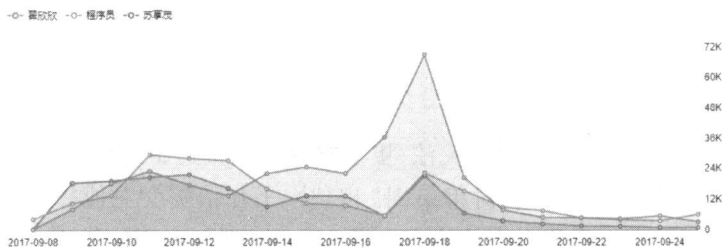

图3 "程序员自杀事件"微指数

(一)事件舆情演进过程

1. 背景信息

此次事件最早起源于9月7日,当日,苏享茂自杀前在Google+发布帖文,在文中称自己在某婚恋网站中结识了前妻翟欣欣,翟欣欣在婚后以逃税和其产品利用灰色地带盈利为由对其进行威胁,索要1000万赔偿,自己被对方逼死。同时在贴吧中有用户称苏享茂为"相亲骗色的渣男"。9月8日,某微信公众号发文证实苏享茂已去世,至此,该事件尚未引起公众关注。①

2. 舆情预热期

9月9日,一些WePhone用户收到App弹出提醒,称苏享茂被翟欣欣害死,应用即将停止运营。当日包括"时间视频"等微博用户对苏某某已确认自杀身亡的事件进行了转播,并有报道称其家人已报警。大量当事人双方的照片与聊天记录、离婚协议开始扩散,女方将微博删除。许多用户在转发时将苏享茂称为"天才程序员""技术宅",而将翟欣欣称为"毒

---

① 创业者被前妻逼到自杀始末,世纪佳缘有责任吗?[EB/OL]. http://cj. sina. com. cn/article/detail/2853016445/395397.

妻"，将此事件描述为骗婚、勒索，并与马蓉进行对比，出现了热词"欣欣向蓉"。一些用户认为世纪佳缘等婚恋网站对此事应负责任，也有大V判断翟欣欣身后存在着骗婚团伙。苏享茂的哥哥苏享龙同日发博称苏享茂遭到女方的辱骂威胁恐吓，并对翟欣欣在贴吧中所述的WePhone经营模式和苏享茂为乙肝患者的言论进行了反驳。事件开始在公众中形成舆论，关键词中"WePhone"搜索指数最高，达到71661，关键词"苏享茂"微指数最高，达到了18273。

10日相关报道增多，世纪佳缘对此做出回应，称将关注此事并配合调查。对该事件进行分析的大V增多，少数用户将双方称为"北漂凤凰男"和"北漂拜金女"，有人分析"如何在婚前看清一个人"，也有用户将翟欣欣与郎咸平进行对比调侃，舆论开始被网民们消费。各个关键词的搜索指数有所下降，微指数略有上升。

3. 舆情稳定期

9月11日，事件得到更多关注，更多媒体开始报道事件的经过。当日有报道发布苏享茂兄长言论：对弟弟因"相貌平平却信美女对他一见钟情"而死感到悲痛。有报道称女方单位查无此人，家属判断为团伙作案，另有报道称联系到了女方的研究生同学，对翟欣欣的背景信息进行挖掘。一些大V从法律的角度分析苏享茂的理想应对方法。当日"翟欣欣"和"程序员"两个关键词在微博中的热度进一步上升，分别达到22967和29469，"苏享茂"一词的微指数则无明显上升；同时"WePhone"的搜索指数达到该关键词的峰值101868，此后该词的热度开始消退并逐步淡出视野。

12日，女方舅舅刘克俭发声，称其并非所谓的公安系统"高官"，而是公安院校科研技术人员，并未介入此事。这时，媒体和网民讨论苏享茂的自杀是否为前妻骗婚敲诈所致。这时"翟欣欣"的搜索指数达到这一阶段的峰值121383，并趋于稳定。13日，苏享茂之友发声，指出女方表示喜欢沉默寡言的苏享茂"幽默"。男方母亲称已寻找律师，女方父亲则表示只知道女儿这一段婚姻，而到此时仍未能联系到女方本人。同日，百合网则因子公司世纪佳缘审核乱象股价暴跌。一个名为"教授曰"的用户称女方"捣毁长期盗窃国有资产的犯罪团伙，关键证人畏罪自杀"①。此后"苏享茂"和"程序员"两个关键词在微博的关注度开始下降。

14日，有网友称曾与翟欣欣相识并经历过类似的"套路"，翟欣欣的别墅

---

① https://weibo.com/2427019967/FlCVNhDpv？from = page_1005052427019967_profile&wvr = 6&mod = weibotime&type = comment#_rnd1510720115352.

附近的邻居称不知其已婚，并证实事发后从未见过本人。翟父再次接受采访，称"一切等调查，不愿谈论苏享茂之死"。15 日，翟母委托人发声，否认"骗婚集团"说法，称翟欣欣索要巨款是因为不想再婚，用于养老，并称翟欣欣因苏享茂自杀不吃不喝不见人，未被警方传讯。翟方知情人表示包括苏享茂在内翟欣欣共结过两次婚。同时有大 V 称王宝强案代理律师张起淮等人已接受苏家属委托，一些大 V 则扩散了所谓翟欣欣学习骗术的微信群截图，还有报道认为翟欣欣曾"有 5 个对象离了 4 次婚获利上亿"。同日，《光明日报》对婚恋网站的乱象进行了批评。

4. 舆情高潮期

9 月 16 日，张起淮、余婧接手苏享茂自杀案，担任代理律师的新闻进一步传播，使事件重新升温。17 日，苏方律师表示翟方的说法很难站住脚，而翟方知情人坚持苏享茂才是"逼婚"人。翟欣欣曾离婚 4 次获利上亿的分析也得到了进一步的关注，而另一些大 V 则发文指出苏享茂并非所谓的"老实人"。

9 月 18 日，易胜华律师发文表示将作为翟方代理人参与此案，称翟欣欣正默默承受误解，并要求对翟欣欣采取"人肉搜索"等非法手段的个人和媒体停止侵权行为。这一消息使事件的关注度达到了顶峰。一位名为"煮肘"的用户发出了针锋相对的言论，称将为因揭露翟欣欣而被起诉的个人和组织提供金钱和法律上的援助。① 同日张起淮称苏享茂在自杀前已解锁手机，并保留了聊天记录，对此案已有准备。媒体人员在 15 日再次探访翟欣欣的别墅发现对方仍然没有回来。这一日舆情达到峰值，"翟欣欣"一词因其相关人物作为舆论的中心所受影响最大，其微指数、搜索指数、媒体指数获取了各个关键词在舆情发酵过程中的最高热度，搜索指数达到 165761，微指数则达到 68980。

19 日，有大 V 称易胜华律师所在的盈科律所因易胜华参与此案的舆论后果发生矛盾。易胜华自称接受代理后接到无数网民的骚扰和攻击，而此次案件几乎是无偿代理的。张起淮当日表示此案与王宝强案在性质上完全不同，已经着手收集新的证据，预计下周有实质性进展。18 日，共青团中央、民政部、国家卫生计生委出台《关于进一步做好青年婚恋工作的指导意见》推动婚恋网站实名制的新闻也获得了少量关注。另有网民通过蛛丝马迹指出翟欣欣曾经历 5 次婚姻。

---

① https://weibo. com/1918628847/FmmEB4gmV？from＝page_1005051918628847_profile&wvr＝6&mod＝weibotime&type＝comment#_rnd1510739957227.

5. 舆情消退期

9月20日,"煮肘"宣布将成立2000万元的法律基金帮助人肉翟欣欣的网友兜底的新闻得到各媒体官博的扩散。易律师前行政助理与易之间的矛盾则被曝光。此后该事件热度迅速下降,尽管仍有少量对事件的讨论、对WePhone法律地位的探讨和易律师表示此事件将冷处理等新闻出现,但关注此事的网民已寥寥无几。

(二)事件舆情演进特点

尽管"程序员自杀事件"相比于同期其他事件而言,由于受到当事人等因素影响,热度有限,但仍因其话题性特征获得了一定程度的关注,并引发了对诸如中国传统婚恋观、女权主义、法治精神、婚恋网站实名制等一系列话题的讨论,每一波子话题的演变都使得话题的热度递增。

这一话题的兴起一方面得益于前期的印小天被骗婚事件等热点的议程设置使这一情感类话题容易得到关注,另一方面也由于该事的开始与王宝强离婚事件相似,到最终因律师的加入而直接相关,使得"程序员自杀事件"成功地抓取了网民们的眼球。

该事件的另一特征体现为舆情一边倒的倾向。在整个舆情发酵的过程中,关于苏享茂的舆论尽管也夹杂着质疑和鄙夷,但仍以同情和惋惜为主,反观翟欣欣一方则几乎是一边倒的讨伐之声。这一特点既是翟方前期失声,且回应的手段拙劣所致,更重要的是基于道德审判,网民群体产生了极化进而形成沉默的螺旋。

三、事件网络舆情生成机制探析

(一)首因效应形成刻板印象

事件的开端,由于苏享茂本人更能博人眼球的身份以及其产品和人脉的影响力,所以以苏享茂的视角描述事件的报道率先映入公众视野。于是苏享茂在其Google+所发的帖文中所述的"歹毒的前妻"和"WePhone"弹窗所用的"毒妻"字眼在网络中开始传播①,大量报道中使用带有强烈的感情色彩和道德判断的词语,加之翟欣欣本身与马蓉外貌相像,在舆情形成的初期形成了首因效应,将翟欣欣的"毒妻"形象根植于群众的认知之中。

同时苏享茂的家属在9日便发声反驳翟欣欣在帖文中所说的苏享茂为

---

① 传WePhone开发者自杀:自称被前妻所逼,遭索1000万[EB/OL]. http://tech. sina. com. cn/i/2017-09-09/doc-ifykusey5897762. shtml.

乙肝患者等言论,而翟方在舆情形成的初期则保持了沉默,12 日有报道对翟欣欣所谓的公安舅舅的真实职业进行了揭露,更印证了翟欣欣属于骗婚的形象,直到 15 日媒体报道了翟母及所谓的知情人所介绍的翟欣欣的情况,此时舆论基调早已确定,且翟方言论漏洞百出,已无力打破此前形成的首因效应。

进一步而言,"程序员自杀事件"可以看作另一版本的王宝强事件和印小天被骗婚事件。无论是苏享茂的遭遇,还是其"技术宅"的刻板印象,苏享茂在此事件中因为舆情初期形成的首因效应,形象上轻易地被等同于王宝强等人,而翟欣欣则被同马蓉、潘金莲等人的刻板印象画上了等号,双方继承了网民对此类事件带有的情绪和观点。在首因效应和情绪的继承的影响之下,舆情中的刻板印象便牢牢地打入了受众的认知域中。

(二)去个体化奠定舆论基调

当个体进入群体之中,将呈现去个体化特征而凸显出更多群体特性,进入受无意识动机支配的状态。在这种状态下,个体变得更为冲动,易屈从于外界刺激,"很容易做出刽子手的举动,同样也很容易慷慨就义"[1]。个体的感觉和认知能力也变得简化起来,将"幻觉现实"误认为"感觉现实"[2],展现出易受少数意见领袖领导的特征[3]。群体的认知中,"幻觉现实"往往非黑即白,认为"我们"都是好人,而"他们"是坏人,且个体感情易在群体中传染。

"程序员自杀事件"中,苏享茂作为一名继承刻板印象的"程序员",在简单的背景引导之下迅速在网民群体心中呈现出具有"老实人""技术宅""受害者"等标签的抽象形象,与之对应的是,仅仅根据网络的碎片化信息,翟欣欣成为"毒妻""骗子""拜金女",奠定了网民群众在整个事件中的情绪状态,网络中弥漫着对翟欣欣的声讨和调侃,任何用户表达对苏享茂的批判或对翟欣欣的洗白都会遭到攻击。

(三)正向激励推动群体极化

群体中的个体具有强烈的认同意识。一旦发现自己与群体没有保持一致,个体便会因面临被群体抛弃的压力而感到恐慌,并对群体表现出强烈的服从欲望。而在新浪微博的传播过程中,微博的转发、评论、点赞功能使网民具有了互动的可能,成为识别参与者所归属群体的符号。当博文和评论

---

① (法)勒庞. 乌合之众:大众心理研究[M]. 冯克利,译. 北京:中央编译出版社,2000:26.

② (美)莱尚. 战争心理学[M]. 林可,译. 北京:中国人民大学出版社,2011:55.

③ (法)勒庞. 乌合之众:大众心理研究[M]. 冯克利,译. 北京:中央编译出版社,2000:162.

内容得到了大量的转发、评论和点赞数，这些数值便形成了一种正向的激励，既鼓励博主继续发表相似观点言论，同时也吸引持类似观点的用户加入转发、评论和点赞的行列中去，产生群体极化现象。而得到负面评论和极少数转发、评论和点赞数的博主将承担缺乏归属感、被其他群体敌视的压力，所发出的声音便淹没于群体的声音之中，或不愿再对此发声，形成了沉默的螺旋，进一步加剧群体的极化。

为翟欣欣代理此案的易胜华律师所发的博文引出了此次舆情的最高潮，其原因在于易胜华律师触犯了已经极化的网民群众，他们惊异居然有人愿意为"毒妻"提供代理，便对易胜华律师本人也展开了攻击①，而事实上寻求律师代理是每个公民的合法权利，这反映出大量网民在事件中具有非理性特点。截至 11 月 15 日，前述名为"煮肘"的博主针锋相对的博文获得了64853 点赞、39277 次转发和 1829 条评论，而"易胜华律师"相对应的博文仅获得 17451 点赞、9136 次转发和 19193 条评论，所谓情感上的"正义"得到的支持比法理上的正义要多得多。站在翟方与为苏方"站队"的用户在数量上完全无法相提并论。

（四）责任分散助长网络暴力

由于个体处于群体中，当群体力量的强大和个体的渺小发生强烈对比时，个体会意识到群体的人数赋予他的力量，以及群体庞大的基数带来的社会责任的分散效果，个体潜藏的欲望将变得难以压制，从而可能导致个体做出违背社会的规则、伦理和法律的行为。

在舆情的发酵过程中，"苏享茂"作为事件的核心关键词，其热度在事件初期上升后便开始衰落，反观"翟欣欣"一词，其热度在舆情的稳定期和高潮期几乎为前者的 2~5 倍。除了翟欣欣本人处于舆论中心这一因素之外，与微博中大量流传的翟欣欣本人的隐私信息等内容不无关系。这在一定程度上反映出网民群众本身的窥淫癖等原始的心理需求。

此外责任分散使得网民们对窥探当事人隐私并将之公之于众变得毫无顾忌，许多媒体和大 V 在事件中担任起"扒粪人"的工作。另一些微博用户则在微博等渠道对易律师等人进行言论的攻击，敢于公然与易律师的合法要求唱反调。这一类网络暴力在群体责任分散的作用下失去了个体理性的压抑得以释放。更有甚者来到翟欣欣的住所附近，扬言进行人身攻击，这些都是网络暴力在现实中的延伸。

---

① https://weibo.com/1596329427/FmumkBryL？refer_flag=1001030103_&type=comment.

四、网络舆情应对策略

(一)官媒报道去情绪化

"程序员自杀事件"中,央媒在舆论的引导上几乎是缺位的,其余各大网络媒体和地方媒体的官媒在舆情的发酵中起着主导作用。早期的新闻报道基本在话题和所用的字眼中尽力使用苏享茂的原帖内容并避免使用具有感情色彩的词语。但后续的报道中,报道的中立性变得良莠不齐,一些官媒和大 V 开始充当"扒粪者",收集各类网传消息,为博取关注而不顾媒介伦理。

官媒在舆情的引导中起着中流砥柱的作用,这些报道关乎舆论基调和刻板印象的形成,而群体的特点便包括了易变性,在群体的盲从特性下可能跟随主流言论发生观点的反转。因此官媒在报道中应保持中立,并适时发表来自政府的官方言论,对群体的情绪加以引导,寻找群体情绪的宣泄口,维持舆论的正常发展。

(二)监督意见领袖言论

微博中许多大 V 尽管以其个人的身份发表言论,但其庞大的粉丝数量使他们成为举足轻重的意见领袖。他们的一言一行足以左右网民群体的舆论走向,即使其中很多言论的真实性是值得商榷的。也有一些言论带有强烈的感情色彩,或者公然揭露当事人的隐私,对公众产生了错误的引导。

这些言论虽然迎合了群体展现出的原始而感性的心理需求,但对网络舆情的引导起着负面的作用。在网络时代,每一个发声者都应为自己的言论负责,自由应与责任同在。在热点事件中,被高度关注的不当言论应有相关的监督机制进行监督,并建立相应的处理机制,以利于舆论的健康发展。

(三)推动网络法制建设

网络法制建设是实施网络舆情管控的基础,要依照法律和法规对网络舆情进行治理,必须依靠健全的法律法规。而目前由于我国互联网管理主要依靠法规,而缺乏具有长期性的法律,且监管庞大的网络内容的能力有限,使得一些不当言论甚嚣尘上。法律是道德的底线,要营造健康的舆论环境,引导网民进行积极正面的讨论,应该有健全的法律体制加以规范。既可以及时遏制舆情中的不良倾向,避免恶行扩散,也能够对网民中的个体加以警示,确保网络舆情积极有序。

五、总结

"程序员自杀事件"作为 2017 年 9 月的一起热点事件,在以新浪微博作为研究对象的分析过程中,笔者将该事件网络舆情的演进划分为预热期、稳定期、高潮期和消退期 4 个阶段。网民由于网络本身带来的时空距离的缩短形成了一个个网民群体,并在言行中体现出了一系列群体心理特征,使网络舆情得以迅速发酵。

在舆论形成的初期,传播能量的不对等、具有情绪化的报道以及类似事件借此机会将舆论进行了延伸,使得网民在首因效应的影响之下迅速形成了苏享茂"单纯木讷"而翟欣欣是"毒妻""拜金女"的刻板印象。在此基础上,点赞、转发、评论等功能本身的正向激励作用加速了网民们"站队",并形成了沉默的螺旋。在群体的责任分散和非理性影响之下,网民本身潜在的窥淫癖和攻击性等被压抑的心理特质得以释放,在网络中形成了语言暴力甚至是线下的行为暴力,让网络暴力充斥于网络舆情之中。

在网络时代,为应对网民群体的心理特征及其所产生的网络舆情特性,笔者认为官媒应发挥其中立性,帮助网民进行积极的情绪宣泄,为易变的网民群体指引方向;同时应对网络中的意见领袖、权威个人的言论加以监督,避免其错误言论对舆情产生不良引导并形成新的舆论热点;最后应加强互联网法律体系建设,用健全的法律规范引领舆论的健康发展,使法律起到威慑和底线作用,从源头遏制群体的网络暴力。

由于选取的案例和笔者水平所限,本文仍有许多不足。该事件已过去很久,由于网络信息具有易修改性,许多当时的微博内容已经难以检索,这为还原真实的网络舆情制造了困难。本文采用了内容分析的方法,但由于笔者本身理论和技术水平所限,缺乏足够的量化分析,对事件的分析难以做到全面透彻,有待进一步研究。

参考文献：

[1] [美]莱尚. 战争心理学[M]. 林可,译. 北京:中国人民大学出版社,2011.

[2] [法]勒庞. 乌合之众:大众心理研究[M]. 冯克利,译. 北京:中央编译出版社,2000.

[3] 传 WePhone 开发者自杀:自称被前妻所逼,遭索 1000 万[EB/OL]. http://tech. sina. com. cn/i/2017-09-09-doc-ifykusey5897762. shtml.

［4］创业者被前妻逼到自杀始末,世纪佳缘有责任吗?［EB/OL］. http：//cj. sina. com. cn/article/detail/2853016445/395397.

［5］中国互联网络信息中心. 第40次中国互联网络发展状况统计报告 ［EB/OL］. http：//www. cnnic. cn/hlwfzyj/hlwxzbg/hlwtjbg/201708/P02017080 3598956435591. pdf.

网络谣言的成因、性质以及规制

——基于 87 个治安处罚案例

杨　会　安徽大学

摘　要: 互联网赋予亿计网民前所未有的表达自由,然而网络的匿名性让互联网也成为"谣言"滋生的温床。与传统谣言相比,网络谣言的危害更大、更广。若网络谣言得不到有效的规制,每个人都可能成为受害者。本文基于 2016 年 10 月 1 日至 2017 年 9 月 30 日的 87 个网络谣言治安处罚案例,分析网络谣言的成因、性质以及规制。

关键词: 网络谣言;犯罪;治安处罚;微信

一、谣言概述

(一)谣言释义

谣言在学界是个老话题。然而,什么是谣言,目前仍没有公认的说法。奥尔波特将谣言定义为一种通常以口头形式在人群中传播的到目前没有可靠证明标准的特殊陈述。[①]《辞海》解释:一为民间流行的歌谣或谚语;二为没有事实根据的传闻或捏造的消息。[②] 卡普费雷将谣言定义为"谣言是在社会中出现并流传的未经官方正式公开或已被官方所辟谣的信息"[③]。Rosnow 依谣言产生的动机,将谣言分为自然产生型(spontaneous)和蓄意产生型(deliberate)两种。后者常具有恶意,前者多是关于天灾的预言,或是人为的灾

---

① 奥尔波特,等.谣言心理学[M].刘水平,等译.沈阳:辽宁教育出版社,2003.
② 夏征农.辞海[M].第 6 版.上海:上海辞书出版社,2010:2218.
③ 让-若埃尔·卡普费雷.谣言:世界最古老的传媒[M].郑若麟,译.上海:上海人民出版社,2008.

祸等,主要是借恫吓引起人们的恐惧。①

目前认为,无论是善意的谣言还是恶意的谣言,谣言从产生到消亡一般都需要经历三个主要阶段:孕育期(parturition)、扩散期(diffusion)和控制期(control)。② Koenig 在研究中指出谣言有三个基本的组成部分:一是目标(The target),可能为人、事、物、地等;二是对目标的陈述或主张(The charge or allegation);三是信息来源(The source)。信息来源的真实度越高,谣言的可信度也就越高,谣言本身也更有说服力。③

目前,我国对网络谣言的界定体现在:网络谣言的主体是互联网用户和网络服务提供商;网络谣言的侵害客体是"公共利益"和"社会利益";网络谣言的行为目的为"恶意",主要表现为制作和传播、伪造和分发、歪曲并传播;对网络谣言主要有行政处罚和刑事处罚等处罚认定。此外,公安机关、人民法院、人民检察院、行政机关等都可以作为判定主体,判断一则网络信息是否为网络谣言。④

(二)对造谣行为的刑事仲裁

我国《刑法》⑤不包括"造谣罪"⑥,直接提到"造谣"二字的罪名有两项。一是第105条"颠覆国家政罪、煽动颠覆国家政权罪",其中第二款规定:"以造谣、诽谤或者其他方式煽动颠覆国家政权……"二是第433条"战时造谣扰乱军心罪":"战时造谣惑众,扰乱军心……"其中,第一条罪名属于危害国家安全罪,其侵害客体是国家政权和社会主义制度,其目的是颠覆国家政权、危害国家安全,其内容也符合这一目的;第二条则只适用于战时,自《刑法》颁布以来,此类罪行仅偶有发生。

而学理上认为"造谣"主要是指"无中生有,编造不存在的事情或者对事实进行严重的歪曲,任意夸大",从而达到犯罪目的。⑦

此外《刑法》中未提到,却与"造谣"有关的罪名有六项:

第181条"编造并传播证券、期货交易虚假信息罪",规定"编造并且传播影响证券、期货交易的虚假信息扰乱证券、期货交易市场,造成严重后果

---

① Rosnow R L. On Rumor[J]. Journal of Communication,1974,24(3):26-38.

② Susan Coppess Pendleton. Rumor Research Revisited and Expanded [J]. Language & Communication,Volume 18,Issue 1,January 1998:69-86.

③ Koenig,F.. Rumor in the Marketplace[J]. Dover:Auburn House,1985.

④ 王璐. 网络谣言规制研究[D]. 上海:华东政法大学,2014:2.

⑤ 指的是2015年8月29日第十二届全国人民代表大会常务委员会第十六次会议通过的《刑法修正案(九)》.

⑥ 魏永征. 法律素养:记者的必修课[M]. 上海:复旦大学出版社,2017:76-85.

⑦ 高铭暄,黄太云. 中华人民共和国刑法释义与适用指南[M]. 北京:红旗出版社,1997:137.

的……"

第 221 条"损害商业信誉、商品声誉罪"，规定"捏造并散布虚伪事实，损害他人的商业信誉、商品声誉，给他人造成重大损失或者有其他严重情节的……"

第 222 条"虚假广告罪"，规定"广告主、广告经营者、广告发布者违反国家规定，利用广告对商品或者服务做虚假宣传，情节严重的……"

第 243 条"诬告陷害罪"，规定"捏造事实诬告陷害他人，意图使他人受刑事追究，情节严重的……"

第 246 条"诽谤罪"，规定"捏造事实诽谤他人，情节严重的……"

第 291 条"编造、故意传播虚假信息罪"，规定"编造爆炸威胁、生化威胁、放射威胁等恐怖信息，或者明知是编造的恐怖信息而故意传播，严重扰乱社会秩序的……编造虚假的险情、疫情、灾情、警情，在信息网络或者其他媒体上传播，或者明知是上述虚假信息，故意在信息网络或者其他媒体上传播，严重扰乱社会秩序的……"

2013 年，"两高"对网络犯罪的非法形式进行了司法解释，如对利用信息网络实施诽谤、寻衅滋事等违法行为做出司法解释。其中有三条涉及对谣言的惩治（该司法解释于 2013 年实施，部分内容被 2015 年《刑法修正案（九）》所吸纳）。该解释的第一条和第二条细化了利用网络信息诽谤他人并情节严重达到诽谤罪的情况，制定了网络诽谤入罪标准。该解释第五条第二款规定，在互联网上制造传播虚假信息，造成公共秩序严重混乱的行为构成寻衅滋事罪。然而，值得注意的是，《刑法》第 293 条"寻衅滋事罪"[①]规定的四种情况中并不包含编造散布虚假信息的内容。2013 年的司法解释扩大了"寻衅滋事罪"的范围，将在网络上散布谣言起哄闹事列入"寻衅滋事罪"。

二、网络谣言的成因、处罚的合理性

(一)谣言的成因

本文通过搜索引擎和媒体报道，查到 2016 年 10 月 1 日至 2017 年 9 月 30 日，因传谣、造谣而被处理的案例共 87 个。其中剔除了同花顺网站因散

---

① 《刑法》第 293 条"寻衅滋事罪"有下列寻衅滋事行为之一，破坏社会秩序的，处五年以下有期徒刑、拘役或者管制：(一)随意殴打他人，情节恶劣的；(二)追逐、拦截、辱骂、恐吓他人，情节恶劣的；(三)强拿硬要或任意损毁、占用公私财物，情节严重的；(四)在公共场所起哄闹事，造成公共场所秩序严重混乱的。《刑法修正案(八)》增加一款：纠集他人多次实施前款行为，严重破坏社会秩序的，处五年以上十年以下。

布复星董事长失联的谣言而被证监会罚款20万的个例,该87个案例都是警方依据《刑法修正案(九)》及《治安管理处罚条例》对造谣传谣行为进行的处理。在87个案例中,从谣言的传播渠道来看,微信朋友圈、微信群是最主要的传谣渠道,占比超过68%;其次是微博,占11.8%;百度贴吧与微信公众号传谣数量相近;随着论坛使用人数的减少,其影响力也在逐渐减小,谣言传播的影响效果也在减小,基本可以忽略不计。(表1)

表1　87个谣言处罚案例的传谣渠道

传谣渠道		数量	百分比	备注
微信	朋友圈	32	31.4%	—
	微信群	38	37.3%	包括一个QQ群
	公众号	7	6.7%	—
微博		12	11.8%	—
百度贴吧		9	8.8%	—
论坛		3	2.9%	—
其他		1	1.1%	未交代渠道

注:部分案例中,谣言通过多个渠道传播,例如微信朋友圈、微信群、微博等。

需要注意的是,与微博和百度贴吧的开放性相比,微信朋友圈和微信群具有一定的封闭性,它们都面向特定的人群,且有人数的限制——微信群最多500人,朋友圈最多5000人。然而近年来,微信群及微信朋友圈已具有很大的开放性,既是传统的个人沟通的工具,也具有一对多的媒体属性。

2004年,"两高"发布《关于办理利用互联网、移动通讯终端、声讯台制作、复制、出版、叛卖、传播淫秽电子信息刑事案件具体应用法律若干问题的解释》,2010年发布《解释(二)》,去找找第三条规定:利用互联网建立主要用于传播淫秽电子信息的群组,成员达30人以上或者造成严重后果的,对建立者、管理者和主要传播者,依照《刑法》第364条第一款的规定,以传播淫秽物品罪定罪处罚。国家互联网信息办公室印发了《互联网群组信息服务管理规定》(以下简称《规定》),已于2017年10月8日正式施行。《规定》提出,互联网群组建立者、管理者应履行群组管理责任,即"谁建群谁负责""谁管理谁负责",根据法律法规、用户协议和平台公约,规范群组网络行为和信息发布。《规定》所称互联网群组,是指互联网用户通过互联网站点、移动互联网应用程序等平台建立的,互联网用户在线信息交流的网络空间,如微信群、QQ 群、微博群、贴吧群、陌陌群等各类互联网群组。①

　　互联网赋予亿计网民前所未有的表达自由，而微信作为一个平台，提供了意见表达的场所。根据腾讯企鹅智酷公布的《2017 微信用户 & 生态研究报告》，截至 2016 年底微信共有 8.89 亿用户。② 在微信这个大的生态圈中，既有专业科学的信息，也不乏肆意编造的谣言。

　　本文根据微信指数，分别用"谣言""造谣""处罚"三个关键词查询了 2017 年 4 月 1 日至 9 月 28 日的微信指数（目前最多只能查询 6 个月），发现如下现象：

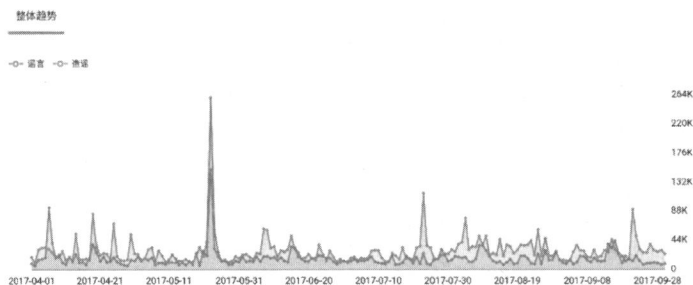

图 1　"谣言"和"造谣"六个月微信指数图

　　就"谣言"和"造谣"六个月微信指数图而言，"谣言"指数与"造谣"指数的趋势基本是一致的。其中表现最明显的是 5 月 23 日，"谣言"指数与"造谣"指数都达到最高峰。经查，5 月 22 日天气预报称北方旱区喜迎降雨，贵州湖南等地有大暴雨。"谣言"指数与"造谣"指数在 5 月 24 日趋于稳定，可见造谣情况并不严重。值得注意的是三个次高峰：4 月 5 日"谣言"指数超过"造谣"指数，且造谣趋势平稳；7 月 23 日与 9 月 21 日"造谣"指数超过"谣言"指数，且谣言趋势平稳。经查，环保部称从 4 月 4 日零时起，北京市将空气重污染升级到橙色预警；7 月 22 日，四川广元发生了 3.0 级地震；9 月 21 日是中国共产党第十九次全国人民代表大会在京举行的第三天。由此可见，不论是"谣言"指数还是"造谣"指数，在重大突发事件发生后或重大事件期间都会飙升。

　　就"造谣"和"处罚"六个月微信指数图而言，"处罚"指数一直很稳定，且往往低于"造谣"指数。值得注意的是 6 月 24 日和 29 日，"处罚"指数较"造谣"指数高。经查，《中华人民共和国网络安全法》在 6 月 1 日正式实施，

---

①　资料来源于网络：http://media. people. com. cn/n1/2017/0908/c40606-29522545. html.

②　资料来源于网络：http://www. useit. com. cn/thread-15112-1-1. html.

"处罚"指数的增加与该法的实施有一定的关系。（图2）

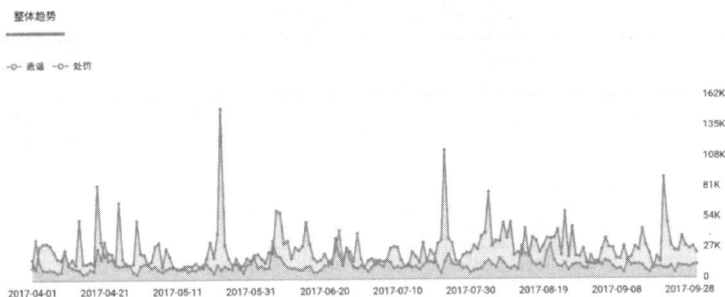

图2 "造谣"和"处罚"六个月微信指数图

谣言的生成条件是多种多样的，互联网这一平台为谣言的生成提供了更加便利的条件。通过对87个案例的梳理发现，因谣言而构成刑事处罚和行政处罚的，主要存在以下几点要素：一是动机，主观上故意制造并传播谣言；二是时机，在突发事件发生后或重大事件期间制造并传播谣言；三是性质，制造和传播的谣言威胁政治经济和正常的社会秩序；四是后果，侵害了"公共利益"和"社会利益"。这一点与前面所说的"目前我国对网络谣言界定的具体体现"是一致的。

从而我们也可以推导出，谣言一般是在突发事件发生后或重大事件期间，由于公众迫切需要了解信息，而真实信息又不能在满足公众的信息需求的时候被制造出来，并产生谣言高峰。最后由于"造谣"而受到刑事处罚或行政处罚的则是很少数。

（二）对谣言的治安行政处罚

目前，我国对于网络谣言的处罚主要根据《刑法修正案（九）》及《治安管理处罚条例》。《治安管理处罚条例》第25条规定：散布谣言，谎报险情、疫情、警情或者以其他方法故意扰乱公共秩序的，处五日以上十日以下拘留，可以并处五百元以下罚款；情节较轻的，处五日以下拘留或者五百元以下罚款。《刑法修正案（九）》相较于《治安管理处罚条例》第25条，增加了"明知""故意""严重扰乱社会秩序"等限定词，即两者的区别主要在于造谣行为的主观故意以及导致的后果的严重程度，情节轻微的一般适用于《治安管理处罚条例》，情节严重的则适用于《刑法修正案（九）》。

而不管是适用《治安管理处罚条例》，还是适用《刑法修正案（九）》，都有两个先决条件：一是传播了谣言，若传播的仅仅是事实，则不构成违法；二是后果严重，达到扰乱公共秩序的程度，从而构成违法。

搜集的 87 个案例,根据其性质,分为以下几类(表2)：

表2　87个谣言处罚案例分类

谣言内容		件数	占比
恶性杀人和自杀谣言		27	31.1%
突发意外谣言	与自然灾害有关的谣言(洪水、台风、地震等)	8	9.2%
	与重大突发灾难有关的谣言(爆炸、火灾等)	8	9.2%
	交通意外引发的谣言	8	9.2%
食品安全类谣言		4	4.6%
疫情类谣言		6	6.9%
警方或城管滥权类谣言		6	6.9%
房地产类谣言		2	2.3%
与恐怖分子相关的谣言		3	3.4%
重大活动(会议)期间的谣言(厦门金砖)		3	3.4%
其他无法归入上述类别的谣言		12	13.8%

　　由表2 可以看出,最大的一类谣言是"恶性杀人和自杀谣言",占31.1%；其次是"突发意外谣言"共占 27.6%,其细分的三类都分别占9.2%,而这两类谣言占所搜案例的58.7%。2017 年,中山大学大数据传播实验室联合微信团队发布的《微信年度谣言分析报告(2016)》将这些谣言分为九类：健康养生、人身安全、财产安全、政经和社会秩序、爱心转发、广告营销、奇闻趣事、色情和其他。① 就本次 87 个案例而言,谣言主要集中在财产安全、政经和社会秩序。

　　在87 个案例中,从处罚的结果看,多为行政拘留 3~10 日,罚款200~500 元,并辅以教育训诫,均符合《治安管理处罚条例》第 25 条的规定。只有一个案例行政拘留时间超过该规定。根据微博认证账号"@ 大连公安"发布的消息,中石油大连石化分公司催化装置发生火灾后,网民高某在朋友圈发布谣言信息,说有 40 多人在事故中遇难,大连普兰店分局依法对其处以行政拘留 15 日。②

---

①　资料来源于网络：http://www. 360doc. com/content/16/0602/06/28677035_564346716. shtml.

②　半岛晨报. 四网友撒播"大连中石油爆炸"假视频被警方拘留罚款[EB/OL] . https://www. sohu. com/a/165912148_349247.

三、网络谣言的规制

（一）注意区别传播错误信息（misinformation）和故意传播虚假信息（disinformation）

"现代法律理论普遍承认：惩罚性的责任只能在行为者主观上有过错的情况下才能实施。"①错误信息是客观存在的，其存在也是必然的。若是传播了错误信息就需要追究法律责任，那需要规制的人就太多了。

在传播过程中，由于传播者接收信息的方式、理解能力的不同等，信息出现偏差是不可避免的。虽然最开始的信息源是准确的，但是由于个人的理解、接受、加工信息的方式不同，再次传播出去的消息不能和接收到的消息百分百一致。若要求每个传达出去的消息都一致，也无疑是在摧毁言论自由。而对传达错误信息追究法律责任，也无疑会造成寒蝉效应，从而阻碍正常的信息的传达。

因此，对于谣言的规制，还是需要从谣言的源头抓起。对于明知是错误信息还进行传播的，更有甚者制造虚假信息的，更是需要进行规制。2016年11月23日，兴国县良村镇谢某为了规劝丈夫不要赌博，在微信群里篡改视频并附文字"兴国一男子因妻子打麻将，持刀砍死妻子，后两人身亡"，属于明知是虚假信息而故意传播的情况，最终谢某被判行政拘留8日。

（二）注意区分"事实陈述"与"观点表达"

事实与观点的区分是处置谣言案件必须遵循的依据。一般而言，事实是可辨别真伪的，而观点则无所谓对错，当然表达观点时需要有事实的依据。观点的表达是言论自由的一部分，若日常的观点表达也需要与其他人一致，无疑会破坏言论的自由，进而影响正常的沟通交流。河北邯郸涉县张某，因发帖称医院食堂饭菜高价难吃而被涉县公安局行政拘留的消息引发网民一片唏嘘。医院食堂饭菜高价难吃，仅仅是张某的观点表达，无法说是在"造谣"，也没有扰乱公共秩序，故最后张某被行政拘留并不合理。网友的唏嘘不仅是对涉县公安局执法的不满，也是对观点自由表达受限制的不快。

互联网的产生和出现，为公众表达和接受观点提供了广大的平台，然而表达自由并不意味着表达不需要受到制约和约束，公众需要对自己的言论负责。传播谣言会导致严重的后果，造谣者与传谣者无疑需要对自己的行

---

① 孙国华. 法理学教程［M］. 北京：中国人民大学出版社，1994：504.

为和言论负责,并承担相应的法律责任。然而,若仅仅是基于一定事实的观点表达,且未对社会及他人造成严重后果,应被视为合法的意见表达,这时候用刑法或者行政处罚来制裁都是不合理的。

(三)"谣言"的法律重构

前面已经提到,我国法律目前对"谣言"并没有具体的界定,而法律界定上的不明晰,易致"造谣"行为无法可判。引用其他相关法律对"造谣"行为进行法律审判,也无法涉及"造谣"行为的具体情况,不能进行更加精细的判断。若将"谣言"重新进行语义重构,明确"谣言"的具体含义,界定"造谣"的具体行为过失,就可以减少因不明确法律条文文义而产生的违法行为。例如,可将"散布谣言故意扰乱公共秩序的行为"改为"散布未经证实的传言故意扰乱公共秩序的行为"。

此外,"谣言"认定依据的重构也很重要。"谣言"开始出现的情况各不相同,有些仅仅是造谣者的臆测,有些则是故意编造谣言,不同程度的造谣传谣对社会及公众的影响不同,所产生的社会负面作用也不同,因此在最后的法律裁定中也应该出现分差。然而,目前我国对谣言的界定标准远远不够细化,必须对谣言进行详细分类,尽可能地全面涵盖"谣言"的各种情况。根据谣言产生及其存在的情况,"网络谣言"至少分为以下五种情况:尚待证实(存在事实但还不充分的)、民众猜测(存在事实但还未有证据的)、道听途说(存在的事实还需证实的)、联想臆测(根据存在的事实进行编造、传播的)、歪曲编造(根据存在的事实虚构、扭曲实际的)等。[①]

(四)利用大数据构建谣言信息库

目前,大数据在各行各业都展示了其独特的魅力,帮助各行各业解决了一些难题。如通过明确谣言产生的条件以及与社会之间的关系,利用大数据减少谣言的出现和传播,发现谣言出现的社会环境。

如果在人口密度为每平方公里 1000 人的社会环境中,谣言最有可能出现并蔓延;在每平方公里不到 100 人或超过 3000 人的社会环境下,谣言似乎越来越少。谣言出现与居民收入有一定的关系,城镇居民收入在 2 万元至 3 万元之间的地区可能会出现大量的谣言,收入在 1 万以内,或高于 4 万元的地区,谣言出现的可能性也较低。同时,作为互助的人际行为,利他性的网络谣言多出现在经济发达、人口密集的地区。

就实证结果而言,增加城市投资,甚至控制人口的流动等社会治理措

---

① 王璐. 网络谣言规制研究[D]. 上海:华东政法大学,2014:4.

施,对防范虚假信息传播影响不大。这也可以侧面证明,大数据的研究可以改变我们规制谣言的思路:是否发布谣言是个人的心理选择,防范还需从行为人的心理入手。同时,作为互助的人际行为,利他性的网络谣言多出现在经济发达、人口密集的地区。基于大数据研究,国家可以通过提供资源配置的方式消除公共领域中的谣言,如将谣言数字化,构建谣言信息库,这利于公众对网络谣言的自证与防范。

四、结束语

网络谣言一般发生在突发事件发生后或重大事件期间,由于公众迫切需要了解信息,而真实信息又不能满足公众的信息需求,所以谣言被制造出来,并产生谣言高峰,而最后由于"造谣"而受到刑事处罚或行政处罚的则是很少数。要想对网络谣言进行规制,首先需要注意区别传播错误信息和故意传播虚假信息以及"事实陈述"与"观点表达"这两对概念;其次在法律上对"谣言"重新进行语义重构和认定依据重构也很重要。当然,明确谣言与信息之间的相关联系,利用大数据不仅可以减少谣言的出现和传播,还可以构建谣言信息库,从而利于公众自查、自证网络谣言。

参考文献:

[1] 黄少宽,黄晓斌,李波. 网络谣言信息治理研究综述[J]. 电子政务,2015(2).

[2] 高铭暄,黄太云. 中华人民共和国刑法释义与适用指南[M]. 北京:红旗出版社,1997.

[3] 杨立青. 新媒体时代的网络谣言传播与控制探析——由桑斯坦《谣言》展开的分析[J]. 新闻记者,2014,(11).

[4] 张晓萍. 网络谣言及其法律规制研究[D]. 重庆:重庆大学,2014.

[5] 魏永征. 法律素养:记者的必修课[M]. 上海:复旦大学出版社,2017.

[6] 时延安. 以刑罚为何威吓诽谤、诋毁、谣言?——论刑罚权对网络有害信息传播的干预程度[J]. 法学论坛,2012(4).

[7] 孙国华. 法理学教程[M]. 北京:中国人民大学出版社,1994.

[8] 陶长春. 网络谣言对民意的表达与歪曲[D]. 武汉:武汉大学,2014.

[9] 张志安,束开荣. 网络谣言的监管与治理逻辑[J]. 新闻与写作,

2016(5).

[10] 钟瑛. 网络传播伦理[M]. 北京:清华大学出版,2005.

[11] 王国华,方付建,陈强. 网络谣言传导:过程、动因与根源——以地震谣言为例[J]. 2011,13(2).

[12] 王璐. 网络谣言规制研究[D]. 上海:华东政法大学,2014.

[13] 奥尔波特,等. 谣言心理学[M]. 刘水平,等译. 沈阳:辽宁教育出版社,2003.

[14] 夏征农. 辞海[M]. 第6版. 上海:上海辞书出版社,2010.

[15] 让-若埃尔·卡普费雷. 谣言:世界最古老的传媒[M]. 郑若麟,译. 上海:上海人民出版社,2008.

新闻跟帖舆情中的网民信任
与话语集群研究

张晓宇　河北大学

摘　要：新媒体环境下的新闻报道和网民心理都发生了显著的变化，网络新闻跟帖已经成为反映舆情的重要阵地。本文从新闻跟帖来研究网络新闻报道、网民信任与网民话语的关系。研究发现网民基本相信所看到的网络新闻报道，但对特定类型的新闻事件所做的报道持怀疑态度；网民跟帖的态度与新闻报道倾向之间并没有明显的一致性，但网民对新闻报道的信任程度受到其他网民话语的影响。本文运用话语分析法发现网民话语具有"小集团"化倾向，相同态度网民的文字表达相互影响，并分析出相似价值观和从众、寻求方便的心理是形成话语表达集群的原因。形成网民话语集群的原因是复杂的，希望后来的研究者可以在网民话语集群方面做进一步的研究。

关键词：新闻跟帖；舆情；网民信任；话语集群

一、选题意义

近几年习主席对网络安全一直十分关注，国家于 2017 年 8 月颁布了政策性文件《互联网跟帖评论服务管理规定》，这表明国家对于互联网跟帖评论监管的关注度在持续上升。舆论一直都是国家和公众共同关注的话题，尤其是在互联网时代，网民的匿名性、隐匿性使得舆论发生的阵地向互联网转移，由此催生了学者对网络舆情的研究。网络舆情研究是近几年来的学术热点，从中国知网的学术研究中发现，从 2007 年到 2016 年，学者们对这一领域的关注度持续上升，作为网络舆情反应之重要窗口的新闻跟帖在中国知网上的学术研究也呈现上升的趋势。此外，在 2016 年国家项目课题指南的新闻与传媒部分中有三项课题有关网络舆情，这表明了网络舆情的研究不仅具有很高的学术价值，而且具有很强的现实意义。

二、文献综述

近几年来，网络新闻跟帖已经成为网络新闻的一个不可缺少的组成部分。由于中国的网络媒体没有采访权，那么新闻跟帖就是各大新闻网站和客户端原创性的重要体现。新闻跟帖是 21 世纪探求民意的窗口，研究新闻跟帖无论对于政治稳定还是社会和谐都有重要意义。研究新闻跟帖中的网民心理，能够为我们拨开迷雾，找出网民言论背后的深层原因，从而帮助我们更好地理解民意。

（一）网络新闻跟帖的概念

网络新闻跟帖集中体现了网民个人的情感，是反映网络舆情的重要窗口，是网络舆论的重要组成部分。国内学者对于网络新闻跟帖还没有一个明确、统一的概念。但从学者们的论述中可以总结出几个关键词：评论、简洁、即时、随性。

（二）网民群体的心理特征

在研究网络舆情的论文中零星可见关于网民心理的论述。这些论述从社会学、传播学、政治学和心理学等不同角度剖析了新闻跟帖中的网络舆情。但是，对网民心理的研究大多数都作为论文中的一个小节，很少有专门的论文来论述网民心理。其次，文献大多从社会学、政治学、传播学的视角去分析新闻跟帖中的网民行为，从心理学视角去研究的论文较少。笔者通过对文献的分析和整理，总结出前人对于新闻跟帖中网民心理的研究。

1. 网民无意核查新闻的真实性

CNNIC 的调查结果显示网民的新闻真实性质疑意识需提升，超六成网络新闻用户转发新闻前不会考虑新闻是否真实。但是对于网民无意核查新闻真实性的心理原因，还没有相关的实证性研究。

2. 意见表达型网民和点赞转发型网民

（1）意见表达型网民的负面化情绪表达

意见表达型网民指的是直接发布引起网民普遍关注的原创观点性跟帖的网民，这些网民可以成为"意见领袖"。学者们发现，网民表现负面情绪的评论占绝大多数。

（2）点赞转发型网民信任"草根专家"

点赞转发型网民是指附和跟帖中主要意见的网民,他们的典型心理特征是从众。

（3）网友对以往类似事件的认知会影响网民态度

网民往往以既往的案例作为参照,以自己的生活经验为依据,以自身情况为出发点来理解新闻事件。河北大学的王雷在研究"躲猫猫"事件的新闻跟帖时发现:"网民对某个新闻事件的态度和立场,很大程度上受到自身对新闻事件主体善恶的认识。这种判断和认识是以网民自身在多种环境影响下形成的多年以来的价值准线,是生活中对惩恶扬善的基本追求,不成条文但是深入内心,每个人是非判断的标准可能不尽相同,也可能和主流价值观有所出入,但大体上趋向于一致,主要价值核心是相同的。"①

3. 新闻表达方式影响网民态度

口头化的语言表达方式使网民以随意的态度去对待新闻,煽情化的语言使网友以娱乐的态度去对待新闻。根据对前人研究成果的分析发现,进行案例分析的论文占大多数,实证研究论文主要采用内容分析法和案例分析法,但内容分析法属于描述性研究的常用方法主要用于网民跟帖行为研究,从而推测出网民的态度。对网民心理的研究往往采取思辨或者借鉴前人理论来阐释当前问题的方式。采用前人理论的好处是,由于前人的理论经过多次论证,可信度高,因此给学者提出的新描述提供了强有力的理论支撑,但是仅用前人理论来支撑论点往往不能提出新发现,只是对已有理论增添一种新的描述。

三、研究假设

网络新闻报道要对网民的态度产生影响,首先网民必须相信所看到的新闻。如果网民对自己看到的新闻产生怀疑,那么自然而然不会受到该新闻的引导,反而会出现逆反效果。

从对文献的整理与分析中,笔者总结出了学界已经认识到新闻跟帖网民的行为和心理的一些特征。前人运用思辨的方法得出了网民并不核查新闻的真实性的假说。CNNIC 得出结论是网民对新闻真实性感到质疑,但并没有对网民行为的原因进行研究。河北大学的王雷认为网络没有文化而是成了快餐,很多人一扫而过网络上的信息,他们把网络上的消息当成一种消

---

① 王雷."躲猫猫"事件跟帖中的网民意见表达[D].保定:河北大学,2010:32.

遣或者释放情绪的载体,只是浏览,不会留下只言片语,形成了看客心理。这种假说究竟站不站得住脚还需要进行实证研究。

因此,要论证网络新闻的报道倾向与网络跟帖中的网民态度具有一致性就必须做到新闻真实。这里的真实,指的是接受者的认同。传—受双方如果彼此信任,受者就会认为是真实的,否则相反。因此我们首先提出了第一个假设,在假设1成立的基础上我们再来证明假设2。

假设1:网民相信所看到的网络新闻报道。

假设2:网络新闻的报道倾向与跟帖中的网民态度具有一致性。

四、研究方法

本文使用的主要方法为内容分析法。内容分析法是一种研究传播信息内容的量化社会科学研究方法,即将文本简化为数字,计算某些元素出现的次数。运用内容来研究心理的方法的前提是网民发布的新闻跟帖内容能够反映出网民当时的态度。本文假定:在大多数情况下,媒介信息在相当程度上自然而然地体现了传媒和网民的态度。

本文的研究总体是网络新闻报道以及其后的网络新闻跟帖。这里的网络新闻报道指的是在互联网上发布的,在有网民新闻跟帖功能的网站上发布的新闻文本,既包括报道客观事实新闻消息,也包括新闻评论。因此,没有跟帖功能的新闻不是本文的研究对象。本文中的新闻跟帖是指网民对新闻媒体在网络中发布的引起网民普遍关注的重大新闻发表的原创观点性跟帖。因此,"点赞"虽然作为一种表达网民态度的形式但不是原创观点性跟帖,也不在本文的研究范围之内。

从 CNNIC 在 2017 年 1 月发布的《2016 年中国互联网新闻市场研究报告》来看,移动端成为网民上网浏览信息的最主要渠道①,"腾讯新闻"和"今日头条"已经成为移动新闻客户端的两大巨头。其他几家强势新闻客户端有"凤凰新闻""网易新闻""央视新闻"。

本文为保证抽取到的新闻事件具有典型性,能够更科学地研究网民跟帖,采用了概率抽样的方法,通过清博大数据的舆情监测系统找出从 2017 年 8 月 10 日至 2017 年 9 月 10 日的所有事件,按政治、经济、文化、社会、科技排序,并在每组中随机抽取 1 个新闻事件,共抽取 5 个新闻事件,随机抽取得到

---

① 中国互联网络信息中心.2016 年中国互联网新闻市场研究报告[R].北京:中国互联网络信息中心,2017:24.

的新闻事件为"支付宝刷脸支付""金砖五国会议""房价""传销""全运会"。

随后,从常用的新闻客户端中随机抽取5个新闻客户端,并在这5个新闻客户端中搜索相关新闻报道,抽取到"腾讯新闻""今日头条""凤凰新闻""网易新闻""央视新闻"这五大客户端。在每条新闻报道的所有原创性跟帖中按跟帖顺序抽取10条新闻跟帖。如果特定新闻客户端上的相关新闻跟帖不足10条的,按照分层抽样方法把名额分配给其他客户端上同一主题的新闻,并顺延抽取相应跟帖。

(一)内容特征

将报道的主题划分成五类:政治、经济、文化、社会、科技。其中政治类报道为以有关国际关系、军事、政策、外交等方面的相关活动或内容为主要报道内容的新闻;经济类报道为以有关国内外经济方面的数据、方针政策、相关活动为主要报道内容的新闻;文化类报道为以有关教育、体育、医疗、旅游、气象、卫生等方面为主要内容的新闻;社会类报道包括社会现象、社会风貌、社会动态、社会事件、社会问题的新闻;科技类报道包括新技术的发明与推广、科学前沿。

(二)报道倾向

报道的立场分为正面报道、中性报道和负面报道。区分报道倾向主要看新闻报道的用词和内容,褒义词和赞扬类的内容或者报道事件本身属于弘扬正能量的正面报道;客观且不带有褒贬色彩的事实陈述列入中性报道;对报道事件持批判态度或者报道的事实本身是负面的属于负面报道。

(三)网民态度

态度是对某物或者某人的一种评价性反应,会从人们的行为、情绪和语言中表现出来。本文将网民态度分为负面—正面、信任—怀疑两个维度,分别进行编码。

五、可信度的测量

信度是内容分析的重要概念,如果多次测量相同资料能获得类似结论,就表示该项分析是可信的。由于编码从始至终由一名编码员进行,因此无须测试编码员间信度,但是需测量编码员内信度。即让同一名编码员在不同时间内对同一资料编码两次,然后借助公式计算信度,测量信度使用的工具为霍斯提信度和史考特信度。用于信度检验的样本是460,检验全部样本。

霍斯提信度:$\pi_0 = 2m/(m_1 + m_2)$

$$史考特信度：\pi = (\pi_0 - \pi_e)(1 - \pi_e)$$

测得统计总量的霍斯提信度约为97%、史考特信度96%，测得网民对新闻报道的态度的霍斯提信度为99.5%、史考特信度为99.2%。为了改进编码信度，具体的解决方法是对总共出现的29处不同进行随机抽样，这样可能会抵消偏见。

六、数据分析

（一）网民对新闻报道的信任程度分析

本文计划收集网民跟帖内容500条，实际收集到内容460条，其中"支付宝刷脸支付"和"全运会"各收集到80条网民跟帖，"房价""传销""金砖五国会议"各收集到100条网民跟帖。

从460条网民跟帖中实际观察到网民对新闻报道的信任程度频率来看，有93%的网民信任自己所看到的新闻，而有7%的网民怀疑自己所看到的报道的真实性。（表1）

表1 网民对新闻报道的信任程度

	频数	频率
信任	422	0.93
怀疑	38	0.07
	N＝460	1

我们的研究假设是：网民相信所看到的新闻报道，即对报道怀疑的频数应为0。

计算观察值与实际理论值的相关系数约为1，证明观察值与理论值之间高度相关，因此可以证明在97%的可信度下，网民相信自己所看到的新闻，证明假设1基本正确。

表2 观察值与实际理论值

	信任	怀疑	合计
观察值	428	32	460
理论值	460	0	460
相关系数	r≈1		

表3　网民怀疑新闻真实性频数分布表

	支付宝刷脸支付	金砖五国会议	房价	传销	全运会
报道1	0	0	3	0	0
报道2	0	0	0	0	0
报道3	0	0	3	0	1
报道4	0	0	2	4	0
报道5	0	0	1	0	0
报道6	0	0	7	0	0
报道7	0	0	6	0	0
报道8	0	0	4	0	0
报道9	0	0	0	0	0
报道10	0	0	1	0	0

　　表4中显示的是 α 为 0.05 的方差分析。可以看出,列因素 F 值检验的 P 值为 0.00004,远小于 0.05,因此拒绝原假设,即认为网民对五个新闻事件的新闻跟帖的真实性判断有显著差异,即网民不会衡量单篇文章的可信度,但会对某一新闻事件产生信任危机,其中网民最不相信有关房价的新闻报道。

表4　网民怀疑新闻真实性方差分析

差异源	SS	df	MS	F	P-value	F crit
行	12.32	9	1.368889	0.894699	0.539689	2.152607
列	54.12	4	13.53	8.843137	0.00004	2.633532
误差	55.08	36	1.53			
总计	121.52	49				

　　此外,由于实际值中仍有32人对新闻报道有所怀疑,通过对怀疑网络事件真实性的跟帖进一步研究,得出一些有价值的结论,并通过研究这些人的心理来反推那些相信新闻报道真实性的网民心理。笔者对认为报道不真实的网民跟帖进行话语分析。在腾讯新闻客户端发布的《房价涨跌与否已经和刚需无关了》中,一网友认为报道的概念有错误,逻辑混乱;在其《无锡、广州、郑州、长沙、石家庄跻身全球房价涨幅前十》中,网友评价:"据调查长沙位置好的涨价80%,位置偏僻的40%,文中说长沙房价的涨幅明显低了好

多""大连涨40%，没进前十""天津武清涨幅大却没人报"。今日头条客户端发布的《房价其实已经在下降了，只是下降速度比较温和》中，有网友评论："杭州需全款买房，两三个月平均涨一万。"从对文本的话语分析看出，网民会根据自身经验和已经掌握的知识来对新闻报道的真实性做出判断。对于和自身经验及已掌握知识不相符的报道，网民会跟帖表达自己的观点，而且不同网民对于新闻事件的跟帖在表达方式上很相近。网民在"传销"事件中表达了对《34个传销组织"黑名单"曝光 别再被骗!》单篇报道的不信任，究其原因是网友认为这份传销组织"黑名单"没有包含全部，而且上面发布的照片被改动过。

（二）网民态度与新闻报道倾向的相关性分析

假设2提出网络新闻的报道倾向与网络跟帖中的网民态度具有一致性。为了检验假设2，采用单因素方差分析数据的相关关系。

表5显示，在样本为460时计算得出 α 为0.05时的P值为0.000112，远小于0.05，因此拒绝原假设，即网民跟帖的态度与新闻报道倾向之间并没有明显的一致性，即新闻报道能够对规定受众造成影响，但是并不会产生像子弹击中靶子一样的效果。受众拥有自己的认知，在看完新闻后会拥有自己的看法和态度，因此假设2是错误的。

表5 网民态度与报道倾向方差分析

差异源	SS	df	MS	F	P-value	F crit
组间	439.012	459	0.956453	1.412419	0.000112	1.166046
组内	311.5	460	0.677174			
总计	750.512	919				

表6展示了五类不同的新闻事件的新闻报道倾向与新闻网民态度一致性的频率和方差。可以看出，在科技类、经济类、社会类的新闻报道中，网民更有自己的态度，网友形成对新闻事件的态度与自身体验、已有经验和知识都有关系。政治类的网民态度与新闻报道倾向的一致性最高，证明新闻报道在政治方面的舆论引导比较成功。

通过态度数据还可以验证对同一则新闻事件网民跟帖是否具有一致性，从而分析网民意见是否会极化进而形成占主导地位的意见，即网民跟帖是否会形成舆论。陈力丹先生在《新闻理论十讲》中提到的一个有关舆论的概念指出，在一定范围内，持某种意见的人数超过总数的三分之一，可以将这样的意见视为舆论，如果持这种意见的人数接近总数的三分之二，可以说这种舆论已经掌控了全局。从表7中各新闻事件网民态度的频率分布可以看出，从清博大数据舆情监测系统抽出的重要新闻事件中，每个新闻事件都有一个接近压倒式的态度倾向，热点舆情不仅仅指发稿关注度高，相应也会形成强大的舆论，但舆论的倾向和新闻报道的倾向并不具有完全的一致性。

表6　新闻报道倾向与网民态度一致性频率及方差表

序号	a1	b	c	a2	b	c	a3	b	c	a4	b	c	a5	b	c
报道1	2	10	6.4	0	10	10	10	10	0	6	10	1.6	7	10	0.9
报道2	4	10	3.6	9	10	0.1	0	10	10	0	10	10	9	10	0.1
报道3	2	10	6.4	10	10	0	2	10	6.4	7	10	0.9	3	10	4.9
报道4	5	10	2.5	0	10	10	2	10	6.4	6	10	1.6	8	10	0.4
报道5	0	10	10	0	10	10	7	10	0.9				5	10	2.5
报道6	0	10	10	10	10	0	0	10	10	0	10	10	10	10	0
报道7	5	10	2.5	10	10	0	0	10	10	10	10	0	9	10	0.1
报道8	0	10	10	7	10	0.9	3	10	4.9	0	10	10	0	10	10
报道9				4	10	3.6	6	10	1.6	8	10	0.9			18.9
报道10				10	10	0	7	10	0.9	2	10	6.4			
合计	18		51.4	60		34.6	37		51.1	39		50.9	51		37.8
频率	0.23			0.6			0.37			0.39			0.51		

注:a表示新闻报道倾向与网民态度一致的频数,b表示理论值,c表示方差,a(1、2……)表示不同新闻事件分别代表科技类、政治类、经济类、社会类、文化类。

表7　网民跟帖态度频数、频率分布表

	支付宝刷脸支付		金砖五国会议		房价		传销		全运会	
	频数	频率	频数	频率	频数	频率	频数	频率	频数	频率
正面	25	0.3125	89	0.89	28	0.28	8	0.08	52	0.65
中立	1	0.0125	3	0.03	4	0.04	16	0.16	5	0.0625
负面	54	0.675	8	0.08	68	0.68	76	0.76	23	0.2875
合计	80	1	100	1	100	1	100	1	80	1

七、研究发现

（一）网民总体上相信网络新闻报道，但对特定类型的报道持怀疑态度

我们生活中有一句话叫作"信则有，不信则无"。新闻是否真实还在于受众是否认同。有些事件只要报道出来网民就支持，而有些报道只要触及网民切身经济利益网民就反对。我们在研究中发现，对于"金砖五国会议"的报道，网民的态度大多表现出高度一致的支持态度，而对于"房价"，网民大多表现出对新闻文本中提供的经济数据不信任或对新闻评论中记者的态度嗤之以鼻，甚至恶语相向。绝大部分人认为房价太贵了，即使降了价也买不起；一部分人认为房价降价都是骗人的，报道不实；还有少部分网民发表了极端言论。

（二）网民信任较少受到新闻报道影响，较多受到其他网民话语影响

新闻报道在议程设置方面对受众造成很大影响，但是其舆论引导效果并不会产生像子弹击中靶子一样明显。受众接收信息的渠道并非只有大众传媒，通过人际传播所获得的他人经验、受众通过自己的眼睛来监视周围环境所获得的经验都在共同建构认知。网民更容易相信和他一样处于第三方地位的网民言论，并把他们的发言当成是间接经验，因此容易受到其他网民话语的影响。受众通过自己原有的认知结构，再融合他人言论和新闻报道后重塑起的认知结构，并不完全与大众传媒为受众建构的世界相同。

（三）网民言论集群化，相同态度网民的文字表达相互影响

媒体关注的事件容易成为网民热议的焦点，网民在对新闻事件的讨论中会形成一个有主导性的意见，但这个有主导性的意见并不时时都与新闻报道的总体倾向相一致。这种差别在经济新闻中表现明显。在经济类事件中，虽然新闻报道传播了"形势一片大好"的信息，但是网民更加关注生活中的实际问题。由于网友跟帖是根据"楼层"进行统计的,研究发现网民之间相似的言论呈现集群态势,且这些小集团并非只有一个中心,而是分散开来,即具有相同态度网民的文字表达容易受到该"楼层"附近网民跟帖的影响,不同态度的网民会发表自己的看法,而跟随他观点的网民的表达方式具有相似性。

按照"沉默的螺旋"假说中描述的现实环境中的舆论特点来推理,网络跟帖呈现出的趋势应该是在跟帖"楼层"的上方有代表各方的声音,"楼层"越靠下越会呈现出一致的声音。但在实际调查过程中,笔者发现网络舆论呈现出了与上述理论不同的特点。跟帖舆情中会有一个倾向性的声音,但与舆论相反的声音并不会完全消失,代表不同意见的网民各自会形成若干个话语集群。沉默的螺旋机制在网络空间中的作用比现实空间中的作用更加弱化了。

(四)相似价值观与从众、方便心理是形成话语表达集群的原因

由于网民之间各自独立,因此造成这种影响的原因不会是传统的群体压力,网民之间的互动更多的是一种自觉行为。这种群体自觉是网民原生环境造成的,网民原生环境的相似会导致网民具有类似的价值观,他们在判断新闻事实时就会不自觉地走向同一。另外,人类有寻求方便的心理,表现在跟帖上就是发现和自己意见相同的跟帖,就不愿再动脑筋找其他表达方式,而是直接复制最接近自己意见的其他网民的话语表达,在形式上表现为相同话语表达的集群。

八、讨论与建议

首先,网民不会衡量单篇文章的可信度,但会对某一类型的新闻报道产生信任危机。新闻文本本身撰写的逻辑、图片、措辞都会影响到网民对新闻报道的信任度。网络平台迅猛发展,人们获取资讯的主要方式已经转移到了网络上,这就要求记者在撰写新闻稿件时一定要把新闻的真实性摆在首位,对新闻图片的运用也要力求真实可信,不可随意改动;新闻撰写的措辞要准确,逻辑要清晰;新闻发布要及时,尤其在出现数字的报道中要发布最新的统计数据。网络编辑要对发布的新闻进行把关,发现问题稿件及时修改或撤回。

其次,本文在进行话语分析过程中,发现了代表不同意见的网民各自会形成若干个话语集群,而有些表达同一态度的网民会自觉或不自觉地使用和周围同一态度网民相似度很高的表达方式。

这篇文章对网民话语集群做了简单的文字性描述,但没能深入发掘出一个模式图。形成网民话语集群的原因是复杂的,本文只从社会学和心理学角度分析出了相似价值观与从众、寻求方便两种心理机制的影响,还有更广阔的研究空间。希望后来的研究者可以在网民话语集群方面做进一步的研究。

参考文献:

[1] 王雷."躲猫猫"事件跟帖中的网民意见表达[D].保定:河北大学,2010.

[2] 中国互联网络信息中心.2016年中国互联网新闻市场研究报告[R].北京:中国互联网络信息中心,2017.

[3] 石宇.网络新闻跟帖评论中的科普信息分析——以三组网络新闻跟帖评论为例[C]//安徽省科学技术协会.安徽首届科普产业博士科技论坛——暨社区科技传播体系与平台建构学术交流会论文集,2012.

[4] 张梅贞,李珊珊.公共领域与公民的网络理性表达分析——基于新浪新闻网民跟帖评论的实证研究[J].新闻知识,2014(10).

[5] 杜学姣.网络新闻跟帖中的对抗式解读研究[D].济南:山东师范大学,2016.

[6] 罗玲.通俗化与严肃化[D].武汉:华中师范大学,2007.

[7] 赵春丽.网民的政治心理及其调适——从网络新闻跟帖来分析[J].理论探索,2010(06).

[8] 荀况著.张觉撰.荀子译注[M].上海:上海古籍出版社,1995.

[9] 党明辉.公共舆论中负面情绪化表达的框架效应——基于在线新闻跟帖评论的计算机辅助内容分析[J].新闻与传播研究,2017,24(04).

新媒介·新技术·新视野：新闻传播与社会变革

基于 SN 的政务微博引导力评析

——以@中国广州发布为例

温展杰　五邑大学

摘　要：微博社群看似是虚拟的社会，其实是缺场的现实社会的延伸。政务微博已成为政府执政的新领域与新手段，政府运用政务微博及时地设置、回应和疏导舆情，营造相对和谐的网络语境。舆论引导力是网络社会权力的交集点与标志物，它既可衡量执政与问政的趋同性，也可检验民主与秩序的协调性。本文以@中国广州发布为例，采用社会网络分析方法，辅之以统计分析手段，从几个维度，对其引导力进行量化评析。研究表明，@中国广州发布既能及时并有针对性地使用网络用语回应网民的信息服务需求，打造亲民形象；又能在舆论引导上不失权威性和公信力，达到了接地气与权威性双重效果。@中国广州发布在取得成效的同时，也存在领袖缺位、信息不均及凝聚不足问题，本文据此提出了相关建议，以期对政府运用政务微博提升自身舆论引导力有一定的借鉴意义。

关键词：引导力；中心性；互动性；社会网络

一、引言

伴随着互联网技术的深入发展，移动社交网络已成为发展的新动力、参政的新方式、社交的新空间、社会的新形态，但同时也带来一系列的新问题。其中微博作为当前移动社交网络最主要的应用之一，月活跃用户达 3.4 亿，居世界第一。微博的互动性特征，迎合了媒介化社会把"社会人"转变为"媒

基金项目：2017 年广东省大学生攀登计划项目"政务新媒体的传播力引导力研究"阶段性成果（项目编号：pdjh2017b0525）。

介人"、传播权力从媒体机构向受众的部分让渡的趋势。[1]微博社群看似是虚拟的社会,其实是缺场的现实社会的延伸。传统的现实社会中,单独个人的社会权力有限,无法与公权力进行博弈,而现实的民主制度不够完善,公民社会权利的实现和维护途径有限。在微博这种开放式、扁平化、平等性的社群网络中,任何个人生产、发布、流通信息变得轻而易举。[2]网民不再是单纯的信息接收者,而成为享有高度自主权的信息传播者,传统媒体的话语权会不同程度被分流,现实社会的公方舆论权力会不同程度被稀释,这是一个"去中心化"的过程;而借拥有一定话语权的广大平民用户因价值观趋近、利益趋同将各自"碎片化"的话语权聚合重构而形成新的舆论权力,是一个"再中心化"的过程。微博舆论权力这种来自民间的、平面扩张的、以群体认同或社会认同为本质的社会权力已引起政治民主化进程的加速,也将引起社会管理方式的调整。微博社会的迅速崛起,正在改变着现实社会权力结构,应运而生的政务微博,已成为政府执政的新领域、新手段。就政务微博的执政能力而言,舆论引导力可谓重中之重。引导力是网络社会权力的交集点与标志物,它既可衡量执政与问政的趋同性,也可检验民主与秩序的协调性。本文所使用的引导力,作为一种软性社会控制力量,是指政府运用政务微博对舆论进行有效设置、回应和疏导。[3]

二、选题意义与方法选取

笔者梳理研究政务微博的现有文献发现,无论是线上实践者还是线下研究者,主要从发展现状、社会管理、参政议政、政府公关、运营管理五个视角来开展研究。笔者认为,政务微博是政府新闻执政的新阵地,发展已有五年之久,有必要对其执政效果进行检验评估。而就其执政能力而言,舆论引导力可谓重中之重。然而已有的政务微博研究中,对其舆论引导力的量化评估研究仍然处于空白状态,其次还未有采用社会网络分析法研究政务微博舆论引导力的。故本文以 SN(Social Network)方法来评析政务微博的舆论引导力。表 1 为中国政务微博的研究视角一览表。

表 1　中国政务微博的研究视角一览表

视角	研究问题(内容)
发展现状	发展概况与特点、问题和对策、优秀应用案例等
社会管理	如何运用政务微博了解社会心理,协调社会利益、化解社会矛盾,增进社会沟通,推动社会协作

（续表）

视角	研究问题（内容）
参政议政	探讨此种新型问政方式、网络民主形式对社会民主政治建设、国家政治系统的运行以及政府治理改善的作用
政府公关	在常态下或危机时,机构和人员微博如何进行传播管理、形象管理、危机管理等
运营管理	在政务微博的运营过程中如何做好计划、组织、实施、控制等活动

目前,国内微博运行平台集中在新浪,因此本研究选取新浪政务微博作为平台进行研究。

为测量@中国广州发布的引导力,本文建立了引导力评估指标体系,结合指标体系的内容,采用 SN 中的关系矩阵分析法,对@中国广州发布的引导力进行个案研究。（表 2）

表 2　引导力评估指标

一级指标	二级指标	三级指标	内容描述
引导力	中心性	点度中心度	测试该行动者是否居于中心地位,从而拥有较大的权力
		中介中心度	测量该行动者对资源（主要是信息、舆论等）控制的程度
		接近中心度	测量该行动者不受其他行动者"控制"的能力
	互动性	关系的良性	考察任何一对成员是否相互"选择"（相互关注等）
		关系的频次	网络群体中该成员与其他成员之间的关系频次
		关系的密度	相对于其他行动者来说是否具有相对较高的凝聚力

三、样本抽取

介于观察期内与@中国广州发布建立关系的网民有 22188 人,故只能抽取一部分样本来进行推断统计。与@中国广州发布建立关系的类型有评论关系、关注关系（包括相互关注、单方关注、共同关注）、转发关系，每存在一种关系即+1 分。根据具体数值所得到的原始矩阵为近似布尔矩阵，布尔矩阵是元素只取 0 和 1 的关系矩阵。然后将上述矩阵转化为二值标准化矩阵。观察期的 7 天中有 159 位认证用户与@ 中国广州发布建立关系。本研究选取了这些认证用户中受众数较高、较为活跃的，并与@ 中国广州发布互动 2 次或 2 次以上的用户作为意见领袖的样本:@ 广州义工娟姐、@ 源汇印刷、@ 谢高飞飞、@ 广东南海金控、@ 我要法网、@ 范以锦、@ 民建钟锦祥。观察期的 7 天中与@ 中国广州发布互动的传统媒体有:@ 人民日报、@ 生命时报、@ 健康时报、@ 广州日报、@ 央视新闻、@ 人民网。样本容量较少，故将其全部纳入分析。@ 中国广州发布系列（在观察期内与@ 中国广州发布互动的有 3 个子发布，@ 广州白云发布、@ 广州荔湾发布、@ 广州从化发布）的引导力，主要通过与普通网民、意见领袖、传统媒体之间的关系来测量。本文采用的原始数据主要通过观察统计获得，观察期为 2017 年 7 月 1 日（0 时）至 2017 年 7 月 7 日（24 时）。

本文基于观察期内获得的初始数据，建立了@ 中国广州发布及其部分子发布与普通网民、意见领袖、传统媒体之间的关系矩阵。（图 1、图 2）

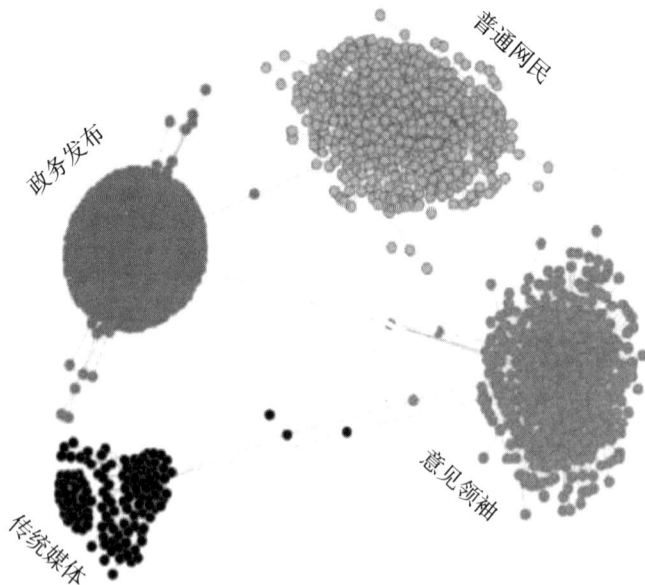

图 1 观察期政务微博社区复杂网络关系

图 2　观察期社区舆论云

四、引导力分析

对@中国广州发布引导力的评析,围绕中心性与互动性两个二级指标及其分别所属的三个三级指标进行。

(一)中心性分析

"中心性"是社会网络分析的重点之一,主要用来测量行动者在其社会网络中具有怎样的权力,或者说居于怎样的中心地位。[4]"一个行动者参与到多种关系中,能获取和控制更多,抑或是能更活跃地充当经纪行动者,那么,他就是该网络的中心。"[5]在社会网络中,如果某个行动者能获取和控制更多的资源和信息,那么他便居于核心地位,拥有较大话语权和引导力。度量"中心性"的指标包括三个,即点度中心度、中介中心度、接近中心度。

1.点度中心度

点度中心度(Point Centrality),它测试该行动者在网络中是否居于中心地位,拥有点度中心度越高,说明该行动者拥有的权力越大。点度中心度又分点出度(OutDegree)和点入度(InDegree)。点出度(OutDegree)表示一个用户关注其他用户的程度,点入度(InDegree)表示用户被关注的程度。我们将通过点度中心度来分析@中国广州发布在微博网络关系中是否居于中心地位,是否具有较大的权力去完成舆论引导职能。

表3 @中国广州发布及其系列与普通网友的点度中心度比较表

	OutDegree	InDegree	NrmOutDeg	NrmInDeg
广州发布	9.000	3.000	100.000	33.333
荔湾发布	3.000	3.000	33.333	33.333
白云发布	3.000	3.000	33.333	33.333
从化发布	3.000	3.000	33.333	33.333
vaart	0.000	1.000	0.000	11.111
风雅行投	0.000	1.000	0.000	11.111
游游-Titan	0.000	1.000	0.000	11.111
广州郑工	0.000	1.000	0.000	11.111
-Pairs-	0.000	1.000	0.000	11.111
严晓冬2011	0.000	1.000	0.000	11.111

由表3可知,各用户在该关系网中的地位呈等级分化。点度中心度最高的是@中国广州发布,其点出度与点入度都是最高的,分别是9和3。根据点度中心度的定义,可见@中国广州发布处于单极中心地位。其次是@广州荔湾发布、@广州白云发布、@广州从化发布并列,与@中国广州发布的中心度有较大的差距,如果要进一步提升自己的引导力,一方面要积极主动回应网民的相关信息需求;另一方面要充分利用@中国广州发布的中心地位,共享信息,增强信息发布的及时性和权威性,有助于提升自身的地位。6位普通网民则处于相对边缘地位。网络整体中心势(Network Centralization=91.67%)为0.9167,表明整体网络的集中程度很高,在该关系网中的用户都将目光聚集在@中国广州发布身上,这既表明@中国广州发布占领了舆论的高地,拥有很大的信息权力方便进行舆论引导和政策宣传,同时也说明,一旦@中国广州发布出现不良行为,会瞬间陷入舆论漩涡的中心,将会大大折损政府的形象,引发执政合法性危机。

表4 @中国广州发布及其系列与意见领袖的点度中心度比较表

	OutDegree	InDegree	NrmOutDeg	NrmInDeg
广州发布	10.000	4.000	90.909	36.364
从化发布	4.000	3.000	36.364	27.273

（续表）

	OutDegree	InDegree	NrmOutDeg	NrmInDeg
白云发布	3.000	3.000	27.273	27.273
荔湾发布	3.000	3.000	27.273	27.273
广州义工娟姐	1.000	2.000	9.091	18.182
范以锦	1.000	1.000	9.091	9.091
谢高飞飞	0.000	1.000	0.000	9.091
源汇印刷	0.000	1.000	0.000	9.091
我要法网	0.000	1.000	0.000	9.091
广东南海金控	0.000	1.000	0.000	9.091
民建钟锦祥	0.000	2.000	0.000	18.182

由表4可知,@中国广州发布及其麾下的3个子发布的点出度和点入度都非常高,说明它们在社群中的权力较大,能够对意见领袖们施加影响,并且承担着信息转播中枢的关键角色;而表中@民建钟锦祥用户的标准化外向程度中心性(NrmOutDeg)为0,标准化内向程度中心性(NrmInDeg)却高达18.182%,说明@民建钟锦祥只起着向外发布信息的作用。@广州义工娟姐亦然。

表5 @中国广州发布与传统媒体的点度中心度比较表

	OutDegree	InDegree	NrmOutDeg	NrmInDeg
人民日报	5.000	3.000	83.333	50.000
广州发布	4.000	2.000	66.667	33.333
健康时报	2.000	2.000	33.333	33.333
广州日报	2.000	2.000	33.333	33.333
生命时报	1.000	1.000	16.667	16.667
人民网	1.000	2.000	16.667	33.333
央视新闻	0.000	3.000	0.000	50.000

由表5可知,点度中心度最高的是@人民日报,其点出度和点入度分别是5和3,表明在该社区关系中@人民日报的权力大于@中国广州发布。至于@中国广州发布是否受@人民日报控制,待用中介中心度检验。网络整体中心势(Network Centralization ＝66.67%)为0.6667,表明整体网络的集中

程度较高。

2. 中介中心度

中介中心度(Betweenness Centrality)，测量的是一个行动者"控制"其他行动者的能力。如果一个行动者处于许多交往网络路径上，可以认为此行动者居于重要地位，因为他具有控制其他两个行动者之间交往的能力。"处于这种位置的个人可以通过控制或者曲解信息的传递而影响群体。"[6]接下来将通过中介中心度来分析与@中国广州发布建立关系的用户中，发布能在多大程度上影响并控制该网络中信息传播的用户。

表6　@中国广州发布及其系列与普通网民的中介中心度比较表

	Betweenness n	Betweenness
广州发布	18	25
荔湾发布	0	0
白云发布	0	0
从化发布	0	0
vaart	0	0
风雅行投	0	0
游游–Titan	0	0
广州郑工	0	0
–Pairs–	0	0
严晓冬2011	0	0

由表6可知，在该网络社区中@中国广州发布的中介中心度一家独大。除了子发布舆论引导力的大小在其控制之内，普通网民的信息交流、舆论发布都在其控制之中。因为在该网络关系中，普通网民是信息相对贫困者，为了获取信息或资源，在与@中国广州发布建立关系中处于单方积极的被动状态。

表7　@中国广州发布及其系列与意见领袖的中介中心度比较表

	Betweenness n	Betweenness
广州发布	36.000	40.000
广州义工娟姐	9.000	10.000
从化发布	1.000	1.111

（续表）

	Betweenness n	Betweenness
荔湾发布	0.000	0.000
白云发布	0.000	0.000
源汇印刷	0.000	0.000
谢高飞飞	0.000	0.000
广东南海金控	0.000	0.000
我要法网	0.000	0.000
范以锦	0.000	0.000
民建钟锦祥	0.000	0.000

由表7可知,@中国广州发布的中介中心度依然一家独大。一方面可见其对意见领袖的信息、舆论的引导力是很有效的;一方面说明@中国广州发布在新闻执政的过程中善于通过强化对意见领袖的影响来增强自己的舆论引导力。但是@广州从化发布的控制力明显高于同系列的@广州白云发布和@广州荔湾发布,原因在于@广州从化发布相对积极地与意见领袖@民建钟锦祥进行互动,从而增强了自己的引导力和控制力。

表8 @中国广州发布与传统媒体的中介中心度比较表

	Betweenness n	Betweenness
人民日报	12.667	42.222
广州发布	9.000	30.000
广州日报	2.167	7.222
人民网	1.500	5.000
健康时报	0.667	2.222
生命时报	0.000	0.000
央视新闻	0.000	0.000

从表8可知,@人民日报的中介中心度相比其他人都大,这说明他的信息控制能力和信息中介能力最大,地位在其他成员之上。其次是@中国广州发布,比@人民日报少3.667,可见@中国广州发布的舆论引导力在一定

程度上受到拥有巨大信息权力和高声望的@人民日报的影响或控制。至于@中国广州发布是否有反控制能力,待用接近中心度检验。@健康时报、@生命时报、@央视新闻的中介中心度为0,说明它们在该网络社区中控制的资源最少,权利最小,在很大程度上受@人民日报的控制,在一定程度上受@中国广州发布的影响或引导。

　　3. 接近中心度

　　接近中心度(Closeness Centrality),测量的是一个行动者不受其他行动者"控制"的能力。一个非核心地位的成员"必须通过他者才能传递信息"[7]。通过接近中心度来分析微博网络中@中国广州发布的引导力在多大程度上受意见领袖和传统媒体的影响或控制。

表9　@中国广州发布及其系列与意见领袖的接近中心度比较表

	inCloseness	outCloseness	NinCloseness	NoutClosenes
广州发布	4.500	10.000	45.000	100.000
荔湾发布	3.833	6.500	38.333	65.000
白云发布	3.833	6.500	38.333	65.000
从化发布	3.833	7.000	38.333	70.000
民建钟锦祥	3.833	0.000	38.333	0.000
广州义工娟姐	3.500	5.500	35.000	55.000
谢高飞飞	3.333	0.000	33.333	0.000
广东南海金控	3.333	0.000	33.333	0.000
我要法网	3.333	0.000	33.333	0.000
源汇印刷	3.333	0.000	33.333	0.000
范以锦	3.000	4.167	30.000	41.667

　　表9为微博社群中各节点的接近中心度。用户的inCloseness值越大,说明其发布的信息越容易被传递;outCloseness的值越大,说明用户越容易获取信息。由表可知,在该网络社区中,@中国广州发布的信息是最容易被意见领袖们传递的,同时也是最容易获取信息的。信息的获取和传递几乎不受任何意见领袖的影响和控制。@广州义工娟姐和@范以锦的信息交易能力也很强,诸如此类的意见领袖对公共事件的看法能够左右舆情的发展方向,发布系列应多予以关注和引导。

表10　@中国广州发布与传统媒体的接近中心度比较表

	inCloseness	outCloseness	NinCloseness	NoutClosenes
央视新闻	4.333	0.000	72.222	0.000
人民日报	4.000	5.500	66.667	91.667
健康时报	3.500	3.833	58.333	63.889
人民网	3.500	3.167	58.333	52.778
广州日报	3.500	3.833	58.333	63.889
广州发布	3.167	5.000	52.778	83.333
生命时报	2.667	3.333	44.444	55.556

接近中心度(closeness centrality)是不受他人控制的测度,该值越大,说明其反控制能力越强。由表10可知,@央视新闻的反控制能力是最好的,@中国广州发布的反控制能力较弱,倒数第2。同时,@中国广州发布的信息获取能力为5,仅次于@人民日报。其说明@中国广州发布的很多信息源取于各大网络论坛及各大媒体,在一定程度上就会受到它们的控制和影响。但是,也有助于其根据各网络论坛及各大媒体之间的信息流入和流出情况,对舆情进行整体分析,掌握各大论坛、媒体在舆情发展过程中所起的作用,通过对"传统媒体"的有效引导、联动或合作,能够极大地提高自身的舆论引导力。

(二)互动性分析

1.关系的良性

表11　良性系数

Subgroup	Arc-Based Reciprocity
普通网民	0.6667
意见领袖	0.6364
传统媒体	0.5333

关系的良性也称关系的互惠性,即考察任何一对成员是否相互"选择",是否为邻接点。两者关系的互惠性越高,互动持续的时间越长。由表11可知,三个不同的网络社区中,互惠性都在0.5以上,可见互动是可持续的。

2. 关系的频次

表 12　频次系数

Subgroup	frequency
普通网民	34
意见领袖	42
传统媒体	9

　　关系的频次指子群成员与其他成员之间的关系频次,频次越高,互动越频繁。由表 12 可知,三个不同的网络社区频次差异较大,@中国广州发布在特别重视与意见领袖互动的同时,也积极地与普通网民进行互动,但与传统媒体的关系频次相对较低,可见其与传统媒体的联动或合作的层次较低。

　　3. 关系的密度

　　网络密度是衡量一个传播网中成员之间的交流、互动及联系频繁的程度,密度越大说明节点所代表的行动者之间的协作行为比较多,信息流通比较容易,情感支持也会较好,反之,行动者之间的关系就越疏远,常有信息不通、情感支持少、协作程度低等问题出现。[8]密度值介于 0 和 1 之间,值越大则代表成员彼此间的关系越紧密。

表 13　密度系数

Subgroup	Density	No. of Ties
普通民众	0.2000	18.0000
意见领袖	0.2000	22.0000
传统媒体	0.3571	15.0000

　　从表 13 中可以看出,各个网络社区的密度都不是很大,说明三个社区整体上的信息交流不太紧密,网络完备性较低。结合互惠性与频次比较分析,广州发布系列虽然和各网络社区的成员的互动较频繁、可持续,但感情支持较少,凝聚力不足,协作的层次不高。

五、讨论与应用

　　引导力分析模块分别测试了@中国广州发布及其子发布系列在微博社会中的地位阶次、舆情的控制力和反控制力,发现其基本能完成舆论引导职能;测量@中国广州发布及其子发布系列与其他微博用户之间关系的良性、频次和密度,发现它们之间的互动较为频繁、可持续,但感情支持较少、凝聚力不足、协作的层次不高。

(一)领袖缺位

意见领袖对事情的看法能左右舆情的发展方向。广州的机构微博远远多于人员微博。广州发布系列的机构政务微博已全数亮相,但公务人员的政务微博在"意见领袖"之地却异常缺位。公务人员亟须养成舆情敏感和价值判断,学会"新闻执政"。比起体制内的意见领袖,引导体制外意见领袖的难度较大。因此政府在保持与体制外的意见领袖的良性互动的同时,应提高公务人员的新闻执政素养,加快培育体制内意见领袖的步伐。一是引导既有的微博意见领袖。许多意见领袖与网民或身份接近、或价值观相近、或利益趋同,在舆论场中有独特的优势,更容易得到网民的认同和追随。对他们的建设性言论,应当认真听取,加强与他们的沟通,引导他们成为微博社会中的建设力量而非破坏力量。二是培养体制内的意见领袖,引导微博社会的主流舆论。要精心打造、培养一批新闻执政素养较高的体制内意见领袖,以强化主流言论的话语权,提高主流、权威、真实、可靠的声音在公众意见市场中的占有率。

(二)资源不均

13 个广州发布系列发布的信息总量远不及@中国广州发布。信息资源呈现分布不均的现象;而与广大网民直接接触的是基层政府,面对巨量的信息需求群体,自己的信息供给和服务能力不足,必然影响基层发布系列的引导力和公信力。可从以下两方面着手:一是终端融合。移动互联网开放、兼容、共享的本质特点,势必会打破传统媒体各终端业务分离、各自封闭的局面,形成多终端融合方式。在移动互联网时代,基于社会赋权且作为专业的、有组织的党办传统媒体,例如电子政务网站、电台、报纸等,其信息的权威性和公信力是很难被超越的,但传播力和引导力欠佳。而微博的受众占有率使其传播力和引导力有天然优渥的土壤,但因信息生产和发布的即时性和碎片化,所以其权威性和公信力欠佳。实现终端融合,将传统媒体的内容优势嫁接到政务微博的平台优势上,形成新闻信息"一次性采集、多格式生成、多介质发布"的闭环回路。二是内容融合,打造"全天候政务微博",利用已有的党办传统媒体内容资源增强政务微博的内容建设。广州发布的政务微博涉及广泛而又富有特色的公共信息服务。内容建设是政务微博的核心,是打造亲民型政府的重要途径。充分利用已有的党办传统媒体的内容资源,既能避免已有资源的浪费,又能用党办传统媒体的内容优势增强政务微博的权威性和公信力,推进"微博行政",提高工作效率,向"一站式"服务方向努力。

(三)凝聚不足

微博平台以其核裂变式的爆炸性传播为首要特征,政府行政组织结构设置的权力集中、层级较多、决策信息缓慢等特点在面对网络舆情时,往往不能及时回应,甚至会出现滞后的情况。另外,广州发布系列在团结意见领袖、借力传统媒体、联动其他政务微博等来引导、控制和规范网络舆论时,存在互动层次不高、协作较少等问题,从而限制其引导力的进一步增强。凝聚力较小的政务微博应当扩大自身的信息来源,加大内容生产和发布力度,提高自身的活跃度,加快博文更新频率,这样才能吸引网民的关注。其次要建立政务微博的运营制度。政务微博建立之后,最重要的就是微博的运营和维护。一是建立健全管理规范。政务微博在运营人员的分配与管理、平台内容的建设(发布内容、发布频率、关注对象及回复评论等)上应有长效机制。二是建立政务微博的监督评估机制。不是各自为政,而是互相监督、集体亮相、协调步调、整合营销。

参考文献:

[1] 邰书锴. 从集权到分权:媒介转型研究回顾与评述[J]. 浙江传媒学院学报,2010,17(04).

[2] 刘军. 整体网分析讲义——UCINET 软件应用,第二届社会网与关系管理研讨会资料[Z]. 哈尔滨:哈尔滨工程大学,2007.

[3] Knoke,D. and Burt,R. S. Prominence. In Burt,R. S. ,and Minor,M. J. (eds.),Applied Network Analysis[M]. Newbury Park,CA:Sage,1983.

[4] Freeman, L. C. Centrality in Social Networks:Conceptual Clarification [J]. Social Networks,1979,1.

[5] 罗家德. 社会网络分析讲义[M]. 北京:社会科学文献出版社,2005.

[6] John Rawls. A Theory of Justice [M]. Cambridge,Massebusetts:The Belknap Press of Harvard University Piess,1971.

[7] 王昌伟. 网络危机信息传播机理与仿真研究[D]. 哈尔滨:哈尔滨工程大学,2012.

[8] 乔保平,冼致远,邹细林. 再论媒介融合时代广播电视舆论引导能力的提升[J]. 现代传播(中国传媒大学学报),2014,36(01).

浅析后真相语境下的慢新闻

随　睿　安徽大学

摘　要:2016 年"后真相"出现于公众视野,强调情绪和群体共识,从新闻生产角度来看,其具有三点特征:作为消费者的受众的异化、传受关系飘忽不定、真相的定义发生变化。21 世纪前十年兴起的"慢新闻"则强调对新闻事件进行深度挖掘和对细节进行严谨考证。看似矛盾的两者大致兴起于同一时期,于是,在后现代语境下对慢新闻进行探析,有助于我们厘清当下新闻传播的相关特点,并对专业新闻媒体发展的有益路径进行探索。

关键词:后真相;慢新闻;专业新闻媒体发展

一、后真相:迎合与异化

"后真相"成为当下讨论新闻传播的重要话题,其出现并非一种特殊现象,而是新闻传播实践在新媒介发展和社会变迁的现实中逐渐凸显的一种"混沌"状态。社交媒体和大数据、算法技术是"后真相时代"的助推力,通过分析这些原因,并从新闻生产角度来看,"后真相"具有以下三个特征:作为消费者的受众的异化、传受关系飘忽不定、真相的定义发生变化。分析这些特征,有助于我们在"后真相"语境下探讨同时期出现的"慢新闻"这一特殊新闻概念。

(一)概念

关于"后真相"的理论起源或者对其的思考早已有之。1992 年,美国《国家》杂志用"post-truth"对"水门事件""海湾战争"此类事件进行概括,这是"后真相"的第一次登台。近年来,技术变革带来新闻传播生态的改变,比如社交媒体带来的"网络群体"和新闻娱乐化等,这些都是"后真相"时代的推动力,或者说是催化剂。

当下关于"后"现象的讨论屡见不鲜,以"后现代"为焦点,普遍认为其意指一种对"现代"的批判,关键词是"解构"。而"后真相"不是"真相"的批判,只是原有观念秩序崩盘后一种无确定性和无方向感的混沌。① "后真相"在今年引起广泛关注,直接原因有两方面:2016年11月16日,《牛津词典》把"后真相"(post-truth)定义为"年度词汇",定义其为:诉诸情感与个人信仰比陈述客观事实更能影响民意;而2016年的政治事件,如"英国脱欧""美国大选"等,则不同程度地凸显了"后真相时代"网络新闻的特质,即"大量使用错误信息和彻头彻尾的谬误",这种新型政治文化的"赤裸裸"地展现,为"后真相"的讨论营造了氛围。

(二)出现原因

1. 社交媒体对真相的消解

2016年5月,皮尤研究中心(Pew Research Center)发布《2016美国社交媒体平台新闻使用报告》(*News Use Across Social Media Platforms* 2016)。报告显示,大部分美国成年人(62%)都在通过社交媒体阅读新闻,其中18%的人经常在社交媒体上读新闻。较之4年前的同类型调查,数据上涨了13%。2017年9月皮尤研究中心发布报告,调查了4971名美国成年人在2017年通过社交媒体获取新闻的情况。结果发现,67%的调查对象会通过社交媒体获取新闻,相比2016年上涨5个百分点,而社交平台也愈发注重自己的新闻功能。

社交媒体逐渐成为人们主要的新闻来源,结果是人们更愿意相信朋友圈、微博的内容,尤其是"爆款"文章。新技术的发展给了"后真相"发展的空间,相较于严肃的主流媒体,网民偏向依靠"部落化小圈子",或者说是"网络社群",来获得资讯和分享观点。

另外,社交媒体具有开放、互动特性,反转新闻就是一种典型表现,而舆情反转则是其后续效应。舆情反转所隐含的解读实践的方式,即不以事实真相甚至不以事实为基础,而是先入为主将固有认知强加于事实,并通过线上线下互动而形成一种特殊的社会心理过程。② 人们在这种情绪狂欢的情境下,面对碎片化信息却不再关注专业新闻媒体所标榜的"真相"和"事实",

---

① 胡翼清. 后真相时代的传播——兼论专业新闻业的当下危机[J]. 西北师大学报,2017(11).
② 张华. 网络舆情反转现象中的"参照点效应"——基于对"大学生掏鸟窝获刑十年半"微博舆情的研究[J]. 新闻界,2016(7):28-32.

而开始对其产生怀疑甚至不断抛出细节进行反驳。

2. 算法对受众的束缚

大众传播时代,为了争取新闻价值的"最大公约数",客观新闻成为主流,并开启新闻业界对客观性的注重。伴随大数据和互联网的技术发展,"市场逻辑"和算法驱动了新闻生产的深刻变革。中国互联网络信息中心发布的《2016 年中国互联网新闻市场研究报告》显示,2016 年,算法分发逐渐超越编辑分发,成为网络新闻主要的分发方式。① 一方面,算法推送新闻造成了"信息茧房",加之社交媒体的"回音壁"效果,人们在接收看似丰富的新闻信息的同时,也忽略了多元的发声。另一方面,尽管各类算法平台声称这是一种可控的纯粹的分析手段,但是仍然会产生新媒介环境下的"拟态世界",信息传播的"魔弹"则更加无声无息地穿梭在数据的海洋。

(二)特征:

1. 作为消费者的受众的异化

"后真相"与当下被人们频繁提及的"后现代主义"有着某种呼应,在后现代主义语境下,我们所处的符号世界是一个开放、多元式系统,这也使得在现实中,人们可以对其进行多样阐释,甚至不断质疑直至颠覆。从上述"后真相"产生的原因来看,在社交媒体的新闻传播活动中,人们消费新闻也在消费新闻媒体,不仅通过社交软件获取、理解、分享新闻"事实",同时也在不断进行自我展示、沟通交流。此时的受众不再是单纯的接收者,也不是在"二次售卖"情境下被媒体随意捕获的大众,而是不断寻求热议爆点、情绪痛点和事件疑点的拥有一定"把关"权力的消费者。

2. 传受关系飘忽不定

在后真相时代,一条"好新闻"最直观的标准就是 10W+,新闻价值作为一种关系范畴,其内容也在随着传播环境的变化而改变,新闻工作者考虑的不再是新闻报道内容的质量,而是密切关注人们更愿意传播什么样的新闻。

再看上文提及的反转新闻,虽然其发展是一个动态的过程、不断认识的过程,即让真实变成了一个不断实践的过程,但在这种不断高涨的社会情绪下,人们达到舆论兴奋点之后是对专业新闻媒体怀疑的不断积累,甚至是不以为然。网络"新闻"传播的是一种群体共享经验,其文化属性会使其带有某种反智主义色彩,这时,专业新闻媒体所标榜和依存的真实客观以及"瞭望者"的神圣地位被消解了。

---

① 中国互联网信息中心. 2016 年中国互联网新闻市场研究报告[EB/OL]. 2017.

3. 真相的定义发生变化

新闻分享通过一个个"小圈群"实现,涟漪效应不断蔓延,人们重新回到了"口口相传"时代,新媒体赋予的评论功能,让人们传播的不再是"事实"本身,而是观点和情绪,并试图在这种传播过程中寻求共鸣。

后真相时代,"真实"退居到次要的位置,无数网络群体的新闻实践重新定义新闻。通过公民新闻、众筹新闻、热门微博等,网络赋权下的人们开始对工业化的新闻生产流程进行颠覆,新闻的定义也具有了流动性,即"新闻"从"对新近事实的报道"成为一种新技术赋权下的全新表达方式,新闻传达的"真相"不再重要,共享经验里的"事实"才是流行元素。

二、慢新闻:有所不为,才有所为

"后真相"强调情绪和非理性的新闻消费,而同一时期的"慢新闻"则体现了受众对专业、深度、严肃新闻的需求和传播者对新闻专业主义的自觉探索,这一对看似矛盾的新闻热词其实有着很多关联意义。本文通过分析"慢新闻"产生的原因和深刻内涵,来观察相比于"后真相"中的快新闻,以分析慢新闻究竟是如何取舍而成为专业新闻媒体的新宠。

(一)概念

1920 年代创办《时代》周刊时,卢斯就说过:"天下新闻有两种,一是快新闻,另一是慢新闻,《时代》要走的就是慢新闻路线。"2007 年 2 月的英国政治文化刊物《前景》上,"慢新闻"这一术语最早由其作者 Michael Blanding 参照"慢食运动"提出。2011 年英国杂志《延迟满足》创刊,其母公司为"慢新闻公司",这本杂志号称是"最后一个报道即时新闻"的媒体。2014 年《纽约时报》前主编艾布拉姆森创立媒体公司,发起"慢写运动",以每篇 10 万元的稿酬,资助记者撰写每篇至少 2 万字左右的新闻报道……

"慢新闻"在 21 世纪前十年于世界范围内兴起,但无论国内外,对"慢新闻"的界定至今都是模糊不清的。澳大利亚学者 Megan Masurier 归纳了"慢新闻"三要素:调查与合作、慢叙事、慢新闻价值[①],大部分学者倾向从文体、叙述策略和理念三个方面对"慢新闻"进行概念界定。学者林玮采取价值标准,将"慢新闻"界定为:通过对新闻事件的多方调查,完整、深刻地揭示出其

---

① Masurier M L. What is Slow Journalism? [J]. Journalism Practice,2015,9(2):138-152.

原因、结果、趋势与影响，以故事讲述的手法，唤起受众的反思与同情。① 台湾《联合报》曾刊文称，慢新闻就是要颠覆快新闻的霸权，颠覆快新闻所形成的媒体文化，颠覆这种媒体文化所塑造的价值。② 还有学者一般用"清楚、准确、深入、全面地报道"来概括慢新闻。③

参照"慢新闻"兴起的社会背景，即反对快节奏的现代生活，希望使速度的可能性多元化，联系当下互联网的冲击和后真相时代的语境，本文从新闻生产的角度对"慢新闻"进行探析，认为"慢新闻"是一种在专业主义关照下出现的兼具情感与批判价值的"新闻"。

(二)出现原因

1. 延时享乐：新闻消费的浮躁

社交媒体和大数据重构了新闻的生产、传播过程，浅层产品、迅速分发成为主要模式。首先，网络的即时性和社交媒体的喧哗，使快新闻占据高度时效性这一天然传播"优势"；其次，新闻内容分发平台则成了受众偏爱的新入口，新闻生产者的地位被瓦解；最后，通过近年来的"热点新闻"可以发现，网民对新闻的关注和讨论集中在价值判断而非事实判断，而这些价值判断则依赖于网民所认同的共享群体经验，比如道德正义和风险忧虑。

快新闻满足了人们瞬时消费的快感，而即时享乐的同时，假新闻、反转新闻屡屡让人们对新闻媒体感到失望，受众的新闻消费行为逐渐显示出浮躁和无所适从，"慢新闻"似乎让人们看到了多元的有益补充，新闻的"延时享乐"意义开始凸显。

2. 自我赋权：叙事力量的彰显

后真相时代，人们选择的是自己愿意相信的新闻"事实"，新闻价值中常被提及的新鲜性、趣味性及接近性更加凸显，重要性和显著性的内涵也与以往不同，新闻的娱乐化、故事化、人物化成为新闻生产者的首要考虑因素。这种市场逻辑下驱动的网络新闻产生种种乱象，如新闻同质化、信息表象化、宣传虚假化等，以往的传受关系剧烈动摇，受众逐渐对专业新闻媒体失去信任，开始主动寻求信息并积极交流。

公民新闻就是其中的代表──网民在社交媒体上发布新闻和反馈意见的同时，更多地发挥议程设置作用，深化了新闻传播的效果。最重要的是，

① 林玮. 慢新闻：概念界定、实践模式与生活美学指向[J]. 浙江传媒学院学报,2017,24(1)：2-8.

② 中新网. 台媒："慢新闻"以第一道曙光颠覆快新闻霸权[EB/OL]. http://www.chinanews.com/hb/2015/03-17/7136518.shtml,2015-03-17.

③ 王强."叙述危机"与"慢新闻"[J]. 符号与传媒,2016(1)：146-152.

针对某一新闻事件，人们形成了相关利益群体，释放了媒体资源缺失所带来的诉求压抑。值得注意的是，改革开放和社会转型使得中间阶层登上社会舞台，他们关心社会的安全稳定，拥护市场经济和公平竞争原则。这一诉求与媒介技术的进步相耦合，他们开始取代低年龄、低收入、低教育水平的"三低人群"成为网络舆论的主力军和议程设置者，网民的表达方式从情绪化、非理性成长为真正的"无组织的组织"①。互联网的"自净功能"在网民的理性表达中逐渐显现，慢新闻对新闻事实的严肃、负责地解读和深刻的社会关怀满足了当下网络公众的新闻需求。

3. 自觉探索：新闻专业主义的回归

2015 年《中国青年报》《南方都市报》撤销深度部门，而在 2016 年，《南方都市报》率先恢复深度版，《中国青年报》重设深度调查部，许多新媒体平台也推出深度、严肃新闻专栏，如腾讯"棱镜"、网易"路标"、搜狐"新闻当事人"等。2017 年的 New Fronts 数字内容大会上，BBC 团队围绕"新闻组织如何在打击假新闻行动中发挥作用"展开演讲，其一策略就是生产慢新闻，也就是在维持自身"快新闻"优势的同时，将投入更多的资源、时间、数据挖掘用于发布更有深度、厚度的图文报道和视频解说，并且依旧借助大数据、算法等技术进行精准分发。2016 年《重庆晚报》"慢新闻"App 正式上线，这是国内第一款慢新闻 App，旨在以"把产品做到极致的匠人之心"打造新闻产品，以此"引导深阅读，探寻新价值"。

一方面，专业新闻媒体的公信力和权威性成为"稀缺品"，专业新闻媒体尤其是传统媒体，开始借鉴社交媒体的技术和传播理念，尝试再造新闻生产链。慢新闻虽然不能从根本上解决新闻虚假化、娱乐化、浅层化等问题，但其对专业主义回归的呼吁，是对新闻传播专业前路的自觉探索。另外，史蒂芬·沃德曾提出"开放的媒介伦理"的概念，认为应该允许一些情绪化的、甚至非理性的关于伦理规范的争论，这对我们今天解决新闻真实性的问题有积极的启示。② 许多社交媒体上出现的优秀深度报道，让普通受众和新闻媒体看到了"慢新闻"的批判价值，在后真相语境下，其中彰显的公众参与的开放理念，丰富了新闻专业主义的内涵。

① 单凌. 中间阶层的觉醒：中国舆论场新生态[J]. 新闻大学,2017(3)：15-20.

② Stephen J. A. Ward, Herman Wasserman. Towards an Open Ethics：Implications of New Media Platforms for Global Ethics Discourse[J]. Journal of Mass Media Ethics,2010,25(4)：275-292.

三、如何取胜："唯快不破"与"借力打力"

"一种新媒介的长处,将导致一种新文明的诞生"①,"后真相时代"的到来,标志着新闻受众心理的变化,也是互联网时代专业新闻媒体基本观念发生变动的标志。探讨"后真相"语境下的"慢新闻",不仅有助于我们厘清当下新闻传播的一些特点,还能够帮助我们探索专业新闻媒体发展的有益路径。同时,"慢新闻"在新闻生产过程中遇到的困境不容忽视,作为专业新闻媒体的有益尝试,其发展有待观望。

(一)对专业新闻媒体的积极启示

1. 以多样形式提升品牌生命力

在注重情绪和价值判断的"后真相时代",新闻的内容质量和媒体的公信度决定了受众参与度和品牌忠诚度。"内容为王"虽然重要,但技术、产品规划和市场营销也是决定一个媒体品牌持续发展的必要因素。英国《延迟满足》的市场营销核心在于品牌建构,其将深耕网站作为"一条重要市场营销策略,旨在提高印刷产品的使用率和曝光率。因为只有在网络上,通讯社、读者和社交媒介之间才能形成积极对话"②。以多样形式提升品牌生命力是必要的,有两方面内容:一是媒体平台的多样,二是新闻文体形式多样。

一方面,人们参与新闻传播的方式不断拓展,媒体更加重视利用社交媒体的技术和传播理念增益新闻生产。《第39次中国互联网发展状况统计报告》数据显示,截至2016年12月,我国网络新闻用户规模为6.14亿,其中,手机网络新闻用户规模为5.71亿,占移动网民的82.2%。《2016年中国网络新媒体用户研究报告》显示,将近58.9%的用户将手机新闻客户端作为获取新闻资讯的主要方式。这说明移动互联平台是当今新闻传播的主要阵地,致力于打造"慢新闻"的媒体根据品牌调性采用合适的侧重方向解读新闻是必需的。

另一方面,快新闻和"爆款"文章的写作"套路"已经被受众熟知且逐渐产生阅读疲劳,"慢新闻"若采取传统媒体新闻篇章的组织方法,无非是"新瓶装旧酒",依然无法得到提升。叙事化、人物化新闻是"慢新闻"最能把握的新闻策略,比如"非虚构写作"就是其中的一种。李希光结合自己的写作

① 哈罗德·伊尼斯,HaroldInnis,伊尼斯,等. 传播的偏向[M]. 北京:中国传媒大学出版社,2015.

② Dowling D. The Business of Slow Journalism[J]. 2015:1-17.

经验,认为:"慢新闻在写作风格上,不是要求你在故事讲述上慢慢道来,而是故事情节要扣人心弦,以防止读者被瞬息万变的网络碎片八卦新闻吸引。"①

2. 以内容价值增加群体忠诚度

后真相时代,人们选择相信的不是真相,而是自己愿意相信的东西。在警惕新闻消费带来的社会不安和业界浮躁的同时,我们也应辩证看待这些现象。在某种程度上,"假新闻"其实是"真民意"的另类表述,新闻的消费偏向折射出公众话语权的缺失和政治参与渠道的缺乏,而公民新闻和非虚构写作等类似新闻采写的传播行为也是民众为争夺话语权的抗争方式,"慢新闻"其实是依托各类"群体"的诉求应运而生的。正如英国学者保罗·布拉德肖所说:对于"慢新闻","讲故事并不形成沟通,结成社群才是"②。后真相时代,好新闻将会基于特定目的建立圈群,且话题相对集中,以此赢得生存空间。

"异视异色"是一个从年轻视角出发的青年文化媒体平台,"在带来世界各地精彩内容的同时,更致力于本土青年文化的创造和传播"。而旗下的"VICE 中国(vice. cn)"是为年轻人制作高品质内容的全球化媒体集团,口号是"世界在下沉,我们在狂欢",内容多为体验式报道,关注边缘群体,展现另类思考方式,还有题材多样的纪录片和在线视频。作为一个主打年轻人喜爱的"严肃新闻"的平台,VICE 凭借其叛逆个性从边缘突破,成为众多新闻媒体中的新锐,在极具个性的内容背后,是对当代青年生活、情感结构和媒介消费习惯的深入挖掘。

中国当下的社会转型带给记者许多值得深度挖掘的新闻事实,而中产阶层成为舆论主体则更为"慢新闻"的市场拓展带来机遇。"后真相"提醒媒体在关注新闻本位的同时,还强调了受众群体的情感共鸣和经验共识,这些对"慢新闻"提升内容并增加受众黏度具有启发意义。

3. 以专业权威重塑媒体公信力

互联网带来了大量碎片化信息的冗余,新闻媒体的角色开始从以往信息贫乏的"把关人"向信息盈余的"审核者"转变,但是解释浅层化、知识匮乏化的"快新闻"不能够满足人们了解真实情况的需求,也无法帮助人们高效地甄选信息。后真相时代,新闻的生产过程产生变化,公民新闻、非虚构写

① 李希光. 从即时享乐到延时享乐 网络时代的慢新闻写作[J]. 新闻与写作,2017(3).

② Bradshaw,Paul. What′s Been Happening with Help Me Investigate [EB/OL]. http://onlinejournalismblog. com /2009 /06 /01 /whats-been-happening-with-help-me-investigate/ ,2009-06-01.

作等新闻参与方式也彰显独特作用,但是作为新闻生命的"真实性"原则始终不可抛弃。胡翼青认为,公民新闻与专业新闻可以结合、相互弥补,即传统媒体继续作为深度调查报道的角色与对假新闻、流言进行实施核查的角色,将仍然发挥作用①。

《人民日报》曾发表评论《"慢新闻"缘何有机会火起来》,认为真相的稀缺使得公众对高品质新闻的需求愈发强烈,并认为新闻媒体的专业性、权威性和公信力成为能够产生最大价值的"稀缺产品"②。"慢新闻"可以看作新闻业自发的危机应对,慢新闻的准则不是报道时效、篇幅长短和叙事结构,而是对新闻事件的深入挖掘和社会关怀,以新闻媒体的专业权威来重塑媒体公信力,在众声喧哗中得到受众的青睐。

(二)"慢新闻"发展的困境

当前,"慢新闻"在我国还没有足够的生存空间,缺乏有效的运作模式。

首先,虽然市场和资本对内容生产很重视,也在不断探索变现渠道,但是好新闻从选题到采写再到成文需要相当的时间与精力,生产周期比较长,而这种"慢工出细活"的理念与资本所追求的"效率"相悖,所以"慢新闻"在当下还是一个奢侈的职业。艾布拉姆森曾发起"慢写运动",以每篇十万元的稿酬,资助记者撰写每篇至少两万字的新闻报道。这种模式的初衷很美好,但是市场并不是靠理想运作的,最根本的还是效率问题。好新闻需要付出:也许是付费、众筹、会员等模式,慢新闻也不只是专业新闻媒体带头的革命,也是公众参与的革命。

其次,真实性是一个过程,多家媒体对新闻事件进行同时段或连续报道,新闻的真实性才有可能得到最大保证。但是在商业逻辑下,"慢新闻"要求新闻具有原创性(或者说是故事具有原创性),而漫长的生产周期则要求在记者完成整个新闻生产过程中应取得对事件的独家"垄断",这样新闻报道在操作层面产生了关于"真实性"的矛盾。

四、总结

后真相的产生、社交媒体的出现与新闻的算法推送密切相关,受众成为新闻消费者并逐渐掌握话语权,进一步使得新闻传受关系飘忽不定,其中关

---

① 胡翼青.自媒体力量的想象:基于新闻专业主义的质疑[J].新闻记者,2013(3):6-11.

② 史安斌."慢新闻"缘何有机会火起来[EB/OL].http://media.people.com.cn/n1/2017/0626/c40606-29361317.html,2017-06-26.

于真相的定义也发生变化,这些导致了媒体文化的嬗变,也促使专业新闻媒体自发进行危机应对。"慢新闻"作为一种在专业主义关照下出现的兼具情感与批判价值的"新闻",其兴起和发展体现了公众媒介素养的理性回归和网络赋权下新闻传播理念的丰富,可以视为专业新闻媒体发展的有益路径之一。在后现代语境下探讨"慢新闻"的相关问题,有助于我们回到新闻传播活动本身,而不是完全寄希望于各种路径创新。

形象建构与真实危机：
网络舆论场中的中年群像

樊向宇　中国人民大学

摘　要： 新媒体环境下，尤其是网络舆论场中，过去中年群体"老成""踏实"的形象逐渐被解构，取而代之的是网民对"暴走大妈""油腻大叔"的群嘲。无疑，舆论场中中年群体形象背后，除了这一群体所面临的真实危机外，还有传媒对议程的设置和群体形象的建构以及传播过程中所发生的异变和误读。本文从舆情传播的各个维度，以微博为例，对网络舆论场中的"中年群体"形象进行剖析，旨在揭示中年群体在新媒体环境下所遇到的舆论危机背后的原因和破解之道。

关键词： 中年群体；网络舆论场；媒介再现；议程设置

一、引言

2017 年是我国中年群体在网络舆论裹挟下被推向前台的一年。从山东暴走团中的"暴走大妈"，到篮球场上和年轻人抢占场地的"广场舞大爷"，再到曾经热血方刚的黑豹乐队鼓手赵明义现如今手持泡枸杞养生的保温杯，以及作家冯唐笔下的《如何避免成为一个油腻的中年猥琐男》，中年群体仿佛成了社会夹缝中不被理解的对象。微博声场和知乎话题中，相关的讨论也是人声鼎沸。

对中年群体的研究多从健康和体育的角度切入，分析某一地区中年群体的体育消费和锻炼动机以及身体健康状况等。还有从社会学及统计学的角度，对中年失业群体、中年酗酒、中年危机等问题进行调查研究的。然而，当互联网兴起，信息洪潮汹涌席卷，中年群体在这个戏剧性变迁的时代，其所代表的价值观从阶层、年龄、性别的维度映射出来，也从政治、文化、经济等方面凸显出来，成为社会热点与观点冲突的典型样本。因此，本研究将"中年群体"放置在网络舆论场中，在冲突和声浪中，用舆情分析的方法描绘出随着时代不断转变的中年群像。这其中是否有传媒在建构框架和设置议程，传媒是如何做到的？又是否有意见领袖在影响舆论，是怎样影响的？还是否有消费主义的侵入，又是怎样侵入的？这都是本文亟待探讨的几个问题。

二、舆情传播中的符号化过程

(一)符号化：传播路径

2017 年 8 月 17 日，大 V 用户李铁根在微博晒出一位叫"仲曰"的网友对黑豹鼓手赵明义手持保温杯的一段描述："不可想象啊！不可想象啊！当年铁一般的男人，如今端着保温杯向我走来。"此微博一经发出，达到了 5669 次转发、1625 次评论和 8732 个赞。舆情传播初期，网友多以戏谑调侃为主，其中@金木水火陈小帅的评论："里面有没有泡枸杞？"获点赞量 4919。

舆情爆发是在当日 22：07，黑豹鼓手赵明义本人发布一张自己端着保温杯喝水的照片，并附言："听说我的保温杯在微博上火了？"此后，微博舆论场对"保温杯"的讨论开始此起彼伏。@赵明义的微博共收获转发数 4762 次（其中有效转发 4502 次）、评论数 1886 条、点赞数 19023 个。@夜壶转发其微博并成为关键传播用户。该微博覆盖的微博用户数（包括博主与转发者的粉丝数）共 93899279 人。其微博引爆点如图 1 所示，主要包括音乐界的意见领袖和粉丝拥护者。

图 1　赵明义"保温杯"微博传播引爆点

舆情传播高涨时期是赵明义本人微博发布之后的持续转评和话题参与。其中，普通转发者@青青虫的微博、@炕上的卡夫卡、@欧美二线品牌等影响力较大；橙 V 用户@谷大白话、@耳帝、@刘春，粉丝数分别为8890952 个、7117510 个、7049576 个，分别转发微博并带动 2117 次、314 次、90 次转发；此外，微博还吸引了@支付宝、@淘宝、@中国联通北京客服等蓝V 用户的转发。转发提及的内容中，"后续"提及量 2096 次，成为网友提及次数最多的词。"保温杯""哈哈哈""枸杞"等的次数也较多（图 2）。由此，"保温杯"不再是单纯意义的生活用品，而成为中年群体以及这一群体所面对的生活危机和社会问题的符号。

图 2　赵明义"保温杯"微博转发关键词频图

值得注意的是，"保温杯"舆情的二次爆发与各大传媒的跟进不无关系。自 8 月 19 日起，传播的路径由个体的网络意见领袖扩展到知名媒体、知名公众号。例如虎嗅网发布文章《保温杯的时代隐喻：85 后都中年危机了》、@人民日报发文《保温杯为何突然火了？"中年人"请听我说……》、@新京报发布《端上保温杯就中年危机了？你顶多算青年焦虑！》等。当 8 月 20 日舆情开始回落之后，"保温杯"这一话题并没有完全消失在两微场域，反而正值黑豹乐队 30 年演唱会和双十一将至，@大麦网发起转发抽奖活动：为庆祝黑豹 30 年演唱会门票全部售罄，9 月 6 号抽 10 位网友送上黑豹乐队全成员签名的同款虎牌保温杯。还有商家在双十一之前进行借势营销，枸杞、保温杯等产品销售极其火爆。

（二）抽象化：制造意义

将"保温杯"与"中年危机""养生""铁汉柔情"进行强关联，正如文化研究中的"再现"理论，将不同的符号组合起来，表达复杂而抽象的概念，是制造意义的一种实践活动，也是一个基本的认知过程。① 受众本身对于保温杯的认知在舆情的几次浪潮中逐渐叠加和改变，也正因如此，以"保温杯"为话题中心聚集了人数众多的中年群体和自认有"中年危机"的人，还有一些对此类问题关注或群嘲的普通大众。其实，"保温杯"的意义是在网络空间中建立起的一个想象的共同体。社会学家约翰·费斯克认为，受众不是消极被动接受文化工业的产品，而是拥有自主的辨识力和创造力。受众在接受大众文化产品的同时，也在生产和流通各种"意义"，这种由大众主动参与的"意义"的生产和流通，不但用来产生快感，还可以进行创造性和抵抗性的消费。② "保温杯"裂变式的传播，有戏谑和自嘲带来的轻松和愉悦，同时也有中年群体对自身生活和自我认知的焦虑与沉重。笔者通过统计网友观点，发现受众乐于看到赵明义本人出现在舆论场中并对自己手持保温杯发表看法，也乐于用网络原生的表情符号，例如"→_→"等去表达戏谑。与此同时，还有网友将黑豹的歌词结合保温杯进行了再创作，如"人潮人海中，又看到你，保温杯里泡着枸杞"，如图 3 为赵明义"保温杯"微博网友评论统计表。由此可见，"保温杯"在符号化过程中的意义，实际上是在满足日常公众多元

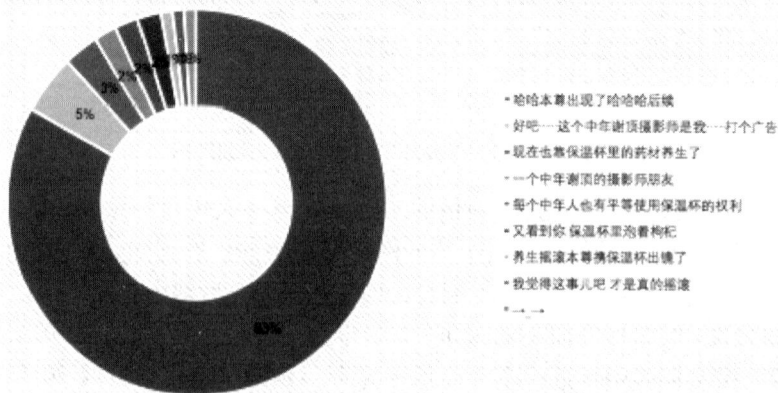

图 3　赵明义"保温杯"微博网友评论统计表

---

① 许向东. 一个特殊群体的媒介投影——传媒再现中的"农民工"形象研究[J]. 国际新闻界,2009(10):42-45.

② 约翰·费斯克. 理解大众文化[M]. 北京:中央编译出版社,2001:126-127.

化的文化诉求的条件下,为中年群体释放和宣泄某些情绪与迷思提供"泄洪槽"。

三、中年群体相关议题在网络舆论场中的传播特点

(一)积极的舆论领袖

继"保温杯"热潮退去后,2017 年 10 月 27 日著名作家冯唐发布博文《如何避免成为一个油腻的中年猥琐男》迅速扫荡微博舆论场,并引发包括中年群体在内的各个年龄段网民的普遍热议。该微博于 10 月 27 日 05:34 发布后,于 10 月 28 日 00:00 达到转发、评论高峰,转发峰值 1581 条、评论峰值 548 条,此后微博传播速度逐渐放缓。笔者分析其转发评论趋势,发现每一次将舆论引向峰值,意见领袖们都功不可没,并且涉及此次议题的 KOL 在年龄层也趋近于 70 后。

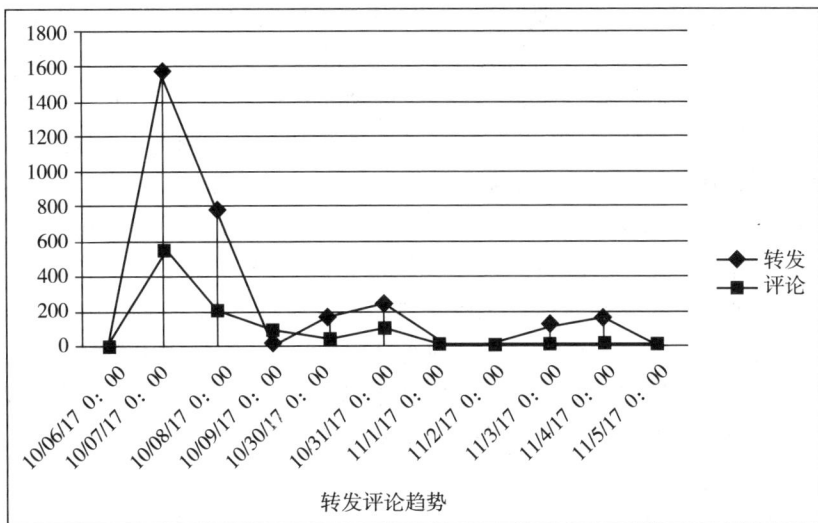

图 4 冯唐"中年油腻"相关微博转发评论趋势

表 1 冯唐"中年油腻"相关微博二次转发统计表

用户昵称	二次转发量	粉丝数
南郭刘勃	83	20075
陆浑戎	71	351629
来去之间	62	685823

（续表）

用户昵称	二次转发量	粉丝数
张宏杰	57	167907
傅峙峰	39	265707
八大山寨人	38	430801
张晨初艺术空间	32	613106
卢湾-伯爵	31	276559
瘦驼	30	4683011
一个有点理想的记者	27	2018352

如果将网络传播中的关系比作一个复杂而紧密的社会网，那么意见领袖在其中将会扮演极其重要的角色，他们是将社交触角延伸到不同领域同时具有足够吸引力和号召力的圈层中心。尤其是网络舆论场为意见领袖提供了可实名、跨领域、强互动的条件，使得现实中的社会关系和社会地位多多少少投射到了网络之中，也无形中将意见领袖的地位和作用二元化。冯唐坐拥902万粉丝，将"中年油腻"带入公众讨论的视野，就是一种积极导入话题的象征。此后文学界、音乐节、商界多个领域的大V现身舆论场，尤其是其中大部分处于"中年群体"的意见领袖，如高晓松、刘原、张晨初等人，同千万粉丝进行思想互动与观点交锋。他们的积极介入以及他们个人对这一年龄阶段的解读成为网友发声的参照系和对照表。自此，"中年油腻"的话题转而进入更深层次的对于中年危机和中国改革开放三十多年来对一代人思想观念和行为方式的变化的探讨。话题走向纵深，公共领域中的讨论质量也明显提高。

（二）狂欢的普通大众

苏联著名的思想家兼文学批评家巴赫金提出了狂欢理论，指出普通大众的狂欢是与官方等级森严、充满规矩的生活截然相反的一种生活。[①] 在狂欢节，人们可以尽情欢乐、平等交流，且不受礼仪尊卑的约束，而网络舆论恰与巴赫金所言的"狂欢"颇为相似。

---

① 关慧. 狂欢中的契合——巴赫金狂欢理论与大众文化[J]. 外语与外语教学,2016(05):132–137.

　　关于"中年油腻猥琐男"的话题讨论就是一个典型案例,其在新浪微博"@全民话题"中共有 1017.8 万人参与讨论。笔者抽取点赞量最多的前一百名网友评论,发现其对冯唐的博文《如何避免成为一个油腻的中年猥琐男》大致有对抗性解读(表2)和认同性解读(表3)两种框架。对抗性解读框架主要是对此文观点和文章作者提出反对意见,包括三个意识形态包裹:作者冯唐也遭遇了中年油腻;油腻不分年龄,勿将矛头对准中年;中年油腻不是个人问题而是在我国特殊国情下产生的。认同性解读框架是对冯唐文中的中年男性油腻猥琐形象的承认和赞同,包括两个意识形态包裹:中年油腻确有其事;中年男性应主动避免油腻。虽然观点各异,但网络舆论为普通受众赋权,人人拥有麦克风的时代使狂欢的日常化、生活化成为可能。诚然,在网络舆论中,媒介与观众的奇特关系极其明显地重整了社会秩序。新技术的成就使得时空距离消失,异质人群的异时"聚会"成为可能。

表2　对抗性解读框架

意识形态包裹	作者冯唐也遭遇了中年油腻	油腻不分年龄,勿将矛头对准中年	中年油腻是由中国特殊国情产成的
隐喻	冯唐就像一块把子肉,肥而不腻,猥琐到刚刚好	一队蝼蚁对另一队蝼蚁踹肚皮拽头发,一群草民对另一群草民怒火中烧	中国特色的中年危机,是经济粗放发展30年的结晶,是中国特有的社会结构的反映
例证	中年男性写此类文章,其实是自夸和自我感觉良好。自我感觉良好本就是中年男的油腻源头之一	在机场和写字楼市场看到某个雌雄莫辨的鲜肉在广告牌上飞娇媚的烟波,我浑身鸡皮	中国的中年人,也希望自己的孩子到宽阔光明的地方幸福地度日,但是他们自己放弃自我
描述	同样弃医从文,看看鲁迅,再看看你自己	孩子们,你们都会起法令纹眼角纹,都会血管硬化、前列腺钙化,而我们,正慈祥地笑着,泡好了枸杞茶喝蛇鞭酒,在前边的街角等你	毕竟在转型期的中国,哪一个年龄段的人没有危机?谁不是深陷危机呢?
诉求对象	作者冯唐	年轻群体	所有关注此议题的网民

表3　认同性解读框架

意识形态包裹	中年油腻确实存在,大多数人感同身受	中年男性应该避免油腻
隐喻	整个人就像一坨行走的脂肪,也像随时可能融化瘫软的猪油	油放多了,能把菜叶子浮起来;肉太肥了,咬上一口吱吱冒油;赤酱、多糖、重味,也是油腻元凶。越过量加料,离"人间至味是清欢"的境界越远
例证	油腻的中年猥琐男的十二个特征	清朝皇帝有一处所叫"戒得堂",人之既老,戒之在得,人到中年也要戒得
描述	大腹便便,人未到肚先至,头发油光打滑,不修边幅,鼻毛四溢	坚决抵制这种猥琐行为,自觉不成为这样油腻恶心的人,不要随便总结顺口溜式的哲学,不要一个梗到处讲
诉求对象	油腻的中年男	油腻的中年男

(三)理智的传统媒体

传统媒体在网络传播过程中也有不可小觑的作用。尤其是在微博舆论场中,传播路径通常是话题引入—网民热议—意见领袖发声—传统媒体引导舆论—讨论平息。在 Web 2.0 时代,传统媒体为了与受众实时互动和在线发布权威信息,同时为了减少受众的过分狂欢和情感渲染,纷纷入驻新媒体平台,占领舆论主阵地。在此次"中年油腻"话题中,传统媒体以理智、冷静态度建立的官方舆论场同网络众声喧哗的民间舆论场产生鲜明对比。例如@人民日报发表儿图微博为中年群体提供健康、饮食、运动的"去油"指南;@新华社刊文表达观点:要让老百姓少年不焦虑,中年不油腻,老年不孤寂;@新京报转引《经济观察报》评论《中年危机背后的 90 后危机》,认为这背后是中国互联网的年龄效应在发挥作用,是整个中国经济迈入中年的象征。从发布时间来看,传统媒体对该议题的介入多在 11 月 2 日及以后,最晚的直至 11 月 11 日。也就是说,当舆情回落,受众渐趋于理智时,传统媒体开始对"中年油腻""中年群体面对危机"等观点进行整理、总结、反思。作为权威话语权的主导者,不但对现象进行了整合梳理,还对本质进行了深刻剖析,最后提出了可行性的建议和措施。

(四)借势的广告宣传

中年群体相关议题在网络舆论场中的前期传播基于问题本身的讨论,而后期,当中年议题逐渐演化为一种文化符号甚至商业符号的时候,过去在社交平台上积累的关于这一群体和这一事件的影响力与注意力就会随之转化为消费意念与消费行为。让-波的里亚在其《消费社会》中提道："传媒为消费社会建构了各种模式，为人们量身定做了适合的消费观念和意义，并通过传媒系统和技术，赋予了一种承接的、交替式的形式，制造出消费逻辑。"①无论是保温杯还是与中年油腻相关的人物、商品、广告活动、电视综艺，都乘搭着近几个月来持续发酵的中年议题进行了一把借势营销。

诚然，微博一定程度上是孕育文化符号和营销策略的温床。在内容营销上，充分利用微博迅速转发的特点，将"保温杯"作为主推产品，携带着"养生""保健""关爱自己"的隐喻，在短时间内，赵明义所使用的虎牌保温杯通过病毒式的传播就演变成了一款"网红杯"。在情感营销上，中年议题同样具有商业价值。首先中年群体不得不承认自己所遇到的危机，其次他们必须积极采取行动。这其中有倔强、愤怒、无奈的情绪，有被动下掺杂主动的意念，有渴望被关爱和包容的希冀，还有对身份和圈子的认同感与归属感，而以上种种皆是中年群体相关议题制造出来的消费逻辑和情感锁链。

四、中年群体在网络舆论场中的形象

由于"中年群体"在近一两年的公共领域频频被谈及和探讨，新技术又为我们提供了得以讨论和发表言论的平台，传媒建构了各种不同类型的中年人形象。但值得深究的依然是，拟态环境下的中年群体真如我们所闻所见所感的那样吗？鲍德里亚曾在《象征交换与死亡》中有这样一段陈述："仿真不再是对某一区域、某一参照物和某一实体的摹仿。它是无根无源的各种实在模式的产物——超真实。真实本身在超真实中沉没了，通过另一种复制媒介，可以巨细无遗地摹写真实；真实从媒介到媒介的过程中被挥发了，成了一种死亡寓言。"②那么反观"中年群体"在网络舆论场中的形象建构，提供一种客观超然的视角，理性分析其形象特点和之所以造成现有形象的原因，是本部分需要讨论的问题。

（一）对中年群体形象的误读

1. 被标签化的中年群体

中年群体跃入广大受众的视野，最早应该是中年大妈。当然，相比热心善良的朝阳大妈，在美国抢断黄金的大妈和占用机动车道暴走的大妈更易

① ［法］让-波德里亚. 消费社会［M］. 刘成富，全志钢，译. 南京：南京大学出版社，2001：134–135.

② 鲍德里亚. 象征交换与死亡［M］. 杭州：浙江人民出版社，2000：11.

引起轰动效应和社会关注。随之而来的对中年男性的刻画,正如上文所提到的,基本有"油腻""猥琐"等标签。然而一个新闻事件或一个热门话题进入舆论场,引爆它的导火索不是没有适应条件的。也就是说,当话题的性质偏向于负面、当涉及的人物更具争议性、当传播内容更符合受众预期,传播效果就会加倍。而当受众凭借一些未必符合事实的间接材料,组织、形成对某个社会群体过分简单化、滞后于现实变化并会根深蒂固地支配人的行为及思维,形成刻板印象。①

网络舆情传播的即时性、隐蔽性、全民性、群聚性在带来民主对话的同时,也造就了群氓之族和狂热分子,极有可能将"中年群体"的多样性置若罔闻,取而代之的是极端负面的、具象化的、不具有整体代表性的个体使受众在纷繁复杂的网络舆论传播中加深了刻板偏见。

2. 被污名化的中年群体

美国社会学家戈夫曼认为污名是一种社会特征,该特征使其拥有者在日常交往和社会互动中,身份、社会信誉或社会价值受损。② 而污名化,作为一个动态过程涉及两个行为主体,一方是被污名化的个体或群体,另一方是使之污名化的行为发出者。然而,一个群体将一种低劣强加于另一个群体,实际上是一种不平等的权力关系。③

在网络舆论场中,将中年群体冠以恶名和戏谑性的嘲弄,实际上是传播始终无法达到绝对的平权的问题,也是风险社会必然带来的创伤。心理学常提到"破窗效应"④,是指某种不良环境因素一旦出现,就会在心理上对人们产生暗示和诱导,若不采取措施及时修复"第一块被打碎的玻璃",往后就难免会产生破坏性的连锁效应乃至社会失序。对于中年群体的污名化,舆论场中的多数意见表达,不论是反讽还是斥责,都没有在理性和平等的公共空间内去修复,而是加剧了中年群体形象的崩塌。

（二）反思与应对

在研究"中年群体"议题在网络舆论场中的传播时,笔者发现网络总是潜移默化地加工和创造出一种形象,一种适合于大众口味的方式。

---

① 利萨·泰勒,安德鲁·威利斯. 媒介研究:文本、机构与受众[M]. 吴靖,黄佩译. 北京:北京大学出版社,2005:37.

② 欧文·戈夫曼. 污名:受损身份管理札记[M]. 北京:商务印书馆,2009.

③ 张昱,杨彩云. 泛污名化:风险社会信任危机的一种表征[J]. 河北学刊,2013,33(02):117–122.

④ 唐小涛,唐善林. 如何修复教育舆情的"破窗"——"破窗效应"下的教育舆情演化和修复[J]. 新闻前哨,2017(01):79–81.

　　然而，我们不得不考虑网络舆论环境的复杂性。随着离场介入者的增多，网络推手的集团化以及键盘侠的大量涌现，将一个话题推向前台并不是一件难事。但本应该作为瞭望者和平衡器的传媒，大多数情势下并没有进行科学的议程设置，反而推波助澜，加深受众的偏见。例如"全民话题"对"你是否同意中年油腻猥琐男"这一说法发起匿名投票，并引导网友做多项选择，选出"中年油腻猥琐男的几大特征"。无形之中，大众媒介变成人们生活的指南，在其为受众构建的生活图景中，中年男子已然成为一个众矢之的，少数中年人的负面形象已然代表了这一群体的整体形象，那么当"人类悬挂在他自己编织的意义之网"上的时候，真实所在何处？

　　因此，当网络用户结构愈加多元化和网民素质参差不齐的时候，舆情应对更要讲求科学有效的方式方法。传媒更要客观平衡地设置议程，网络舆论场中的把关人更要坚守角色并发挥效用，避免受众卷入对某一社会事件的迷途和对某一人物群体的误读。当然，在网络舆论场中，当参与者拿起发声器和扩音器的同时，也要深知自身言论所承担的责任和所面临的风险。从舆情的诱发、发展、爆发、衰退到最后的反思，如果我们只停留在对表面现象的指责和义愤，对于公共领域的民主对话并无裨益。就像一次次对中年人的群嘲，众声喧哗后残留下的理性早已所剩无几，又何谈理智平等地对话呢？致力于净化网络舆论空间的受众，应该对这一群体有更深刻的认识和对他们所面临的困境加以善意提醒和包容，而不是嬉笑怒骂后对他们产生偏见和进行贬斥。在喧嚣的网络舆论场，中年人应该做的，至少不应该是死水一潭的寂静状，更不应是通晓世故的说教状，而应像鲁迅先生所言"肩扛黑暗的闸门，到宽阔光明的地方幸福度日"①。

---

　　① 鲁迅. 鲁迅全集[M]. 北京:人民文学出版社,1981.

《人民日报》微信公众号"夜读"版块正能量话语呈现

——基于积极心理学的视野

王　影　安徽大学

摘　要:随着正能量成为整个社会的普遍诉求,正能量传播也逐渐成为新闻传播学领域关注的热门话题之一。将正能量话语体系纳入传播活动之中成为诸多媒体的共同选择,其中,以《人民日报》最具代表性。本文基于积极心理学的视野,对《人民日报》微信公众号的特色板块"夜读"进行分析,从话题选择、文本叙事和特殊日期的发文三个方面来分析其正能量话语的呈现。"夜读"版块始终关注人性中的积极方面,强调人的优点和价值,构建"努力奋斗,成就梦想"的图景,是正能量传播理念的一次成功实践。

关键词:正能量;积极心理学;"夜读"版块

一、研究背景及意义

随着经济的快速发展和社会的转型,大众生活节奏加快,生活压力不断增加。社会转型期,多元价值观碰撞,各种社会矛盾日趋凸显。社会上各种悲观情绪肆意蔓延,悲观厌世、不思进取、贪图享乐等思想正逐渐腐蚀着社会大众。引导大众树立正确的价值观成为当务之急,"正能量"成为社会大众的普遍需求。2012年底,《咬文嚼字》杂志公布了由国内语言文字专家评选出来的"2012年十大流行语",其中"正能量"位居榜首。时至今日,"正能量"依旧是社会生活中的热点话题,频繁出现在各种场合。

智能手机的普及和移动终端的发展,为社交媒体的兴盛和自媒体的崛起创造了机遇。以微信为代表的社交媒体日趋兴盛并逐渐成为大众获取信息和认识世界的主要途径之一。近年来,自媒体迅速发展,各种类型的微信公众号呈现井喷之势,在为受众获取信息提供便利的同时也带来了诸多问题:信息内容良莠不齐,信息内容同质化严重,负面信息泛滥导致负面情绪堆积,负面舆论腐蚀社会道德,各种偏离主流价值观的"负能量"也随之而来,宣扬"享乐主义""拜金主义"等思想的传播内容屡见不鲜。李普曼在《舆论学》中提出,大众媒体为受众创造的"拟态环境"不仅制约人的认知和行为,而且通过制约人的认知和行为来对客观现实环境产生影响。微信作为公众认识世界的窗口之一,其传播内容对公众的认知及行为有巨大的潜移默化的影响。针对社会上不断发酵的负面情绪,媒体有必要承担其社会责任,传播"正能量",以《人民日报》微信公众号为代表的中央级媒体更是责无旁贷。积极践行传播"正能量"的时代要求,引导社会主流价值观成为《人民日报》微信公众号的价值导向。"夜读"版块的推出即是其探索传播"正能量"途径的一次成功尝试。在这样的社会背景下,研究"夜读"板块的正能量话语既能丰富正能量话语传播的理论研究,又能为主流媒体传播正能量提供理论指导,具有理论和现实的双重意义。本文以《人民日报》微信公众号"夜读"版块为例,从积极心理学的角度研究分析"夜读"板块是如何进行正能量话语呈现,构建社会主流价值观的。

二、文献综述

(一)正能量

"正能量"与"负能量"本是物理学中的一组概念,后被中国人赋予新的意义。在伦敦奥运火炬传递期间,许多网友在微博呼吁"点燃正能量","正能量"一词走红网络。同年,英国心理学大师理查德·怀斯曼的专著《正能量》在中国问世,"正能量"成为"2012 年十大流行语"。理查德·怀斯曼将人体比作一个"能量场",我们要努力提升内在的信任、豁达、愉悦、进取等正能量,规避自私、猜忌、沮丧、消沉等负能量。学界对于正能量的研究涉及政治、新闻、教育等各个行业。对正能量传播的研究是近几年国内传播学研究的新方向。其研究内容大致涉及以下几个方面:第一,正能量信息传播研究,涉及正能量信息传播的传播要素、传播方式、影响因素等多个方面。如河北经贸大学的硕士生谷玉在《新媒体时代我国网络新闻的正能量传播研究》中详细分析了网络新闻正能量传播的传播主体、新闻来源、传播内容、传播渠道和传播的受众,同时对网络新闻的正能量传播形式进行分析并以凤凰网《暖新闻》栏目为个案分析了暖新闻出现并走红的原因,总结出暖新闻在传播过程中的特点和暖新闻传播的社会意义。第二，正能量话语在媒体的建构及呈现。如武汉大学学者刘娜和常宁在《正能量话语在真人秀节目中的构建和呈现——以〈了不起的挑战〉为例》中以《了不起的挑战》为例，从节目主题、节目内容和节目包装三个方面分析了正能量话语是如何嵌套到娱乐化的内容和形式之中，从而形成一套正能量和娱乐相互支撑、相互包容的电视叙事框架和体系，同时指出真人秀节目的过度娱乐以及其背后的消费主义会对正能量话语造成一定程度的消解。第三，正能量信息传播失范及引导研究。如郑州大学硕士生邱洋在《网络新闻正能量传播失范研究》中分析了网络新闻正能量传播失范的一些表现和原因，并提出有关措施及对策。

（二）积极心理学

"正能量"是积极心理学的一个概念。积极心理学是美国心理学界兴起的一个新的研究领域。积极心理学是利用心理学目前已比较完善和有效的实验方法与测量手段，来研究人类的力量和美德等积极方面的一个心理学思潮。① 积极心理学的出现打破了过去心理学研究关注心理问题和心理疾病的传统，将研究重点转向人类的积极心理品质，关注人的健康幸福和和谐发展。目前关于积极心理学的研究主要集中在"一个中心三个支撑点"，即以幸福感为中心，积极体验、积极人格、积极社会制度为三个支撑点。作为一个新兴学科，学界对积极心理学的理论研究稍显欠缺，将积极心理学与新闻传播学联系在一起的研究更是很少，总结下来大致分为以下几个方面：第一，研究社交媒体的使用和主观幸福感之间的关系。如杨洋在《大学生校园SNS使用与主观幸福感的关系》中提出，校园 SNS 使用与幸福感水平呈正相关，可以通过一定程度上提高 SNS 的使用程度、扩大网络人际圈、增加自我信息暴露来增强个体的幸福感水平。第二，研究传播中公民的积极情绪体验。如郭慧清在其硕士论文《微博舆论场中的公民积极情绪体验研究》中通过研究雅安地震发生后新浪微博中的有关文本内容，得出微博舆论场中的公民积极情绪体验有"希望""感激""激励"与"爱"等形式，这种积极情绪对雅安地震救援产生了积极影响。第三，研究积极人格对传播的影响。如李敏在其硕士论文《网络群体性事件中公民积极人格及其有序参与的关系研究》中提出公民在参与网络群体性事件的过程中，表现出了"善良""爱与被爱""热情""合作""洞察力"这几种积极人格特质，公民的积极人格与其有

---

① 崔丽娟，张高产. 积极心理学研究综述——心理学研究的一个新思潮[J]. 心理学，2005 (02)：402-405.

序参与行为有着显著的相关关系。第四,研究网络社会的积极社会框架。如赫芳随《主流媒体微博的积极社会制度框架研究——以"@澎湃新闻"为例》中提出积极社会框架能够为公众带来更多的积极情绪体验,为公众积极情绪的建构夯实了基础。

总的来说,传播学界对积极心理学视野下正能量传播的研究相比较少,笔者希冀在以往学者的基础上,分析"夜读"版块的正能量传播,以此丰富学界在此领域的相关研究。①

三、研究样本

自2012年腾讯推出微信公众平台以来,各大媒体迅速入驻微信平台。2013年4月,《人民日报》正式面向微信用户开通微信公众平台账号"人民日报",并把功能定位为"参与、沟通、记录时代",开启了作为传统党媒代表在自媒体时代的又一段新征程。①《人民日报》微信公众号一经推出便取得了良好的效果,迅速成为国内第一微信平台。

2014年11月28日,"夜读"成为《人民日报》微信公众号的一个独立版块,也成为《人民日报》微信的特色版块。"夜读"版块的文章大多以转载为主,极少有《人民日报》的原创内容。首期内容转载了微信公众号"为你读诗"的原创作品,随后"夜读"版块每晚固定向用户推荐一篇心灵鸡汤型的美文,这些文章大多是来自网络空间的高品质散文和自媒体人的原创文章,或温暖,或励志,传递了满满的正能量,受到广大用户的欢迎。为了避免内容重复,将更多高品质的文章推送给用户,"夜读"版块进一步加强与用户的互动,开设投稿邮箱,欢迎读者推荐文章。② 作为历史和时代的记录者,新闻媒体要勇于承担社会责任,传播社会正能量。在社会节奏越来越快、生活压力不断增加的今天,大众趋于紧张、焦虑。不同于网络上泛滥的充满负能量的"毒鸡汤","夜读"版块抛却新闻媒体过于严肃的"精英化"倾向或过于随意的"娱乐化"倾向,以亲切、温暖、励志的文章为载体向用户传递积极的生活态度,引导用户树立正确的价值观。图1为样本文章分布图。

本文使用内容分析法,以"夜读"版块的文章为研究对象,试图分析"夜读"版块的正能量图景的呈现。笔者采用等距抽样法,从2017年1月1号至

---

① 易静. 传统党媒微信的传播策略分析[D]. 兰州:兰州大学,2016.

② 侯瑞.《人民日报》及其法人微博、微信公众号议程设置比较研究[D]. 开封:河南大学,2015.

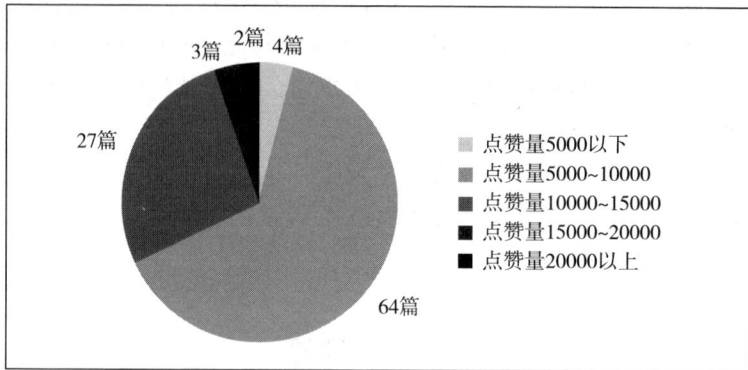

图1　样本文章分布图

2017年10月28号（研究截止日期），每隔3天抽取一篇文章加入样本，共获得文章100篇（其中4月4号样本空缺）。被抽取的100篇文章阅读量都超过"10万+"，点赞量均在4000次以上。其中，点赞量在5000次以下的仅有4篇；点赞量在5000到10000次的占比重最大，高达64篇；点赞量在10000到15000次的有27篇；点赞量在15000到20000次的有3篇；点赞量在20000次以上的有2篇。由此可见，"夜读"文章在很大程度上引起了用户的共鸣。

四、"夜读"文章的正能量话语呈现

"话语"即人们所说的或所写的话的总称。媒介话语可以说是媒介承载一切信息传递的文体形式。"话语"决定我们的知识、权力并蜕化成习惯、惯例和制度。福柯认为话语能在人与人之间分配权力并成为一种结构性的力量。基于此，"话语"有助于创造"知识系统和信仰系统"，有助于确立"社会关系"，有助于建构"社会身份"。① 所谓正能量话语呈现，在本文中即指"夜读"文章通过话题选择、文本叙事及特殊日期的发文，传递积极乐观的人生态度，宣传从容淡定的健康心态，弘扬励志奋斗的拼搏精神，从而实现个人价值的最大化和对自我幸福感的满足。

通过对样本中100篇文章内容进行词频分析，得出图2的热词词云分布图。人生、世界、梦想、职场、内心等词的高频率出现反映了现代社会大众关

① 刘娜，常宁. 正能量话语在真人秀节目中的构建和呈现——以《了不起的挑战》为例[J]. 新闻大学，2016（04）：60-66，151.

心的问题所在：在关注外部世界的同时开始关注自己的内心世界。抱怨、焦虑、迷茫等反映现代都市人心理状态的词也屡次出现。学习、勇敢、勤奋等积极向上、充满正能量的词出现频率也很高。下文中，笔者将将从"夜读"文章的话题选择、文本叙事和特殊日期的发文三个方面来分析其正能量话语的呈现。

图 2 文章热词词云图

(一)文章话题围绕正能量

对样本中 100 篇文章进行量化和文本分析，对文章涉及话题进行分类统计，得出表 1，从表中可以看出，"夜读"文章话题涉及人格特质的最多，达 69 篇，占总样本量的 62%，其次是涉及情绪体验的文章，共 24 篇，占样本量的 31%，其他类型话题占 7%。"夜读"文章的话题分布呈现出正能量倾向。

表 1 文章话题分布

话题类型	涉及方面	篇数	合计
积极情绪体验	心态调整	11 篇	24 篇
	爱情婚姻	6 篇	
	读书修身	4 篇	
	成长感悟	3 篇	

（续表）

话题类型	涉及方面	篇数	合计
积极人格特质	努力奋斗	24 篇	69 篇
	挫折应对	15 篇	
	职场困惑	9 篇	
	自我认可与接纳	7 篇	
	焦虑迷茫应对	7 篇	
	无效努力	5 篇	
	时间管理	2 篇	
其他	其他	7 篇	7 篇

1. 对积极情绪体验的追求

B. L. Fredrick 提出的拓延——构建（broaden-and-build）理论是积极情绪研究领域最有影响力的理论之一。该理论认为某些离散的积极情绪，包括高兴、兴趣、满足、自豪和爱等既可以拓展个体即时的思维、行动能力，又能够建构个体长久的身体、认知、社会等资源。① 一般来说，主观层面的积极情绪，包括对过去的满意感、对现在的愉悦感、对未来的希望感。② "夜读"文章中涉及积极情绪体验的共有24篇，主张以感激之心回忆过去，以知足之心面对现在，以乐观之心迎接未来人生，从而提升自身幸福感。比如，《若是走错几步，就当是在跳舞》《哪有完美生活，不过是笑对人生》《新的一年，要让自己坐前排》等文章主张调整心态，坦然面对得失；《幸福不是靠运气，而是靠经营》主张积极经营自己的选择，追求幸福感；《读过的书，看过的风景，就是你的格局》主张精神世界的提升，追求高品质的生活。文章一般在晚上十点半左右推送，经过一天紧张的工作，深夜临睡前的文章更能打动用户，缓解用户的疲惫和压力。此外，"夜读"文章大多以小故事进行论证。每篇文章包含一到三个的故事，且故事大多为作者亲身经历或周围亲戚朋友的经历。亲切的叙事风格和平民化的视角让读者更容易接受，更有代入感，积极乐观的情绪体验也更容易实现。这些都体现了"夜读"版块对积极情绪体验

---

① 崔丽娟,张高产. 积极心理学研究综述——心理学研究的一个新思潮[J]. 心理科学,2005(02):402-405.

② 魏金梅. 积极心理学启示下的媒介典型人物塑造——以"感动中国"人物评选为例[J]. 视听,2014(07):21-23.

的追求。

2. 对积极人格特质的追求

积极的人格特质是积极心理学研究的另一个重要方面。所谓积极人格指的是个体能在生活中不断主动追求幸福并时时体验到这种幸福，同时又能使自己的能力和潜力得到充分的发挥。[①] 积极人格特质具体包括自我决定性、成熟的防御机制、乐观、智慧等。"夜读"文章中超半数涉及积极人格特质，包括自我认可与接纳，努力奋斗，应对挫折、职场困惑等方面，提倡对事物进行积极的解释，充分发挥人的主观能动性，努力挖掘自身潜力。"夜读"文章倡导积极人格，主张积极乐观的生活态度，在故事叙述中凸显人性的魅力。比如，《爱自己，是我们一生的功课》《长大后，我们都成了普通人》等文章提倡自我接纳和认可；《你总是贪图轻松，人生才会越来越艰难》《最怕你一生碌碌无为，还安慰自己平凡可贵》等文章提倡努力奋斗，拒绝平庸人生。美国积极心理学之父赛里格曼认为，失败和挫折最容易导致个体人格出现问题。《别怕，人生没那么多难题》《对待逆境的态度，决定你如何过这一生》等文章提出面对挫折和逆境要勇往直前。正如上文中提到，"夜读"文章以故事叙述来表达观点，其对积极人格特质的凸显渗透在整个文本叙事之中。

积极的情绪体验是影响个体生活的一个直接因素，而积极人格的形成依赖于积极体验，长期而稳定的积极体验是形成积极人格的基础。[②] 同时，积极的情绪体验和性格特征，会影响人们对社会宏观环境的认知。在社会环境日益复杂、媒体行业竞争激烈的当下，"夜读"版块始终关注人性中的积极方面，研究人的优点和价值意义，这有助于促进个人与社会的良性发展，其对社会正能量的传播也有助于改善公众情绪，消除社会负能量，实现"积极的社会组织系统"这一终极诉求。

（二）文本叙事呈现正能量

俄罗斯民俗学者普罗普在分析研究了大量俄国民间故事之后，总结出了俄国民间故事的 31 种叙事功能。当下网络上盛行的多数"鸡汤文"以"匮乏""圈套""依从""罪行""斗争""惩罚"六个叙事功能占据绝大部分，而问题的"解决"和斗争的"胜利"则较少出现。[③] 不同于多数"鸡汤文""把本就不美好的事物再一次撕碎给读者看"的普遍套路，《人民日报》微信公众号

---

① 马甜语. 积极心理学及其应用的理论研究［D］. 长春:吉林大学,2009.
② 马甜语. 积极心理学及其应用的理论研究［D］. 长春:吉林大学,2009.
③ 张子轩."鸡汤文"文本逻辑解码［J］. 新闻研究导刊,2017,8(05):58—62.

"夜读"版块的文章文本叙事呈现正能量倾向。"夜读"版块的文章以借助故事论证为主,笔者将引用普罗普的叙事功能理论对"夜读"版块的文章进行文本分析,尽管"夜读"文章的文本与普罗普的研究对象——俄国民间故事的形态有所区别。笔者从 100 篇样本文章中随机抽取了 50 个故事并对其文本进行叙事功能分析,基于普罗普的 31 种叙事功能进行编码,统计结果如表 2 所示。

表 2　"夜读"版块中 50 个故事进行叙事功能分析

故事分类	数量	百分比	叙事功能
正面事例	38	76%	L+S+H
反面事例	12	24%	L+O+P

注:L=缺乏　S=斗争　H=问题解决　O=依从　P=惩罚

在随机抽取的 50 个事例中,正面事例有 38 个,占样本量的 76% ,反面事例 12 个,占样本量的 24% 。由此可见,"夜读"文章以正面事例论证为主、反面事例论证为辅,通过正反面事例的对比凸显文章的正能量主题。比如,在 1 月 22 日的文章《迷茫就是才华配不上梦想》中,以编辑小陆面对工作迷茫无助却始终不寻求自我提升的反面事例论证"迷茫就是才华配不上梦想"这一主题,同时,以"表弟"为实现做健身教练的梦想而努力的正面事例传达"克服迷茫的最好方法就是努力让自己做得更好,而不是抱怨"这一主张。

从叙事功能角度看,"夜读"文章的叙事功能以缺乏(L)、斗争(S)、问题解决(H)、依从(O)、惩罚(P)等为主。正面事例的叙事功能以"L+S+H"为主,故事主人公通过努力奋斗最终克服困难,获得自己理想的生活。以《被生活打击过,才发现自己比想象中更坚强》一文中沈小司的经历为例。

缺乏(L):大学毕业之后的沈小司没钱没工作。

斗争(S):沈小司开始租房,并且努力找工作。

问题解决(H):沈小司顺利找到工作并在两年后租起了自己喜欢的房子,也得到了自己想要的其他东西。

相比之下,负面事例的叙事功能则以"L+O+P"为主,故事主人公安于现状,面对困难退缩逃避,最终受到惩罚。以《你躺在床上,梦想毕业就有车有房》一文中"汤圆"的故事为例。

缺乏(L):"汤圆"梦想毕业之后拥有自己的服装品牌,并决定在大学期间多赚钱为以后做准备,每个周末出去兼职,晚上带家教,偶尔写写小说。

依从(O):事实上"汤圆"从没去做过兼职,小说也只写了两篇,每天在宿舍看小说、打网游,重修了好多门课。

惩罚（P）："汤圆"离梦想越来越远。

"夜读"文章通过文本叙事为公众构建了一个"努力奋斗，成就梦想"的图景，批判了"安于现状""虚度人生""不思进取""懒惰懈怠"等消极的人生态度，有助于引导社会公众树立正确价值观。

（三）特殊日期发文体现正能量

在传播活动中，除了信息的内容和表现形式，传播的时机也极大地影响了传播的效果。"夜读"文章除了话题围绕正能量、文本叙事呈现正能量之外，特殊日期的发文也是其正能量话语呈现的一个重要途径。比如，在5月25日杨绛先生的忌日，"夜读"推送了《认真地年轻，优雅地老去：杨绛传》，在纪念杨绛先生的同时，向用户传递了"年轻时认真经历生命的历练，方能在岁月中优雅老去"的观点。9月1日恰逢学生开学，"夜读"推文《孩子，愿你心怀梦想不丢信仰》鼓励学生心怀梦想不丢信仰，勇往直前不负人生。教师节的推文《谢谢，在最不懂事的年纪遇见你》感念师恩。中秋节的推文《月是故乡明》诉思乡之情。重阳节重温朱自清先生的《背影》，感恩隐忍父爱。这些文章不但能引发公众的共鸣，而且向公众传递了不忘初心、知足感恩的思想。国庆节推送的方志敏的《可爱的中国》一文激发公众的爱国情怀，这也是"夜读"版块承担社会责任的体现。由此可见，与网上盛行的诸多自媒体公众号为博眼球无视社会责任，向公众传播各种"负能量""毒鸡汤"的行为不同，"夜读"版块始终践行《人民日报》微信公众号"参与、沟通、记录时代"的功能定位，以传播社会正能量为宗旨，引导社会主流价值观，是成功践行正能量传播的典范。

五、结语

"夜读"文章话题涉及广泛，涵盖了爱情婚姻、教育工作、生活习惯、人生态度等多个方面。文章从生活小事着手，抛弃"假大空"的套话，致力于给读者"有温度""有深度"的阅读体验，同时给读者以启迪，引导读者调整心态，正确面对得失，树立正确的人生观和价值观，从这些方面来看，"夜读"版块无疑是媒体正能量传播活动的一次成功实践，在缓解社会压力、调节社会心态、维系社会认同等方面起到重要作用。同时，随着自媒体的蓬勃发展，"夜读"的成功对自媒体的发展具有借鉴意义。在自媒体商业模式日益成熟的当下，自媒体如何在实现商业价值的同时承担起其社会责任，是每个自媒体运营者应该深入思考的问题之一。"夜读"文章对于当下热点话题的讨论值得关注和思考，其对正能量的传播也值得肯定。但是，作为媒体批量化的产物，"夜读"文章也不可避免地带有当下"鸡汤文"的通病，如讨论缺乏深度、过度追求感性、逻辑不严谨、内容同质化等，这在一定程度上消解了其正能量话语体系。因此，如何依靠《人民日报》微信公众号的平台优势，打破传播瓶颈，向用户提供更优质的内容，实现社会效益的最大化，还需要"夜读"版块继续探索和改进。

参考文献：

［1］［英］理查德·怀斯曼（Richard Wiseman）．正能量［M］．李磊，译．长沙：湖南文艺出版社，2012.

［2］马甜语．积极心理学及其应用的理论研究［D］．长春：吉林大学，2009.

［3］梁玉．积极心理学视野中郭德纲相声的正能量传播研究［D］．保定：河北大学，2014.

［4］易静．传统党媒微信的传播策略分析［D］．兰州：兰州大学，2016.

［5］侯瑞．《人民日报》及其法人微博、微信公众号议程设置比较研究［D］．开封：河南大学，2015.

［6］张子轩．"鸡汤文"文本逻辑解码［J］．新闻研究导刊，2017，8（05）.

［7］刘娜，常宁．正能量话语在真人秀节目中的构建和呈现——以《了不起的挑战》为例［J］．新闻大学，2016（04）.

［8］魏金梅．积极心理学启示下的媒介典型人物塑造——以"感动中国"人物评选为例［J］．视听，2014（07）.

［9］宋海芽．"正能量"一词的翻译和语义延伸的认知阐释［J］．郑州航空工业管理学院学报（社会科学版），2013，32（03）.

［10］崔丽娟，张高产．积极心理学研究综述——心理学研究的一个新思潮［J］．心理科学，2005（02）.

数据新闻在中超联赛报道中的应用探析

王月航　　河北大学

摘　要：当今时代，大数据的概念已被新闻业界广泛采纳，其在体育新闻报道中的地位也日益凸显，体育数据新闻渐成业界主流。与此同时，中国足球协会超级联赛（简称"中超联赛"：Chinese Football Association Super League）的办赛水平、球队实力和商业收益与日俱增，更加吸引中国乃至世界球迷的目光。本文旨在对数据新闻在中超联赛报道中的应用进行探析，对数据新闻在中超联赛报道中的优势与局限进行梳理，并提出中超联赛报道的数据化策略，以期数据新闻更好地为中超联赛报道服务。

关键词：大数据；可视化；数据新闻；中超联赛

一、大数据与数据新闻

随着互联网革命的不断推进，越来越多的用户得以在信息高速公路上奔驰，人们沉浸在丰裕信息海洋的同时，也为这片海洋汇入自己的信息。而信息是数据经过一定方式处理后得到的，是"经过提炼的数据"①，数据作为记录信息的一种形式，广泛而隐匿地存在于我们的生活中。

数据是零散的，但又是海量的，这些海量的数据集合便是大数据。当今时代，大数据正快速发展为对数量巨大、来源分散、格式多样的数据进行采集、存储和关联分析，从中发现新知识、创造新价值、提升新能力的新一代信

---

① 宋立荣，张薇，杨晶．基于信息共享背景下的数据和信息之概念辨析［J］．情报杂志，2012，31（1）：1-5.

息技术和服务业态。① 在大数据与新闻业紧密结合的过程中,数据新闻从诞生到成型,直至现在成为一种常见的新闻报道形态。

数据新闻即数据驱动新闻,是通过深度挖掘和分析数据,从中提取有价值的新闻信息,并通过可视化和交互性的方式为受众呈现一个完整的新闻事件。② 数据新闻的滥觞可追溯到 20 世纪 50 年代的计算机辅助报道,当时一些记者尝试从原始的数据库中挖掘数据,以此探寻事件发展规律,预测事件发展走向。随着 21 世纪"读图时代"的来临,受众渴望阅读的数据已不仅是简单的百分比和数值,如何深化数据新闻的可视化和叙事能力已成为业界探讨的重要命题。

二、"从场内到场外"——大数据在中超联赛中的应用

(一)赛场中的应用

大数据在足球项目中的应用早已有之,但最初只用来量化球员训练和比赛时的身体机能、团队协作的各项指标等。例如,球员佩戴的 GPS 数据装备,会记录其运动状态下的各种数据,以供教练组解析球员的个人能力。在比赛中,数据分析师会在半场结束时统计球员的传球成功率、射正率和跑动范围等,使队员在下半场做出调整,爆发更大潜力。

球员的技战术水平被量化为精确的数据,而这些数据也为球员技战术水平的提高提供科学参考。更重要的是,将每位球员的数据综合在一起,往往能够反映整支球队的实力,进而根据本队近阶段的战况、联赛中的排名,做出一系列固长板、补短板的技术改良。

(二)赛场外的应用

从场内到场外,大数据的制作者、服务对象和服务目的都发生了巨大改变。其制作者由队内的数据分析师转变为体育媒体和记者,服务对象由球队内部人员(球员、教练)延伸到球队关注者(本队球迷、体育新闻受众),服务目的也由单纯指导训练与比赛转变为开放展示各项技术统计,增进球迷对球队战术体系的了解。

---

① 国务院.促进大数据发展行动纲要[EB/OL].中国政府网政府信息公开专栏,2015-08-31.

② 秦艺轩,张淑华.数据新闻:源流追溯、邻域及概念辨析[J].新闻爱好者,2016,31(12):32-34.

　　显而易见，大数据在赛场外主要应用于体育数据新闻。如今，体育数据新闻的制作者包括传统媒体、综合性门户网站和一些自媒体等。如 CCTV - 5《体育晨报》节目中的"数据中超"版块，网易的《数读》栏目，懂球帝 App 中的懂球号"创冰 DATA"等，它们都拥有高质量的数据新闻作品和一批对体育兴趣浓厚的特定受众。

　　在中超联赛报道上，数据新闻具有可视化的特点，为受众提供直观、鲜明的赛事信息。如聚力体育在直播过程中，会列表展示对阵双方半场和全场的技术统计，如跑动距离、控球率、射门射正数、犯规数和红黄牌次数等（图1），受众更容易判断哪方占据场上主动、哪方更能把握战局。

图1　聚力体育在直播中展示的对阵双方技术统计

三、数据新闻在中超联赛报道中的优势

（一）报道客观性，增强信服力

　　2017 年中超联赛临近尾声时，由上海创冰信息科技有限公司运营的自媒体"创冰 DATA"发布了题为"亚冠资格王对王——拉维奇 VS 帕托全方位对比"的数据新闻（图2），旨在对本赛季中超联赛发挥出色的两位外援拉维奇、帕托进行全面的数据统计。其中一方面，相关人员以"顶级射手"作为考量标准，整理了两位球员的射门射正率、进一球所需时间和进球转化率等，再和本赛季进球最多、被公认为"顶级射手"的扎哈维作对比。结果发现，拉维奇、帕托二人的进球效率都在41%以上，与扎哈维没有较大差距；而在进球转化率上，拉维奇达到21.2%，甚至超过扎哈维，因此作者得出"被低估的拉维奇"的结论，认为拉维奇、帕托二人同样堪当顶级射手。

图2 "创冰DATA"对拉维奇、帕托射门与进球方面的技术统计

赛季结束时，广州富力队外援扎哈维共收获27个进球，荣膺金靴。在这样的高光表现下，拉维奇、帕托等球星的综合实力则容易被忽略。数据新闻作为新型的新闻报道形态，往往将搜集的数据进行各个维度的对比，尽可能勾画客观、全面的新闻事件。通过对上述三位球员的技术统计，可见"顶级射手"并非唯有金靴得主，这打破了"唯进球论"的单一评判标准，建构了球员的综合评价体系。

（二）信息集成性，内容体量大

作为中国目前用户量最大的足球媒体和社区，懂球帝App的数据搜集、数据呈现充分体现了信息集成性（图3）。在中超联赛数据中，懂球帝整理了2010—2017年8个赛季的积分榜、进球榜、助攻榜和所有轮次的各队比分；在2016和2017赛季，详细列举了各支球队进球、点球、射门数等20个维度的数据，以及各队球员进球、助攻、关键传球等22个维度的数据。庞大的数据体量，基本可以满足体育类受众的阅读需要，甚至可供运动员、教练组进行有价值的参考。

这些数据形成的排行榜中，不乏球队净比赛时间、总跑动距离、球员拦截次数、解围次数等抽象的指标。在大数据尚未席卷体育行业的时代，全面统计这些指标的难度很大；而过往的体育媒体则停留在对常规数据的追踪上，深度挖掘较差。大数据的集成性使媒体将海量数据传递给受众，丰富了报道的内容，拓宽了受众的视野。

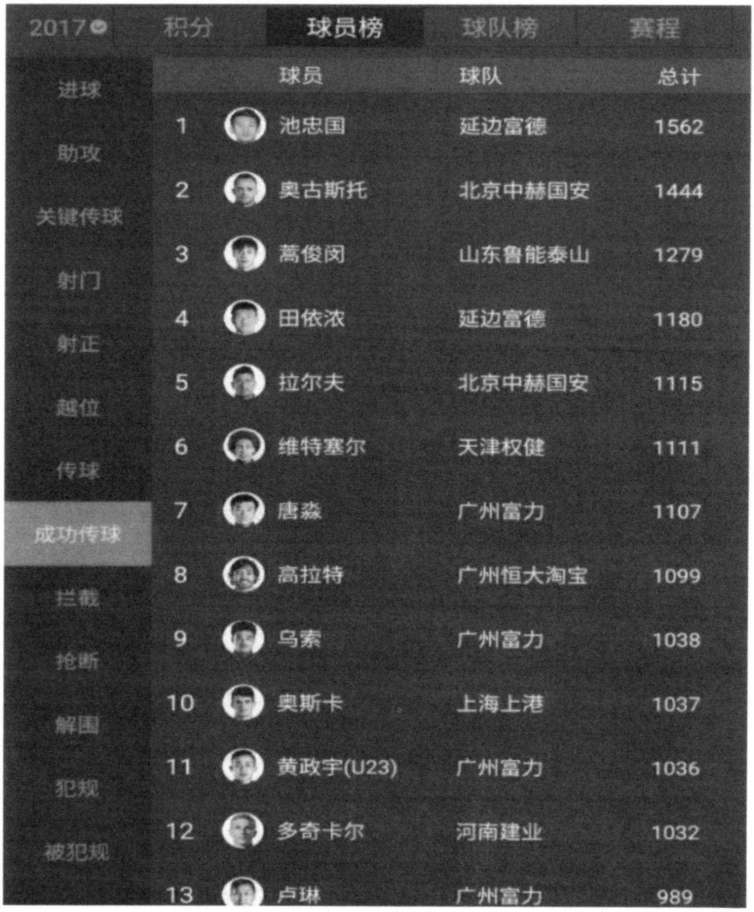

图 3　懂球帝整理的 2017 赛季中超联赛球员榜之"成功传球数"

（三）挖掘规律性，立体化呈现

2017 年是中国足球协会执行"3+1"政策的开局之年，其要求每场比赛各队的首发球员中必须有一位 23 岁以下的"U23 球员"。这一变化使本赛季诸多媒体都将目光聚焦到 U23 小将身上，而利用大数据对 U23 球员的个人发挥、球队对 U23 球员的使用进行梳理，可以得出一些显著的规律，立体化呈现年轻球员的各项数据统计。（图 4）

"创冰 DATA"《U23 赛季总结：94、95 年的小将到了十字路口》的数据新闻，主要从联赛 16 支球队的 U23 球员比赛位置、出场时间及分布、出场次数、进球数等方面来考察各队该年龄段球员的表现情况。文中通过统计大量数据，得出了每轮次 U23 球员的出场时间变化，发现赛季后 15 轮 U23 首

前15轮U23首发球员的平均出场时间（分钟）

64.3　53.8　59.5　54.8　57.5　59.9　52.0　51.0　52.4　55.7　62.2　62.9　64.2　66.7　66.0

第1轮　第2轮　第3轮　第4轮　第5轮　第6轮　第7轮　第8轮　第9轮　第10轮　第11轮　第12轮　第13轮　第14轮　第15轮

后15轮U23首发球员的平均出场时间（分钟）

65.3　60.6　57.7　62.5　71.0　71.5　64.3　62.8　65.8　69.3　59.8　65.7　64.5　72.6　67.8

第16轮　第17轮　第18轮　第19轮　第20轮　第21轮　第22轮　第23轮　第24轮　第25轮　第26轮　第27轮　第28轮　第29轮　第30轮

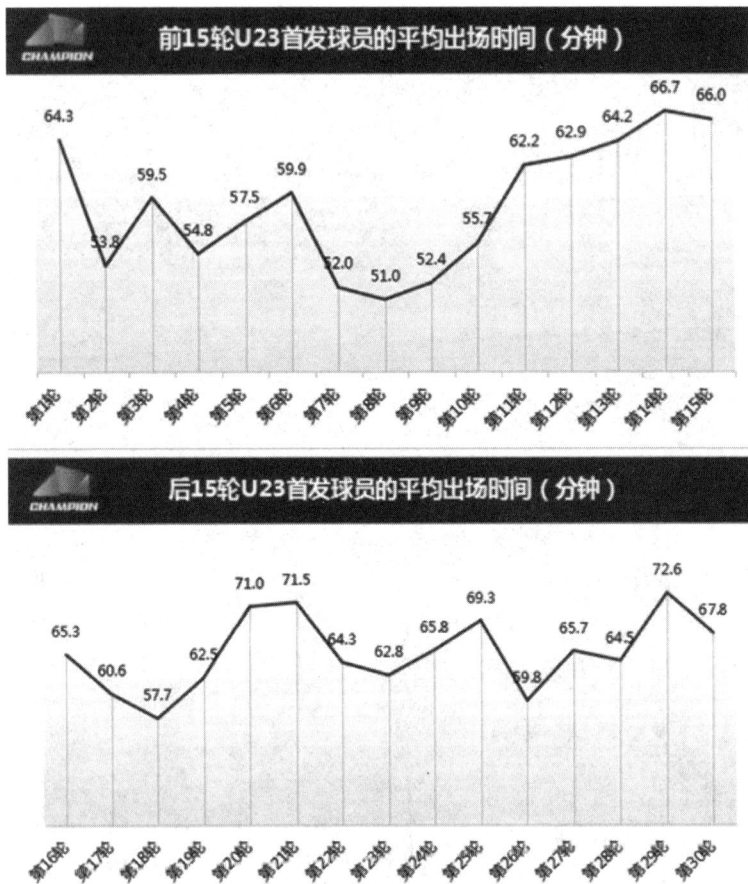

图4　"创冰 DATA"对 2017 前后半赛季 U23 首发球员的平均出场时间分析

发球员的平均出场时间几乎都在 60 分钟以上，明显高于前 15 轮基本在 60 分钟以下的数据。由此可见，各队对 U23 球员的使用逐步放开，对新政的态度从被动妥协转向主动适应，逐渐给年轻球员更多的机会。这些数据立体地呈现球员表现背后的规律，通过具象的数据揭示事件，触发受众的深度思考。

（四）报道可视化，阅读体验佳

原始数据囿于复杂性和专业性，其本质是单调、枯燥的。而数据新闻制作经过数据加工和处理，最终展现给受众的则是可视化报道，观赏度更高且更容易为人接受。

2016 赛季结束后，肆客足球联合全攻全守体育发布了《2016 赛季中超联赛商业价值报告》(图 5)，这张长图片横向梳理了 2016 赛季整个联赛的价值增幅、总收支、收支构成以及各队的收支构成、投资比较等，纵向梳理了该赛季较之往年赛季的收支变化。整份报告以表格、柱状图、饼状图等形式展现以上信息；运用色彩的冲突、字体大小等变化突出重点；又使用了一些简洁、鲜明的标示图，如赞助商商标、球员头像和一些表示行业特征的卡通标示等。这种加强数据可视化的报道方式，优化了受众的阅读体验，使受众对数据的把握更加准确，更容易理解，增强了报道的可读性。

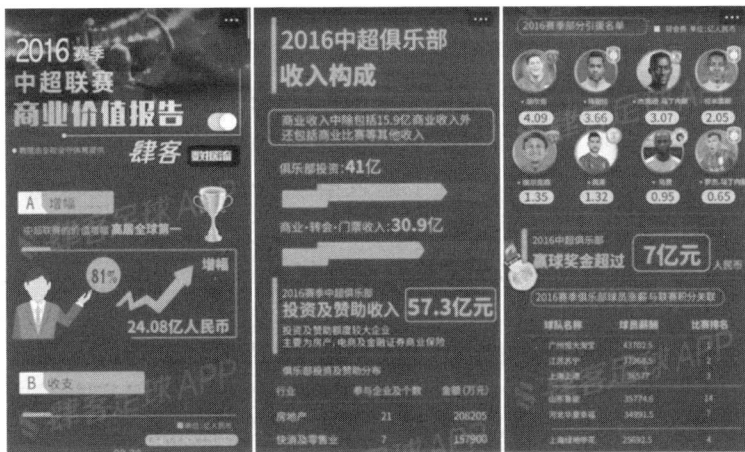

图5　肆客足球《2016赛季中超联赛商业价值报告》节选

四、数据新闻在中超联赛报道中的局限性

尽管数据新闻在体育领域的运用已非常普遍，诸多媒体都有意识推出数据新闻报道吸引受众，但当前此类报道仍存在良莠不齐的状况，优质作品较少，扁平化、模式化的作品较多。在这种现状下，针对数据新闻在中超联赛报道中存在的问题，体育媒体应当反思并探寻出路。

(一)选题固化,缺乏新意

目前，大多数体育媒体对于中超联赛的数据新闻报道还停留在对常规数据的揭示，如发布实时积分榜、射手榜、最近一轮交锋比分等，选题日趋固化。在被称为"传统四大门户网站"的新浪、搜狐、网易、腾讯的中超主页上，基本以文字报道为主，很难找到创意新颖、时效性强的数据新闻。即使是针对各支球队的数据报道，也依然局限于进球、传球、助攻、抢断等球员数据的统计上。横向没有广度，纵向没有深度，成为中超数据新闻选题的一大通病。

选题的固化造成了内容的同质化,这种同质化表现在两个方面:一是各大体育媒体的内容同质化,当数据新闻成为无差异的信息推送,谁也制作不出引领业界的风向标作品,整个领域的报道质量必有质的下滑。二是同一体育媒体的内容同质化,随着中超联赛热度逐年攀升,中超联赛报道也应有别于其他运动项目,在体育版块开辟自己的一方天地,但若没有独树一帜的数据新闻作支撑,中超联赛报道定会失去特色,难以彰显中超联赛应有的魅力。

（二）形式呆板化,枯燥不生动

目前,中超联赛的数据新闻报道大多为扁平化的静态图表,很少有立体化的动态图表或短视频等,呈现方式较为呆板,整体观感较为枯燥,叙事性和趣味性差。国内大多数媒体的中超数据新闻仍然停留在陈述数据的表层,仅仅是数据的呈现者,而不是阐释者。

呆板的数据新闻传递给受众的只限于数据。但事实是,我们早已步入"读图时代",不经深加工的数据图表恐难满足受众更高标准的阅读需求。只有将数据进行有效的叙事化、趣味化处理,着力揭示其后的深刻蕴意,方能吸引更多受众的注目。

（三）传播单向化,交互性欠缺

从以上两点来看,中超联赛数据新闻报道的选题、形式都鲜有推陈出新,仿佛陷入了一种定式的桎梏,"抓住什么便报道什么"成为媒体的捷径,难以和数据新闻深度、交互的本质契合。在这种报道选题和形式的影响下,传播难免单向化,使受众在数据新闻面前成为被动的接受者。有些内容体量大、专业度较高的数据新闻,依然采用浅显、直白的图表展示,不考虑受众是否具备相应的理解能力,仿佛新闻文本一流入市场便与生产者割断了联系,最终形成媒体的自说自话。因此,脱离受众理解语境的新闻报道不是一流的报道,它也难以吸引、稳定更多的受众。在这方面,体育媒体应下大力思考解决如何避免中超联赛数据新闻的传播单向化问题。

五、中超联赛报道的数据化策略

2015 年,体奥动力体育传播有限公司以 80 亿天价购得中超联赛 2016—2020 赛季版权,中超联赛市值获得巨幅增高。2016 年,随着英国天空体育等世界知名媒体陆续购买转播权,中超联赛正以前所未有的"豪华"姿态登上国际舞台,更加受到世界瞩目。如此大好的发展契机,定会加剧竞争的激烈,为此,国内体育媒体更应占领中超联赛报道的制高点,掌握传播话语权,加强战略导向性。而提高数据新闻报道的质量和数量则是题中应有之义,务必受到重视并着力加强。

(一)媒体:强化数据驱动意识

当前,国内体育媒体的数据应用意识相较走在前沿的发达国家体育媒体还较弱,"以数据为根本驱动力"的体育新闻制作也落于人后。为此,应当从根本上增强国内体育媒体的数据驱动意识。

以美国有线电视新闻网 CNN 在 2016 年欧洲杯期间的报道为例。CNN 以其庞大的数据资源为后盾,创新数据报道方式,使用户享受到全新的"游戏式体验"。如名为 *Choose Your Ultimate XI Dream Team* 的报道,为用户提供各球队、球员详尽的数据信息,用户可以参考这些数据组建自己心仪的球队,组队完毕后还可查看队伍的"评估"和"详细数据"等。[1] CNN 作为享誉世界的国际媒体,以其精湛的数据处理能力、优质的数据储备平台为依托,以富有前瞻性的眼光制作数据新闻,在国际竞争中稳居领先地位。

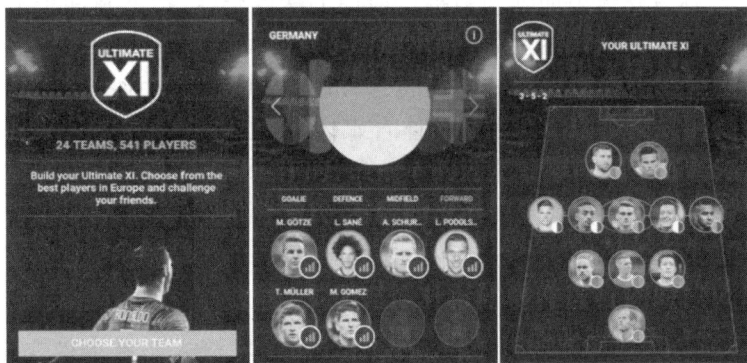

图 6 CNN 数据新闻 *Choose Your Ultimate XI Dream Team*

为此,国内体育媒体也应开拓新视野,放眼大格局,强化数据驱动意识,加快技术开发,舒适用户体验,勇立潮头,进而在中超联赛数据新闻制作上更有建树、更为优质。

(二)记者:提升专业数据素养

媒体的数据驱动意识落实到每位从业者身上,便要求提升其专业的数据素养。当前,国内媒体的大多数体育记者扮演的多是数据陈述者的角色,而不是源头的数据挖掘者。要改变这一现状,需要全方位提高体育记者的

---

① 方洁,范迪. 融媒时代大型赛事报道中的数据新闻——以 2016 年欧洲杯报道为例[J]. 新闻与写作,2016,33(8):77—80.

技术应用能力。

首先记者要拥有数据搜集能力,能够从各支球队披露的信息中寻找具有高度价值的数据,并能对这些数据进行横纵双向的对比观察,发现其中的关联性;其次记者要拥有数据处理能力,将同类数据进行归纳和统合,进而挖掘其内在规律,发现问题;最后记者要拥有数据呈现能力,将数据以可视化、叙事化、趣味化的形式制作出来,完成数据新闻报道。

(三)技术:加强与数据供应商合作

目前,以中超为立足点的大数据体育公司有体奥动力、同道伟业、求之易等十余家,其中不乏一些颇具投资远见的公司。如求之易数据有限公司旗下的搜达足球与央视等多家媒体建立了数据提供的长期合作关系;再如同道伟业体育科技有限公司不仅为中超、中甲提供数据支持,还取得了2017中乙联赛的冠名权,可见这些大数据公司进军中超联赛,乃至中甲、中乙联赛的决心和信心。

对此,体育媒体须加强与数据供应商的深度合作,抓准新闻报道、中超联赛和IT技术三条道路的交汇点,提高数据新闻制作的专业性。一方面,要做好人才引流,使技术精英走进编辑部,成为数据新闻行业的一分子,使其以丰富的经验和专业的能力提升体育媒体数据新闻的报道水平。另一方面,要进行资源引流,使高端的数据库能为媒体所用,使专业的数据处理能力运用在新闻报道中。

(四)用户:参与数据开放建设

开拓数据新闻这一新的报道形式,其目的之一就是以生动、形象的新闻叙述吸引受众,使受众准确把握事件发展的全貌,深入了解事件变化的规律。而如今,随着新媒体时代受众地位的提高,传统的"受众"已化身"用户",拥有和媒体平等交流的权利,越来越多的新闻线索由广大用户直接提供给媒体,用户也就成为媒体最忠实的线人。因此,体育媒体的数据新闻制作也应向用户开放,以众多的形式收纳更多信息,完善数据新闻的内容。

在这方面,懂球帝App开发了球员评价系统旨在为用户搭建一个评价球员实力的平台(图7)。用户可以为球员的各项能力打分,再由后台综合运算,汇总出球员在进攻、技术、防守、身体、精神等5个大项、20个小项的总得分。将球员的个人能力交由用户评价,体现出数据库的开放建设思维。如果完全由客户端编辑编写球员能力值,工作量将非常巨大,且无法避免先天的个人主观偏向;而将编写任务开放给广大用户,既减轻了编辑的工作量,又使汇总的数据较为客观,可谓一举两得。

综上所述,数据新闻已在中超联赛报道中占据显要的一席之地,其道路

图 7　懂球帝球员评价系统

定将伴随中超联赛的蓬勃发展而越来越广。但是,在大数据的应用更加广泛、大数据与新闻报道的融合全面加深的时代背景下,如何巩固优势、突破局限成为体育媒体直面的时代课题。唯有打破思维定式、创新报道方式,才能使数据新闻与中超联赛碰撞出更为耀眼的火花。

参考文献：

[1] 宋立荣,张薇,杨晶. 基于信息共享背景下的数据和信息之概念辨析[J]. 情报杂志,2012,31(1).

[2] 国务院. 促进大数据发展行动纲要[EB/OL]. 中国政府网政府信息公开专栏,2015-08-31.

[3] 秦艺轩,张淑华. 数据新闻:源流追溯、邻域及概念辨析[J]. 新闻爱好者,2016,31(12).

[4] 喻国明. 从精确新闻到大数据新闻——关于大数据新闻的前世今生[J]. 青年记者,2014,73(36).

[5] 方洁,范迪. 融媒时代大型赛事报道中的数据新闻——以2016年欧洲杯报道为例[J]. 新闻与写作,2016,33(8).

[6] 付晓静,张晓斌. 大数据时代的体育新闻报道——以巴西世界杯报道中的可视化数据新闻为例[J]. 青年记者,2015,74(9).

[7] 王楚涵. 大数据时代门户网站体育数据新闻可视化探究——以新华网、网易为例[J]. 商,2016,6(3).

[8] 徐锐,万宏蕾. 数据新闻:大数据时代新闻生产的核心竞争力[J]. 编辑之友,2013,33(12).

[9] 赵南辉. 浅析数据新闻在体育报道领域中的应用[J]. 西部广播电视,2017,38(9).

新媒体环境下财经类媒体发展的现状、问题及未来

——以《第一财经日报》、《财经》杂志为例

王　丹　复旦大学

摘　要：财经类媒体的发展既受制于经济大形势，又受制于媒介生态环境本身，同时更受制于上层政策变化和整个国际环境。作为一种相对而言更强调专业性的媒体，在面对当下各类政策出台和媒介生态变化的情况下，各种不同性质的财经类媒体的发展状况如何？面临的具体问题有哪些？未来是否能走出一条新的路子？这都是值得思考的问题。本文将主要以《第一财经日报》、《财经》杂志作为调研对象，采用文献梳理以及深度访谈的方法：首先梳理研究对象的发展现状，再结合对相关人员的深入访谈，获取第一手资料，既对其所处的媒体单位进行扫描，又考察相关新闻工作者的工作状态，从而能够对以上问题做简要回答，为财经类媒体的发展提供相应的借鉴。

关键词：财经媒体；媒介生态；媒体转型

一、发展历程概述

所谓的财经媒体，即重在宣传和普及经济知识、传播财经信息以及提供财经服务等的专业媒体。历史地看，财经类媒体的发展相对而言是富有周期性与波动性的。按照王晓乐在《双重力量作用下的财经媒体激变》一文中所梳理的财经媒体发展的历史，改革开放以来，即从 1978—2007 年，财经媒体的发展经历了四个阶段①。财经媒体的激变发展是内外部多种因素共同

---

① 王晓乐．双重力量作用下的财经媒体激变——兼谈中国财经媒体发展的四个历史阶段[J]．中国出版，2010，(06)：29-32．

作用的结果:向内看来,主要在于新媒体的冲击;向外看来,则与经济运行大环境密切相关。

在过去十年发展期间,媒介生态环境的变化相对而言更为剧烈,所以当下的财经媒体发展应该说是进入了一种更深层次的状态,其既面临着许多挑战和问题,也蕴藏不少机遇。

回顾过往财经媒体的发展,从改革开放以来"以经济建设为中心"的政策大背景下,财经媒体发展迎来第一个萌发期。当时最具有代表性的是国务院财贸小组在原《大公报》的基础上建立起来的《中国财贸报》,即《经济日报》的前身;20 世纪 90 年代是此类媒体发展的过渡时期,上海、深圳两家证券交易所陆续开业,《上海证券报》《中国证券报》《证券时报》三大证券报纸陆续开张,但此时的媒体大都具有官方背景和信息披露与监管职能,并不具有市场化的因素;进入 21 世纪,随着《财经》《21 世纪经济报道》和《经济观察报》《第一财经日报》的兴起,财经类媒体的发展进入一种市场化阶段,不仅形成综合性的财经类报纸,也逐渐出现一批非常专业化的、垂直细分的媒体类型;21 世纪第一个十年过去,随着新媒体技术的冲击和媒介融合势头的增强,当下的财经媒体也经受了极大的冲击,进入一个重新洗牌、改头换面的阶段。在当下,如何适应移动互联网这一媒介生态,找准自己在当下媒介环境的定位,对于以专业性见长的财经媒体发展而言是至关重要的。

二、发展环境探析

每一轮财经媒体的激变发展都和具体的大环境有着密不可分的联系。2007—2008 年财经媒体的突起就在于当时牛市的凸显和经济危机带来的动荡,市场的不确定性使得人们由此开始逐渐地关注资本市场信息、关注以往远离人们日常生活的宏观经济运行状况,以选择最优决策。在此发展过程中,一般的民众对于经济行为和信息的关注是财经类媒体增长的一个方面。

就当下而言,尤其是最近两年,受股市动荡以及中国"一带一路"倡议等上层政策的影响,中国与国际资本市场的接洽越来越紧密,中国市场受国际市场的影响越来越深。而经济运行的状态早已经是 24 小时持续不停,即所谓的"24 小时金钱永不眠"①,对信息的把控也是从早到晚永不止息。用户,

---

① 金钱永不眠[J]. 新理财(政府理财),2017,(Z1):111.

不仅包括一般受众,更包括固有的许多专业人士,类似于高净值人群或投资人对于信息的需求是愈发专业化,这是促进当下综合类财经媒体和垂直细分媒体迅速发展的前提。

除此之外,尤其针对传统的财经媒体而言,技术对于当下财经媒体的发展有着巨大的冲击和影响。特别是那些在过往有着占据行业领导地位、对于广告有着较强依赖性的媒体而言更是如此。深入地看,"技术的影响又是多元化的",首先是新闻媒体作为内容生产方式的变化,此议题在学界也已经多有分析;其次,技术在生产端上的影响又体现在专业度上,过去,相关的专业人士所撰写的内容相当艰涩难懂,但是现在随着知乎这样知识生产和分发型 App 的出现,那些无法真正与媒体结合的行业专业人才的知识输出有了释放和规范的渠道;最后,在渠道端,以今日头条和天天快报等算法为核心的信息分发平台不断涌现,更显示出技术对媒体的冲击。在此背景下,不管是自建平台进行信息抓取还是直接从浏览器购买相关数据,抓取信息以进行个性化推荐已经是极为常见的信息收发模式。

但是除却技术发展和经济大形势,具体的政策其实对于媒介本身的影响也是非常大的。当然这或许更加针对外媒或者是带有更多公共资本背景的媒体。但是考虑到相关法律的出台,相当多市场化媒体或者自媒体的发展其实受到非常大的影响。2017 年 6 月,《网络安全法》的发布与实施,标志着国家对于互联网内容的管理在逐渐规范和深入,暂且不论相关的条文在网络所引发的争议,应从政策这一角度出发考虑其对于财经类媒体发展的影响。

以《第一财经日报》和路透中文网为例,作为一个相对比较稳健的机构类媒体,此类政策的推出其实在某些层面上抑制了自媒体的毫无管制的蔓延,反而为自身带来了一定的缓冲机会以便更好地布局,从而使得前两年一直在衰落的报纸有了短暂的回升。

三、发展现状及对比分析

《第一财经日报》成立于 2004 年,作为当年最早的专业类财经日报,最初创立的目标是发展成中国的《华尔街日报》,当时与同在上海地区的《每日经济新闻》形成同类直接竞争关系,同时和市面上较为主流的《21 世纪经济报道》和《经济观察报》形成对垒。作为第一财经传媒集团有限公司旗下的一分子,《第一财经日报》的有着优良的基因和强大的后盾。最为突出的是其深度的媒介融合实践与强有力的资本支撑,使得其即使在面对新媒体的冲击之下，在营收连续几年下跌之后仍维持在一个平衡的状态。《21世纪经济报道》被重新整改收编之后，《经济观察报》和《每日经济新闻》在品牌知名度和新媒体转型方向上都比较落后，整体不如《第一财经日报》灵活机动，其仅仅三年就完成了资本孵化。当下的《第一财经日报》及网端的相关状况如表1至表5所示。

表1 月度用户数（2017）

渠道/平台	报纸	电子版报纸	网站	客户端
用户数（月度）	30万	无具体	250万~300万	200万

表2 年基本收入（2016）

渠道/来源	报纸	网端（网站、App、微信）	阿里投资
数额（大约）	1亿+	1亿-	17亿

表3 年成本（2016）

成本项	发行	人力	网端及新媒体搭建	行政
数额（大约）	2000万	9000万	6000万	未知

表4 广告收入变化

年份	2010	2015	2017
广告收入	3亿+	2.3亿	1.6亿

表5 报网营收情况

年份	2010	2015	2017
盈亏	盈	亏	平

由以上数据简要分析和采访对象的分析所得，《第一财经日报》在过去6年间还是经历了广告收入的跌落，到目前维持在触底稳定水平，并且在经历了前两年的亏损之后，最近保持在收支平衡的状态。人力成本和当前对于新媒体技术的投入（技术开发、技术运营、网络CDN传输、服务器、市场推广等，网络成本也比较高）是成本投入较大的部分，但是《第一财经日报》的人力本身处于一体化的运作当中，且并非独立核算部门，故相关具体数据的梳理较为困难，也是笔者目前所不能及的。

新媒介·新技术·新视野：新闻传播与社会变革

表 6　财讯传媒集团有限公司 2009—2017 中期财报主要指标分析表①

科目＼时间	2017-06-30	2016-06-30	2015-06-30	2014-06-30	2013-06-30	2012-06-30	2011-06-30	2010-06-30	2009-06-30
基本每股收益		-0.00 港元	-0.01 港元	-0.02 港元	0.00 港元	0.01 港元	0.01 港元	-0.00 港元	-0.02 港元
稀释每股收益		-0.00 港元	-0.01 港元	-0.02 港元	0.00 港元	0.01 港元	0.01 港元	-0.00 港元	-0.02 港元
每股股息									
每股净资产		0.15 港元	0.29 港元	0.23 港元	0.23 港元	0.22 港元	0.19 港元	0.16 港元	0.16 港元
每股现金流		-0.03 港元	0.00 港元	0.00 港元	-0.01 港元	-0.01 港元	-0.01 港元	-0.02 港元	-0.02 港元
每股营业总收入		0.02 港元	0.07 港元	0.11 港元	0.12 港元	0.13 港元	0.12 港元	0.08 港元	0.07 港元
每股公积金		0.05 港元	0.19 港元	0.13 港元	0.13 港元	0.12 港元	0.09 港元	0.06 港元	0.06 港元
净利润	-20077.30 万港元	-1964.40 万港元	-1336.20 万港元	-2754.60 万港元	0.60 万港元	1863.00 万港元	1353.90 万港元	-216.10 万港元	-4111.30 万港元
净资产收益率	-27.81%	-2.04%	-1.96%	-6.64%	0.14%	4.95%	4.28%	-0.76%	-14.37%
主营利润率	-118.64%	-19.42%	-12.88%	-15.21%	1.81%	12.44%	11.32%	2.44%	-28.19%
资产负债率	25.43%	25.68%	31.96%	32.99%	32.02%	34.01%	44.26%	43.74%	44.66%

① 同花顺财经：财讯传媒集团有限公司 2009—2017 中期财报主要指标分析表。

新媒介·新技术·新视野…新闻传播与社会变革

表 7 财讯传媒集团有限公司 2001—2008 中期财报主要指标分析表①

科目 \ 时间	2008-06-30	2007-06-30	2006-06-30	2005-06-30	2004-06-30	2003-06-30	2002-06-30	2001-06-30
基本每股收益	0.00 港元	-0.00 港元	0.00 港元	0.01 港元	0.01 港元	0.01 港元	-0.01 港元	-0.02 港元
稀释每股收益	0.00 港元	-0.00 港元	0.00 港元	0.01 港元	0.01 港元	0.01 港元		
每股股息								
每股净资产	0.20 港元	0.16 港元	0.18 港元	0.16 港元	0.14 港元	0.11 港元	0.07 港元	0.13 港元
每股现金流	-0.02 港元	-0.01 港元	-0.01 港元	0.02 港元	-0.00 港元	-0.01 港元	-0.00 港元	-0.00 港元
每股营业总收入	0.08 港元	0.04 港元	0.03 港元	0.03 港元	0.02 港元	0.05 港元	0.03 港元	0.04 港元
每股公积金	0.10 港元	0.06 港元	C.08 港元	0.06 港元	0.04 港元	0.01 港元	-0.03 港元	0.03 港元
净利润	484.90 万港元	-445.90 万港元	337.80 万港元	1982.60 万港元	1252.10 万港元	1033.30 万港元	-775.50 万港元	-2222.20 万港元
净资产收益率	1.40%	-1.83%	0.25%	5.93%	4.63%	4.69%	-10.97%	-17.58%
主营利润率	7.47%	-5.60%	14.59%	54.37%	46.66%	18.11%	-27.81%	-55.65%
资产负债率	40.17%	38.26%	28.50%	10.52%	8.50%	18.93%	33.06%	26.24%

① 同花顺财经:财讯传媒集团有限公司 2001—2008 中期财报主要指标分析表。

表8　2017 年财讯传媒中期年报:广告相关

截至 2017 年 6 月 30 日止 6 个月

	提供广告服务（千港元）	销售书籍及杂志（千港元）	提供证券经纪服务（千港元）	提供电子商务平台服务（千港元）	放债（千港元）	综合（千港元）
收入 外部销售	100.176	5.874	18.002	2.709	3.892	130.653
业绩 分部(亏损)溢利	20.477	(314)	4.975	(176)	1.456	26.418
其他收入						624
未分配行政开支						(12.031)
持作买卖之投资之未变现公平值亏损						(73.037)
持作买卖之投资之已变现亏损						(96.039)
融资成本						(937)
应占一间合营企业溢利						1.902
应占一间联营						(51.322)
除税前亏损						(204.422)

表9　2016 年财讯传媒中期财报:广告相关

截至 2016 年 6 月 30 日止 6 个月

	提供广告服务（千港元）	销售书籍及杂志（千港元）	提供证券经纪服务（千港元）	综合（千港元）
收入 外部销售	88.307	8.460	3.107	99.874
业绩 分部(亏损)溢利	(31.830)	2.209	1.173	(28.448)
其他收入				2.989
持作买卖之投资之未变现公平值收益				28.847
未分配行政开支				(22.372)

（续表）

	提供广告服务（千港元）	销售书籍及杂志（千港元）	提供证券经纪服务（千港元）	综合（千港元）
融资成本				（411）
应占一间合营企业溢利				7.017
应占一间联营				（6.426）
除税前亏损				（18.804）

表10　2015年财讯传媒中期财报：广告相关

截至2015年6月30日止6个月

	提供广告服务（千港元）	销售书籍及杂志（千港元）	综合（千港元）
收入 外部销售	141.144	9.991	151.135
业绩 分部（亏损）溢利	（3.377）	1.807	（1.570）
其他收入			2.770
其他损益			5.907
未分配行政开支			（26.570）
应占一间合营企业溢利			6.886
除税前亏损			（12.577）

注：分部业绩指各分部之（亏损）溢利，当中并不涉及分配未分配之其他收入、其他收益及虚损、行政费用、融资成本、应占一间合营企业溢利及一间联营公司亏损。此乃报告予主要营运决策人员之计量，以便进行资源分配及表现评估。

表11　2014年财讯传媒中期财报：广告相关

截至2014年6月30日止6个月

	提供服务（千港元）	销售书籍及杂志（千港元）	综合（千港元）
收入 外部销售	178.506	10.895	189.401
业绩 分部（亏损）溢利	2.300	（3.531）	（1.231）

（续表）

	提供服务 （千港元）	销售书籍及杂志 （千港元）	综合 （千港元）
未分配收入			2.151
未分配开支			(28.108)
分占一间合营企业溢利			6.081
融资成本			(1.613)
除税前亏损			(22.720)

表 12　2013 年财讯传媒中期财报：广告相关

截至 2013 年 6 月 30 日止 6 个月

		提供服务 （千港元）	销售书籍及杂志 （千港元）	综合 （千港元）
收入	外部销售	196.374	19.685	216.059
业绩	分部（亏损）溢利	38.776	(6.925)	31.851
未分配收入				1.211
未分配开支				(28.149)
融资成本				(1.003)
除税前亏损				3.910

注：分部业绩指各分部赚取之溢利/蒙受之亏损，当中并不涉及分配未分配之行政费用，销售及分销成本、其他收入、其他盈亏及融资成本。此乃报告予主要营运决策人员之计量，以便进行资源分配及表现评估。

表 13　2012 年财讯传媒中期财报：广告相关

截至 2012 年 6 月 30 日止 6 个月

		广告收入 （千港元）	销售书籍及杂志 （千港元）	综合 （千港元）
收入	外部销售	215.815	15.013	230.828
业绩	分部（亏损）溢利	70.108	(14.181)	55.927

（续表）

	广告收入 （千港元）	销售书籍及杂志 （千港元）	综合 （千港元）
未分配收入			1.097
未分配开支			(27.028)
融资成本			(1.273)
除税前亏损			28.723

《财经》作为财讯传媒旗下的领头杂志，是完全按照市场化模式运作的。财讯传媒集团作为一家在香港证券交易所上市的公司，股票编码是HK0205，据此可在香港证券交易所信息披露栏目查到其财报，或者依据股票代码于垂直性财经服务网站查到近 20 年财务报表情况。为便于直观简要地分析其相关经营状况，我们主要以相关参考指标分析表和利润表作为主要参考资料，另以净利润、主营利润率为主要参考指标。可以发现相关比率在2008 年之前略微高于当下经营比率，排除 2007—2009 年金融危机冲击所带来的影响，整体趋势上相关指标呈现下降的趋势（比率比直观的量化数据更具有参考性）。当然，我们也能够以最近几年财务报表的翔实版进行分析，以上表 8 至表 13 是选自报表所披露的具体信息，主要是主营业务收入。如果仅仅以广告为例，我们可以明显得出以下数据（表 14）：

表 14　财讯传媒 2012—2017 年广告收入状况

年份	2017	2016	2015	2014	2013	2012
广告收入（千港元）	100176	88307	141144	178506	196374	215815

由表 14 可以知道，财讯传媒最近几年广告一直呈现下降趋势，甚至在短短四五年间，断崖式下跌一半多，由 2012 年的 215815 千港元到 2016 年的88307 千港元，在 2017 才出现些许回升。而其他相关指标可以关照集团整体运营状况，但是广告无疑是杂志类收入指标的重要考量。

四、典型媒体 SWOT 对比分析

战略是一个企业"能够做的"（即组织的强项和弱项）和"可能做的"（即环境的机会和威胁）事情的有机组合。著名的竞争战略专家迈克尔·波特从产业结构入手对一个企业"可能做的"事情进行了透彻的分析和说明①。能力学派管理学家运用价值链这一概念解析企业的价值创造过程,注重分析企业的资源和能力。而 SWOT 分析对这两方面的分析进行了综合,将公司的内部分析与产业竞争环境的外部分析结合起来,形成结构化的分析体系。②

《财经》杂志和《第一财经日报》二者都是纸质媒介,但是同时都拥有网站以及 App 等网端业务。通过 SWOT 分析法将两者进行对比,可以发现共同的问题,确认各自的定位,寻找可能的方向,并为相关媒体提供一定的借鉴。

第一个层面,从《第一财经日报》本身的定位和十多年的发展历程来看,其自身优势主要在于:专业的人才队伍、长久的品牌影响力、精细的全球布局、战略性资本合作。历史地看,首先,《第一财经日报》最初的定位就是服务高端人群和高端投资,提供服务的主要方向在于信息覆盖的完整性、信息发布的及时性、内容分析的权威性。故此,在过去十多年的实践中,培养了一批专业的采编队伍和优质内容的生产者。其次,《第一财经日报》过往的风格在于低调务实,最大限度地为市场提供具有价值的信息,努力以专业服务回馈目标受众群体。再次,《第一财经日报》作为中国目前唯一一个在全球主要的金融中心布点的媒体,完全体现了其全球化的战略思维方式。这和当下中国媒介总体发展大环境有着天然的契合。最后,目前互联网巨头阿里巴巴与《第一财经日报》达成战略性合作。数据媒体实验室"DT 财经"即两者合作的产物,虽然该项目更多地对准消费类大数据,不足以称得上财经类媒体,但此次尝试也可以看作是在数据新闻行业的一种纵深探索。

第二个层面,关于《第一财经日报》的外部威胁。从当前的财经媒体版图来看,《第一财经日报》作为财经类日报在市场上少有对手。如果从内容方面来看,财经类杂志的重点并不属意全局性报道。在某些领域上,《21 世纪经济报道》和《经济观察报》的专业水平甚至领先,但是从整个的体量上,是无法与其相比的。过往的《21 世纪经济报道》和《经济观察报》目前看来都不是资本青睐的对象,原因在于高端业务的孵化需要至少五年的时间,而《第一财经日报》使用三年即孵化完成。从大的层面上看来,党媒、宣传部和

① 龚小军. 作为战略研究一般分析方法的 SWOT 分析[J]. 西安电子科技大学学报(社会科学版),2003(01):49-52.

② 王秉安,甘健胜. SWOT 营销战略分析模型[J]. 系统工程理论与实践,1995(12):34-40,45.

政府又没有兴趣和精力再培育一个专业的财经媒体，所以相对而言，《第一财经日报》在该领域占据有利地位。

第三个层面，关于《第一财经日报》的外部机遇分析。汇总相关访谈资料，《第一财经日报》的外部机遇主要在于以下层面。首先，当前世界全球经济一体化，金融市场一体化加速，资金流动全球化、即时化。国内外商业和经济之间的相互影响愈加深刻。美联储变动、美国贸易政策等信息，英国脱欧等事件和我国的经济发展也密不可分。随着国内"一带一路"倡议的逐步推进，中国与东南亚等国的交往会愈发密切，所以新加坡、印度尼西亚和马来西亚等相对较大的经济体都是值得我们关注的地方。

第四个层面，关于《第一财经日报》内部的劣势分析。当前《第一财经日报》的不足或者说瓶颈主要集中在以下几点。首先，整体的采编队伍相对年轻，专业度不足；其次，高端资源维系困难；最后，团队的机动性较差。媒介融合的实践仍在路上。

与此同时，关照当下的《财经》杂志现状，对其进行简单的 SWOT 分析，可以得出：首先，于内在优势上，最为显著的就是《财经》长久以来积累下的品牌知名度与内容生产力。过去，《财经》杂志可谓行业内践行专业主义的代表，《财经》长久以来的发展积累下的名声仍然发挥一定的影响力。在受访者看来，《财经》最宝贵的其实还在于其培育的专业的采编队伍。由传统媒体发展来的《财经》，整体上仍然秉持的是"匠人的精神"。

其次，《财经》杂志所面临的外部威胁。当前而言，能和《财经》对垒的竞争者并不很多。《第一财经周刊》作为一本偏娱乐性的杂志，用其总编何力的话来讲，是一本面向 80 后、90 后的"相对性感一点的杂志"，并不过于深耕专业领域，其商业成分更多一些。而《财新周刊》作为前东家的现任，不得不对其形成一定威胁。

再次，《财经》所面临的内部机遇。政策层面，国家对于互联网监管收紧，稍稍克制了自媒体的肆意生长，这使得广告面临断崖式跌落的财经老牌杂志有一丝喘气的机会；综合业务层面，可以发布数据类资讯产品、组织社交活动、积极与平台合作。

最后，《财经》内部存在的劣势。一是"传统手工作坊式"的生产无法适应移动互联网的脚步；二是自身平台建设太过于困难。如若一味借用渠道发放而缺少自身的平台建设，未来风险会相对较大，尤其是微信公众号等，需要慎重考量。

综合以上内容，可以将两者之间的 SWOT 状况总结如图 1：

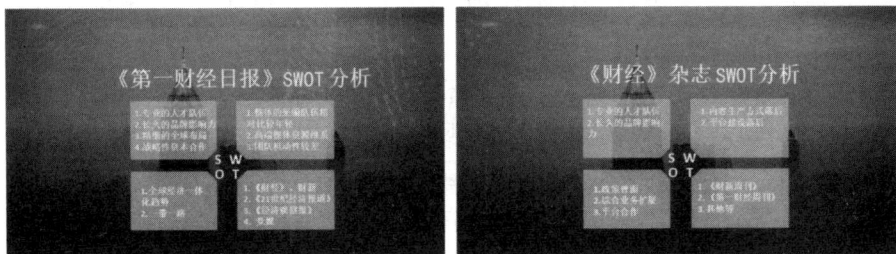

图 1　《第一财经日报》和《财经》杂志的 SWOT 分析

五、财经类媒体未来发展浅析

关涉未来发展方向的问题，鉴于《第一财经日报》目前的定位是相对比较明确，故先以此为蓝本从三个方面进行简要分析。

第一，关于媒介融合的问题。《第一财经日报》作为国内最早的财经类日报，从一开始走的是融合发展的路子。而且《第一财经日报》形成了专业财经媒体中央厨房式发展的模式，这在本行业中还是非常少见的，亦处于领先地位。从 2012 年开始，《第一财经日报》就建立了统一的发稿平台，2015年经过优化，整个产品端的发布已经非常顺畅；后端的内容聚合中心，包括了所有渠道的新闻采编，报纸、电视、网端都已形成一体化运作。相比较之下，《财经》由以往的领先状态渐渐走向落后，原因在于其对于自身的内容定位是咨询还是深度报道尚不明确。

在媒介融合的实践过程，关于不同媒介形态的发展方向问题，可能需要再转换思维。鉴于报纸传递信息远不如互联网迅速，故现在报纸不应该再做快速资讯方面的内容，而应该辅助以相关背景的解读，满足受众的观感体验；手机尽量从快速短消息着力，但是涉及深度阅读的部分，需要考虑技术上的实现和人们的阅读体验。从这个意义上说，可视化和数据就变得非常重要。杂志只用覆盖最低发行量即可，在节省成本的时候以奢侈品的方式附带赠送。其所报道的内容本身不应该收费，用户和客户还是要分开，努力增加自身的影响力，同时扩大其内容传输的渠道，向另一端收费，或者以他类业务扩展生存渠道才是杂志最应该考虑的问题。

总体而言，各类媒介都有其生存的价值，但是要找准自己的定位，同时注意用户的使用习惯。几年前电子书兴起的时候，纸质书迅速衰落，但是随着文化的发展，当下受众的纸质阅读习惯又被唤醒。文化作为一种生活方式，其影响不会因为技术变迁而消弭。而所谓的媒介融合，并非强调界限的宽泛，而是应该灵活掌握。任何一种媒介，在新媒介出现以后，都并不是消失，而是以另一种形态继续存在。

第二，关于技术的问题。当下技术的发展的确对传统媒体产生巨大冲击。但是针对内容生产者而言，需要明白自己在链条中处于何端。针对财经媒体而言，或与平台之间进行合作，或者自建平台保证渠道分发。财经媒体的特点之一在于，不一定强调流量有多少，其更强调的是影响力有多大。财经类媒体的变现可以来自影响力，而不一定是流量。如今需要担心的是，类似于腾讯、阿里和今日头条等技术类公司，聚拢了大部分创造性人才，这使得相关媒体的技术发展要求得不到满足。

而从微观层面来说，技术对于记者的工作方式产生了巨大的影响。当下的记者再也不能只负责写简单消息，更应该思考消息的呈现方式。只有找到事件背后的逻辑和利益博弈关系，才能够写出真正有内涵的稿件。综合来看，未来的财经媒体领域更为需要的人才，必然是那些专业素质过硬（专业性）、能够跟得上互联网新闻生产方式并且能够带有新闻情怀和新闻兴趣的人。

最后，关于未来发展。由于当下中国经济和全球经济密不可分，而且在全球经济版图中所占权重也日益增加，这是财经媒体抓住机会发展自己的好时机。而任何一个大的经济体必然需要强大的专业性媒体与之配套，相关领域内位于第一梯队的《第一财经日报》《财经》等都有着过硬的专业素质和发展平台，而华尔街见闻和财新社等商业模式也较为优秀，值得借鉴和推广。

参考文献：

[1] 苏婧．新媒体语境下泛财经新闻研究[D]．广州：暨南大学，2016．

[2] 周倩．本土财经期刊的融合发展道路探索[D]．武汉：华中师范大学，2016．

[3] 石研．中国财经媒体传播失灵现象研究[D]．武汉：武汉大学，2010．

[4] 杨保达．全媒体时代电视财经新闻生产研究[D]．上海：复旦大学，2013．

[5] 许玉婷．移动互联网时代传统纸媒的创新发展路径探析——以《第一财经周刊》为例[J]．今传媒，2015，23(01)．

[6] 王学成．大众化还是专业化？——国外财经媒体的启示[J]．新闻记者，2005(05)．

［7］杨娟．互联网财经新闻对股票影响的实证分析［D］．成都：西南财经大学，2012．

［8］陆小华．财经媒体市场与财经媒体的竞争力［J］．新闻记者，2002（04）．

［9］刘婷婷．第一财经何以第一？［D］．上海：复旦大学，2010．

［10］张黎华．从竞争格局看我国财经报纸媒体发展策略［D］．上海：华东师范大学，2008．

［11］赵金．财经媒体的发展新趋势——访《第一财经周刊》总编辑何力［J］．青年记者，2008（19）．

［12］洪晓燕．由"第一财经"看我国跨媒体财经传媒之品牌构建［D］．汕头：汕头大学，2008．

［13］冷梅．做专业媒体，走可持续发展之路——访第一财经有限公司董事长、总经理高韵斐［J］．新闻战线，2008（02）．

［14］吴婷．《第一财经日报》的 SWOT 分析［D］．武汉：华中科技大学，2007．

［15］郑哲．中国新财经报纸竞争力提升研究［D］．成都：四川大学，2007．

［16］冯宇飞．我国财经媒体的社会角色与现实功能问题研究［D］．广州：暨南大学，2004．

［17］雷阳．制约我国综合性财经日报发展的内容瓶颈分析［D］．长春：吉林大学，2006．

新媒介·新技术·新视野：新闻传播与社会变革

新媒介与日常生活

社交媒介素养中代际差异的探索研究

——以 90 后大学生家庭中的微博使用为例

陈贤丽　中国传媒大学

摘　要：当今社会,社交媒体的渗透率逐渐升高,家庭亲子两代都使用社交媒体的情形也越来越多,也由此产生了一些问题。本文选取90后大学生家庭,通过问卷调查法和深度访谈法对74对配对样本进行了探索研究,发现了亲子两代社交媒介素养存在代际差异。同时进一步研究发现,社会经济地位、家庭沟通模式和文化反哺会影响到亲子两代社交媒介素养差异的大小。亲子两代对社交媒介内容的一致性偏好会使亲子两代沟通中话题度增加,增进两代人之间的亲近感,父辈对社交媒介内容的接受度越高,与子辈更能顺利沟通,更易形成良好亲密的亲子关系。

关键词：社交媒介素养;代际差异;亲子关系

一、研究背景

米德在《代沟》一书中描述了美国 20 世纪六七十年代在家庭文化传承中出现的新变化,前象征文化渐渐取代后象征文化成为 70 年代家庭文化传承的新模式,随着计算机与网络的出现,这种变化越发明显。中国在 90 年代中期才正式迈入世界互联网发展的大潮中,与互联网一起在中国社会中成长起来的 90 后们,正是微博用户中的主力军①,他们乐于接受新事物,理解新观念,并且将网络社会中接触到的用语系统和价值观念发展到现实生活中。而生于六七十年代的父母一代,由于受年龄、社会阅历等原因的限制,对于新事物的接受与使用程度都要低于子女,社交媒介环境对年轻一代起

---

① 中国互联网络信息中心.2014 年中国社交类应用用户行为研究报告［R］.2015:13-14.

到了重大的影响,但是对于父母一代则收效寥寥,这种情况下,两代人之间的代际差异凸显得更为严重。代际差异处理不当极易引发代际冲突,进而损伤亲子关系,而亲子关系作为人生活中最为重要的几种人际关系之一,对于一个人而言无疑是非常重要的。因此人们对于代际差异的研究从未间断过,而新媒介环境的出现对于其影响,也成为一个值得研究的有趣命题。

由于网络社会的发展,微博、微信等社交媒体日渐成熟,其中所流行的交流语言、交往观念渐渐从线上渗透到线下生活中。大学生群体思想活跃,接受能力强,成为使用微博的主力军之一(占到微博用户的29.2%①),也是微博中流行语言与流行观念的创造者和承载者,他们乐于创造新词、使用新词、反抗权威、解构权威,于是形成了一套与父辈不同的生活理念。同时,微博对中老年群体的渗透率也已经越来越高,在凯度公司发布的《2014中国社交媒体影响报告》中,50后、60后、70后这几个群体对于社交媒体的使用率相比2013年都有所增长。为了更好地研究亲子两代在社交媒体上的表现,本文将以社交媒介素养为切入点,进行进一步的研究和探索。

二、文献梳理

(一)社交媒介素养

本次研究针对的是微博这一类社交媒介,因此,我们下面将具体阐述社交媒介素养的内涵。

彭兰在《社会化媒体时代的三种媒介素养》一文中指出:"社会化媒体是基于用户社会关系的内容生产与交换平台。社会化媒体的基本特征有如下两个方面:一是内容生产与社交的结合,社会关系与内容生产是相互融合在一起的,社会关系的需求促进了社会化媒体平台上的内容生产,反过来,这些平台上的内容也成为联结人们关系的纽带。二是社会化媒体平台上的主角是用户,而不是网站的运营者(这里的社会化媒体也就是社交媒体,两者的含义是一致的,只是对social media的不同翻译)。"②彭兰在这段话中强调了两点:一是社交媒介兼具社交和信息传递两种功能;二是社交媒介中的用户成为信息发布的主体。

基于这两个特点,彭兰提出了社交媒介素养的六大特点,彭兰对于社交媒介素养的阐述,关注了其有别于传统媒介素养的特性,但是忽视了其应与

---

① 中国互联网络信息中心.2014年中国社交类应用用户行为研究报告[R].2015:13-14.
② 彭兰.社会化媒体时代的三种媒介素养[J].上海师范大学学报,2013:53.

传统媒介素养有相通之处。本文将融合传统媒介素养中的重要维度和社交媒介素养的新特性,对社交媒介素养进行较为全面的维度划分。

首先,郭中实、周葆华、陆晔在《媒介素养与公民素养:一个理论关系模型》中将媒介使用模式、媒介规范性功能认知、媒介实际表现的形象、媒介素养能力和媒介知识归入了媒介素养研究中。[①] 本次研究将这里的对媒介规范性功能的认知、媒介实际表现形象的认知都归于对媒介认知这一维度中。其次,虽然传统媒介素养中的媒介使用能力是指对媒介信息的选择、判断、思考和质疑的能力,但是由于这些能力与彭兰的信息消费素养的内涵相一致,而社交媒介的使用需要用户具备一定的基本技能,因此,将基本使用技能归入媒介使用能力这一维度。而彭兰文章中所述的信息消费行为、信息生产行为、信息交往行为归于媒介参与行为这一维度中。再次,参考董雪[②]、江宇[③]等人的博士论文,将媒介参与意愿单独列为一个维度。最后,本研究的社交媒介素养维度划分如图 1 所示。

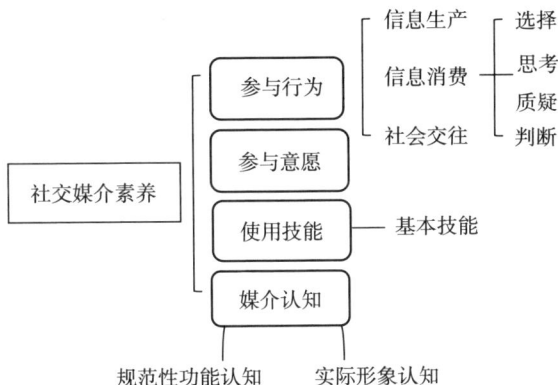

图 1　媒介素养维度划分

(二)代际差异

我们常用的"代"指的是一定社会中具有大致相同年龄和类似社会特征的人群,将不同代人在价值观念和行为方式上存在的差异称作"代际差异"

---

① 郭中实,周葆华,陆晔. 媒介素养与公民素养:一个理论关系模型[C]. 中国传播学论坛论文集,2006:1006-1007.

② 董雪. 媒体时代的大学生媒介素养研究——以厦大学生群体为例[D]. 厦门:厦门大学,2014:12-14.

③ 江宇. 家庭社会化视角下媒介素养影响因素研究——以南宁市中学生及其父(母)媒介素养调查为个案[D]. 北京:中国传媒大学,2008:20.

或"代沟"。① 本次研究将聚焦大学生家庭中父母辈与子女辈之间在社交媒介素养上的代际差异。

前人的研究已经指出,家庭沟通的时间、频率、内容、态度和沟通模式都会影响到家庭代际差异的融合,进而对亲子关系的良好程度造成影响。② 其中,又以家庭沟通模式与代际差异之间的关系研究最为频繁,因此,本研究中也将重点放在家庭沟通模式上。本文采用 Chaffee 等的社会导向和观念导向划分家庭沟通模式,即低概念取向和低社会取向的放任型家庭、低概念取向和高社会取向的保护型家庭、高概念取向和低社会取向的多元型家庭以及高概念取向和高社会取向的一致型家庭。

同时,"文化反哺"的概念也被提出,"文化反哺"又称"反向社会化",即传统受教育者对施教者施加影响,在本文的研究中则是子代对亲代传授社会文化知识、价值观和行为规范的一种自下而上的社会化过程。③ 人类文化学家米德所著的《代沟》一书中肯定了"文化反哺"对于亲子双方代际差异的弥合所起到的积极作用。江宇、周裕琼、杨立④等人在实证研究中,已经初步验证了子女在新媒体知识、技能以及应用上对于父母的反哺会对亲子两代在新媒介的使用方面产生影响,因此,本次研究中加入了"文化反哺"这一变量。最终,文化反哺概念的维度划分如图 2 所示。

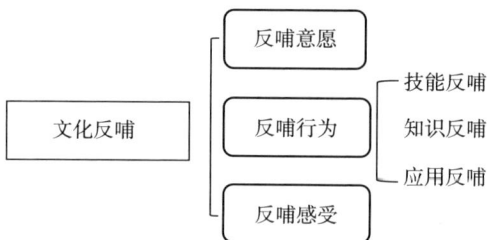

图 2　文化反哺维度划分

三、研究框架

由于本研究中讨论的三个问题具有逐层递进关系,因此将研究分为三

---

① 焦润明. 代际理论与中国近代思想文化史研究[J]. 史学集刊,2003:40.

② 于巍隽. 电视暴力与儿童:以家庭沟通模式为研究视角[D]. 上海:复旦大学,2011:30-32.

③ 周晓红. 现代社会心理学[M]. 上海:上海人民出版社,1997:162.

④ 杨立,郜键. 网络传播时代青少年"文化反哺"现象调查与研究[J]. 广播电视大学学报(哲学社会科学版),2002.

部分进行分析讨论,在第一部分中,主要通过分析亲子两代的社交媒介素养表现,探索其中是否存在差异,由此提出第一个研究假设 H_1:亲子两代的社交媒介素养存在差异,即社交媒介素养中存在代际差异。

在第二部分中,本文将引入家庭沟通模式、社会经济地位、文化反哺三个变量作为可能影响亲子两代社交媒介素养差异大小的因素进行研究,由于在现有的关于媒介素养差异的代际及代内实证研究中,家庭社会经济地位一直作为一个重要的变量而被纳入研究,因此本研究也将此变量纳入观察,如图3所示。由此提出三个研究假设:

H_2:家庭沟通模式会影响到亲子两代的社交媒介素养代际差异。

H_3:家庭社会经济地位会影响到家庭亲子两代的社交媒介素养代际差异。

H_4:家庭文化反哺程度会影响到亲子两代的社交媒介素养代际差异。

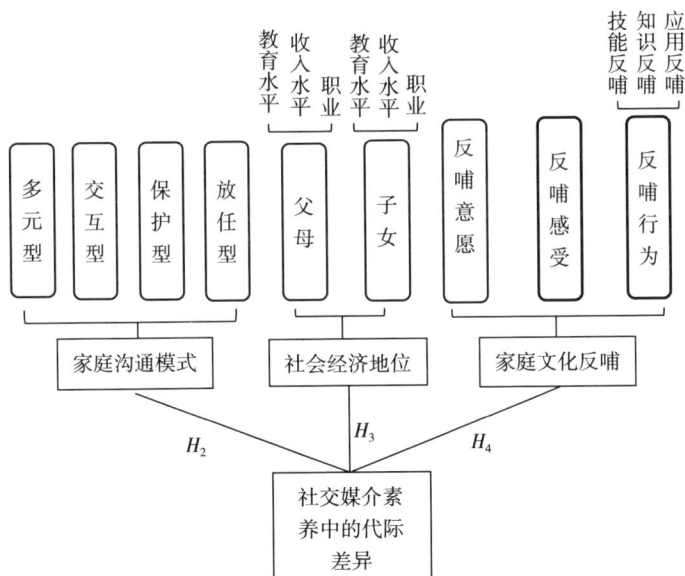

图3　第二部分研究框架图

第三部分是本研究在现实生活中的拓展,将对亲子两代媒介素养代际差异对于家庭亲子关系的影响做出定性研究,用深度访谈的方法进一步探究媒介素养差异对家庭亲子关系有多大影响、怎样产生影响,研究结论可为家庭亲子关系的良好发展提出建议。

在本次研究开展之前,笔者做了许多前期工作,相关的文献研究都力证了网络媒介使用中代际差异的存在,同时,在研究开始前,研究者和周围大学生讨论了有关社交媒介素养中代际差异的话题,讨论内容也进一步肯定了差异的存在。因此,本文的第二、第三部分的探讨有其必要性和可行性。

四、研究方法

研究通过方便抽样和滚雪球抽样从90后大学生家庭中选取了74对配对样本(家庭中一个子代与一个亲子为一对配对样本)进行了问卷调查,为了更好地了解统计分析结果,同时也为了能更好地理解问题,本次研究选取了4对配对样本进行了深度访谈。其中,对子辈的访谈都是面对面的深访,由于父辈深访对象存在地域等方面的限制,大部分都采用了电话、视频等远程访谈方式。深访对象基本情况如表1所列:

表1 深访对象

父辈	文化程度	职业	子辈	亲子关系认知
J1 女士	初中	工人	Z1 同学	非常好
J2 女士	高中	公司职员	Z2 同学	非常好
J3 女士	大学本科	专业人士	Z3 同学	比较好
J4 女士	研究生	专业人士	Z4 同学	一般

五、研究发现

(一)亲子两代社交媒介素养中存在代际差异

在本次调查中,74对配对样本均为亲子两代都使用微博,在针对媒介素养中代际差异的检验中,社交媒介素养四个维度的亲子两代各自得分中,父母样本得分的平均值在媒介认知、媒介参与意愿上高于子女,父母对使用微博中的各项功能更抱有兴趣,并且更为认同微博作为一个媒体应具有社会推动、权力监测、内容多元、娱乐性等规范性功能,在媒介形象认知中,父母更倾向于为微博的媒介形象打高分。而在媒介使用技能、媒介参与行为两个维度中,父母得分均值要低于子女,父母掌握的微博使用技能与在微博中进行的消费、生产、交往行为都要少于子女。

通过独立样本 T 检验,对假设一的 H_0:亲子两代在社交媒介素养中没有差异进行验证。结果显示在统计意义上,差异在5%的错误水平上是显著的,因此拒绝原假设,得出亲子两代在社交媒介素养上存在差异。而在进一步对四个维度进行独立样本 T 检验时发现,媒介参与行为的原假设在 5% 的错误水平上不能被证伪。因此,亲子两代的社交媒介素养差异主要体现在媒介认知(其中媒介功能性认知 $F = 0.867$,sig 值 $= 0.009$;媒介形象认知 $F = 0.923$,sig 值 $= 0.005$)、媒介参与意愿与媒介使用技能上。

表 2　社交媒介素养代际差异检验(1)

Independent Samples Test						
		Levene's Test for Equality of Variances		t-test for Equality of Means		
		F	Sig.	t	df	Sig. (2-tailed)
媒介素养	Equal variances not assumed	5.891	.016	−2.069	132.170	.040

表 3　社交媒介素养代际差异检验(2)

Independent Samples Test						
		F	Sig.	t	df	Sig. (2-tailed)
媒介认知	Equal variances assumed	.326	.569	−3.057	146	.003
媒介使用技能	Equal variances assumed	5.071	.026	4.950	140.095	.000
媒介参与意愿	Equal variances assumed	6.284	.013	−7.432	140.698	.000

通过深访发现,社交媒介素养中的代际差异可能与父母日常使用微博的时间不长、依赖度不高有关,相比较子女对于微博的依赖程度,父母的微博黏性不高,对其使用基本还停留在信息浏览这一阶段,而子女已经在微博上形成了自己的兴趣圈、交友圈,对微博上的功能了解度、使用度都要高于父母。由于更多地接触了微博,所以对微博中的积极方面和消极方面都有了更多的了解,因此子女对于微博的形象认知、媒介功能性认知方面都倾向于持中立甚至批判态度。

而在媒介参与意愿这个维度,父母得分比子女得分高,是因为父母对微博功能的认识不足,只认识到其传递信息的功能,所以更有意愿去尝试对他们而言的"新事物";而子女们已经过了对微博的新奇探索阶段。根据赵金萍 2015 年的大学生微博使用情况研究中的数据显示,大学生中将近一半主要以浏览的方式使用微博,其次是转发,原创撰写的仅占 11.80%①,大学生在使用微博时,更多的是一种"围观"的身份,同时,研究者在对大学生对象进行深访时也发现了其参与意愿较低。正是因为大学生微博"围观"现象突出,所以在媒介参与行为中,除了消费行为,大学生群体对其他三种行为的参与度都不高,因此与父母在这一维度中没有显著性差异。

(二)影响社交媒介素养中代际差异的因素

1. 社会经济地位对社交媒介素养中代际差异的影响

研究发现,高社会经济地位的家庭和低社会经济地位的家庭,其亲子两代的社交媒介素养差异大小在5%的错误水平上显著不同,社会经济地位越高的家庭,其亲子两代的社交媒介素养差异越大。为进一步讨论这一数据结果,本人对不同社会经济地位家庭中亲子两代社交媒介素养的均值做了比较,发现社会经济地位越高的家庭,其亲子两代的社交媒介素养都越高,同时,子辈的均值的增长趋势要缓于父辈,因此,社会经济地位越高的家庭其亲子两代的社交媒介素养差异越大,如表4和表5所示。

表4 家庭社会经济地位与社交媒介素养代际差异

(I)家庭社会经济地位	(J)家庭社会经济地位	Mean Difference (I–J)	Std. Error	Sig.
低社会经济地位	高社会经济地位	−11.56364	4.10503	.026

表5 不同社会经济地位家庭的亲子两代社交媒介素养均值比较

	社经地位		
	低社会经济地位	中社会经济地位	高社会经济地位
	Mean	Mean	Mean
父母社交媒介素养	117.55	125.48	133.80
子女社交媒介素养	117.91	119.10	122.60
社交媒介素养差异	−.36	6.38	11.20

2. 家庭沟通模式对社交媒介素养中代际差异的影响

社交媒介素养中的代际差异大小在一致型家庭与放任型家庭、一致型家庭与保护型家庭之间是显著的。其中,保护型家庭中媒介素养代际差异

① 赵金萍. 微博平台下大学生媒介素养实证研究——以北京10所高校为例[D]. 北京:中国青年政治学院,2015.

最大,一致型家庭中媒介素养代际差异最小。

表6　不同家庭类型中媒介素养差异均值

	沟通模式			
	放任型	多元型	保护型	一致型
	Mean	Mean	Mean	Mean
媒介素养差异	10.18	5.00	12.67	−3.50

表7　媒介素养差异与家庭沟通模式

(I)沟通模式	(J)沟通模式	Mean Difference (I−J)	Std. Error	Sig.
一致型	放任型	−13.68182	5.08796	.009
	保护型	−16.16667	6.09449	.010

　　本次研究中的数据表明,高概念导向的一致型家庭中,子女的媒介参与意愿最高(M=18.1),而媒介认知最低(M=40.67)。一致型家庭中的子女更愿意参与到微博的使用中,同时,其对于微博有自己的判断和想法。而在父母方面,其媒介参与意愿与媒介认知都是最低的。这可能与一致型家庭中父母的文化水平有关,通过列联表分析检验与家庭沟通模式相关的变量,结果显示,家庭教育水平和家庭沟通模式显著相关。列联表中的数据分布显示,一致型家庭中父母文化程度为本专科及以上的占到66.7%,家庭文化水平较高,其次为多元型家庭和放任型家庭,而保护型家庭的父母文化水平最低,83.3%的家庭其父母文化程度为高中及以下学历。

　　在深访中发现,两位文化水平高的家长J3、J4其对微博上的"谣言"现象有更深的认知,也会有选择地进行微博内容的转发和浏览。同时文化水平高的父母其微博使用的时间长,有的甚至长于子女,其对微博的新鲜感和探索感基本已经消去,因此对于微博的参与意愿不会太高。而相对文化水平较低的家长,其微博使用主要是由子女介绍、引导的,而子女的微博使用大都是从上大学开始,其接触微博的时间较短,对于微博的使用主要集中在娱乐信息的搜索和接收层面,由于微博参与行为的限制,其对微博的认知很难达到全面,同时,由于对于微博其他功能还未完全开发甚至认知,其会更有探索意愿。因此其对于微博的认知得分和参与意愿得分都会高于文化水平高的父母。

　　由于一致型家庭具有高概念导向,且其父母文化水平最高,因此父辈在媒介认知和媒介参与意愿得分上与子女的得分更为接近,一致型家庭的媒介素养代际差异要显著小于低概念导向以及父母文化水平较低的放任型和保护型家庭。

3. 文化反哺互动对社交媒介素养中代际差异的影响

根据统计分析,发现父母接受"文化反哺"的意愿、行为和感受对社交媒介素养差异的大小没有显著影响。而将子女文化反哺变量与媒介素养代际差异做相关分析,数据分析结果显示,子女文化反哺和亲子两代的社交媒介素养代际差异显著相关(sig 值 = 0.017),将子女文化反哺变量分成高分组与低分组,对社交媒介素养代际差异变量做独立样本 T 检验,如表7 所示,结果显示在5%的错误水平上,子女文化反哺程度高的家庭其亲子两代媒介素养差异要显著小于反哺程度低的家庭。

表7 文化反哺的独立样本 T 检验

Independent Samples Test					
		Levene's Test for Equality of Variances		t-test for Equality of Means	
		F	Sig.	t	df	Sig. (2-tailed)
媒介素养差异	Equal variances assumed	4.169	.045	2.440	72	.017

在深度访谈中,研究者也发现孩子对于父母使用社交媒介存在一种"微妙的心理",既希望父母能够通过使用社交媒介了解更多的新事物,在丰富自己生活的同时加强两代人沟通的顺畅度,又希望父母在社交媒介的使用中不要侵犯自己的私人空间,在交流沟通中保持一定的距离。因此,其对"文化反哺"抱有积极态度,但是同时又希望父母学习到的只是社交媒介中的某一些知识和技能,对反哺的结果存在一定程度上的忧虑甚至于反感。因此,"反哺感受"变量可以反映出"文化反哺"变量对于媒介素养代际差异的影响是可以理解的。

(三)社交媒介使用中的代际差异和亲子关系

这一部分是整个研究在现实意义方面的拓展,亲子两代在社交媒介使用中的差异会不会对亲子关系产生影响? 通过定性访谈,研究共有三点发现:

其一,由子女反哺而学会使用微博的父母,其微博使用更偏重娱乐用途,且与子女之间的关系定位更像朋友。家长与子女形成偏向一致的兴趣爱好,交流中更易加重子女心中的平等感,使子女感受到母亲身上的新潮因子,让双方的沟通更像是亲密的好友,从而进一步加强与父母交流信息和观点的意愿。

其二,微博内容偏好较为一致的亲子双方更能产生有共鸣的话题,使亲子两代的远距离沟通频率增加,更好地维系双方的亲密度。大学生大部分在异地上学,与父母交流的时间和话题都会明显比以前减少,亲子双方生活的地点不一致,生活内容不一样,很多东西无法产生共鸣,而微博作为一个全年龄段皆可使用的平民化媒介,上面的许多内容和话题都可以被全民讨论。亲子双方在微博内容上的一致性偏好,可以提供交流的话题,使亲子的沟通氛围更加多元、轻松、愉快。

其三,父母对微博内容的感知和对微博新潮词汇的使用会提高子女对父辈对新鲜事物接受度的认知,并且能够使双方在交流中感觉到更为顺畅和舒服。父母在持续的微博使用中,能够增加对微博上新观点新词汇的接受度,同时在与孩子的交流中体现出来,使亲子双方在沟通中更为顺畅,部分消弭双方本来由于对新文化接触度不同而导致的在用词遣句中的无法沟通现象。同时,父母对新媒体的接受与使用,会让孩子产生一种自己的父母更为开明、新潮的自豪感与满足感,增进亲子双方的好感度。

参考文献:

[1] 中国互联网络信息中心. 2014 年中国社交类应用用户行为研究报告[R]. 2015.

[2] 彭兰. 社会化媒体时代的三种媒介素养[J]. 上海师范大学学报,2013.

[3] 郭中实,周葆华,陆晔. 媒介素养与公民素养:一个理论关系模型[C]. 中国传播学论坛论文集,2006.

[4] 董雪. 媒体时代的大学生媒介素养研究——以厦大学生群体为例[D]. 厦门:厦门大学,2014.

[5] 江宇. 家庭社会化视角下媒介素养影响因素研究——以南宁市中学生及其父(母)媒介素养调查为个案[D]. 北京:中国传媒大学,2008.

[6] 焦润明. 代际理论与中国近代思想文化史研究[J]. 史学集刊,2003.

[7] 邓伟志,徐新. 家庭社会学导论[M]. 上海:上海大学出版社,2006.

[8] 于巍隽. 电视暴力与儿童:以家庭沟通模式为研究视角[D]. 上

海：复旦大学,2011.

[9] 周晓红.现代社会心理学[M].上海：上海人民出版社,1997.

[10] 杨立,部键.网络传播时代青少年"文化反哺"现象调查与研究[J].广播电视大学学报(哲学社会科学版),2002.

[11] 赵金萍.微博平台下大学生媒介素养实证研究——以北京10所高校为例[D].北京：中国青年政治学院,2015.

"以新论旧":新媒体语境下的宗族交往

——基于安徽刘氏宗亲的交往行为分析

刘　燕　安徽大学

摘　要:中国的宗族关系由来已久,在几千年的发展过程中,中国社会形成了稳定及富有特色的宗族传播仪式和交往活动。随着现代社会的不断发展,在很长一段时间内,宗族文化传播和交往受到强烈冲击。信息化时代的到来似乎给宗族交往活动带来新的发生契机,移动互联网等新技术革命彻底改变了人们的生活,也同样影响着宗族之间的交往活动形式和内容。

本文主要采用虚拟民族志、访谈法、内容分析法,通过调查安徽刘氏宗亲联谊、互动等一系列交往活动,分析新媒体语境下,宗族交往在传播内容和传播方式上的新形势,指出传统意义上的宗族交流遇到的新挑战和新机遇。

关键词:新媒体;宗族;交往;仪式

一、绪论

(一)研究缘起

"家"是现代社会存在和发展的基础性社会单元,中国人的"家国观念"历史悠久、基础深厚,宗族也经历了漫长而复杂的发展历史,有尊崇也有抨击,但它依然存在,在特定的时期有特殊的意义。

新中国成立以来,家族文化未曾断裂,改革开放后甚至迎来多次复兴,进入新世纪之后,宗族之间的交往发生了重大改变,新技术的产生给宗族交往活动的开展和传播注入新的活力,互联网,特别是移动互联网打破了权力对传统传播媒介的垄断,不同阶层、不同身份的人们都可以通过互联网获取和发布信息①。宗族关系不再像历史那样受制于等级与身份，传播也不再局限于传统的主体形式，每一个个体既是传播的受众也成了传播的主体，宗族关系的开展也在这场技术革命中发生变化。

"刘氏"古往今来都是中华姓氏中的重要一环，在中国历史上，刘姓称帝称王者多达 66 人，是中国建立封建王朝最多最久的姓氏②。新世纪以来，刘氏宗亲联谊已经发展成为中国宗族关系维系的典范，具有国际影响力。而身为安徽刘氏宗族肥东"青藜堂"分支的后人，笔者于 2008 年经历了安徽刘氏总谱的修订过程，有幸了解到其中大量传播活动，并且以自己身处其中的有利条件关注到了许多宗亲交往的真实情况，发现在微博微信等新媒介条件下，传统意义上的宗族交往内容和形式都有飞跃式的变化，但这种变化又会导致宗族传播行为产生何种新特点和后果？综上，笔者决定采用访谈法、虚拟民族志以及内容分析法，对安徽刘氏宗亲交往行为进行研究。

（二）研究意义

从理论上来说，当前对于宗族关系的研究主要集中于人类学、社会学等领域，从传播学角度研究宗族关系的成果并不常见。本文的研究集中于新媒介的发展给宗亲活动和日常交往带来的新变化，旨在顺应时代的发展，给传统宗族关系的维系带来新的活力。

从实践上来说，中国的宗亲关系和宗族文化不可忽视，是中华上下五千年形成的、有别于其他任何文化的特有财富。优秀的传统精神文化不能舍弃，宗族关系也不能忽视，本文的研究将帮助大家更进一步地认识新时代的宗族交往，对家族关系的维护有所帮助，也有助于家族文化的传播。

（三）研究方法

考虑到本文研究的性质与期待达成的目标，研究方法主要选取三种，虚拟民族志、内容分析法和访谈法。2000 年前后，有学者开始探索与互联网研究有关的方法问题，也有了许多重要的成果，海因出版了《虚拟民族志》（Hine，2000）一书，系统地阐述了对互联网进行民族志研究的可能及方法论原则。自此，虚拟民族志作为致力于独特地理解互联网的重要性及其意涵的方法被正式采纳和推广，相关的著作和研究论文与日俱增。③ 运用内容分析法对宗亲微信群、公众号等新媒介平台进行分析，探讨新媒体语境下的宗

---

① 王欢. 记忆与生活：焦氏家族文化传播研究[D]. 兰州：兰州大学,2015.

② 百度百科. https：//baike. baidu. com/item/刘姓/617983？ fr=aladdin&fromid=11159427&fromtitle=刘氏.

③ 卜玉梅. 虚拟民族志：田野、方法与伦理[J]. 社会学研究,2012,06.

族交往新态势。研究过程中,还将运用访谈法对直接参与的刘氏族人进行专访,意图能够较为真实地反映新时代的刘氏宗亲交往行为。

二、概念与场景

(一)宗族、组织与群体

从广义上说,组织是指由诸多要素按照一定方式相互联系起来的系统。从狭义上说,组织就是指人们为实现一定的目标,互相协作结合而成的集体或团体,如党团组织、工会组织、企业、军事组织等。勒庞在其著作《乌合之众》中提到,从平常的含义上说,"群体"一词是指聚集在一起的个人,无论他们属于什么民族、职业或性别,也不管是什么事情让他们走到了一起。但是从心理学的角度看,"群体"一词有着完全不同的重要含义。在某些既定的条件下,并且只有在这些条件下,一群人会表现出一些新的特点,它非常不同于组成这一群体的个人所具有的特点。[①]

谈到群体与组织,马克思·韦伯认为科层制遍布社会的所有领域,是现代社会理性化的标志,是现代人类的生存方式,而是否存在"管理主体"则是区别群体与组织的标准。就此而言,宗族又该如何界定? 现阶段,学者对于宗族大致有四种规范和表述不同的理解方式,著名历史学家冯尔康教授在"调和"其中三种说法的基础上,又结合古人的认识,对宗族做出了如下定义:宗族是由男性血缘关系的各个家庭,在宗法观念的规范下组成的社会群体[②],之后,冯教授又对此定义进行了修改:宗族就是有男性血缘关系的组织,是一种社会群体。这里需要特别指出的是,它并不是血缘关系的简单结合,而是人们有意识的组织,血缘关系是它形成的先决条件,人们的组织活动才是宗族形成的决定性因素。[③] 综上所述,我们可以将宗族作为一种有组织性的社会群体,体现的是一种显性的权力,它通过确切的组织机构、组织原则和领导人来管理族内的大小事务,它倾向的是一种工具性的联系。[④] 因此,对于宗族之间交往的活动及效果研究必将存在群体传播与组织传播两

---

① 古斯塔夫·勒庞. 乌合之众:大众心理研究[M]. 何道宽,译. 北京:北京大学出版社,2016.

② 钱杭. 中国宗族史研究入门[M]. 杭州:浙江人民出版社,1994:7-9.

③ 冯尔康. 宗族制度、谱牒学和家谱的学术价值[C]. 中国家谱综合目录·代序,中华书局,1997:2-3.

④ 高萍. 家族的记忆与认同——一个陕北村落的人类学考察[M]. 北京:社会科学文献出版社,2015:4.

大形态。

(二)互动的场景:安徽刘氏宗亲联谊总会

这里的场景并不是确定的地点和区域,而是安徽刘氏宗亲的互动前提——安徽刘氏宗亲联谊总会。由于时间和历史的原因,安徽并没有大型刘氏宗亲群居的特色村寨,省内宗亲散布各处,宗族之间的联系依靠各地成立宗亲联谊会,联谊会统筹族内各项事宜的开展并加强宗亲之间的日常生活交往。

自安徽刘氏宗亲联谊会创立以来一直致力于安徽省刘氏宗族的发展和传承,续修家谱、开展联谊互动节目,不断加强省内宗亲的联系和提升安徽省刘氏宗亲的世界影响力。在这样的宗亲互动交往场景下,多项具有影响力和传播力的活动成功举办,效果显著。除此之外,安徽刘氏宗亲联谊总会下设有各市、县联谊会,具体负责区域内部刘氏宗亲的各项活动。

安徽刘氏联谊总会是安徽刘氏宗亲各项工作的纽带,是号召者、领导者也是执行者,总会设有自己的官方网站、微信群、QQ群以便联系,各项组织领导工作规范具体,将安徽省内刘氏宗亲紧密结合起来,甚至拉近了世界刘氏宗亲的距离。

三、延续记忆与维系感情:个体成员间的交往行为分析

作为安徽刘氏宗亲的一员,在安徽刘氏宗亲联谊总会的联系和指导下,每一个个体成员之间的互动交往日益密切,血脉之间的勾连让个体之间的交往除了感情的维系之外,还有更深层次的意义——延续集体的记忆与文化,而宗亲之间的交往行为也必然围绕记忆延续与感情维系展开。

为了了解宗亲之间从传统仪式到日常生活之间的具体内容,笔者采访了安徽肥东"青藜堂"刘氏总谱六编委副主任刘1先生,详细了解了宗族传统仪式进程中的宗亲交往细节,并加入"安徽省宗亲联谊总会"微信群,运用虚拟民族志的方式对一些宗亲日常交往的主要内容进行分析。

(一)记忆的流转

刘姓是中国第四大姓,刘氏文化作为传统姓氏文化中的重要一环,它的发生和发展是历史学、人类学、民俗学的宝贵财富,更是所有刘氏宗亲血液里流淌的精神支柱。记忆的流转和精神的延续是安徽刘氏宗亲交往的重要内容,编修家谱和修建祠堂则是其中最为典型的代表。

1. 续修家谱中的宗亲交往

家谱是一种以表谱形式记载一个家族世系繁衍和族人重要事迹等的重

要文献和珍贵文化遗产。家谱的修订与传承是具有鲜明中国特色的一种本土传播现象。①

（1）修订

2007 年清明,安徽肥东青藜堂刘氏总谱第六次修订谱完成并举行了盛大的揭谱仪式(图 1、2),此次宗谱的修订得到了来自各地安徽宗亲联谊会的大力支持。整个修订过程困难重重,旧谱的找回以及新谱系关系的重建是六修组委会的重点工作。

图1 《刘氏宗谱》1   图2 《刘氏宗谱》2

为了联系青藜堂各地刘氏宗亲,获得准确的谱系关系,六修组委会联系到刘氏青藜堂十八代孙刘泽堂先生,并通过其联系到原谱保存地及保护人,并成立六修组委会,正式开展修订工作。修订过程涉及众多传统礼制与家族关系,笔者并未得到内容上更深入的介绍,这也是对于宗法传统和刘氏宗亲的尊重。

（2）方式

刘1告知笔者,六修组委会在成立之初便建立沟通联系的微信群、QQ群,所有工作、谱系图、账目均通过新媒体平台互相交流。根据刘1提供的信息,笔者将整个修订过程中的 QQ 群消息做了简单的统计,具体见表1。

① 王业明. 家谱作为组织传播媒介的观照——以明清徽州家谱为对象[J]. 今传媒,2016.

新媒介·新技术·新视野：新闻传播与社会变革

表1 修谱过程中 QQ 群消息数据统计

类别	数目
QQ 群	8 个
群总消息	28644 条
群文件	127 份
群总人数	22 人

刘 1 告诉笔者,当下的互动交往已经不再单纯依靠电话或实地拜访进行,尤其是在这种规模大的联系互动交往中,互联网已经成为必不可少的方式,甚至是唯一的方式。由此看出,新媒体已经成为宗族交往的主要平台。

2. 新建祠堂中的宗亲交往

在中国传统的儒教文化里,宗祠文化是一项不可忽视的姓氏宗族文化,作为一种宗族文化,一种植根于百姓骨髓的传统,其在中国大地蔓延生息,香火不断。宗祠文化作为中华民族悠久历史和儒教文化的象征与标志,具有无与伦比的影响力和历史价值①。

2015 年 11 月,肥东青藜堂刘氏宗祠罗成开祠,来自各地的刘氏宗亲赶往现场参加仪式,场面热闹非凡(图 3、4)。

图 3 刘氏宗祠开祠仪式

① 吴祖鲲,王慧姝.宗祠文化的社会教化功能和社会治理逻辑[J].吉林大学社会科学学报,2014,04.

图4　刘氏宗祠

　　自此之后,每年的正月十五是肥东刘氏青藜堂宗亲回乡祭祖的日子,笔者从几位刘氏宗亲处获取了2016年正月十五的部分朋友圈信息,具体情况见表2、图5、图6。

表2　2016年正月十五刘氏宗亲部分朋友圈信息

人员	朋友圈总数	点赞总数	评论总数	有关祭祖朋友圈数	祭祖朋友圈点赞数	祭祖朋友圈评论数
刘1	2	21	16	1	18	10
刘2	1	9	4	1	9	4
刘3	1	12	5	1	12	5
刘4	5	29	17	2	19	12

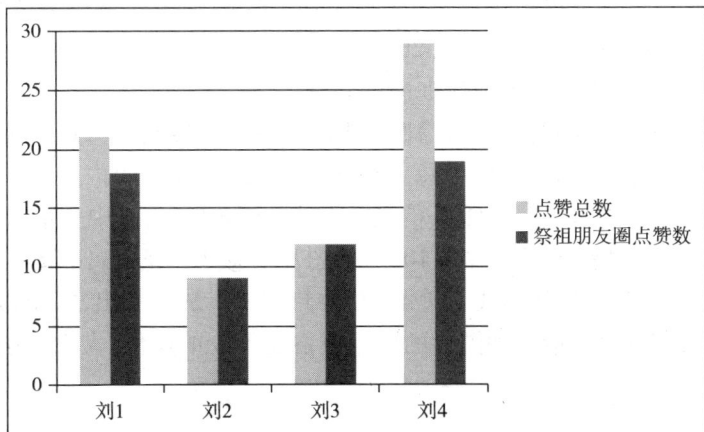

图5　祭祖朋友圈点赞数

新媒介·新技术·新视野:新闻传播与社会变革

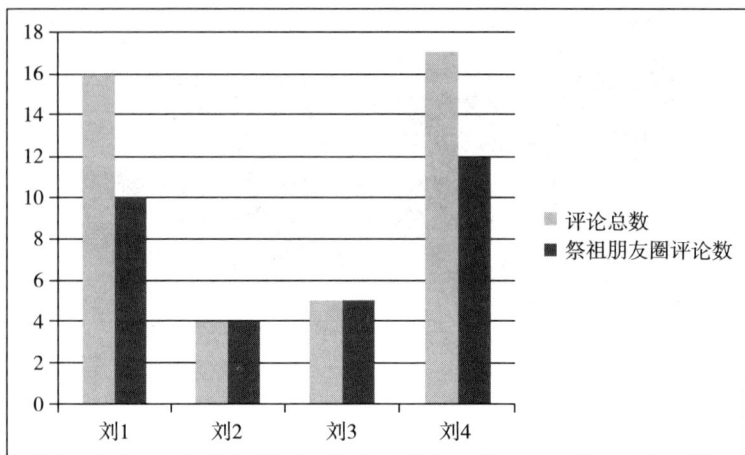

图6　祭祖朋友圈评论数

从图表中可以看出，祠堂的祭祖活动已成为刘氏宗亲必不可少的参与事务并且在刘氏宗亲中的重要性越来越高，借助微博、朋友圈等新媒体宣传宗亲祭祖活动已成为常态，而有关宗亲活动的朋友圈从点赞数到评论数都获得了受访人员当天95%以上的关注度。由此可见，自媒体平台令每一位宗亲成员都成为宗族文化传播的参与者和传播者。

(二)感情的维系

1. 网络时代的日常交流——"安徽刘氏宗亲联谊总会"微信群内容分析

如果说续修家谱和修建祠堂是延续历史和文化的宗亲交往活动，那么日常的交流与沟通则是维系宗亲感情的重要环节。以安徽刘氏宗亲联谊会交往为例，笔者采取虚拟民族志的方式，加入安徽宗亲联谊总会微信群，由于时间的关系，笔者只记录了从2017年国庆节以来近一个月的信息，以此作为宗亲日常生活交往内容的代表进行分析。

安徽刘氏宗亲联谊总会微信群自10月1日凌晨开始至11月10日晚间24点，共有留言1141条，群中总人数385人，在这段时间内发言的人数为107位，占比约28.8%。1141条信息的形式如图8所示，其中文本522条，占比约45.7%；表情125条，占比10.9%；图片信息270条，占比23.7%；链接89条，占比7.8%；其他形式133条，占比11.9%。从中看出，宗亲微信的交往内容形式多样，表情包和图片的使用也占据不少的比例，大大增强了交流的趣味性。

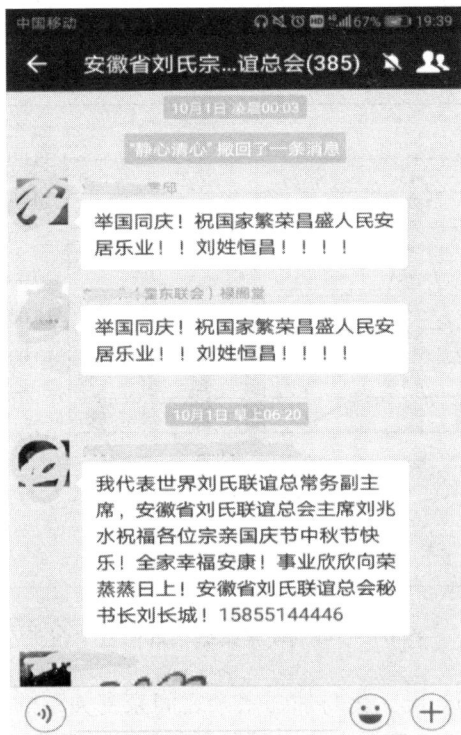

图7　安徽刘氏宗亲日常交往内容

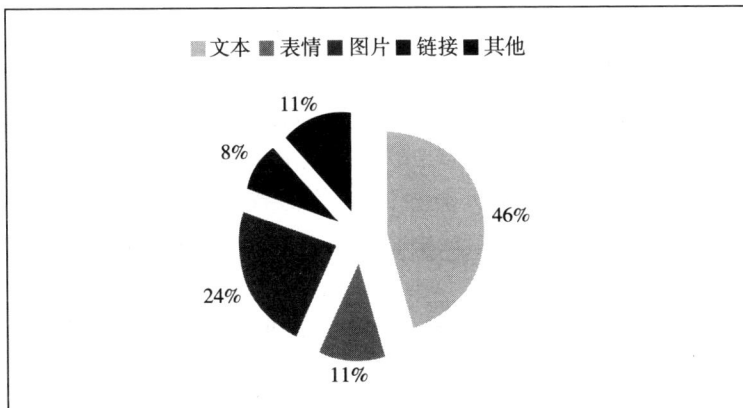

图8　安徽刘氏宗亲微信群信息类别

　　从内容的主题来看，主要可分为以下几个方面：问候类信息、教育类信息、宗亲互助（捐款、投票）类信息、祝贺类信息、音乐推送类信息、家庭关系推送类信息、通知类信息以及刘氏文化推广类信息等,具体情况如图9所示。

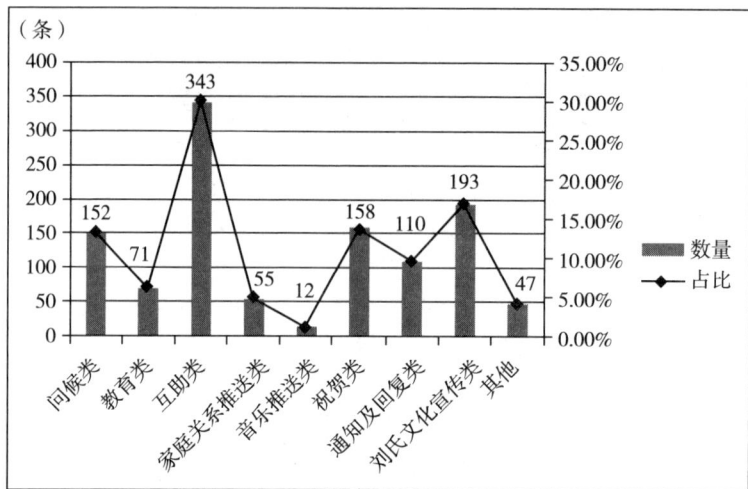

图9　安徽刘氏宗亲微信群信息主题

　　图9显示,宣扬刘氏文化与加强宗亲之间亲密关系的几项占据信息的绝大部分,问候类、家庭关系类、教育类也都致力于打造更为亲密的"小家"关系,进而齐"大家"。信息的发布时间间隔很短,表明安徽刘氏宗亲之间联系还是较为密切的;不同类别的信息交替出现,体现宗亲交往的生活化和多元化。

　　2. 联谊与聚会——春节为例

　　家族聚会是维系感情最有效的方式,春节作为中华民族的传统节日,同时也是中国人民最为重视的团圆日子,是宗族最为重视的事情,安徽刘氏宗亲联谊总会连续举办两年刘氏春节联欢晚会并取得巨大的成功。

　　第十届安徽省刘氏联谊大会暨2017安徽省刘氏春节联欢晚会于2017年1月7日在中国淮北矿业会议中心圆满举办,来自省内外的800多名刘氏族人参加了此次活动。值得注意的是,此次联欢晚会还通过网络平台对外直播,参会的人员也通过自媒体平台向未能到场的宗亲全程转播,大大增强了联谊大会的影响力。

四、仪式共享与家族认同:作为组织的传播行为分析

　　詹姆斯·凯瑞提出"传播仪式观"的说法,他认为,人类只有通过交流才能持守那些值得坚持的古老价值观,而这正是本质表现为参与、交流与分享

的宗教仪式对于文明社会的一个重要象征或寓意所在①。传播的"传递观"视"信息的移动在本质上是与货物或人的位移相同的过程"——铁路就是为了传教而兴建的,因此,"运输一词的精神含义是在地球上建立并拓展上帝的领地"。另一方面,"传播一词的精神含义同样如此",是19世纪北美基督徒相聚一堂获取精神上的共享、共识的一个场所、一场仪式②。虽然对于"仪式观"的讨论仍在继续,有待商榷,但如果要为仪式观找一个最为有力的证明,显然宗族的交往是最好的选择。作为连接宗亲、宣扬文化的群体性组织,安徽刘氏宗亲借助新媒体进行自身的传播,最具影响力的是"刘氏宗亲总会"微信公众号。

笔者选取2017年10月1日至11月10日这一段时间的公众号作为研究对象,对其内容、形式和效果进行分析,希望得到一些成果。这期间,公众号共推文205篇,频率为固定的每天5篇,每天的主推文阅读量保持在20000的平均水平,而副推文的阅读量则保持5000+的平均水平。

图10、图11、图12是公众号205篇文章的内容分类以及占比的情况,从中可以看出,主推文的41篇文章中,宣扬刘氏宗族文化和代表名人的内容占据了50%以上,而在副推文的164篇文章中也占据较大比例。

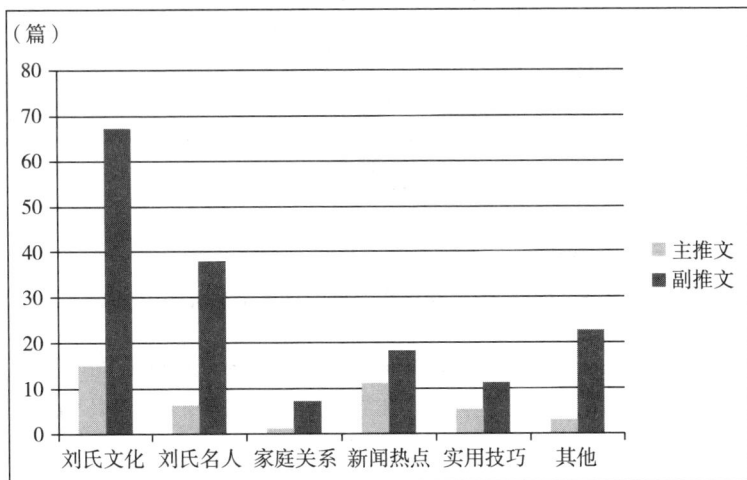

图10 "刘氏宗亲总会"微信公众号文章内容分类

① 秦州. 虚拟教堂:对传播的"仪式观"的另类解读[J]. 中国地质大学学报,2009,11.
② 詹姆斯·凯瑞. 作为文化的传播[M]. 北京:华夏出版社,2005.

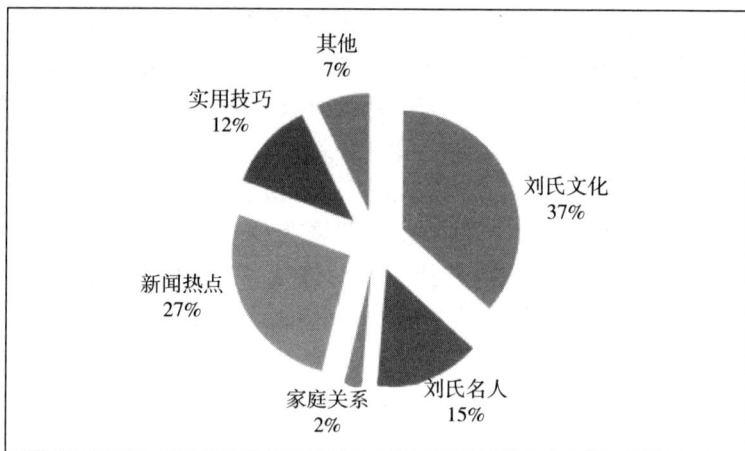

图11 "刘氏宗亲总会"微信公众号主推文中的各项内容占比

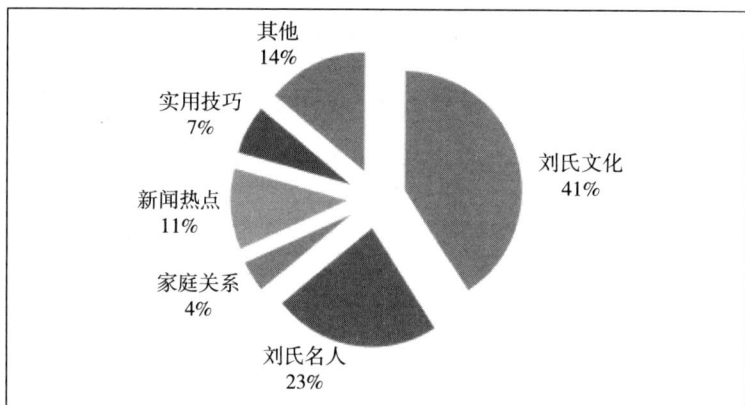

图12 "刘氏宗亲总会"微信公众号副推文中的各项内容占比

由上图可见,公众号主要以刘氏宗族文化和宗亲关系为传播内容,包括大量联谊、祭祀活动的新闻选介,旨在宣扬刘氏宗族的优秀传统和力量的强大。

图13为公众号文章阅读量分布图,阅读量超过2万的文章共计130篇,在这130篇文章中,刘氏文化类占比60.77%,刘氏名人类占比33.85%,家庭关系类无一篇超过2万,新闻热点与实用技巧类均占比2.31%,其他占比0.77%。从数据可以看出,推文中具有良好传播力的文章依然集中于刘氏宗族文化方面,其余占比很少。不论是内容数量还是传播力分布,刘氏宗亲总会的主体内容都是从传统刘氏宗族文化出发,宣扬族谱、族训等特有姓氏文化和姓氏优越感,以达到宗族范围内的身份认同。

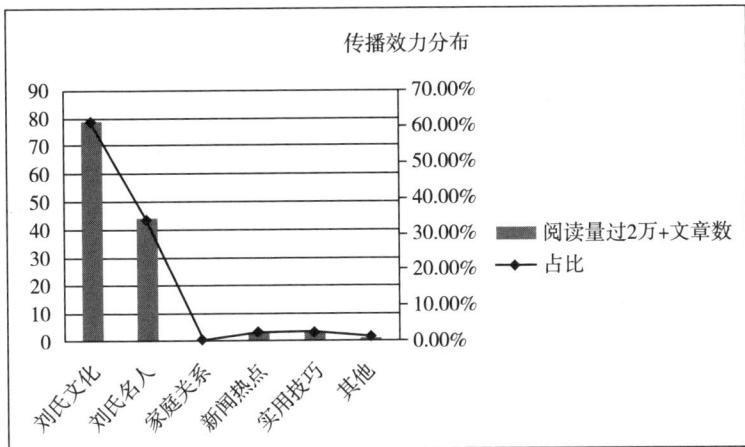

图13 "刘氏宗亲总会"微信公众号文章阅读量分布图

五、新媒体影响下的宗族交往新形势

新一轮媒介技术革命影响深远,传统宗族交往也在交往方式等方面发生明显改变。但无论是个体交往行为还是组织传播行为,宗族间的交往内容较之以前并没有太大变化,以交流情感、宣扬刘氏文化、达到身份认同为主要目的。

(一)传播对象的确定性

宗亲的交往不同于普通的人际交往,确定性表现在绝大多数成员是固定的,传递对象清晰可见,具体会议、文件都有明确的传达目标和参与身份界定。

(二)主题上的强制性

对于刘氏宗亲来说,传播的主题集中在汉文化、刘氏起源文化、家庭关系维护、节日庆贺等方面,主要的目的也是为了促进宗族的情感升华。

(三)目的上的认同性

宗亲之间的交往,无论个体还是组织的最终目的是仪式上的共享和身份上的认同,通过日常交往和公众号的传播,不断宣扬刘氏文化的优越性。

身处于互联网不断发展的新时期,传统交往方式已经无法满足宗族交往的需要,借助于新媒体平台的传播成为宗亲之间交往的重要选择。

(四)媒介的多样性

宗族交往不再是传统纸质、图像的记录或是电话信息的交流,新媒体语境下的宗族交往方式更为丰富,QQ、微博、微信甚至是直播平台都成为交往的重要媒介,电子技术不断发展的今天,"电子家谱""虚拟祠堂"相应出现,宗亲的交往越来越多样。

(五)语言的网络化和生活化

不同于古时严格的宗法制度、世袭制度的规定,当下的宗亲交往更加生活化和亲切化,不再受传统礼教、孝道、长幼之道的限制,宗族交往的语言运用更加生活,微信、QQ 群中也不乏表情包、网络用语的使用。

(六)传播主体的多元性

在传统社会,家族文化的传播往往是由先祖、长辈向后人、晚辈进行单向的传播,口述家族历史、告诫家训家规等是先祖、长辈进行传播的主要方式,后人、晚辈大都以承袭为主。而在现代生活中,家族文化的传播不再是单向的[①],新媒体的出现令每个个体都能成为宗族文化传播的主体,个体间的差异性也令传播主体呈现多元化的特征。

(七)交往的便利性

毫无疑问,媒介的革命带来交往方式的革命,随之而来的是越来越便利的交往方式,人人均可不出门而尽知天下事,即使相隔千山万水也能如见面一般亲切、真实,这也令传播的规模和效果都得到大大提高。

六、结语

与现代社会看似格格不入的宗族却在改革开放后迎来复兴的潮流,在互联网不断发展的今天,那些从传统社会中走来的血脉联系将怎样应对"秀才不出门,尽知天下事"的局面? 新媒体语境下的宗亲交往会发生怎样的变化? 这是笔者在文章开篇想要了解的问题,通过对实际宗亲交往活动的调查和分析,笔者认为交往媒介的新变革并没有带来传播内容上的大改造,以"新"媒介传播"旧"文化是目前宗亲交往的主要形态,而对于未来的交往发展甚至是宗族文化的复兴,兴利除弊或许才是最重要的环节。媒介必将持续变革,互联时代也有"落伍"的那一天,如何把握变化的环境、吸收现代意识是宗族交往需要把握的命题。

参考文献:

[1] 王欢. 记忆与生活:焦氏家族文化传播研究[D]. 兰州:兰州大

---

① 王文俊. 家礼演变与徽州宗族社会的人际传播[D]. 合肥:安徽大学,2016.

学,2015.

　　[2] 王文俊. 家礼演变与徽州宗族社会的人际传播[D]. 合肥:安徽大学,2016.

　　[3] 卜玉梅. 虚拟民族志:田野、方法与伦理[J]. 社会学研究,2012,06.

　　[4] 古斯塔夫·勒庞. 乌合之众:大众心理研究[M]. 何道宽,译. 北京:北京大学出版社,2016.

　　[5] 钱杭. 中国宗族史研究入门[M]. 杭州:浙江人民出版社,1994.

　　[6] 冯尔康. 宗族制度、谱牒学和家谱的学术价值[C]. 中国家谱综合目录·代序. 北京:中华书局,1997.

　　[7] 高萍. 家族的记忆与认同——一个陕北村落的人类学考察[M]. 北京:社会科学文献出版社,2015.

　　[8] 王业明. 家谱作为组织传播媒介的观照——以明清徽州家谱为对象[J]. 今传媒,2016.

　　[9] 吴祖鲲,王慧姝. 宗祠文化的社会教化功能和社会治理逻辑[J]. 吉林大学社会科学学报,2014.

　　[10] 秦州. 虚拟教堂:对传播的"仪式观"的另类解读[J]. 中国地质大学学报,2009.

　　[11] 詹姆斯·凯瑞. 作为文化的传播[M]. 北京:华夏出版社,2005.

　　[12] 王玉珏. 宗族复兴的传播机制研究——基于无为县王氏宗族的民族志调查[D]. 合肥:安徽大学,2017.

　　[13] 李赫,吴牡丹. 互动仪式链视角下的微信人际传播分析[J]. 今传媒,2016.

　　[14] 马金. 组织传播视域下的回族经堂教育研究——以大理穆斯林文化专科学校为例[D]. 重庆:西南大学,2016.

　　[15] 张萍. 再造社群——基于传播的仪式观透视三叶草故事家族案例[D]. 深圳:深圳大学,2017.

　　[16] 黎鹏. 仪式观视域下的微信朋友圈传播[J]. 文化与传播,2016.

　　[17] 胡翼青,吴欣慰. 再论传播的"仪式观":一种社会控制的视角[J]. 河南社会科学,2015.

　　[18] 谢静. 经由传播而组织——一种动态的组织传播观[J]. 新闻大学,2011(04).

　　[19] 赵诗凝. 城市广场舞:从传播仪式到群体认同——以南京市 N 舞队为例[D]. 南京:南京大学,2016.

删除与自隐：大学生微信媒介使用行为的内在性研究

王宇荣 江西师范大学

摘 要：随着微信的推广与深度使用，在微信建构的错综复杂的人际关系场域内，微信环境的变迁使微信用户逐渐衍生出新的媒介使用行为。本文作者通过阅读大量的文献，并结合作者自身微信使用的经验与周围人群使用微信的行为，总结出两类微信媒介使用行为进行此次研究，分别是微信信息删除行为、微信信息自隐行为。本文拟采用量化的研究方法，以精神分析学、视觉文化相关理论为路径，通过网络对大学生的两类微信媒介使用行为进行调查研究，并展开数据分析，以阐释大学生的微信媒介信息删除行为与信息自隐行为的内在性。本研究认为：在大学生四年本科期间，大学生微信信息的删除行为，实质上是一种对自我历史形象认同与误认的觉醒，并以此参与大学生的社会化建构；大学生微信信息的自隐行为产生于他者与自我凝视的权力、规训、生产场域内。

关键词：微信；媒介使用行为；凝视；镜像阶段

前言

人们于微信上所建立的交流，像是一种身体不在场的交流，却又被媒介技术座驾上的持有物或人所挟持。我们像是新媒体营造的全景敞视监狱中的"囚徒"，自始而终被凝视。在微信建构的人际关系场域中，人们无时无刻不在重新定义、适应新情境，衍生出新行为。删除、自隐行为便是新衍生的媒介使用行为。删除行为主要是指微信用户删除自己所发的朋友圈信息（自拍照、生活日志等）；自隐行为主要指微信用户将自己的朋友圈信息隐藏起来,比如设置分组可见、发朋友圈信息的频率降低等。要考察这两种媒介使用行为的内在性,本文作者认为,一是与微信媒介环境有关,二是与个体的社会化成长有关。本研究以某大学的学生作为研究对象,主要以凝视观、镜像阶段理论(精神分析学说理论之一)为理论路径,通过网络对大学生的两类微信媒介使用行为进行调查研究,并展开数据分析,以阐释大学生的微信媒介信息删除行为与信息自隐行为的内在性逻辑。

一、文献回顾与理论框架

(一)媒介使用行为:概念的明晰

媒介使用行为阐释的是一种媒介与人的互动关系。瑞典学者 Windahl,S 曾指出,"媒介行为"本身是指所使用内容的量,所使用的内容形式与使用方式;而"媒介使用"是一种复杂的过程,是使用者在某种情形之下,期望借由消费某种媒介内容,来满足某种功能。[①] 由此看来媒介使用行为可以看成是一种复合行为,使用者在一定情景下为满足某种功能或需要,以一定的使用形式去消费某种媒介内容。有学者则更加进一步论述了使用媒介的动机所要考虑的两个因素。Mc Quail,D 认为,一是要考察什么因素影响了使用者选择媒介与使用媒介的行为,这是从受众角度考察;二是要考虑媒介内容与表现形式及其媒介环境如何吸引了媒介使用者的兴趣,这是从媒介角度考察。Mc Quail,D 认为这两个因素实质上阐述了媒介与人互动的关系。[②] 媒介环境的变迁会影响个体媒介使用的心理。媒介技术的发展正会印证梅罗维茨的理论,媒介重组交流之中必然会衍生新的媒介使用行为。在原有的媒介使用行为基础上衍生出来的新行为正透视着使用者心理变化与媒介场域环境的变迁,个体的微信信息将暴露无遗,成为"众目睽睽之下的信息透明人"。这表明了个体的微信信息始终处于被凝视状态中,这必然对个体使用媒介时的心理产生影响,个体在发一条朋友圈信息之前,会评估信息的受众人群,并决定该不该发。

本文作者认为,删除行为、自隐行为的产生遵循如下逻辑:首先微信环境因素已发生变迁(凝视场域),进而影响微信用户使用微信媒介的心理,从而产生删除行为与调试自隐行为。所以分析的关键点在于:一是微信环境的变迁,二是微信用户以何种心理状态来应对媒介环境的变迁,进而衍生出

① 李鲤. 网络电视节目满意度评估:基于"媒介使用行为"的考量[J]. 当代传播,2016(06).
② Mc Quail,D. Audience Analysis[M]. Sage,1997.

删除行为与自隐行为。

（二）拉康镜像阶段理论

镜像阶段理论由拉康提出。拉康的镜像阶段理论指的是自我的结构化,是自己第一次将自身称为我的阶段,完全是由本源的欲望的无秩序状态所支配的婴儿面对镜子,高高兴兴地将镜中的自己成熟整体形象理解为自己本身的阶段。[①] 此理论在实现生活中的映照是,主体以技术手段营造一个理想的镜像自我形象,并会陷入对镜像迷恋的认同,殊不知这种认同是一种误认,混淆了现实与镜像的自我幻想;而这种被镜像欺骗,体验到完整、理想的自我形象的过程同时也是主体自身失去自己的过程。

1. 理想化的自我

人们在现有技术手段的结构中完成这种理想化的自我形象塑造,这是具有期待性、想象性的幻想形象。而此时的主体疏离自身的模式去拥抱镜像的形象,并内化为自我形象,最终实现特定时空维度的自我结构化,但同时也失去了主体自身,就像偷吃禁果的亚当和夏娃被逐出伊甸园一样,也是踏上失去乐园的踏板的一瞬。大学生在微信朋友圈所发的信息可以被描述为一种经过修饰的文本日志,诸如自拍照、生活日志类信息都是一种对自我彼时形象的理想化建构。因为大学生将自我的日常生活片段,通过文字、照片呈现于微信朋友圈这个被凝视的场域上,必然是要呈现最为理想的自我状态。

2. 认同与误认建构了主体的社会化发展

随着个人社会化的成长,主体会不断地否认过去特定时空的自我认同的形象,这种否认就是对彼时认同的觉醒。认同与误认的觉醒如此往返循环建构了主体不断重复的社会化发展。本文视微信用户为主体,主体的自我形象的建构是一个持续的过程,这也表明了自我想象的建构是在镜像认同与误认的觉醒中完成的,最为显著的是主体的删除行为。大学生微信朋友圈中绝大部分生活日志类信息都是一种经过修饰的文本,表征着彼时的自我理想化的形象。

（三）凝视观

1. 萨特:凝视与自我反思

萨特从其存在主义哲学视角出发,认为在看与被看的辩证关系中,人的意义、世界的意义得以确认,同时凝视是一种统治力量和控制力量,在萨特

---

① （日）福原泰平. 拉康−镜像阶段[M]. 王小峰,李濯凡,译. 河北教育出版社,2002.

看来,他者的凝视具有一种至关重要的功能,那就是使自己获得自我反思意识。微信朋友圈凝聚了各种层次的人群,近如亲人,疏如陌生人,主体所发的每一条微信朋友圈信息都会暴露在众人之眼下,成为受凝视的信息,而且所发的信息并不一定适合所有层次的人群。

2. 福柯:权力意识的凝视观

福柯的凝视观具有强烈的权力观,认为凝视是一种统治力量与控制力量。在福柯看来,现代社会无疑被表征为一种全景敞视监狱,所以凝视是一种监视、一种观看之道,更是背后的知识和权力的运作。彼得杜斯对于福柯的凝视观有着另一番解读,他认为凝视具有生产性,"全景敞视系统比精神病院和医院更具有典范性,它设置了一种单向凝视,其结果是生产了内心自我监管的主体"。因此,凝视就要产生效用,要让被凝视者变得有用、有效。这种凝视是有目的、有意图、有方向的。① 他者凝视携带的规训从他者内化为有意识的行为,规训朝向生产的一面进行,使社会力量得到加强,增加生产、发展经济、传播教育、提高公共道德水准。在微信建构的凝视场域内,凝视实质是双向的:一是凝聚在主体朋友圈的人群会凝视主体;二是主体在感知被凝视(监视)时,会将他者的凝视内化为自我内心的凝视,即自我凝视自己、自我监视自己,也就是彼得杜斯所讲的单向凝视生产了内心自我监管的主体。

二、研究问题与假设

研究问题一:大学生将日常碎片化的生活片段,以照片、文字形式传至微信朋友圈,但是为何又将其删除? 这与微信环境有何关系?

大学生微信朋友圈中的每一条生活日志类信息,绝大部分是经过修饰的文本信息。在微信建构的凝视场域内,微信实质上也可以说是记录大学生社会化的过程与自我形象的过程。删除以往的信息即是对历史阶段性理想型自我形象一种误认的觉醒。认同与误认的觉醒便参与大学生社会化建构的过程。

研究假设一:在微信建构的凝视场域内,大学生产生自我监管的心理。删除行为即是表明大学生在否认特定历史阶段性理想型的自我形象,这是一种对以往自我形象误认的觉醒。认同与误认的觉醒参与大学生社会化的建构过程。

---

① 朱晓兰．"凝视"理论研究[D]．南京大学,2011.

研究问题二：大学生发朋友圈信息的频率为何降低？这与微信的环境有何联系？

在微信建构的凝视场域内，凝视是双向的。来自主体朋友圈中的人群的凝视携带着规训的权力意识，让主体产生自我内心监视的心理。此种来自内心的监视让主体获得自我反思的意识，并会对自己所发的朋友圈信息进行评估：所发之信息会不会影响自我的形象，是否符合特定人群对自我形象的认同？

研究假设二：携带规训权力意识的凝视，让主体产生自我内心监视的心理，主体会重新评估所发朋友圈信息的价值，导致降低了发朋友圈信息的频率或者屏蔽某类人群。

三、研究设计

（一）研究对象与抽样方法

本文作者以某省属本科的学生群体作为研究对象，根据该所大学的学生群体性质进行男女比例3∶7的配额择取，最后总共获取156份网络问卷。

（二）问卷设计指导思想

表1　问卷设计指导思想

镜像阶段	删除行为	1. 大学生发朋友圈信息的准备过程及心态。 2. 是否会删除朋友圈信息？为何？ 3. 他者的凝视是否对删除行为有影响？
凝视观	自隐行为	1. 大学生朋友圈的类别。 2. 发朋友圈的频率是否较少了？为何？ 3. 他者的凝视是否会对自我发朋友圈信息行为产生影响？

四、研究发现

（一）调查对象描述性资料分析

1. 研究对象背景资料

根据调查数据显示，大学生男女比例分别为32%和67%，一至四年级以及研究生分布比例分别是16%、27%、19%、16%、22%。数据基本符合学校的学生分布特征。

2. 两类行为数据的描述性分析

(1)删除行为:结果显示,约有77%的调查对象删除过自己以前发的朋友圈信息。数据显示,75%的人认为以前在朋友圈发的信息不符合现阶段的心态与世界观,觉得幼稚;50%的人认为某些信息暴露了隐私,故删除;40%的人是基于忘掉过去的某些不开心的记忆才删除信息的。由此可以看出,大多数大学生微信用户是出于维护现阶段的自我形象才做出删除行为的。

表2　删除行为原因

删除行为原因选项	占比
1. 觉得以前发的信息不符合现在的心态和世界观,现在觉得幼稚。	75%
2. 因为不想让现在的好友看到我以前发的朋友圈,以免影响我的形象。	29.17%
3. 想删除某些不开心的记忆,可以帮助我忘记那段历史。	39.17%
4. 觉得有些信息暴露了我的隐私,所以删除了。	50%
5. 其他。	35%

(2)自隐行为:超过60%的调查对象表明了自己发朋友圈的频率越来越少了。原因是,78%的人觉得发什么都没意思,都看淡了;43%的人认为朋友圈有老师亲人等长辈,也有同学、学弟学妹等,所以不知道该发什么。接近30%的调查对象设置了自己的朋友圈浏览模式权限。这实质上是主体在微信建构的视觉场域内,凝视由他者内化为自我,我们变得愈发迷茫,微信聚拢了诸多类型的人,已不仅仅是由强关系所维系了的,众多的"陌生人"让主体缺乏情感维系的基础,其建构的凝视场域也让自我缺乏暴露后台的勇气,以至于我们变得保守,看着微信朋友圈就行,无言能够保持当前自我的形象,所以自我形象的建构与维护貌似被迫在凝视场域内进行。

表3　自隐行为原因

发朋友圈信息的频率降低原因	占比
1. 学习、生活太忙,没时间发。	34%
2. 觉得发什么都没有意思,都看淡了。	78%
3. 觉得老是发朋友圈信息好做作,不想成为这样的人。	18%
4. 朋友圈有老师亲人等长辈,也有同学、学弟学妹,不知道该发什么,无话可说。	43%
5. 不想随波逐流,觉得不随便发朋友圈信息是另一种潮流。	23%
6. 其他。	27%

五、研究分析

（一）微信环境的变迁：携带规训权力的凝视场域

微信自 2011 年推出以来，已逐渐成为国民网络社交最为主要的平台。随着微信的深度使用，基于微信所构建的交流环境已然发生了变化。在个体的微信上，构建了一个庞大而又复杂的人际关系网，近如亲人，疏如陌生人，都凝聚在微信朋友圈内，个体在微信朋友圈所发的信息成为被"凝视、围观"的对象。好友的层次与属性参差不齐，也让个体在微信上所发的信息陷入一种与受众不对等的状况，进而有暴露个体后台形象的风险。由此个体也就产生了内心自我监视的心理，会对即将发出的信息进行评估，并采取必要的措施维持自我形象，比如个体会删除以往的信息或者设置分组可见，降低发信息的频率。

（二）删除行为：主体社会化阶段性的一种呈现

1. 镜像阶段理论视域下的删除行为

根据调查数据显示，75% 的人是因为觉得以前发的朋友圈信息不符合现在的心态与世界观，现在看觉得幼稚，所以才删除。这是一种对六年社会化存储记忆的否认，是对特定时空中自我形象的否认。拉康的镜像阶段理论认为，主体是在特定时空的结构中建构理想化的自我，亦是实现特定时空维度的自我结构化，微信朋友圈记录的每一条信息都是特定时空当中的自我形象的表征，犹如镜像阶段中认同的期待性、想象性与理想性的幻想的自我形象。但是随着个人社会化的成长，主体会不断地否认过去特定时空的自我认同的形象，微信用户删除微信朋友圈信息的同时也失去了主体阶段性的自我形象，删除的行为亦表征了主体误认的觉醒。认同与误认的觉醒如此往返循环建构了主体不断重复的社会化发展。反观我们六年在微信上所说的话语，其实都是表征、记忆着我们每一个阶段的、特定时空的自我形象。当我们打开微信对自身所发的朋友圈进行一次历时的个人记忆的回观，我们总能回忆起那时的自我形象，那时的特定的时空环境，值得注意的是我们的回观是以现时阶段的自我去反观历时阶段性的自我，结果是 75% 的人认为历时阶段性的自我好幼稚。诚如弗洛伊德所说的自我既不是自己本身的主人公，也不被置于主体的中心，自我只能是作为结构化的必然性……以想要存在但又常常失败的状态为中心，来推进主体结构化的东西。

（三）自隐行为：他者与自我双向凝视的权力、规训、生产的糅合

1. 自隐行为的背景介绍

微信作为时下普及率最高的即时通信软件，已经深深地与人们的生活浸融在一起。错综复杂的各类成员分布，强弱关系的势力共存，让微信更像是一种福柯笔下的全景敞视监狱。根据数据调查显示，43%的人是因为朋友圈有老师亲人等长辈，也有同学、学弟学妹等同辈晚辈，以至于不知道该发什么就索性不发，更有78%人的觉得发什么都没有意思，都看淡了。本文作者在进行深度访谈时，对这个问题给予了极大的关照，现将相关访谈的观点总结如下：一是因为朋友圈好友性质各异，每一条朋友圈都有可能暴露自己的后台；二是不想成为什么事情都发朋友圈的人，以免让人误会自己爱炫耀、做作；三是每一次发朋友圈都会好好准备，修图、措辞等；四是自己的心态也更成熟了。诚如诸多学者所认为的，这应该是自我印象管理，但是我们更应该拷问自我印象管理是在何种场域内触发的。

2. 凝视观视域下的自隐行为

萨特从其存在主义哲学视角出发，认为在凝视建构的看与被看的辩证关系中，人的意义、世界的意义得以确认，在萨特看来，他者的凝视具有一种至关重要的功能，那就是使自己获得自我反思意识。事实上我们确实会在发朋友圈信息之前进行自我反思，我们会反复叩问自己这条朋友圈该不该发，发了会不会有人觉得自己爱炫耀……

拉康的镜像阶段论提出凝视是主体只能从单一角度去凝视客体，而客体世界全方位向你投注凝视的目光，凝视是欲望、诱惑以及幻想的纠结，凝视时我们携带并投射着自己的愿望，并可以借此逃离象征秩序而进入想象秩序中去。这也无怪乎我们总是在修图与措辞，以期在朋友圈中呈现出最理想化的自我，也无怪乎我们总是考虑他人的想法。现实维度上他者的确会凝视你的朋友圈信息，而自身会将这种幻想的他者凝视内化为自身的凝视，成为萨特所讲的使我们获得自我反思的意识，我们会变得越来越不喜欢发朋友圈，以免造成他人误会。从此种意义上讲，凝视不应该是单向度的凝视，而是一种双向的凝视。

福柯的凝视观更具有学术层面上的考量，福柯的凝视观具有强烈的权力观，认为凝视是一种统治力量与控制力量。在福柯看来，现代社会无疑被他表征为一种全景敞视监狱，所以凝视是一种监视、一种观看之道，更是背后的知识和权力的运作。彼得杜斯对于福柯的凝视观有着另一番解读，认为凝视也具有生产性的，"全景敞视系统比精神病院和医院更具有典范性，

它设置了一种单向凝视,其结果是生产了内心自我监管的主体"①。因此,凝视就要产生效用,要让被凝视者变得有用、有效。这种凝视是具有目的、有意图、有方向的。受访对象均表示因为朋友圈中存在老师与领导,这使得自身总是感觉到所发的朋友圈信息会被监视,从而破坏自己在老师眼中的形象,导致自身愈发不想发朋友圈,这是一种带有权力意识的考量,同时我们总会发一些信息以表征自身是热爱学习的形象,权力、规训、生产性一览无余。他者凝视携带的规训从他者内化为有意识的行为,规训朝向生产的一面进行,使社会力量得到加强,增加生产、发展经济、传播教育、提高公共道德水准。②

六、总结与讨论

文章所探讨的两类行为,删除行为、自隐行为与主体的社会化程度有很强的关联性,说明了在微信刚刚推出时,删除、自隐行为还不是很明显,但随着微信用户社会化的不断推进,其行为愈加显著了。删除行为是现阶段的主体通过删除以前的信息或是照片来进行现阶段自我形象的认同,助力完成特定时空结构的自我社会化,也是一种针对自我的印象管理手段;自隐行为则是微信用户在微信建构的凝视场域内,由他者凝视内化自我凝视,这种带有权力、知识、生产性的凝视让微信用户在发朋友圈信息时不可能不顾及他人的态度,以此来达到自我的印象管理的目的。

媒介环境的变迁影响着个体媒介使用心理,进而会衍生出不同的媒介使用行为。新媒体时代我们该如何与自我同行,媒介形态的发展更迭及媒介使用者的媒介使用心理会朝着什么方向变化,这并不是本文所能回答的问题,但是有一点值得确认,媒介环境时刻在影响着我们的媒介使用行为。

对于本研究的不足之处,作者认为一是调查的区域窄;二是由于本文作者眼界水平有限,还有诸多因素未被纳入考虑范围内。

---

① 彼得杜斯. 福柯论权力和主体性[M]. 汪民安,译. 文见汪民安等编:《福柯的面孔》,文化艺术出版社,2001:181.

② 汪民安. 权力[M]. 文见赵一凡主编:《西方文论关键词》,外语教学与研究出版社,2003:448.

猫的网络迷因：云养猫群体研究

——一种日常生活实践的视角

计可欣　安徽大学

摘　要： "云养猫"诞生于移动互联时代,指由于各种原因无法养猫的群体,通过互联网关注其他饲主,从其他博主定期发放的猫的图片和视频中汲取养分,达到"虚拟养猫"的目的。云养猫现象究竟是什么? 为什么会产生这种现象? 本文试图依据日常生活实践,进入日常生活实践的场域去分析和建构理论,利用问卷发放的形式对云养猫群体有一个初步的认识,研究发现:云养猫处于萌芽发展期,用户黏度较大,云养猫以微博和微信为主的社会性媒介进行。笔者通过参与式观察和深度访谈的方式,进一步走进云养猫群体的日常生活中,试图解答核心的研究问题:在网络情境下,作为符号的"猫"如何在网络化社会形成并与受众进行互动的;探索互联网技术和社会转型形成的合力给人与猫关系的改变带来的影响。

关键词： 云养猫;网络迷因;社会性媒体;日常生活实践

一、引言

现实中我国宠物猫和宠物狗的具体数目无法核实,但根据网络上对于宠物猫和宠物狗的讨论,猫明显占了上风。截至 2017 年 11 月 6 日,微博上超级话题#猫#中,共有 8 亿阅读量,2.4 万人关注,而超级话题#狗#中,只有1.2 亿阅读量,6624 位粉丝。① 搜索与猫和狗相关的微博热词,有关猫的讨论也超过了狗。(见图 1 至图 3)

① 粉丝量以 2017 年 11 月 6 日 21:00 实时统计,单位:人。

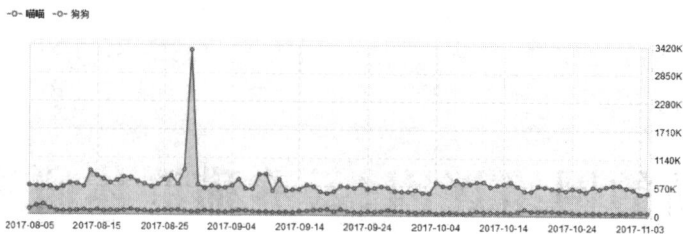

图1　微博热词"喵喵"与"狗狗"搜索趋势对比（图片来自微博指数）

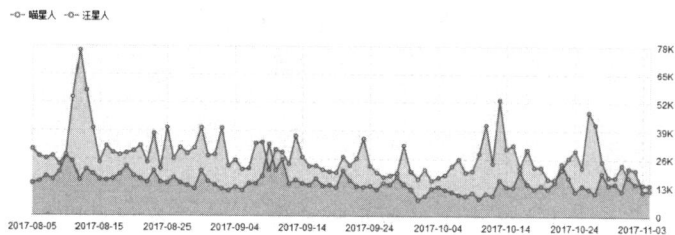

图2　微博热词"喵星人"与"汪星人"搜索趋势对比（图片来自微博指数）

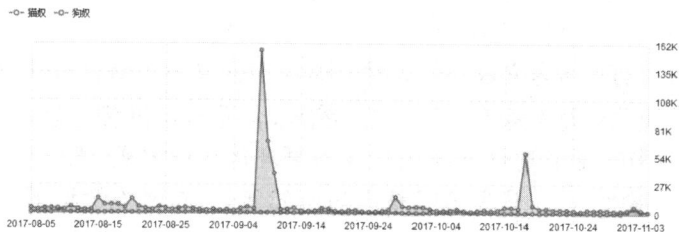

图3　微博热词"猫奴"与"狗奴"搜索趋势对比（图片来自微博指数）

截至 2017 年 11 月 6 日 21:00，知乎上有近 20 万人关注了#猫#的话题，而只有不到 10 万人关注了#狗#的话题。清博指数提供的微信公众号 2017 年 10 月榜单中，"大爱猫咪控"排名第 25 位，凭借着几张可爱的猫咪图片或视频，就获得超过 10 万的阅读量。这一定程度上体现了"猫"作为符号的社交属性，也为云养猫群体的诞生提供了土壤。

图4　微信公众号"大爱猫咪控"中文章配图

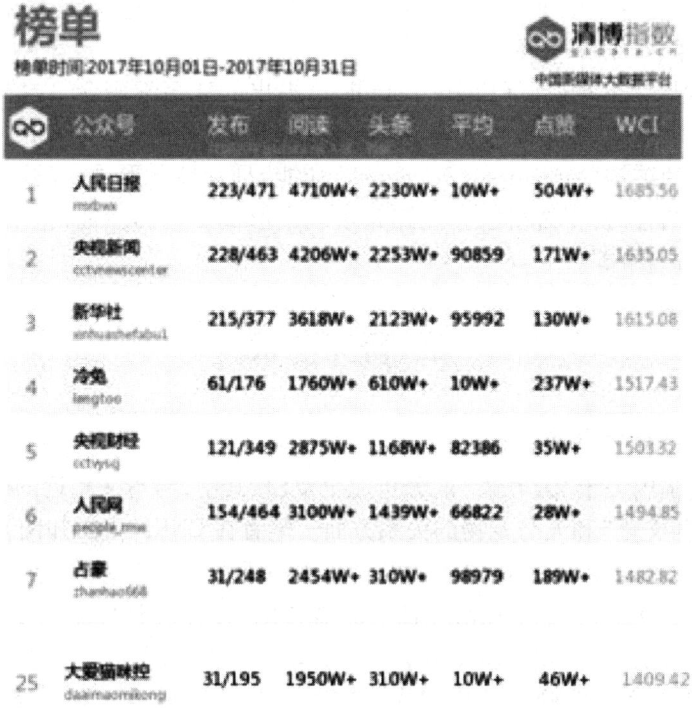

	公众号	发布	阅读	头条	平均	点赞	WCI
1	人民日报 rmrbwx	223/471	4710W+	2230W+	10W+	504W+	1685.56
2	央视新闻 cctvnewscenter	228/463	4206W+	2253W+	90859	171W+	1635.05
3	新华社 xinhuashefabu1	215/377	3618W+	2123W+	95992	130W+	1615.08
4	冷兔 lengtoo	61/176	1760W+	610W+	10W+	237W+	1517.43
5	央视财经 cctvyscj	121/349	2875W+	1168W+	82386	35W+	1503.32
6	人民网 people_rmw	154/464	3100W+	1439W+	66822	28W+	1494.85
7	占豪 zhanhao668	31/248	2454W+	310W+	98979	189W+	1482.82
25	大爱猫咪控 daaimaomikong	31/195	1950W+	310W+	10W+	46W+	1409.42

图5　微信公众号2017年10月榜单(图片来自清博指数)

二、“云养猫”概念厘定

“云养猫”是以新兴概念汇聚的汉语词语，广义上指生活中因为家庭条件，比如各种环境限制不能养猫，每天以看网站或使用App查看猫咪的图片、观看猫咪的视频的方式来安抚一个猫奴的抚养猫欲望。① 这里的“云”是网络、互联网的一种比喻说法。② 笔者认为从云计算、云存储到云服务，有关“云+”的词语中，“云”依托于网络，体现了一种及时化、虚拟化和移动化的特点，“云养猫”依托互联网环境下的新媒介，透过社交媒体平台，跨越了时空的限制。

对于“云养猫”的内涵，本文界定为“利用社会性媒介进行养猫的惯习”，主要涉及两个学术概念：社会性媒介(Social Media)和惯习(Rituals)。

“社会性媒介”指使用者自行生产的内容(User Generated Content，UGC)

① 来源于百度词条。
② 来源于百度词条。

提供生产、使用与互动交换平台的一类媒介,包含网络论坛、布告栏、博客、微博、播客、社交网站、维基百科等。①

"惯习"是由布迪厄(Pierre Bourdieu)提出的社会学概念,指持续的、可转换的性情倾向系统,倾向于被建构的结构(Structured Structures),发挥具有建构能力的结构(Structuring Structures)功能,是一种非形式化的、实践的知识。二者结合,云养猫在社会性媒介场域中形成了新的特征,包括共享性、互动性、匿名性等。

三、研究现状

(一)关于云养猫

目前国内关于"云养猫"的分析完全空白,其中,与本文相近的研究方向集中在"猫文化"和人与宠物的关系方面。笔者在 CNKI(中国知网)上以"猫文化"为关键词输入,发现国内关于猫文化的研究始于 2004 年,但研究数量甚少,不足 20 篇,且集中在研究日本的猫文化上;而关于人与宠物的关系研究涉及心理学、法学和建筑学等方面,例如《饲养宠物犬对空巢老人身心健康的影响》(李沭,2009)、《从宠物狗"探视权"一案管窥宠物之法律属性》(陈杰;胡鹜,2017)、《城市开放空间中宠物犬活动场地规划设计探讨》(杜朝玲;周建华,2016)。

(二)关于日常生活实践理论

《日常生活实践》成书于 1980 年,以米歇尔·德·塞托(Michel de Certeau)②为主撰写,德·塞托从日常生活中挖掘出了大众用以抵制"权力"的话语策略,并借此创造出新的日常生活和大众文化的话语逻辑。③ 国内对德塞托的研究较国外晚了 20 年左右,据余沛泓考证,1989 年出版的《新史学》编译了德·塞托的论文《论史学研究活动》,是国内最早译介德塞托的文章。国内学者反复研读了德塞托的《日常生活实践》一书后,对其进行了深入的分析。如练玉春较早地发现了日常生活实践理论中的文化研究新方向——"避让但不逃离"的抵制战术,重视普通大众在所处的文化规训机制中的主动性。除此之外,吴飞从"抵制""空间实践""权宜之计"和"无

---

① 冯丙奇. 社会性媒介内容传播过程基本特征分析[J]. 国际新闻界,2012(04).

② 米歇尔·德·塞托(Michel de Certeau)后文中写作德·塞托。

③ 李耘耕."书写"的异化与"阅读"的抵抗——米歇尔·德·塞尔托日常生活实践理论研究[D]. 南京:南京大学,2013(05).

言的生产"四个方面去理解德塞托日常生活实践理论,并指出进入日常生活实践的场域去分析和建构理论的重要性。而李耘耕的硕士论文则从追溯德塞托日常生活实践理论的思想史源头入手,挖掘日常生活实践理论的深层逻辑。

(三)综述

国内关于"猫文化"和宠物与人的关系的研究仍停留在描述性阶段,研究主题存在一定的局限性,至于"云养猫"的研究更是一片空白。笔者将从日常生活实践理论的视角出发,运用问卷调查与深度访谈,结合量化与质化的研究方法,探索云养猫现象的成因,挖掘网络社会下的符号消费和虚拟乌托邦构建。

四、云养猫群体研究

(一)研究方法和样本选择

本文采取随机抽样的方法对不同年龄层的云养猫群体进行了问卷调查,人群覆盖中、南、东部地区,主要通过腾讯问卷在线测评系统发放问卷。经整理分析,共回收 264 份问卷。删除无效数据(重复 IP),剩余 245 份数据。本文则以 245 份问卷为数据源展开数据分析。此外,研究者还对部分被调查者进行了深度访谈。本问卷共 16 小题,调查问卷内容编码后,数据分析采用 SPSS for Windows 20.0 进行。

(二)基本信息描述

1. 受访者个人基本信息

在这 245 份问卷中,男、女生所占比例分别为 37.5% 和 62.5%。笔者将年龄分为五个阶段;19 ~ 27 岁为 90 后,回收问卷数为 222,占比最高,为84.1%;13.6% 的受访者为 18 岁及以下的 00 后群体;而 28 ~ 37 岁、38 ~ 47岁、48 岁以上的受访者占比很少,三个年龄段加起来只有 6 人。这些数据在一定程度上反映了 90 后是云养猫群体的生力军。(见图 6、图 7)

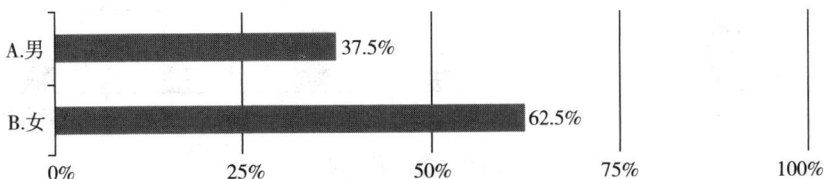

图 6　受访者性别

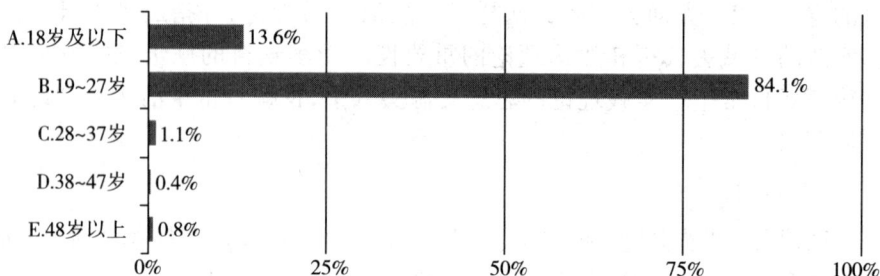

图 7　受访者年龄

在受访人群中,学历为本科的人数最多,占总量的 64.4% ;初中及以下占比为 2.3% ,高中或中专和大专占比相同,为 11% ;研究生以上学历,占总数的 11.4% 。受访者中超过一半的人是学生,达 160 人,企业人员次之,占比 19.3% 。(见图 8、图 9)

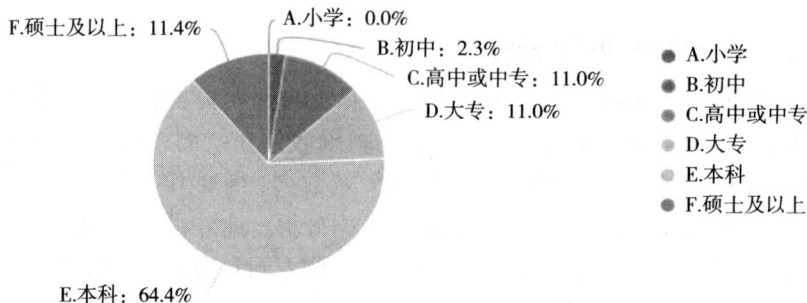

图 8　受访者学历

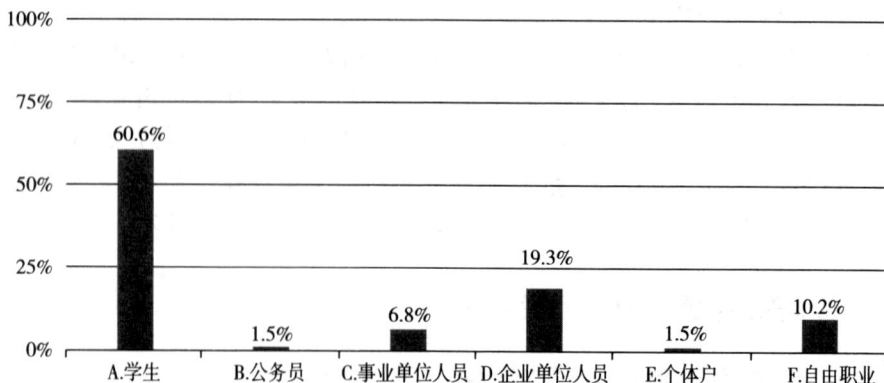

图 9　受访者职业

2. 云养猫情况基本信息

(1)云养猫处于萌芽发展期,用户黏度较大

在受访者中,云养猫时间以半年以下和半年到一年的人数最多,分别占总量的 49.2% 和 27.3%,总和超过了 75%。说明云养猫正处于萌芽和发展期。在云养猫频率中,"偶尔,想起来就刷"的人达到 118 人,占比 44.7%,"每天都看"的人占总量的 31.4%。在深度访谈中,W 先生①告诉笔者,他不会主动在微博上搜索云养猫的内容,因为已经关注了很多萌宠猫咪博主,平常有时间一刷就会看见猫咪的图片和视频。这说明大多数人虽然云养猫时间不长,但已经渐渐养成一种特定场域下的惯习。(见图 10、图 11、图 12)

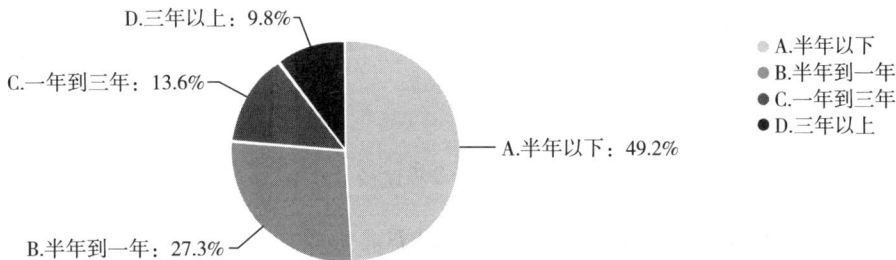

图 10　云养猫时间

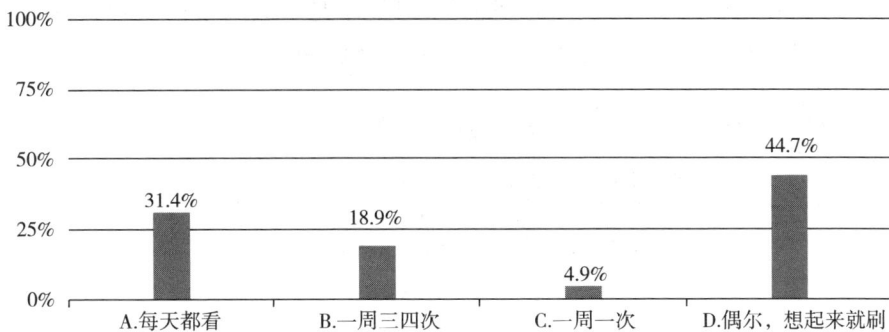

图 11　云养猫频率

(2)强弱关系互补为云养猫提供可能性

关于利用什么方式云养猫,受访者中选择"微博关注萌宠博主"和"微信朋友圈看好友分享的有关猫的图片和视频"的人最多,超过六成。C 女士②

———————————

① W 先生,23 岁,教师,本科学历。

② C 女士,22 岁,国企职员,本科学历。

在采访中告诉笔者,因为看到朋友圈中的好友经常会分享猫咪的动态,慢慢地自己也会不自觉地去微博上搜索萌宠博主,逐渐变成云养猫群体。以猫作为媒介,利用微信平台,实现现实人际互动的延伸。而微博作为典型社会性媒介,为共同在场提供了条件。(见图12)

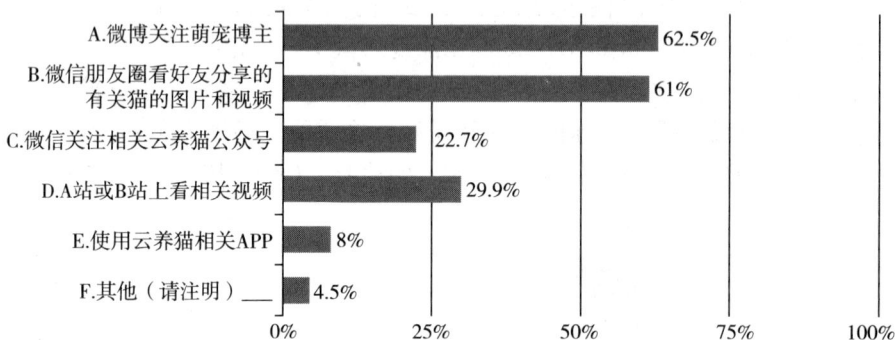

图12　云养猫途径

（3）良好满意度让云养猫成为自主式需求

问及"您觉得云养猫后,给您的生活带来了什么影响"时,不管是问卷调查中的受访者,还是访谈中的对象,提到最多的都是正面和积极的。J女士①谈道:"现在工作压力大,工作时间也长,可能不是每天都很愉快吧,有的时候看看可爱的喵喵图片,就会十分开心,挺缓解情绪的。"(见图13)

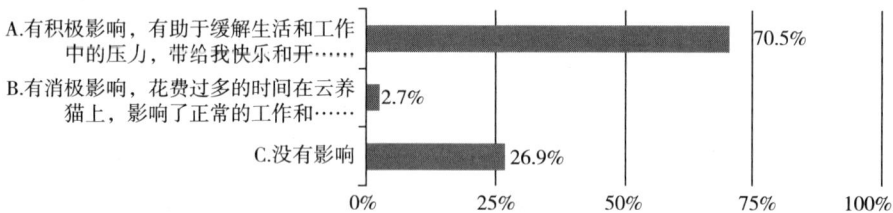

图13　云养猫影响

关于是否会选择一直云养猫的问题,选择会一直坚持的受访者超过六成,有33%的人选择"会,不管自己是否养猫都坚持云养猫"。一定程度上,这些选择不管是否养猫都会坚持云养猫的人,已经将云养猫内化成一种日常必须经历的仪式。(见图14)

———————————

① J女士,23岁,私企职员,本科学历。

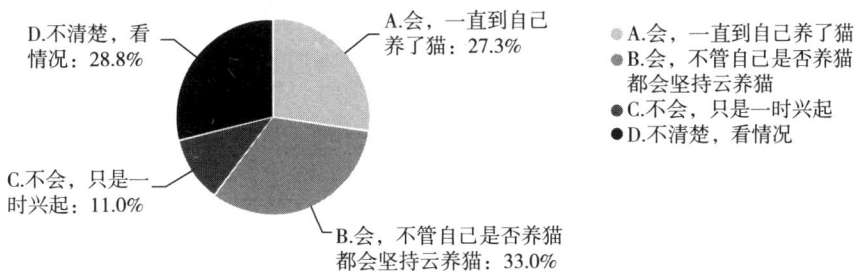

图14　是否会坚持云养猫

五、猫的网络迷因：基于日常生活实践视角的解读

迷因，由生物学家理查德·道金斯（Richard Dawkins）提出。他认为，人类在承载基因的同时进行文化的生产与传播。[1] 互联网的强交互性作用于迷因，产生了网络迷因的概念，指文字、图像和音频的文本能够在网络中随时形成，再通过大量复制、转发的方式扩散。[2] 作为符号的"猫"如何在网络化社会传播并引发互动？本文基于日常生活实践视角，结合量化和质化的方法，研究发现：云养猫以猫咪作为符号，利用社会性媒介建立虚拟乌托邦，它从真实离开，假装逃离此刻，并通过再生产的方式获得认同和快感。

（一）反规训网络的建立：作为符号的"猫"

日常生活实践理论强调普通人以自己的方式使用消费社会的自由，并且自己"创造"了日常生活，认为"消费者的这些做法和用法构成了一个反规训的网络"[3]。

身处碎片化的网络社会，猫咪被青年人捕捉，利用社会性媒介以动图和短视频的方式传播并扩散，构成了一个反规训的网络，在这里，云养猫群体围绕猫咪这一共同符号，形成交往共同体。笔者在参与式观察的过程中发现，云养猫的QQ群中，往往都会有已经在现实中养了猫的人，他们会在群中分享自己猫咪的日常，如果谁家的猫咪生病了，群中的成员都会出谋划策，尽己所能提供可行性建议。

在问卷调查和深度访谈中，关于云养猫的频率问题的回答，有近五成的

---

① Dawkins，Richard. The Selfish Gene[M]. Oxford University Press，1976：189，192，200.

② 方玲玲. 社交情境下网络迷因的社会功能与文化价值——基于小咖秀视频软件流行的思考[J]. 电视研究，2016（04）.

③ Berkeley. The Practice of Everyday Life[M]. University of California Press，1984.

受访者选择了"偶尔，想起来就刷"的选项，而"每天都看"的受访者也占到了总量的31.4%。在深度访谈中，W先生①告诉笔者："即使工作很忙，也会抽空去云养猫，因为是自己喜欢的事情，已经成为一种习惯。"由此可以看出，云养猫已经以一种伴随状态嵌入云养猫群体的日常生活中，在这样一个由云养猫群体"创造"的反规训网络中，日常生活中工作和休闲的再造系统界限逐渐变得模糊。

（二）猫咪表情包的意义空间：作为生产的消费

在云养猫群体中，利用猫咪表情包进行符号消费已经是很普遍的事情，也存在亲自制作表情包的行为。问卷调查中，对于"您有使用过猫咪表情包吗"的回答，超过九成的受访者表示使用过猫咪表情包，会自己制作表情包的受访者占30.3%。（见图15、图16）

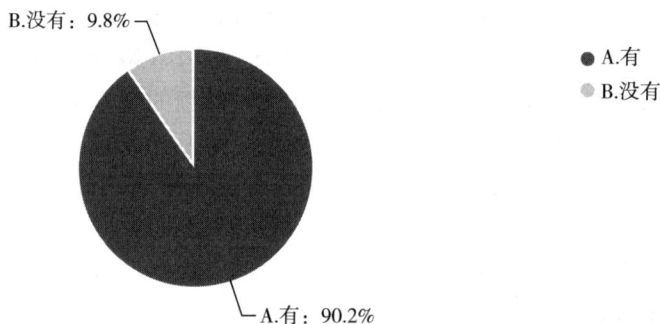

图15 对"您有使用过猫咪表情包吗"的回答

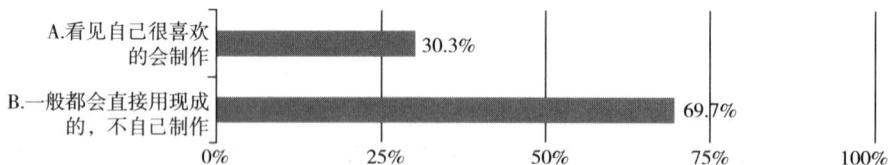

图16 对"您会制作猫咪表情包吗"的回答

德·塞托使用"二次生产"（Secondary Production）这一概念来表征消费蕴含的行动。他指出，作为一个文化产品的"二次生产"者，人们具有重新组织、解释编码的"创造力"。由于猫面部肌肉较少，无法展现丰富的表情，病毒内容传播专家萨姆·福特（Sam ford）把猫称为"完美的情绪画布"，因为猫的神情和肢体语言不易懂，于是有了更大的意义阐释空间。在意义生成的过程中更有利于满足使用者个性情绪表达的要求，成为虚拟乌托邦下共通意义空间的工具。

　　笔者在参与式观察过程中发现，刚进群聊天的云养猫爱好者会选择用猫咪表情包的方式和小伙伴们打招呼，这个时候的猫咪符号变成使用者形象的建构，表情包也从单纯的视觉形象逐渐转换为基于现实情景的意义生成体系。作为当下一种广受欢迎的网络互动符号体系，这种体系一方面是一种个体表达在网络语境下的自然呈现，另一方面又在互动过程中建构了另一种社会现实，满足个性化互动的需求。①

　　笔者在高中同学微信群中发送调查问卷时，就因为问卷的主题引发猫狗大战的斗图，喜欢猫和狗的同学们，通过互相发表情包进行对话，给许久没有活跃的群创造了愉快的聊天气氛。

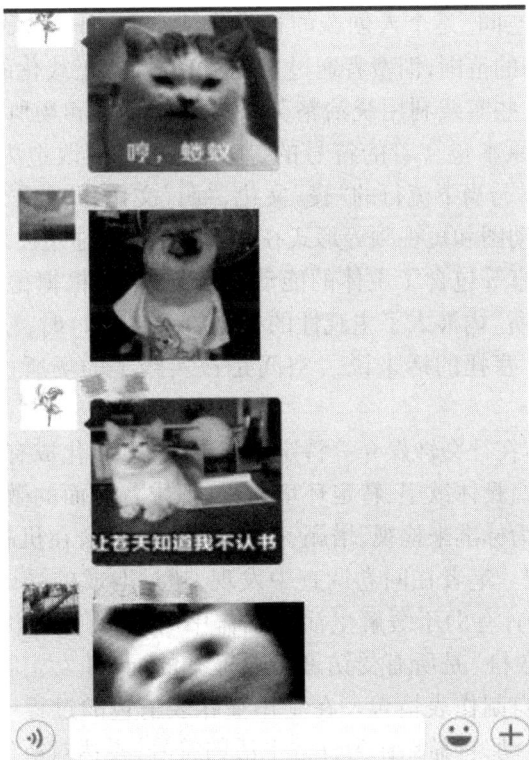

图 17　笔者班级微信群中的聊天记录截图

---

　　① 邝野. 网络互动语境下表情包的视觉符号与情感建构分析 [D]. 重庆：四川外国语大学，2017.

人们的现代消费在很大程度上已经从满足生理需求转向满足精神需求，商品在意识形态的浸染下逐渐符号化，这里的符号消费者并非被动的、消极的接受消费品，而是充满创造力的、个性化的，并通过符号消费将自己的差异性迂回渗透于其中。① 符号消费的同时也是一种生产，有自身的"实践逻辑"，在此脉络之下，消费活动可以变成一种"制造的艺术"。利用猫咪表情包进行沟通互动时重新产生新的意义空间，这种消费的场域是一个超越决定论的、蕴含着自我意识、自我表达以及自我满足的自主嬉戏空间。② 云养猫群体通过对猫咪形象进行生活化、拟人化的塑造，以制作成表情包的形式构成"再现"空间，突破了文字表意这样的元传播。

（三）空间实践：作为共同体的交往

德塞托的"空间"是个人创造的日常生活空间，日常实践空间的建立是消费者机动活动的范围，消费者通过采用流动的、非正式化的实践来进行创造性的生产。这些实践利用统治精英所提供的空间和场所，改写了原来的脚本，把社会中原本包含着的符号的、制度化的空间改造为另一种形态。③ 作为符号的"猫"与当下流行的"丧"文化、"萌"文化和"贱"文化等青年亚文化相得益彰，以动图和短视频等形式在社会性媒介中扩散，云养猫行为中的评论、转发和分享等包含了主体的能动性和创造力，根据德·塞托的主张，人类在一个"场所"内涉入了主观性的行动（movement）时，就驱动了"空间"的产生。用德·塞托的话来说，"空间是被实践了的场所（space is a practicedplace）"。

云养猫群体在社会性媒介等特定地点的实践，转化成有创造力的空间，在各种机制力量、具体欲望、特定环境之中，探求各方面的微妙平衡，结合了既定规训，以此为标准来检视、增删、改编自己的欲望，在机制内寻求着一定限度的自我实现。笔者在问卷调查中发现，超过七成的受访者认为云养猫带来了积极影响，有助于缓解生活和工作中的压力，而在深度访谈中，"开心""治愈"和"放松"是所有受访者提及最多的词。J女士看见喜欢的猫咪会拍摄下来，亲自制作表情包。在制作猫咪表情包的过程中，实现了个体、网络和社会的互动，将猫咪作为日常生活的符号，表达对所处社会环境的看法，以获得一定限度的自我实现。

---

① 王树良，谌椿. 自我认同与符号消费：阅络自制节目中的符号建构研究——以《奇葩说》为例[J]. 国际新闻界,2016(10).

② 余沛泓. 德塞都的日常生活美学及其当代文化意义[D]. 桂林：广西师范大学,2008.

③ 伍端. 空间句法相关理论导读[J]. 世界建筑,2005(11).

本文研究中提到云养猫中"作为共同体的交往","共同体"在这里从抽象的民族国家层面放置于更加具有社会实践的日常生活中,关注点聚焦于有着以喜欢猫为"共同兴趣"的小规模社区自发组织"共同体"①,基于互联网平台,使表征为匿名性、流动性和不确定性的陌生人之间的连接成为可能。笔者加入了云养猫群体的QQ群和微博粉丝群,在观察长期的聊天内容中发现,除了有关猫咪图片、视频内容的共享,他们之间占据更大部分的聊天内容是各种新奇猫咪表情符号的共享和节日祝福与问候以及日常生活相关的琐事分享。身为陌生人,群体成员保持着匿名以及由此而来的自由,而亲密性又使得群体成员得以在保持陌生性从而保持自由的同时,获得人际认同和安全感。② 这里的共同体以交往为前提,对陌生人有一定的包容性,因云养猫搭建内部认同的关系网络,而互联网则日益模糊了不同共同体之间的边界。

(四)"权宜之计":作为共享的虚拟乌托邦

"权宜之计"源于《日常生活实践》一书,德·塞托认为"因为有关场所的故事都不过是权宜之计,是由世界的残片组成的。实践没有自己的地盘却可以潜入他者的领地"③。就德·塞托而言,凡行走、阅读、聊天、逛街、饮食等都是日常生活可以操作的场域,这种以日常生活为素材进行的颠覆工作,就是德·塞托说的"权宜之计"。那些在日常生活中由于"养猫成本太高""没有时间养猫"等原因无法在现实中养猫的群体,选择成为云养猫的一员,正是一种利用网络的无边界性潜入他者领域的"权宜之计"。

与此同时,云养猫也是一种对传统的人与猫的关系的重塑。现如今,人类选择养猫一般是为了消除孤寂,达到陪伴的目的。当虚拟与物理的边界逐渐消失,云养猫群体可以随时随地在这个无边的网中穿越时空,自主选择在虚拟与物理两个世界漫游。笔者综合问卷调查和深度访谈后发现,包括资深用户在内的云养猫用户,对猫的品种并不是那么了解。对于他们来说,更多是将猫当作一个可爱的符号形象。不同于传统意义上宠物与人类的关系,他们共享的是一种符号意义上的猫咪形象,享受猫咪带来的快乐和轻松,并不受日常饲养中的琐碎事务影响。

---

① 雷蔚真,丁步亭. 从"想象"到"行动":网络媒介对"共同体"的重构——"钱云会事件"个案研究[J]. 当代传播,2012(09).

② 张杰."陌生人"视角下社会化媒体与网络社会"不确定性"研究[J]. 国际新闻界,2012(01).

③ Michelde Certeau,Heterologies. Discourseon the Other[M]. Manchester University Press,Machester. Trans B Massumi,1986:202.

日常生活是一个我与他人共享的世界，与其说它是一个主体的世界，不如说日常生活是一个"分享意义"的世界，网络让这种共享突破边界的限制，信息时代的乌托邦就是一个"虚拟的全景社会"，但这种虚拟生活并不仅仅是现实生活的虚拟化，而是在很大程度上拓展甚至超越了现实生活。在虚拟社区中，人们延续自己在现实生活中的兴趣爱好，与互不相识的人交流沟通。在开放的网络环境，自组织的云养猫群体通过社会性媒体的互动，为自己打造一个虚拟乌托邦，通过创造一种在场感、安全感和亲密感找寻归属感。

六、结语

在一个处于非稳定态和非平衡态的网络社会，一切都在生成和涌现中。云养猫作为移动互联时代的产物，以作为符号的"猫"构建意义空间，本质上是一种虚拟乌托邦上的符号消费。在充满可能性的日常生活中，个体选择使自我以愉快的方式重新"创造"日常生活，跳脱物理空间的束缚，在无边界的网络世界实现心理空间的解放，与社会空间对话。云养猫就像德·赛托日常生活实践理论中"避让但不逃离"的即席能力，这种能力在日常生活领域中实践，又重塑个人的日常生活。

本文利用问卷调查和深度访谈的方式走近云养猫群体，并通过参与式观察的方式进入日常生活实践的领域去分析和建构理论。研究发现，"云养猫"正处于萌芽与发展期，以90后为代表的青年人是云养猫群体的生力军。相对于品种，云养猫群体更多关心的是猫本身独特的符号形象，并通过包括制作表情包在内的方式，打造自我意识、自我表达以及自我满足的自主嬉戏空间。同时，分享与云养猫相关的图片和视频的行为也延伸了日常的交往，让个体自由地穿梭在虚拟空间和物理空间中。

随着沉浸媒介时代的到来，包括 VR 和 AR 在内的"浸媒介"[①]相继出现，泛在网络和大数据为泛众传播提供了物理基础，当物质空间与精神空间、心理空间与情感空间、真实空间与虚拟空间，所有空间融为一体时，虚拟与物理边界是否会消失？此时，云养猫又会以一种怎样的形态呈现？笔者将会持续关注，并在后续的研究中予以揭示。

---

① "浸媒体"在李沁发表在《国际新闻界》的文章《沉浸媒介：重新定义媒介概念的内涵和外延》中提及，指有沉浸传播特质的具体媒体形态，是在沉浸媒介技术下出现的数字化全新媒介形态和传播现象，即具有以人为中心、无时不在、无处不在、无所不能的传播功能，信息由传播者与接受者共同创造，并共同进入沉浸的体验。

参考文献：

[1] [美]戴维·斯沃茨. 文化与权力——布尔迪厄的社会学[M]. 陶东风,译. 上海:上海译文出版社,2006.

[2] 李耘耕."书写"的异化与"阅读"的抵抗——米歇尔·德·塞尔托日常生活实践理论研究[D]. 南京:南京大学,2013.

[3] 余沛泓. 德塞都的日常生活美学及其当代文化意义[D]. 桂林:广西师范大学,2008.

[4] 练玉春. 开启可能性——米歇尔·德塞都的日常生活实践理论[J]. 浙江大学学报,2003.

[5] 吴飞."空间实践"与诗意的抵抗——解读米歇尔·德塞图的日常生活实践理论[J]. 社会学研究,2009.

[6] Dawkins, Richard. The Selfish Gene [M]. Oxford University Press,1976.

[7] Berkeley. The Practice of Everyday Life[M]. University of California Press,1984.

[8] 王树良,谌椿. 自我认同与符号消费:网络自制节目中的符号建构研究——以《奇葩说》为例[J]. 国际新闻界,2016.

[9] 伍端. 空间句法相关理论导读[J]. 世界建筑,2005.

[10] Michelde Certeau,Heterologies. Discourseon the Other[M]. Manchester University Press,Machester. Trans B Massumi,1986.

[11] 陶文昭. 信息时代托邦的复兴及价值[J]. 山东大学学报,2005.

[12] 李沁. 沉浸媒介:重新定义媒介概念的内涵和外延[J]. 国际新闻界,2017.

狂欢与迷思:中国吃播现状分析

——以美拍吃秀频道吃播为例

陈　蓉　安徽大学

摘　要: 互联网,尤以移动互联为代表的电子媒介时代,直播盛行,吃饭直播一片狂欢。笔者以美拍吃秀频道的吃播达人为讨论对象,以此为切入点,对目前国内吃播现状进行了分析,发现吃播作为韩国的舶来品,在引入中国的过程中发生了一些变革,而国内吃播自身在发展过程中也保留了媒介更迭遗存的烙印;除此之外,随着吃播圈式自嗨的蔓延,一批"网红吃播"开始诞生,成为"吃播界"的意见领袖,随着他们的号召,"平民吃播"闻声而动,平台迅速的传播力与强大的互动性使得这种"模仿"快速广泛"传染",覆盖"吃播圈",粉丝被"种草"无数,陷入狂欢。笔者从网络消费主义以及文化研究等角度对"吃播热"进行冷思考。

关键词: 吃播;饮食话题;网络消费主义

一、研究背景和研究问题

《诗经·小雅》中记载道,"民之质矣,日用饮食",司马迁在《史记·丽仔生陆贾列传》也曾记载,"王者以民人为天,而民人以食为天"。饮食与大众的生活息息相关,在人类社会传播发展的进程中,关于饮食话题的探讨也从未中断,围绕饮食话题展开的媒介内容生产更是丰富多样。笔者从历时性维度上考察饮食话题在不同媒介中的呈现与表达后发现,在信息交互的初期,即口头传播时代,饮食话题的讨论只局限于较小规模的社会部落或群体内部中,人们通过口口相传确立饮食方式。这其中大多是探寻饮食与生存的亲密关系,饮食话题呈现出"民以食为天"的境况;到了纸质印刷媒介时代,由于纸质印刷媒介可以突破时空的束缚,使得信息保存更为久远且内涵丰富,人们关于饮食话题的讨论融入了更多的个人情感,通过书籍、报纸、杂志等纸本的传播,人文情感传递出作者的烹饪心得和生活意趣,拓展了饮食活动和人际交流的空间。据统计,曹雪芹在《红楼梦》中描写"吃"的章节约占30%,专门叙述"宴会"的场面就有90多处。① 笔者认为那是一个"民以食为情"的时代;及至电子媒介发展,集合图像、声音、文字为一体的电子媒介让人们对于饮食上升到视听觉的感知体验,更加关注饮食所带来的生活质量的改变,饮食话题转向了"民以食为美"。

2017年8月4日,据中国互联网络信息中心(CNNIC)发布的第40次《中国互联网络发展状况统计报告》显示,截至2017年6月,中国网民规模达到7.51亿,我国手机网民规模达7.24亿,网络直播用户共3.43亿,占网民总体的45.6%,"全民直播"的浪潮正席卷着中国。直播平台的门槛下移以及移动端直播的便捷性使得逐渐形成的观看直播的粉丝群不断参与到这种内容生产中,人人都是内容的生产者,让视频直播转向了泛生活的移动化视频全民秀时代。吃饭直播就是其中极具代表性的一种内容形式。

麦克卢汉对其理论核心"媒介是人的延伸"论述道:"任何媒介(即人的任何延伸)对个人和社会的任何影响,都是由于新的尺度产生的;我们的任何一种延伸(或曰任何一种新的技术),都要在我们的事物中引进一种新的尺度。"②如同麦克卢汉认为铁路的重要转变不是在于扩大了人们过去的出行范围,而是在于伴随铁路建立起来的新型城市。笔者想讨论的是:中国饮食文化在媒介的更迭过程(口传媒介、纸质媒介、电子媒介)中,经历了"民以食为天—民以食为情—民以食为美"后,在移动互联时代,饮食文化其中的情感出现了何种裂变,而"吃播热"的狂欢现象背后,又有着怎样的迷思。

二、研究方法

吃播最初于2014年流行于韩国,随后在亚洲地区盛行。而在同一年,国内视频直播软件美拍率先在平台发起#直播吃饭#话题,随着参与人数增多,2016年7月7日,美拍官方正式上线"吃秀"频道。基于笔者想要厘清国内吃播现状的研究问题,故将焦点对准了美拍"吃秀"频道。

笔者对美拍"吃秀"频道进行了为期一个月的深入沉浸式体验,梳理出了一批"吃秀"达人,除此之外,为了扩大样本量,更好地厘清吃播现状,笔者在美拍吃秀频道输入关键词"吃",对其中粉丝量超过10万+的播主进行了

---

① 吕放. 饮食——《红楼梦》中文学表达的特色之媒[D]. 曲阜:曲阜师范大学,2008:3.

② [加]马歇尔·麦克卢汉. 理解媒介——论人的延[M]. 何道宽,译. 南京:译林出版社,2011.

统计,梳理出了53名吃播播主,逐个对每个播主的最近两个月的吃播内容进行了观看与分析(部分吃播播主更新时间周期较长)。同时,因为关注吃播的人群限制,故不能展开大规模的问卷调查。笔者随机添加了一些观看吃播的粉丝以及粉丝量不太大的吃播播主为好友,对他们进行了一些半结构式的访谈,以期对吃播观看者的心理有一个较为整体的把握。

三、美拍"吃秀"频道的吃播现状

"美拍"是美图秀秀出品的短视频社区手机应用软件,作为美图矩阵中的社交平台,主打"美+短视频+直播+社交"。美拍包含"搞笑""美妆""舞蹈""吃秀"等数个频道。吃秀频道作为其中热门频道的代表,上线于2016年7月7日。上线的缘起是2014年吃播节目在亚洲地区盛行起来流入中国后,美拍率先在平台发起#直播吃饭#话题,随着参与人数增多,最终助力了"吃秀"频道的上线。

笔者对吃播播主的内容考察主要集中在粉丝量、商业化方式、视频内容、常吃食物、食量、吃相、吃播视频背景等方面。其中粉丝量一栏,笔者截取的是2017年11月2日上午10时—11时的统计量,另外,对于播主"吃播TV",笔者没有将其归纳到图1上,因为它的吃播内容大多是对韩国著名吃播播主吃播视频的剪辑与转发,内容比较庞杂,故笔者留一处空白,留待后文做详细分析。

在笔者所做的美拍吃秀的53名吃播播主的统计中,吃播风格有明显的区分,通过对其内容进行分析后,大概可以分为:大胃王、美食制作、日常食物、国外吃播分享、另类吃播和介绍各国美食等六大类,具体统计数据如图1所示。

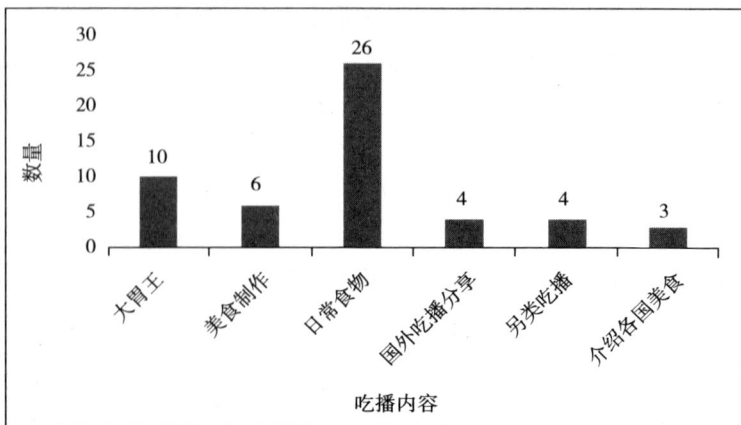

图1　美拍吃秀频道吃播内容分类

四、吃播热——狂欢表象背后的迷思

在巴赫金的理论中,狂欢的节日广场文化总是在不断地颠覆等级秩序、消除尊卑对立、破坏严肃统一、瓦解官方与民间的界限,让一切的中心边缘化。狂欢广场是巴赫金狂欢理论中空间要素的具象化,狂欢广场是指狂欢节演出的广场,也是文化意义得以延伸的符号场。它为"老百姓"所有,来到广场上的是全体民众。① 它不只是民众聚会的场所,而且是人们在各种放纵、粗鄙、降格、戏侃、无拘无束的亲昵和热烈交往中尽情释放激情与活力的"自由空间"。可以说,狂欢广场具有一种全民性的、意义得以无限扩大和深化的"象征的意味"②,很大程度上"是底层平民大众的、节日文化的荟萃地",更是"平民大众的象征、全民性的象征"③。"吃播热"现象在一定程度上正好契合了狂欢理论所描述的观点,以美拍吃秀频道为代表的平台是吃播的狂欢广场,边吃饭边直播成为一种全民参与的活动,将吃饭这一平常的环节通过直播录像的方式仪式化,将播主、观众这两个私人的空间通过网络走向公共的空间序列,构建出一个具有仪式化与狂欢化的公共空间。这个公共空间繁华万千,实则背后充满迷思。

(一)猎奇与窥伺背后的孤独与疏离

回顾吃播的发端与兴盛,我们不能不回避一个重要原因,那就是它极大满足了人们的猎奇心理。韩国吃播从开始就以播主吃大量高热量食物吸引人观看,从而逐渐积累人气,带动了吃播的兴盛。传到国内,吃播仍然有类似遗风。以美拍吃秀频道的吃播播主为例,"大胃王密子君""大胃王朵一""小猪猪特能吃"等播主均是以海量大胃成功虏获粉丝"芳心"的。身材娇小的美女播主,一次性吃光 100 根火腿肠、80 碗火鸡面、10 斤牛排、120 个章鱼小丸子等,庞大的数字与身材娇小的播主形象形成强烈的对比,激发了粉丝的猎奇心理。除此之外,一些播主为了增加粉丝黏度,也会刻意地进行扮相吃播,比如"大胃王 mini"的僵尸新娘扮相吃播、"吃喝实验室"的教授扮相吃播等。

觉得看他们能吃那么多,自己都饱了,边看边想:这么多食物真的能全

---

① (俄)巴赫金. 巴赫金全集(第六卷之拉伯雷研究)[M]. 石家庄:河北教育出版社,1998.

② 钱中文. 巴赫金全集(第五卷)[M]. 白春仁,顾亚铃,译. 石家庄:河北教育出版社 1998:169.

③ 宋春香. 狂欢的宗教之维——巴赫金狂欢理论研究[D]. 北京:中国人民大学,2008.

部吃完吗？（唇珠控）

啊呀，他们的胃是不是跟我们不一样啊？我就想看看她到底吃多少能吃撑，而且她吃得好可爱。（雁南飞8003）

她吃那么多，为什么还这么瘦啊！（martina-jo）

通过随机与观看吃播的粉丝互动，发现猎奇是观众观看吃播视频的主要原因，还有的是寻求一种代理饱腹感。

我自己要减肥啊，看着她吃，就像自己吃了，好饱！（无心絮语）

除了猎奇心理，窥私也是粉丝观看吃播视频的重要心理表现。马斯洛认为，人和动物都具有积极探求环境的需要，他们对周围的环境充满好奇心，对神秘的、未知的、不可测的事物心驰神往，窥私心理是人类广泛具有的一种心理常态，使人类对某一事物产生强烈的兴趣和好奇感。吃饭直播节目的本质仍是真人秀，其对真实生活镜头的展现，满足了观众的猎奇心理和窥视欲。根据笔者对梳理出的美拍吃秀播主做的分析来看，笔者梳理出的53名吃播播主中，除了"吃播TV"是对韩国吃播的剪辑和转发合辑，没有纳入统计范畴，剩下的52名吃播播主，吃播视频背景情况分布如图2所示，笔者以地点为要素，对数据进行新一轮整合（见图3），发现在起居室做吃播的占比53%，超过半数，而以卧室为背景做吃播也达到了18%的占比。卧室是一个人的独处空间，私密性不说自明，起居室在国外是一个比卧室略为开放但仍然比客厅私密的空间，由于国内房屋面积较小，所以起居室也就被当作客厅。吃播将吃饭这一平常的行为通过直播录像的方式，将播主的私人空间呈现在屏幕上，无论是卧室还是起居室，对于观看吃播的人来说，都极大地满足了窥伺欲。同时，网络在连接播主的私人空间的同时，也将观看吃播粉丝的私人空间从意义上进行了关联，使得两个私人空间打通，走向一个公共的空间序列，通过符号等互动，构建出一个具有仪式化与狂欢化的公共空间。

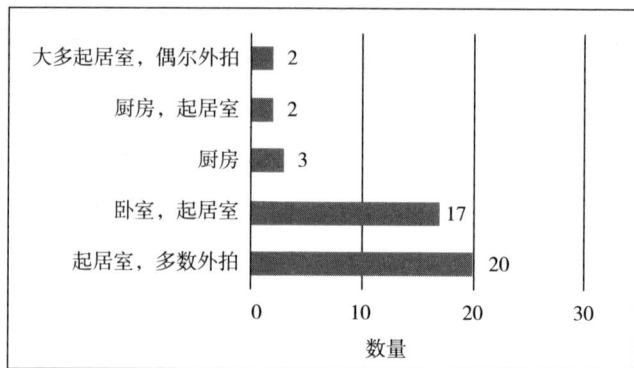

图2　美拍吃秀频道吃播视频背景

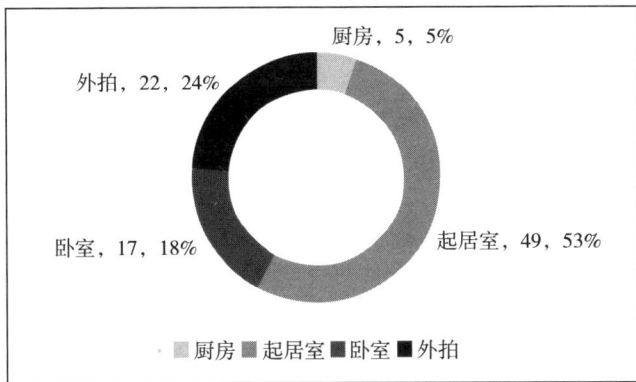

图3　美拍吃秀频道吃播视频地点分布情况占比

猎奇与窥私，狂欢的背后隐藏着的更多的是"吃播"粉丝群体的孤独与寂寞。随着社会发展，独居率越来越高，许多年轻人承受着城市生活的孤独与寂寞，喧嚣却又孤独的城市催生了看客和食客对"陪伴式饭局"的需求。吃播正投其所好，扮演"吃饭伴侣"的角色，营造了一起吃饭的虚拟陪伴感，给人以安慰。对于孤独的群体来说，吃播不仅仅是影像的载体，更承载着某种陪伴的功能。在这种情绪共享下，孤独的受众找到了属于自己的圈子，引起了共鸣。但是需要强调的是，"吃播"在带来虚拟的陪伴的同时，不可避免地加剧了现实生活中人际关系的疏离。

加班回来都十一点多了，半夜十二点看着他吃饭，ASMR系列特别助眠，听听就困了，容易睡着。（流浪的流星）

就喜欢看"吃饭啦　光小强"吃饭，每天中午十一点，都好像有个人准时陪我吃饭一样。（ZHIUI智智）

特别喜欢吃饭的时候看他吃饭，吃得可香了。（阿敏小姐姐）

(二) 网络消费主义下的"消费偶像"

笔者通过对粉丝量在10万+的53位美拍吃秀频道吃播播主进行统计后发现，仅直接在视频后面附加所吃食物购买链接的就有26个之多。播主用户名为爱吃海鲜的小鲜女、大侠带你吃海鲜、三层最爱吃海鲜、吃货超超爱海鲜、吃货海鲜、蕾姐带您吃海鲜、爱吃海鲜的甜甜等数名主播，吃播内容有明显的同质性，均为播主或直接用手，或用筷子，对着镜头近距离地大口吃海鲜。他们每一次的视频都可以达到平均3000+的观看量，部分视频点击量在10万+。而粉丝在观看了视频之后，大都为积极反应，也有部分转化为购买行为（见图4、图5、图6）。

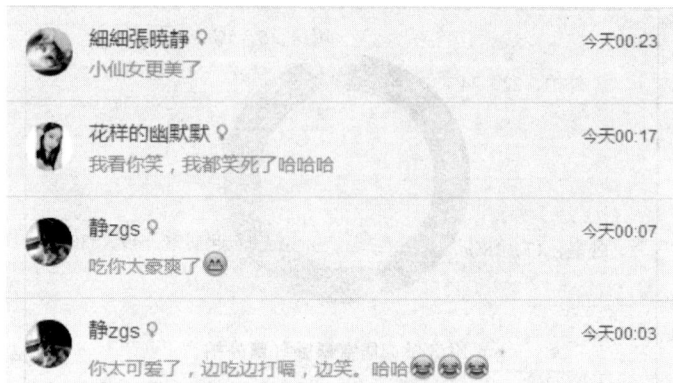

图4　截屏自"爱吃海鲜的小鲜女"所发吃秀视频评论

图5　截屏自"吃货超超爱海鲜"所发吃秀视频评论

图6　截屏自"风华绝代的石榴姐"所发吃秀视频评论

在短则5分的录播视频、长则数小时的直播里,吃播播主不停地刺激消费者的感觉,打光、滤镜等外界技术的手段,夸张享受美味的表情,更有甚者通过放大吸溜声、咀嚼声等,让消费者对享用食物有了浸染式的体验,极大地激发了消费者的购买欲。我们可以看到,吃秀频道的播主借助发布吃播视频,日复一日地渲染他们展示的食品等平凡消费品与美味、富有、浪漫、幸福等符号意义日益联系在一起,使一个仿真的世界出现了,消解了幻想世界和真实世界的区别,这些视频不断地刺激着人们的消费冲动,制造新的消费热点和消费欲望,粉丝消费实物商品,同时也在消费其中的符号象征意义,渐渐陷入无意识的狂欢之中。笔者所做分析的 53 名播主中,26 个是直接为网店的食物代言,而在剩下的 27 个中,有 9 个播主直接在播主的资料展示里写有商务合作联系方,高人气吃播播主往往有可观的用户流量,会招徕广告商的青睐,广告商会以植入等方式插入广告(见图 7),或者直接让播主吃自己品牌的食物等(见图 8、图 9、图 10)。剩下的 18 个,笔者没有看到以上两种直接的商务合作形式。

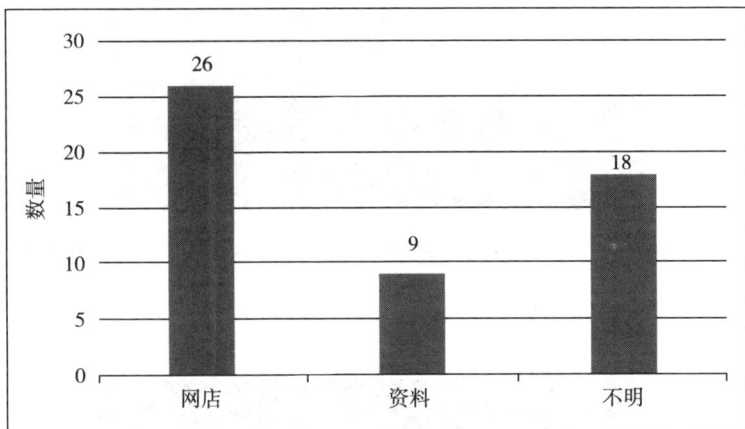

图 7　美拍吃秀频道吃播商业化方式

图 8　截屏"大胃王朵一"2017 年 10 月 10 日、10 月 12 日美拍吃秀吃播视频

图 9　截屏自"大胃王甄能吃"2017 年 6 月 13 日美拍吃秀频道吃播视频

图 10　截屏自"大胃王桐桐"2017 年 10 月 24 日美拍吃秀频道吃播视频

但是,值得进一步深挖下去的问题是:商业方式不明,是否真的不明?以美拍吃秀频道为例,无论是直播还是录播,都有一种打赏机制。粉丝在平台购买虚拟道具赠送播主,播主再在后台将道具按一定比例变现(见表1)。美拍平台也会根据播主的人气及礼物收入的高低予以签约播主相应奖赏,播主人气越高,礼物收入越多,其对美拍平台的商业价值越大,也越受美拍平台重视,获得平台分配的资源也会越多,如直播推荐位、高额的主播签约金等。另一方面,优秀的播主在拥有了稳定的观众群以后,"名人效应"也开始发挥作用,主播会借助自己的人气开展副业,如开个人淘宝店、微店等,忠实的粉丝往往会进店购买。

表1 美拍吃秀频道打赏方式以及金币数一览表

打赏礼物	金币数
爱你	2
饭团	2
烤串	5
吻屏	9
药丸	9
鸡腿	9
肥皂	9
豪华玫瑰花	52
金话筒	66
小金人	99

如果说传统媒体中存在着从"生产偶像"向"消费偶像"的转变,那么网络媒体则在诞生之初就倾向于"消费偶像"的塑造。网络媒体大肆推崇和倡导"消费偶像"的消费习惯、生活方式等,将他们的生活变成公众可以看得见的具体可感的"生活样板","通过他们的私人化的'完美'生活,衍生出特定的消费意识形态,那就是对具有品位的生活及其商品的拥有,并把这种品位和拥有彻底理想化"①,来刺激一些人对符号象征意义消费的欲望。正如上文提到的"吃播"播主密子君,其名下名为"大胃王密子君零食店"的淘宝店目前已是两皇冠卖家,按照淘宝信用评级计算,其店铺已成交20000笔以上

① 周宪. 视觉文化的转向[M]. 北京:北京大学出版社,2008.

的交易。

（三）食物色情催生的"民以食为性"

上文讨论到笔者认为美食制作在吃播里或隐性或显性地存在,并且占比数量可观,其本质是电视媒介时代美食节目的遗风,是"民以食为美"的饮食话题的一种延续。在本文开始,笔者就提及,通过对饮食话题的历时性考察,发现在不同媒介中,饮食话题的呈现与表达是有差异的。在信息交互的初期,即口头传播时代,饮食话题的讨论只局限于较小规模的社会部落或群体内部中,人们通过口口相传确立饮食方式,这其中离不开探寻饮食与生存的亲密关系,饮食话题呈现出"民以食为天"的境况;到了纸质印刷媒介时代,由于纸质印刷媒介可以突破时空的束缚,信息保存更为久远且内涵更为丰富,人们关于饮食话题的讨论融入了更多的个人情感,通过书籍、报纸、杂志等纸本的传播,人文情感传递出作者的烹饪心得和生活意趣,拓展了饮食活动和人际交流的空间,笔者认为那是一个"民以食为情"的时代;及至电子媒介发展,集合图像、声音、文字为一体的电子媒介让人们对于饮食上升到视听觉的感知体验,更加关注饮食所带来的生活质量的改变,饮食话题转向了"民以食为美"。需要强调的是"民以食为美"的时代,是电子媒介发展的早期,即我们所说的以电视为代表的大众传播为主导的时代。在那个时代里人们对于饮食的关注不再局限于依赖食物生存的"民以食为天",也渐渐不再深刻细味"民以食为情"的朴素感情,而是开始关注饮食所带来的生活质量的改变,饮食话题向"民以食为美"的转向,伴随人们生活水平的提升,"饮食"也变身"美食",成为一种追求生活品质和生活态度的时尚表达。过去以语言、文字为媒介的传统饮食话题受到了图像的冲击,令人垂涎欲滴的美食图片和精致的美食制作视频使得人们对于饮食话题的探讨更关注"色相",沉迷于表层的图像崇拜。

麦克卢汉《理解媒介》一书中第 31 章节的标题是"电视:羞涩的巨人"①,他指出"电视经验的对象是消极被动的收视者"②,从操作层面来说,收视者之所以消极被动,是因为电视媒介提供给观众的总是令人垂涎欲滴的美食图片和精致的美食制作视频,而涉及"品尝"乃至长时间"大快朵颐"的过程,电视媒介是没法做到的:一方面是因为电视节目存在一个严格的"制作"过程,从策划到选题到后期,这种严密的"制作体系"让单一的"品尝"过程变得不可能;另一方面,电视节目播出管理也限制严格。这以上种

---

① ［加］马歇尔·麦克卢汉．理解媒介——论人的延伸［M］．北京:译林出版社,2011:412,49.
② ［加］马歇尔·麦克卢汉．理解媒介——论人的延伸［M］．北京:译林出版社,2011:384.

种的缺位,让电视媒介的饮食话题偏向"民以食为美",而至于食好不好吃,就只能留给观众自行遐想。而如今互联网兴起,尤其是移动互联的迅猛发展,电子媒介跨越了以电视为代表的大众传播时代,进入了以互联网为代表的后电子媒介时代,笔者认为,吃播盛行的背后折射出饮食话题由"民以食为美"转向了"民以食为性",进入了一个癫狂时代。

我们知道在有关中国古代饮食文化的研究中,"食"和"性"的关系一直受到普遍的重视。传统文化中,"食色性也""饮食男女,人之大欲存焉"表明中国文化,尤其是儒家文化将饮食和性欲看成是人生在世之大事。需要强调的是,笔者认为吃播盛行的背后折射出"民以食为性"中,"性"并不是指男女之事,而是其所代表的原始的、赤裸的直接欲望。以女性研究及文化符号研究而闻名的英国学者 Rosalind Coward 在其 1984 年的著作 *Female Desire* 一书中首次提出了"Food porn"(食物色情)一词。食物色情指的是用富有刺激性的食物烹调方法或壮观的视觉表现方式将食物呈现在广告、博客、烹饪节目或其他视觉媒体中,通常这些食物具有高脂肪、高卡路里的特点,或是能够引起吃的欲望的异国风味菜肴,甚至能够作为性的替代品。吃播里部分情节是呈现食物的制作过程,笔者认为这是一种电视媒介时代饮食话题的遗风,而主流的吃播,播主刻意制造诱人的咀嚼声及夸张的食相,并会利用专业装置,刺激观众听觉。"跨感官迁移假说"理论认为,由于人的各种感官相互关联,对一种感官的刺激会形成联动效应,形成感官间的迁移与共鸣。所以播主刻意制造的咀嚼声及夸张的食相在刺激观众视听觉的同时,也引起其味觉和心理的联动反应,使其对视频中的食物产生强烈的食欲,激发了身体内最原始、直接的欲望,并在观看中得到满足。

我们知道饮食文化在中国是源远流长的,且尤以讲究美感注重情趣著称。中国的烹饪,不仅技术精湛,更讲究菜肴美感的传统,注意食物的色、香、味、形、器的协调一致。对菜肴美感的表现是多方面的,无论是一个红萝卜,还是一个白菜心,都可以雕出各种造型,独树一帜,达到色、香、味、形、美的和谐统一,给人以精神和物质高度统一的特殊享受。情趣则从菜肴名称可见一斑,菜肴名称既有根据主、辅、调料及烹调方法的写实命名,也有根据历史典故、神话传说、菜肴形象来命名的,如全家福""将军过桥""狮子头""佛跳墙""龙凤呈祥""鸿门宴""东坡肉"等。但是在以吃播为代表的"民以食为性"的时代,引申社会学家塔奇曼的观点,媒介是受众认识世界的窗口,媒介呈现在受众面前的"风景",直接影响到受众的认知、情感和价值判断。吃播裸露的视觉影像,人们对于饮食话题的探讨停留于表层的图像崇拜,视觉消费与视觉思维成为饮食话题的主要讨论形式,弱化了人们对于美食的审美思考,生活方式的价值反思与社会思考也相继缺位。

五、结语

饮食与生活息息相关,在媒介由"口头传播—纸质媒介传播—电子媒介传播"的更迭中,饮食话题经历了"民以食为天—民以食为情—民以食为美"的转变,而在以互联网,尤以移动互联为代表的电子媒介时代,吃播大热,粉丝猎奇与窥私心态的背后是现代社会中孤独群体陪伴需求的虚拟满足;而吃播看似温情的陪伴,实质却是网络消费主义下基于"物恋"的隐喻不断机械复制的结果;最后落实到文化层面,吃播裸露的视觉影像,弱化了人们对于美食的审美思考,使得人们对于美食话题的探讨停留于表层的图像崇拜,视觉消费与视觉思维成为饮食话题的主要讨论形式,使饮食话题陷入"民以食为性"的畸形境况。这样一种最原始、最直接的欲望,充斥大脑,使观看吃播的人遗忘了中国饮食文化的美感与情趣,对生活方式的价值反思与社会思考也相继缺位。

参考文献：

[1] 马歇尔·麦克卢汉. 理解媒介——论人的延伸[M]. 何道宽,译. 南京:译林出版社,2011.

[2] 古斯塔夫·勒庞. 乌合之众——大众心理研究[M]. 冯克利,译. 北京:中央编译出版社,2005.

[3] [俄]巴赫金. 巴赫金全集(第六卷)[M]. 石家庄:河北教育出版社,1998.

[4] 钱中文. 巴赫金全集(第五卷)[M]. 白春仁,顾亚铃,译. 石家庄:河北教育出版社,1998.

[5] 宋春香. 狂欢的宗教之维——巴赫金狂欢理论研究[D]. 北京:中国人民大学,2008.

[6] 周宪. 视觉文化的转向[M]. 北京:北京大学出版社,2008.

[7] 让·鲍德里亚. 符号政治经济学批判[M]. 夏莹,译. 南京:南京大学出版社,2009.

[8] 瓦尔特·本雅明. 迎向灵光消逝的年代[M]. 许绮玲,林志明,译. 桂林:广西师范大学出版社,2004.

视觉传播盛行下的"美颜景观"

——自拍狂欢背后的传播学思考

吕　晟　华南师范大学

摘　要：随着移动终端快速发展，自拍这一自我表达的方式在低门槛、随时随地的传播环境下成为有效的沟通载体。美图秀秀、美颜相机、B612 相机等一系列相片处理软件相继面世，经过修饰、美化后的自拍图像在视觉传播占据的比例日益增加。本文试图从居伊·恩斯特·德波"景观社会"的视角探析用户共同构建起的社交平台"美颜景观"的特征，依托传播学、心理学的相关理论探析美颜图像传播盛行背后的影响因素，试图通过对当前社交平台"景观社会"的剖析唤起用户对"美颜景观"的思考，从视觉传播的"超现实"中回归到"去美颜"的现实情境中来。

关键词：视觉传播；景观；自拍；美颜；传播学

一、引言

新媒体传播环境下，用户的 UGC 内容生产的门槛不断降低，用户可以随时随地分享图文、视频、音乐等内容，自拍成为网络社交平台常见的分享行为。《中国青少年流行文化现象分析报告 2005》中总结了八种青少年文化现象，首次将"网络自拍"纳入国内正式研究视野。自拍，英语为"selfie"，它是一种自我表达的方式，既能够满足传播主体的自我展示需要，又能够通过自我呈现赢得传播接受者的关注；而自拍文化通常被认为是一种融合了绘画、摄影、都市艺术和休闲文化的新型文化。①

---

① Jesse Weaver Shipley. Selfie Love：Public Lives in An Eraof Celebrity Pleasure，Violence，and Social Media，Journal of American Anthropologist，February 2015.

二、"美颜景观"在读图时代形成

(一)美颜自拍盛行

在当前的全民自拍时代,自拍内容的分享人群不再局限于青少年,不同年龄段都有大量的用户选择分享自拍图像。2013 年,"selfie"(自拍)成为牛津词典年度热词,从普通人到明星,再到总统奥巴马,自拍逐渐融入人们的生活当中。自拍的盛行一方面得益于手机高配置摄像头的硬件支撑,另一方面美颜相机、美图秀秀、B612 相机这些国人熟悉的照片处理软件,能够对用户拍摄的照片进行美化处理,让广大用户对自拍的沉迷度进一步增强。美图 2016 年度的财报数据显示,2017 年 1 月,美图月活跃用户为 5.20 亿,同比增长约 32%。另外,美图影像应用处理逾 680 亿张照片。美图公司旗下用户使用普及率最高的美图秀秀数据显示,"其核心用户每天自拍 27 张"。自拍潮流不仅仅盛行于国内,在国外方面,图片共享类社交应用 Instagram 平台共储存近 300 亿张照片,这其中超过 2.38 亿张照片的标签是"自拍",超过 1.26 亿张照片的标签是"我",并且该平台的 3 亿用户平均每天上传 7000 万张照片。[①] 通过数据可以看到,自拍内容的分享人群覆盖广泛,庞大的用户群体对照片处理软件的黏着度高,人们通过自拍展现最完美的自我形象。

(二)美颜景观形成

景观(spectacle)一词出自"spectae""specere"(拉丁文),原意为一种被展现出来的可视的客观景色、景象,也指一种主体性的、有意识的表演和作秀,是居伊·恩斯特·德波《景观社会》一书的关键词。

当前,电视、门户网站、手机客户终端无一不以图像吸引用户,抓住视觉传播译码低成本、大众化符码的特性,扩大传播范围,人们被各色各样的图像内容包围。德波声称,与工业时代的资本主义社会不同,"在现代生产条件无所不在的社会,生活本身展现为景观的庞大堆积。直接存在的一切全都转化为一个表象"[②]。有学者指出,景观社会是传播技术影响下视觉传播

① Weiser EB. Me: Narcissism and Its Facets as Predictors of Selfie-posting Frequency. Personality and Individual Differences,2015,86:477-481.

② [法]居伊·德波. 景观社会[M]. 南京:南京大学出版社,2006:3.

化的现代社会。① 在全民自拍的潮流下，依托时兴的自拍软件及手机拍照高像素等现代传播技术，经过粉饰的自拍内容充斥在社交平台上，营造出一个经过"美颜"后的"景观世界"，融入人们生活本身的自拍行为逐渐景观化。

无论是过去的电视主导的大众传播时代，还是在今天网络主导的分众传播时代，正如马克思所说："人不仅通过思维，而且以全部感觉在对象世界中肯定自己。"②视觉在人的感官系统中发挥着重要作用，从文字符号到图像符号，人们对世界的认知进一步具象化，其中自拍所传递出图像符号、表情符号比文字抒发更易引起他人的关注。有学者认为"景观社会"的形成过程在现实中表现为图像霸权对文字霸权的取代。③ 随着微信、QQ、新浪微博等社交平台的普及，读图时代更加注重图片的吸引力，"美颜景观"也正是在这样的传播环境下建构起来。

三、"超真实"景观下视觉传播趋于同质化

《景观社会》中德波指出，视觉传播中的虚假因素和社会世界的真实元素互相结合，由此造成视觉传播"真实性的危机"，作为普通受众（观众）很难辨认客观和真实的情况。④ 在当前的读图时代，"美颜景观"下的照片逐渐走向"照骗"，从过去的"眼见为实"到如今"眼见未必是完全真实"，内容的真实性难以得到保障。需要引起注意的是，一方面，视觉传播的内容与方式逐渐同质化，人人都是"景观社会"中完美的呈现，"美颜景观"下大量自拍增加了女性"自我客体化"的风险；而另一方面，"美颜景观"可以一定程度上弥补"旧景观社会"中"非物质现实"的场景内容。

（一）美颜景观下"人人皆网红"

景观的内部逻辑为"呈现的东西都是好的，好的东西才能呈现出来"⑤。广大用户的自拍图像正是符合景观的内部逻辑，用户将经过处理软件美化后的照片上传至各大社交平台，如个人的大头像、个人与萌宠、个人与朋友等，纷纷呈现出"美颜"后的景观。

值得注意的是，美颜景观使得"人人皆网红"，逐渐走向马尔库塞笔下那

① 王梅芳，刘华鱼. 景观社会：一种视觉传播化的统治[J]. 当代传播，2017(03)；30-32，61.
② 马克思，恩格斯. 马克思恩格斯全集(42卷)[M]. 北京：人民出版社，1979；125.
③ 徐上青，潘元金，移动新媒体时代的拍客对"景观社会"的构建[J]. 新闻界，2012(22)；39-43.
④ 王梅芳，刘华鱼，景观社会：一种视觉传播化的统治[J]. 当代传播，2017(03)；30-32，61.
⑤ [法]居伊·德波. 景观社会[M]. 南京：南京大学出版社，2006；5.

个"单向度的人"。一方面,通过"瘦脸瘦身""祛痘祛斑""放大双眼"等处理后照片中每个人都是大眼小脸的"网红"特质,逐渐失去人本身的个性特征;另一方面,越来越多的人崇尚"网红审美",人们对美的欣赏鉴别力逐渐趋同,逐渐放弃个人独特的品位。正如弗尔茨、贝斯特等人所批判的"在景观所造成的广泛的'娱乐'的迷惑之下,大多数人将彻底偏离自己本真的批判性和创造性,沦为景观控制的奴隶"。当人们沦为技术的奴隶,人们不再是最初发明创造技术的智慧人,创造力被技术吞噬,尽情享受在"全民狂欢"的表面生活中,面临着视觉传播的"真实性危机"。

(二)自拍分享影响女性"自我客体化"

居伊·德波认为在景观社会下,景观解放了视觉。女性的身体长期以来都处于被评价和观看的情境当中,当前女性在社交平台上大量自拍的分享可能影响女性"自我客体化",即女性以一个观察者的视角来审视自己的身体,重视自己身体的外貌特征而非能力属性。大量的被注视、被评估可能会增加女性自我客体化的风险,心理学相关的研究结果发现,社交网站中的自我描述和自我呈现与自我客体化均呈显著正相关。[1]

另外,戈夫曼在"拟剧理论"中提出"前台"和"后台"的概念,在互联网时代,媒介情境的融合让公之于众的"前台"区域不断扩大、隐居幕后的"后台"区域不断缩小,"后台"内容逐渐"前台"化,个人原本私密的内容从保密趋向分享。在视觉传播的浪潮下,用户拍摄的图像内容从过去公共空间的纪实性内容到如今私人空间的美化分享,"私人景观"趋向公开化,用户与图像的受众形成看与被看的关系,如同置身于福柯所说的"全景敞视"视野之中,尤其是女性的身体符号的被注视。

(三)"美颜景观"弥补"旧景观社会"场景

尼古拉斯·米尔佐夫曾指出:"现代生活就发生在荧屏上。"而在今天的视觉传播中,图像不再局限于现实场景,照片处理软件中的贴图、扣图等现代修图技术使现实中并不共存的场景在"美颜景观"中得到实现。"美颜景观"中呈现的图像,可以将现实中的人物与自己的偶像、萌宠,甚至是不同的背景进行拼接,在"旧场景社会"的基础上补充新的"超现实"场景,让不同时空中的人物、风景在虚拟的网络空间中统一呈现。

---

① Fox J, Rooney MC. The Dark Triad and Trait Self-objectificationas Predictors of Men's Use and Self-Presentation Behaviors on Social Networking Sites. Personality and Individual Differences, 2015, 76: 161 – 165.

四、"美颜景观"视觉传播动因

（一）符合传播主体自我认同的心理需求

艾瑞与美颜相机联合发布的《中国第一份女性自拍研究报告2015》中的数据显示，从爱自拍的女生的外形特征来看，爱拍的女生对自己的容貌和身材普遍较为自信，自拍女生中自评颜值大于或等于7分的女生占71.8%，爱自拍让女生更自信。正如有研究者指出："自拍让人们搜集和发布自传性信息的方式发生了革命性改变，这是自然的自我建构过程的延伸，它涉及如何以最好的方式呈现自己。"[①]

如今，人们拍照的目的逐渐从追求"纪念价值"转向"分享价值"，传播主体通过传播自拍图像进行自我表达，实现自我认同。心理学有研究发现，个体使用社交网站主要有两大动机，即自我展示和获取归属感[②]，一方面自拍满足了个体关注自我和展示自我身体形象的需要，另一方面自拍可以让个体融入时下潮流，从而更受欢迎，获得朋辈认可，由此体验到更多积极情绪。

此外，自拍与过去的拍照不同，拍照者能够通过画面直接调整角度，不再是想象中的图像。经过"美颜"后的图像内容呈现的是用户理想中的自我，能够有效地增强其自信心及积极情绪。

（二）视觉传播分享的仪式感强

艾瑞与美颜相机联合发布的《中国第一份女性自拍研究报告2015》显示，从爱自拍女生通常选择的拍照场景来看，旅行、聚会、公园、购物、参加Party是女生们最常拍照的五大场景。其中旅游场景占46.1%，用户通过自拍能够有效地传递出其所处的地理空间以及其周围的配件，图像符号的多元文本意义得以传递。

正如柯林斯在戈夫曼"互动仪式"概念的基础上写道："整个社会都可以被看作是一个长的互动仪式链，由此人们从一种际遇流动到另一种际遇。"[③]通过仪式互动，人们会形成群体归属感、强化文化资本和情感能量以及社会道义感等。视觉传播盛行下的"美颜景观"中，分享所具有的仪式感在社交

---

① 钟立强，马静妍，熊传鹏. 新型社交模式下的用户自拍行为剖析[J]. 科技创新与应用，2014（5）：67.

② 姚琦，马华维，阎欢，陈琦. 心理学视角下社交网络用户个体行为分析[J]. 心理科学进展，2014（10）：1647-1659.

③ ［美］兰德尔·柯林斯. 互动仪式链[M]. 北京：商务印书馆，2009.

平台上的点赞、评论等互动交往中得以增强,用户与受众之间存在虚拟空间上的"共时性",分享的强仪式感使用户得到超现实的满足。

（三）人际关系诉求

"景观不是影像的聚积,而是以影像为中介的人们之间的社会关系。"① 自拍影像的传播增加与人交流的机会,包括求偶、交友等在内的人际关系诉求。德波认为,在视觉化传播手段已经成为景观社会主要生产方式的情况下,人与人之间的传播关系转换成了脆弱的影像之间的关系。

在传播技术发达的信息化时代,碎片化的信息充斥在人们的生活当中,"美图景观"下维系人与人之间的传播活动一定程度上转化为影像之间的意义传递。用户基于寻求认同、增加共鸣、赢得关注等诉求进行"秀恩爱""晒旅游"等具体的分享活动。此外,由于互联网平台能够将不同地理空间的人链接于同一平台,不同生活圈中人际关系的维系逐渐转移至社交平台,人们对于社交网络中自拍图像的认知度逐渐超过对分享者本身的认知度。

五、结语

在传播技术高速发展的时代,居伊·恩斯特·德波《景观社会》所基于的电视景观已然转移至网络媒体上。视觉传播盛行下的美颜自拍,这一既是照片分享的行为,又是一种自我呈现的方式逐渐景观化,同时"超真实"景观下视觉传播趋于同质化,一方面自拍分享影响女性"自我客体化",另一方面"美颜景观"弥补"旧景观社会"场景。在全民自拍狂欢时代,人们不应只沉溺于图像的表面生活当中,更应走出景观控制圈,回归"去美颜"的现实情境中。

参考文献：

[1] Jesse Weaver Shipley. Selfie Love：Public Lives in An Eraof Celebrity Pleasure，Violence，and Social Media[J]. Journal of American Anthropologist，February 2015.

[2] Weiser EB. Me：Narcissism and Its Facets as Predictors of Selfie-posting Frequency[J]. Personality and Individual Differences，2015，86：477 −481.

[3] [法]居伊·德波. 景观社会[M]. 王昭风，译. 南京：南京大学出

---

① [法]居伊·德波. 景观社会[M]. 南京：南京大学出版社,2006:6.

新媒介·新技术·新视野：新闻传播与社会变革

版社,2006.

［4］王梅芳,刘华鱼,景观社会:一种视觉传播化的统治［J］. 当代传播,2017(03).

［5］马克思,恩格斯. 马克思恩格斯全集(42卷)［M］. 北京:人民出版社,1979.

［6］徐上青,潘元金. 移动新媒体时代的拍客对"景观社会"的构建［J］. 新闻界,2012(22).

［7］Fox J, Rooney M C. The Dark Triad and Trait Self-objectificationas Predictors of Men's Use and Self-presentationbehaviors on Social Networking Sites［J］. Personality and Individual Differences,2015.

［8］21 Vries DAD,Peter J. Women on Display:The Effect of Portraying the Self Online on Women's Self-objectification［J］. Computersin Human Behavior,2013,29(4).

［9］艾瑞咨询. 中国第一份女性自拍研究报告2015［EB/OL］. http://www. 199it. com/archives/493861. html.

［10］钟立强,马静妍,熊传鹏. 新型社交模式下的用户自拍行为剖析［J］. 科技创新与应用,2014(5).

［11］刘庆奇,孙晓军,周宗奎,牛更枫. 社交网站中的自我呈现对青少年自我认同的影响:线上积极反馈的作用［J］. 中国临床心理学杂志,2015,23(6).

［12］芮必峰,彭志翔,"朋友圈"景观与现代人的精神分裂——以七夕微信朋友圈为例［J］. 新闻界,2017(01).

［13］丁倩,张永欣,魏华,牛更枫,周宗奎. 大学生自恋人格、自拍行为与积极情绪的关系［J］. 中国临床心理学杂志,2016(03).

是什么，为什么，怎么办

——课堂低头族的群像解读

李帅锋　西安电子科技大学

摘　要: 作为人类的发明，手机反客为主地迫使课堂低头族抬头少于低头、沉默多于互动、宁可低头对着机器也不抬头面对师生，这是异化的表现。手机自身的"热媒介"属性及其内容所遵循的"三戒律"之合力，共同诱发了课堂低头族的产生：作为热媒介的手机承载着高清晰度的数据，对课堂低头族而言就比教学更具吸引力，相反，课堂作为冷媒介，需要低头族去劳神费力地积极卷入，以填补信息空白，这和低头刷手机相比是有难度的；"你不能有前提条件，你不能令人困惑，你应该像躲避瘟神一样避开阐述"的三戒律分别挑战了传统上知识呈现顺序的循序渐进性、知识品格的深度和雅致、知识呈现方式的线性和逻辑。"上这门课有什么用"不应该成为课堂低头族的借口，因为"用"不仅有直接而立竿见影的"有用之用"，还有间接而影响长远的"潜在之用"以及貌似无用实则有大用的"无用之用"。

关键词: 课堂低头族；异化；冷/热媒介

理想的课堂是"问声、答声、读书声"的声声不息，而非"铃声、软件声、手游声"的此起彼伏。当前者变得稀有、后者变得普遍时，就有必要对其进行如下的省思。

论证前提：这里对低头族和手机新媒介的反思，建立在拥抱和欢迎新技术的基础上，否则很容易陷入一种悖论式的双重心态中："既生活在现代社会，又对现代社会极为不满；既想摆脱现代社会的羁绊，又品味着现代社会给人们带来的'丰足'；既在观念上远离现代社会，又在生活实践上逐渐适应它。"①因此这里的反思并不拒斥新媒介在课堂的运用，而重在引发人们对课

---

① 晏辉. 教育回归生活世界的基本方式[J]. 华东师范大学学报(教育科学版),2006(1):1-7.

堂低头族现象的必要警觉。

概念区分:学生在课堂上的"低头行为"和"低头族行为"有本质的不同。第一,在发生频次和持续时间上,前者偶尔且短暂,后者频繁又持久。第二,在自身的性质上,前者的影响"正负兼备":既可能意味着学生对课堂所学的深度融入(如低头沉思或低头以手机等新媒介为终端进行知识的检索、拓展和延伸),也可能意味着学生对课堂参与的思想无涉(如低头拒听或低头以手机等新媒介为终端进行娱乐的涉猎、无聊的排遣);而后者则"害人害己"(详见下文。)

内涵界定:基于如上的区分,这里将"课堂低头族"界定如下——在课堂上进行和课堂活动无关的娱乐活动的参与者;其低头频繁且时间持久,关注点抽离于课堂之上、游离于教学之外,而聚焦于方寸的手机屏幕。简言之,其身体的视与听、大脑的记与思皆和课堂绝缘,这是课堂低头族身和心对课堂参与的双无涉。

一、何谓:课堂低头族的内涵检视

(一)低头族的由来:从无到有

作为 2012 年的新创词汇,"Phubbing"被悉尼大学的语言学家们用来描述沉迷手机的现象。而这些玩家则被称为"Phubber",意为低头族。将"Phubbing"一词拆开看,我们发现它"由 phone(手机)与 snub(冷落)组合而成,传达出因专注于手机而冷落周围人的行为"[1]。

具体到课堂我们则不难发现:一边是对虚拟世界的热情和投入,一边是对现实世界的隔绝和淡漠,学生的这一热一冷,折射出我们当下的课堂生态——虚拟和真实共在、专注和冷漠并存。世界的两端(虚拟和真实)和注意力的两极(专注和冷漠)交融于时下的大学课堂,这不禁让人深思:我们的课堂究竟怎么了?

(二)低头族现象的本质:异化

既然我们称课堂"低头族"为一大现象,那么就有必要透过现象一探其本质:这是被科技异化的结果。异化[2]意味着反客为主(主客颠倒、主客易

---

① 王稀君."低头族",你错过了什么[J].学习博览,2014:50-52.

② 马克思批判地继承了黑格尔和费尔巴哈关于异化的理论:在黑格尔那里,由纯粹无染的"理念"到具有外在物质形式的"自然",这意味外化或异化;费尔巴哈使用异化来进行宗教批判,认为上帝是人类异化的产物;在此基础上,马克思则将异化用于对资本主义背景下雇佣劳动的特征分析,阐明了异化劳动的四个方面:劳动者和自己的劳动产品、劳动活动、自己的类本质相异化,以及这三种异化造成的结果——人与人之间相互关系的异化。

位),具体到课堂低头族,他们似乎患上了一种"弗兰肯斯坦综合征"(Frankenstein Syndrome),即一个人为某个特定且有限的目的创造了一个机器,可机器一旦造好之后,我们却发现——有时候令人恐怖地、常常令人不舒服地、总是让我们吃惊地发现——它有自己的主张。①

简言之,此处的异化意味着手机作为人类的一个发明,反倒"反客为主"地束缚了人类。当然,将"异化"简化为"反客为主"时需注意两个前提条件:第一,此处的"客"(即低头族手中的手机)并非外在于"主"(即低头族),而是由"主"能动地创造的;第二,此处的"反"并非一般程度而言,而是达到了束缚和压迫的地步,以至于让"主"难以自拔、失去自由,这突出地表现为课堂低头族沉不下心、抬不起头,因为"上网的时候,欲望似乎很难得到满足,我只是不停地搜索,却不管我是不是真正理解了我搜索到的内容,也不知道是不是真正了解我到底要搜索什么。我就像在挠蚊子咬出的包,越挠却越痒"②。

马克思提出异化理论的时代被我们称为工业时代,如今我们则进入了信息时代。随着时代的变化,异化也表现出不同的形式:"在工业社会中'物的异化'是异化的最主要的表现形式,而在信息社会中则是符号异化。"③虽然异化的形式从工业社会到信息社会发生了变化,但物的异化和符号异化二者"在以'反客为主和工具性压倒目的性'这一点上是相同的"④。它们都强调"即刻的有用性",其中的"即刻"追求的是视觉的直观和冲击性;"有用性"则在某种程度上意味着意义和价值性让位于工具性的实用。

总之,课堂低头族对手机的沉迷以及手机反过来对低头族的满足,二者形成了一个首尾相咬的圆,并在互动中产生了"需要的精致化和满足需要的资料的精致化"⑤。于是,手机功能愈发整全,相对应的,难以对此保持警觉的低头族被异化得也愈加彻底,亦即"物的世界的增值同人的世界的贬值成正比"⑥。

(三)低头族行为的危害

课堂低头族行为不但害己而且害人。无论害人还是害己,只要我们对

① (美)波兹曼.娱乐至死·童年的消逝[M].章艳,吴燕莛,译.桂林:广西师范大学出版社,2009:185.

② (德)弗兰克·施尔玛赫.网络至死:如何在喧嚣的互联网时代重获我们的创造力和思维力[M].邱袁伟,译.北京:龙门书局,2011:23.

③ 黄胜进.网络社会交往行为问题的哲学反思[J].重庆社会科学,2006(5):30-32.

④ 黄胜进.网络社会交往行为问题的哲学反思[J].重庆社会科学,2006(5):30-32.

⑤ 马克思.1844年经济学哲学手稿[M].北京:人民出版社,2014:250.

⑥ 马克思.1844年经济学哲学手稿[M].北京:人民出版社,2014:199.

此有所察觉,其危害性还能保持在可控范围之内,但可怕的是课堂低头族行为的潜在危害性。

(1)害己。身体和心理的双重危害:"很多'低头族'的病症不止一种,其中手腕部患者占 13.9%,腰部患者占 30%,颈肩部患者占 59.6%,眼部最为严重,超过 72.1%。同时'低头'这种行为还会造成肌肤老化,出现皱纹,容易导致驼背,脑供血不足。"①心理的危害更是不容小觑:长期沉溺于虚拟世界中,低头族不但会对现实世界产生隔膜之情,而且容易产生焦躁孤僻的心理,招致健忘、迟钝、易怒的不良后果,甚至会患上社交恐惧症。

(2)害人。学生和教师皆受干扰:无论是孟母三迁的典故,还是《荀子·劝学》里"蓬生麻中,不扶而直"的隐喻,抑或《颜氏家训》中"入芝兰之室,久而自芳也……入鲍鱼之肆,久而自臭也"的警句,都在强调学习环境的重要性。因此当定力稍差的学生被身边的低头族团团围住的时候,其课堂的学习效率便可想而知——白沙在涅,与之俱黑;教师也是课堂低头族行为的受害者:它既影响师者的心情,消损他们的教学热情,也是对课堂生态的破坏,扰乱了正常的课堂教学秩序。

(3)潜在危害。解释水平被拉低:不同的人对同一事件有着不同层次的解释,高解释水平者侧重于抽象出事物的本质,看待事物时更具长远眼光,且善于自律和把控。相反,低解释水平者更倾向于具体的细节,追逐短期的眼前之利和及时性的享受,容易自我沉溺。"低头"二字已显明了低头族往下看的肢体动作,而这种"向下看激发了更为具体的心理表征,导致个体解释水平降低"②,因为低头使得我们的视野更加局限在眼前的方寸屏幕上。

二、为何:课堂低头族产生的动因

课堂低头族的头被埋得很低,这既是地球引力的天然结果(如瞌睡时的"频频点头"),也是科技对低头族的诱惑力之表现。这种诱惑力一方面是由手机自身的"热媒介"属性所致,另一方面则源于手机新媒介的内容所遵循的"三戒律"。

---

① 王兰.从社会学视角看 21 世纪的"低头族"[J].湖北师范学院学报(哲学社会科学版),2015(5):80-83.

② 陈武.手机使用对青少年自我控制的影响[D].武汉:华中师范大学,2016:18.

（一）属性的冷和热：手机"热媒介"和课堂"冷媒介"的角力

按照麦克卢汉对冷热媒介的分类标准①，手机新媒体属于热媒介。这里冷热之分并非基于物理温度上的冷和热，而是取决于：第一，从"媒介"的角度而言，媒介本身的清晰度的高低，其清晰度的高低和自身包含信息量的多少呈正相关关系；第二，从"受众"的视角而言，受众在使用媒介时的卷入度和参与度的高低。之所以称手机新媒体为热媒介，是因为它"具有'高清晰度'，高清晰度是充满数据的状态"②。的确，手机新媒体承载的内容是视听合一、图文互配、动静结合的，这是数据饱满的高清晰状态，于是并不留下那么多的空白让接受者去填补或完成。因此，热媒介要求的参与度低；冷媒介要求的参与度高，要求接受者完成的信息多。具体到课堂，麦克卢汉同样区分了讨论课和讲授课的冷和热，认为相比讲授课而言讨论课是冷媒介，因为讨论课需要我们调动较高的热情和参与度，以完成大量信息采集工作来填补空白，诚如麦氏所言："任何热媒介容许的参与度，比冷媒介容许的参与度都要少，正如讲课比课堂讨论要求的较低参与程度一样。"③

而无论是讲授课还是讨论课，当他们和手机新媒体相比较时，无疑，信息饱满甚至饱和的手机为热媒介，而传统课堂则为冷媒介。如上所述，手机热媒介要求的参与度较低，不需要大量地填补信息空白，因此不费力、难度小，进而对课堂低头族而言显得诱惑力巨大；而课堂冷媒介要求的参与度较高，更需要低头族去耗时、费力、劳神地填补信息空白，因此难度大、要求高，进而在手机热媒介的对比下显得深度有余而魅力不足。难易相形之下，课堂低头族的选择是"趋热弃冷"，但趋向于手机热媒介的结果则是课堂气氛降温、师生互动变冷。

（二）内容的三戒律：手机新媒体内容的原则依循

"你不能有前提条件；你不能令人困惑；你应该像躲避瘟神一样避开阐述"是尼尔·波兹曼总结出的电视内容所循的三戒律。

三戒律提出的时代语境：如同麦克卢汉将讲授课和讨论课分别称为热

---

① 其一，这里的媒介不局限于我们常见的报纸、广播、电视、互联网和手机，而是更宽泛意义上的信息承载物，也包含语言、文字、课程等。其二，冷热媒介的界限不是固化的，会随着科技的进步和比较对象的变化而变化。如，电视在麦克卢汉时代因技术尚不发达，被认为是冷媒介，而如今的数字电视却是热媒介；和手机相比，讲授课是冷媒介，而和讨论课相比，讲授课则成了热媒介。

② （加）麦克卢汉（Mcluhan，M.）．理解媒介：论人的延伸（增订评注本）［M］．何道宽，译．南京：译林出版社，2011：36.

③ （加）麦克卢汉（Mcluhan，M.）．理解媒介：论人的延伸（增订评注本）［M］．何道宽，译．南京：译林出版社，2011：36.

媒介和冷媒介一样,波兹曼也是在更宽泛的意义上使用"课程"和"媒介"的:"电视通过控制人们的时间、注意力和认知习惯获得了人们控制教育的权利……所以我觉得把电视称为'课程'是很确切的。在我看来,课程是一种特别的信息系统,其目的主要是影响、教育、训练或培养年轻人的思想和性格。电视正可以起到这样的作用,而且可以做到持之以恒。通过发挥这样的作用,电视成功地战胜了学校里的课程,甚至几乎消灭了学校里的课程。"①在这种新潮课程观(把电视节目当作课程)的指导下,尼尔·波兹曼进而提炼出电视节目所遵循的如上三条戒律,用以解释电视节目得以媲美学校课程的巨大魔力之所在,并将它拔升到教育哲学的层面:"电视提出了三条戒律并由此形成了教育的哲学。"

时代虽异,内涵如一:当今我们已从电视时代阔步踏入移动互联时代,但变化的是时代,不变的是手机新媒体所承载的内容也同样遵循着如上的电视节目三戒律。

第一,传统上知识呈现顺序的循序渐进性让位于时下的无序乱入。因为"你不能有前提条件"就意味着手机热媒介所承载的内容挑战了传统课堂上知识呈现的先后顺序。传统的课堂教学讲求知识积累的循序渐进性,有基础知识的铺垫才能继续讲授新的知识;手机新媒体所传播的内容却撼动了这一"继往才能开来"的铁律,即忽视了知识累积的连续性。因为低头族所浏览的碎片化、娱乐性、浅表化的内容既不会为低头族设置点击门槛,也不会因为课堂低头族没有进行课前预习而将其拒之门外,相反,低头族可以随其时随其意地选择性点击进入。而有些内容即便打着"慎点!"的名号也不过是标题党的变种,意在故弄玄虚地反弹琵琶,为的是吸引人尽情地点击阅读,以便在眼球经济时代捞取可观的流量。这样一来,传统意义上循序渐进的知识积累便让位于混乱无序的随时介入。

第二,传统上知识品格的深度和雅致让位于如今的通俗易懂。因为"你不能令人困惑"便意味着手机热媒介所承载的内容和传统上有深度的知识拉开了距离以致绝缘。换言之,手机热媒介上的"任何信息、故事或观点都要以最易懂的方式出现,因为……最重要的是学习者的满意程度,而不是学习者的成长"。于是教师们不难发现,当问及诸如"为什么"之类需要思考的问题时,课堂低头族的头会埋得更低以避免和老师进行目光接触;相反,手机热媒介所传播的内容以通俗易懂的迎合方式源源不断地为低头族提供所

---

① (美)波兹曼. 娱乐至死(第二版)[M]. 章艳,译. 桂林:广西师范大学出版社,2011:153-154.

谓的新知,以至于课堂低头族会产生"知道了很多"的幻觉,但毕竟这些内容大多只是提供了片段性和碎片化的"是什么",所以课堂低头族也大多只能停留在知其然的层面,很难进一步将其系统化为知识、内化为德行、外化为行动。"为什么"揭示的是事物背后的因果关系,需要学生去思考探究,难;"是什么"呈现的是事物之间的相关关系,是对课堂低头族的直接供给,易。难易相形,课堂低头族自然"弃难趋易"。特别是在当今大数据思维①下,这一趋势更是难以逆转,因为貌似"知道'是什么'可以创造点击率……知道是什么就够了,没必要知道为什么"②。

第三,传统上知识呈现方式的线性和逻辑让位于眼下的视觉化直观。难道视觉化的直观不好吗? 我们的课堂不是一直在借助新媒介让教和学更具生动性吗? 的确如此,但在课堂低头族这里,一方面是因为这里的视觉化直观隐含着半强制性的威权逻辑:以发朋友圈为例,点击右上方的相机图标,却只出现了"拍摄、从相薄选择"二个备选项(图 1),一直强调人性化社交的腾讯为何不新设"发纯文字"的备选项? 疏忽? 不,想要发纯文字的朋友圈需要长按相机图标,对此一些人并不熟知,且长按后会弹出如下提示(图 2)——强调此功能只限内部体验,后续的存亡待定,且建议我们不要经常依赖此方法。为什么? 出于对社交活跃度和分享互动的考虑,图文并茂远胜过纯文本,因此软件开发者才给"发纯文字"选项设置障碍和门槛。另一方面是因为"你应该像躲避瘟神一样避开阐述"便意味着手机热媒介的内容呈现方式更倾向于视觉化的立体直观,而不再是传统上逻辑思辨式的沉思。前者容易仅仅停留在肤浅的视听刺激层面,而后者则是线性思维的体现,且"通过互联网的使用,以线性的要素主义为特征的现代人的思维模式可能转变为后现代主义的非线性的思维模式"③。一边是撩拨视听的多感官刺激,一边是需要深度沉思的积极参与,相较之下课堂低头族选择了前者。因为在课堂低头族看来,"快感与游戏是我们与媒体之间关系的核心面向。这些非理性的、身体的与爱欲的是社会经验中的基本层面,虽然它们常被否认"④。

---

① 维克托·迈尔–舍恩伯格在其《大数据时代:生活、工作与思维的大变革》一书中将大数据思维概括为以下三种:大数据使得"样本＝总体"渐成可能;接受不精确和混杂性;强调"是什么"及其背后的相关关系。

② (英)迈尔–舍恩伯格,(英)库克耶. 大数据时代[M]. 盛杨燕,周涛,译. 杭州:浙江人民出版社,2013:71.

③ (希)柏拉图. 柏拉图四书[M]. 刘小枫,编译. 北京:生活·读书·新知三联书店,2015:392.

④ 陈武. 手机使用对青少年自我控制的影响[D]. 武汉:华中师范大学,2016.

如上，传统上知识呈现顺序的循序渐进性、知识品格的深度和雅致、知识呈现方式的线性和逻辑——受到上述三铁律的挑战。结果：一方面在价值导向上，手机对定力不足的课堂低头族而言，迎合多于引导；引导追求的是内容的价值性，强调的是有意义，而迎合追求的则是感官的刺激性，更倾向于有意思。另一方面在主客关系上，手机功能愈是强大、整全，对抗诱惑能力差的低头族而言就愈是意味着学习能力弱化。

图1 图2

三、何为：从"抑道扬利"到"显隐并重"

(一)质疑：上这课有什么用

数千年农耕文明滋养下的我们，天然地对脚下的这片大地有着深厚的情感。于是我们崇尚做事要"脚踏实地"，而拒绝"空谈误国"。这表现在求学目的上，便是无限地强调"学以致用"，以求实现个人的社会化来服务于家国建设。这是我们优良的传统，理应继续传承。但问题是对"学以致用"的过分强调，便容易忽略学的另一层面，即"学以启蒙"（或"学以去蔽""学以唤醒"）。于是当学习目标的跷跷板倾向于"学以致用"这一端时，"学以启蒙"便被悬空搁置了起来。所以课堂低头族为自己低头行为的如下辩护似乎成了理所当然："上这门课有什么用？"

（二）回应："用"的三个层级

"用"不仅有直接的、立竿见影的"有用之用"，还有间接而长远的"潜在之用"以及貌似无用实则有大用的"无用之用"。而课堂低头族的"上这门课有什么用"只是着眼于第一层次的"有用之用"。此外，"潜在之用"给课堂低头族的启示在于，或许眼前尚看不出一门课程究竟有何实用，但从未来的三年、五年、十年来看呢？因此，当我们还并不具备着眼于长远的眼界和格局时，就妄对一门课程的"用"进行评头论足是极为不妥的，这也和我们大学生的称谓不符。毕竟"潜在之用"恰如海平面以下的冰山，是最根本、最巨大的存在；至于"无用之用"，其无用之大用早在老子的《道德经》中就被生动阐述："三十辐共一毂，当其无，有车之用。埏埴以为器，当其无，有器之用。凿户牖以为室，当其无，有室之用。故有之以为利，无之以为用。"的确，车毂的功用在于其中间有一"窍"，器皿之效用在于它中空为"虚"，屋室的大用恰在其内部之"空"。要言之，正是因为"窍""虚""空"的貌似无用，反倒成就了实然大用。作为器物的车毂、器皿、屋室尚有如此大用，更何况我们承载着育人使命的课程呢？其效又怎能仅用一把功利的短尺——"有什么用"——来测度？

（三）转向：从显在的功利走向隐性的涵养

对此，阿尔文·托夫勒对大众教育的观点或许能给我们启发。他认为相比算数、阅读、写作等这些看得见的教学活动而言，其背后不可见的隐秘课程——守时（按时间上、下课）和纪律（按要求去学、思）——更为重要，因为这可以帮助我们提前适应未来的工作环境。同理，就算课程内容本身于课堂低头族而言真的无用，但若积极卷入课堂教学，至少可以让我们学会倾听、更有耐心，让我们去欣赏师者的课堂呈现，并透过短短的几十分钟去感受其背后长时间精心准备的诚意。因为无论是守时和纪律，还是倾听和耐心，这些都是一个人社会化所必不可少的基本素养，尤其在浮躁的当今社会。

四、结语：从自觉到自主

两相对比："深度的课堂参与"带给学生的持久影响将会远超"泛在的碎片娱乐"所带来的感官快感。因为"深"课堂产生的持久影响虽来得慢，但消退得也慢，并在来去之间为学生后续的发展预留足够的时间和空间；而"泛"娱乐带来的感官快感来得快，消散得更快，来去匆匆之间留给学生的除了肤浅,便是缺乏营养的精神快餐,且可能会让课堂低头族误"以为自己认识许多东西,其实对许多东西毫无认识,结果很难相处,因为他们成了显得有智慧的人,而非'真的是'智慧的人"①。究其原因,课堂上的主动参与要求学生投入自己的精力和想象力去思考、去建构,这就对学生的课堂卷入度提出了高要求;相反,庸俗化的消遣既需要学生交出时间以资挥霍,还要求学生自我降格、无志无思,其思想最终沦为泥沙俱下的跑马场。

三大主体:于学生而言,抬头需要克服的不仅仅是地球的重力,还有自媒体时代下碎片化、娱乐化等带来的阻力;于教师而言,让低头族抬起头,既需要增强个人的综合魅力,也需要提升课程本身的吸引力;于学校而言,如何在数字化校园建设和对课堂低头族的疏导之间达成平衡,则成了考验学校管理者智慧的难题。因此,课堂不仅仅是教师的教学"艺术"和新兴的科学"技术"之间的博弈场所,也不仅仅是校方单向的规约、实施、评估就能得以保障的真空之地,而更是一个需要低头族去自我反思、自我较量的平台,以拒绝被迎合、被矮化。

前景展望:其一,在研究走向上:就研究方法而言,跨学科研究法(基于心理学、教育学、社会学、临床医学学科)和实证研究法(基于实际应用的取向)将可能会更多地运用于和低头族相关的研究领域;就研究者而言,学者们在后续的研究中将可能深入低头族群体之中,而非局外人的冷眼旁观;就研究对象而言,该群体也会随研究的推进而自觉、自发、自主地对自身的低头行为加以深度认识、渐次纠偏。其二,在情感倾向上,并不对低头族的处境过度担忧,因为作为具有主观能动性的我们天然地内具着向上向善的本能冲动,这恰"如矿中金、如木中火、如镜中光、如谷中芽";但我们首先需要对此了知,并加以"烹炼、钻研、磨砻、种植、雨泽",如此才能让金炼就于矿、火燃烧于木、光显现于镜、芽生发于谷,因为对于课堂低头族而言,除了"低头族"的标签外,我们所有人还共享着一个雅号:能动的人!

参考文献:

[1]晏辉.教育回归生活世界的基本方式[J].华东师范大学学报(教育科学版),2006(1).

[2]王稀君."低头族",你错过了什么[J].学习博览,2014.

[3][美]波兹曼.娱乐至死·童年的消逝[M].章艳,吴燕莛,译.桂

---

① 大卫·白金汉(David Buckingham).媒体教育:素养、学习与现代文化[M].林子斌,译.台北:巨流图书公司,2006.

林:广西师范大学出版社,2009.

[4][德]弗兰克·施尔玛赫.网络至死:如何在喧嚣的互联网时代重获我们的创造力和思维力[M].邱袁伟,译.北京:龙门书局,2011.

[5]黄胜进.网络社会交往行为问题的哲学反思[J].重庆社会科学,2006(5).

[6]马克思.1844年经济学哲学手稿[M].北京:人民出版社,2014.

[7]王兰.从社会学视角看21世纪的"低头族"[J].湖北师范学院学报(哲学社会科学版),2015(5).

[8](唐)杨倞注.荀子[M].耿芸标,校.上海:上海古籍出版社,2014.

[9]颜迈译注.颜氏家训译注[M].北京:商务印书馆,2016.

[10]陈武.手机使用对青少年自我控制的影响[D].武汉:华中师范大学,2016.

[11][加]麦克卢汉.理解媒介:论人的延伸(增订评注本)[M].何道宽,译.南京:译林出版社,2011.

[12][英]迈尔-舍恩伯格,库克耶.大数据时代[M].盛杨燕,周涛,译.杭州:浙江人民出版社,2013.

[13][希]柏拉图.柏拉图四书[M].刘小枫,编译.北京:生活·读书·新知三联书店,2015.

[14]陈武.手机使用对青少年自我控制的影响[D].武汉:华中师范大学,2016.

[15]大卫·白金汉.媒体教育:素养、学习与现代文化[M].林子斌,译.台北:巨流图书公司,2006.

跑者的社交媒体使用对推动
马拉松热的作用研究

——基于马斯洛的需求层次理论

赵琳谕　北京体育大学

摘　要：随着以数字技术为基础的新媒体的出现，社交媒体越来越成为人们生活中不可或缺的工具。本文通过问卷调查法（有效问卷302份）、观察法与访谈法，以马斯洛的需求层次理论为依托，从跑者的身体感知、社交行为、自我呈现以及跑步空间四个维度，探讨跑者的社交媒体使用在马拉松热形成中的作用。研究发现：跑者基于社交媒体对自身需求的满足，对社交媒体产生极强的依赖性，这种依赖性进一步促使跑者的跑步行为日趋"白热化"。主要表现为跑者通过社交媒体上跑步数据的记录产生身体安全感知，这种安全感使跑者每天保持一定的跑步量；跑者通过跑团群的社群交往，在社交需求得以满足的同时，跑友间相互监督、相互鼓励的打卡制使跑者的跑步量较独自锻炼有所增加；越倾向同跑友一起跑步的跑者分享成绩或照片的次数越频繁，跑者在被认可心态的驱使下，会产生诸如刷新个人PB等新的跑步需求，进一步促进跑者的增加跑量；而最高层次的需求即跑者在各种马拉松赛事中挑战自我，实现自我价值。长此以往，推动了马拉松热的形成。

关键词：跑者；社交媒体；需求满足；马拉松热

2016年3月5日，十二届全国人大四次会议上，李克强总理在《政府工作报告》中提出"要做好北京冬奥会和冬残奥会筹办工作，形成全民健身新时尚"，而《2016年中国互联网+体育报告》调查显示跑步是全民健身运动项目中最具代表性的时尚运动。①

---

① 杨庆伟. 2016中国互联网+体育报告[R]. 北京：艾瑞咨询，2016.

　　如今"互联网+"潮流下，微信、运动类社交 App 等的兴起，使跑步蔚然成风，按自己的意愿丈量城市——用脚步勾勒理想化的"地图"、晒成绩、晒照片已成为可炫耀的"人身资本"。但是跑步与足球、篮球等体育运动不同，它本是孤独的运动，个人为何会加入跑团、社群中跑者间存在的勾连以及社交媒体在跑步潮一步步形成马拉松热的过程中发挥了什么样的作用，都是值得我们研究的。目前关于马拉松的研究多从经济水平、城市形象构建等方面分析，即使有从社交媒体角度研究的，也多为传播者的营销角度，从个人需求满足的角度看马拉松热形成的研究极为少见，但在马拉松热的形成中跑者才是主角，本研究即从跑者角度着手，形成一个研究马拉松热的独特视角。

一、社交媒体可满足跑者的安全感知

（一）身体的自我认知

　　身体意象是个体对身体的整体评价以及情绪反应。[①] 每个人作为社会的一员，我们的身体逐渐社会化，受到社会的影响，包括家庭、朋友、媒体等。当明星或者网红与某些广告商共同打造的"完美形象"以微博、微信等社交媒体呈现在大众面前时，人们会将自己的身体与完美形象加以比较从而产生自己身体不够完美的情绪，当自己的照片"晒"在社交媒体上受到家人、朋友们的评价时，人们就会将这种观念内化为对自己身体的看法与态度。当人们看到别人对自己诸如"又胖了""美女"之类的评价，这些评价会诱使人们根据预期的赞许、褒贬进行身体的模仿与学习。

　　在访谈中，有访谈对象提道："我同学原来那么胖，经常在微信、咕咚上跑步打卡，现在都瘦了很多，而且身体比之前更健康了，我希望也能像他一样健康，所以想通过跑步强身健体……"[②]跑步成为人们获取自我身体满足感的一种方式。

（二）跑步运动的流行

　　近年来，随着城市跑步运动的兴起，越来越多的跑者参与其中。在本次跑者调查中，跑者年龄覆盖各个年龄段，主要以 18～50 岁人为主，其中 31～50 岁的人数最多，占比 61.4%，男女比例为 3∶1，虽然男性稍多于女性，但是女性跑者也不少（如表 1），由此可见跑步是一项男女老少皆宜的全民运动。

---

① 刘嘉．鲍德里亚：消费社会语境中的身体理论［D］．武汉：华中师范大学，2013.
② 访谈对象"玉麒麟"，38 岁，某学校教师。

表1 调查对象结构表

类别	分类	人数	百分比
性别	男	232	76.8%
	女	70	23.2%
年龄	18~30 岁	95	31.6%
	31~50 岁	186	61.4%
	51 岁以上	21	7.0%

无论是初跑者还是马拉松的"常客"，抑或是马拉松的精英跑者，尽管参与跑步的原因各不相同，但是在本次调查的 302 个样本中，将强身健体排在首位的有 171 人，比例高达 57%；将减肥瘦身排在首位的有 82 人，比例为 27%。当然，身体原因是跑步的主要原因，还有参加比赛、交友等原因，只是将其列为首要原因的人不多。家人、朋友、媒体的宣传使人们感知自己身体的不完美，人们希望通过跑步追求身体的"完美"形象，而社交媒体恰恰在其中起到了桥梁的作用。在本次调查的 302 个样本中，只有 6 位跑者没有使用运动类社交 App，占总样本数的 3%，其中最受欢迎的 App 是悦跑圈与咕咚。悦动圈与咕咚这两款运动 App 都有记录数据和社交的功能。

（三）社交 App 的使用与满足

标准的操场大小是 400 米/圈，但是跑者不会局限于只在操场运动，跑步是一项移动化的运动，一旦离开了操场，轨迹、距离就无法衡量。而卡路里的消耗、时长、配速、心率、公里数等是跑者最为关心的问题。如果有了 App，这些问题就会迎刃而解。麦克卢汉曾经提出"媒介即人的延伸"，他认为，任何媒介都不外乎是人的感觉和感官的扩展或延伸，而运动社交类 App 即为人身体的延伸。

在本次 App 的使用行为调查中，排在首位的是记录数据，其次是了解赛事信息，再者是关注好友动态。调研结果表明，66.2% 的人认为跑步结束后 App 上记录的数据会使自己感觉身体处于"安全"状态，其中 54.6% 的人认为这种安全感对自己的跑步有监督作用（如图 1）。

运动 App 使跑步这项运动可见、可感知，通过数据记录、健康分析等功能将运动过程中身体的不确定因素消除，使跑者"身体安全"的需求得以满足。在身体安全需求得到满足的同时跑者会增强对跑步 App 的依赖性，根据 App 所提供的数据监督自己每天完成基本的跑步量，使跑步日常化、常态化。

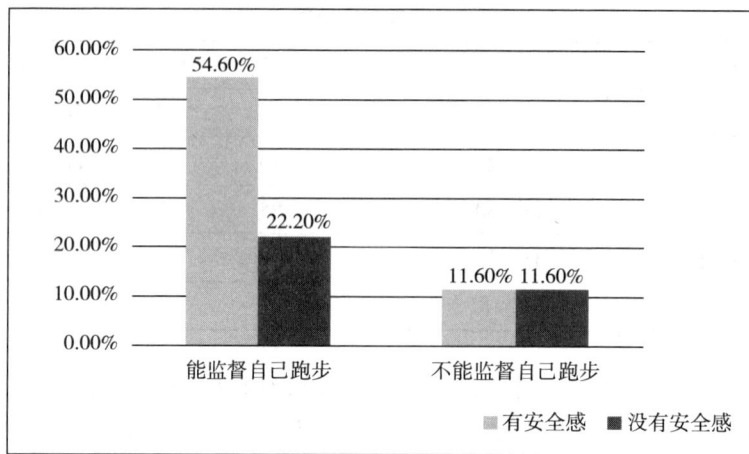

图1　App 安全感对跑步的监督

二、社交媒体可满足跑团的社群交往

(一)跑者社群的形成

个人生活在社会环境当中,要保证个人的生存和发展,就必须了解环境的变化,并据此不断调节自己的行为以适应新的变化。因此,人际传播的首要动机和目的就是获取信息。跑者作为普通人,也无法避免人际交往,而且在跑步这项运动中也是很有必要的,增强人际交往有利于跑者获取更多的赛事信息。信息交流包括正式的,如个人之间的询问和解答;也有非正式的,如聊天、闲谈等,跑者间的信息交流为非正式的交流,通过聊天、闲谈这种轻松的方式获取信息。马斯洛认为如果生理需要与安全需求都得到了很好的满足,爱、感情和归属的需求就会产生。

每个人都无法避免与他人交往,而在与他人交往的过程中,多多少少会有志同道合的人形成一个小团体,人们会希望在这个团体中获得一个位置,并且为达到这个目标会做出努力。跑者在跑步初期独自在某一个固定的地方跑步,日复一日,在固定地方跑步的人之间会互相认识、相互交流,成为跑友,人越聚越多跑团便由此产生。"我最开始跑步的时候是每天一个人6 点在体育场跑,操场每天这个时间段都有很多跑者在这里跑步,久而久之就认识了,想犯懒的时候会约跑,也会一起约到别的地方跑,渐渐地在我们跑步的那片区域认识的人越来越多,为了方便彼此之间的交流就建了跑群。"①

---

① 访谈对象"恩施梦",45 岁,社会基层工作者。

新媒介·新技术·新视野:新闻传播与社会变革

(二)跑者社交需求的满足

在本次调研中,有 86.4% 的人加入了跑团,以 2～3 个为主,在和跑友的交流方式方面,80% 的跑者主要通过微信与跑友之间进行交流,其余的跑者通过运动 App、QQ 或其他渠道与跑友交流。跑团中跑步兴趣是他们凝聚的黏合剂,跑团最吸引跑者的首要原因是有共同兴趣爱好的朋友,占比56.3%,其次有 74 人认为跑步氛围好,有人监督,占比 24.5%,也有少数跑者是出于参加集体活动、方便报名马拉松比赛的目的加入跑团。据本次调查结果分析,加入跑团数多的人多以交友为目的(如图 2)。

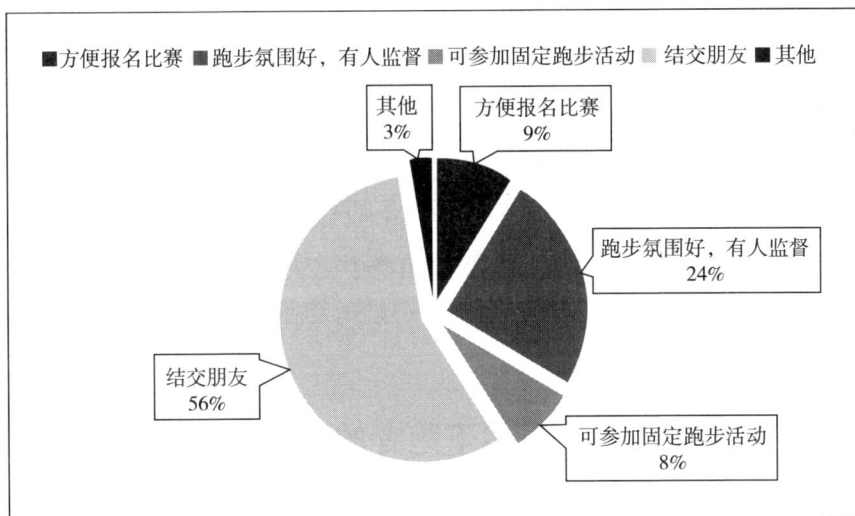

■方便报名比赛 ■跑步氛围好,有人监督 ■可参加固定跑步活动 □结交朋友 ■其他

其他 3%

方便报名比赛 9%

跑步氛围好,有人监督 24%

可参加固定跑步活动 8%

结交朋友 56%

图 2　跑团吸引跑者的原因

在跑团的微信群中跑步信息量大的群,群体成员间互动和交流的频率高,群体意识较高,群体规范性较强。跑团群中,跑步次数较高的跑者会受到跑团成员的尊重与敬佩;除此之外,如果有人在跑团群中提到自己受伤了,可能无法参加下一次的约跑,其他跑友会对受伤的跑友"嘘寒问暖",提供各种疗伤的办法、关心伤势如何,甚至有人专程帮助买药邮寄……这种关心使跑者在跑团这个集体中不仅找到了归属感,而且得到了跑友们的爱。跑友汇跑团的创始人说跑步也是一种社交运动,该跑团建立的初衷不是带领大家参加各种马拉松比赛、加强多少训练量,而是互相认识,在快乐中健康约跑,每天的跑步量没有硬性规定,但是大家每天要通过打卡证明自己跑步了。这种良性关系的循环在增进跑友感情的同时也会促进跑者跑步次数的增加。据本次调查结果的分析,加入跑团的跑者每月的跑步次数明显高

于没有参加跑团的跑者(如图3)。

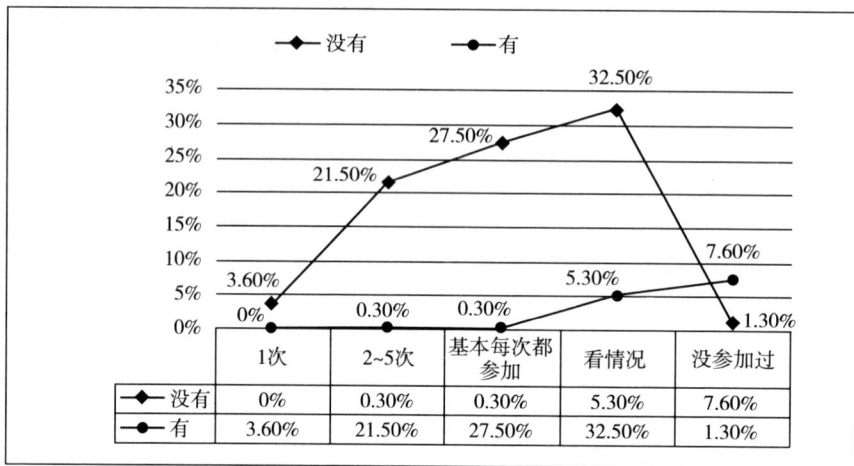

图 3　有无参加跑团与参加跑步的频率

跑者在网络上集聚的行为以及跑团群中每天"打卡防踢"的不成文规定,进一步促进了跑者跑步量的增加,反过来,跑步行为也推动了交往的延续和深度。

三、社交媒体下跑者的自我呈现

(一)跑者的后台行为前台化

社会学家戈夫曼认为,人与人在社会生活中的交往情景从某种程度上来说可以看作是一种戏剧表演。在整个表演中,个体总是尽量使自己的表演接近他想要呈现给观众的那个角色,观众看到的往往只是角色的扮演而不是角色本色。①

跑者在社交媒体上"晒"跑步成绩或者照片的行为就是"后台行为前台化"的一种体现,跑友总是希望在朋友圈的"观众"面前塑造自己健康、阳光的形象,根据本次调研结果的分析,跑者经常分享跑步成绩或照片已经成为一种趋势(如图4),而且越喜欢与他人一起跑步的跑者分享照片或成绩的频率越高。

经"跑者跑步时是否与其他人一起的喜好"项与"跑者分享成绩或照片

---

① 陈静茜. 表演的狂欢:网络社会的个体自我呈现与交往行为[D]. 上海:复旦大学,2013.

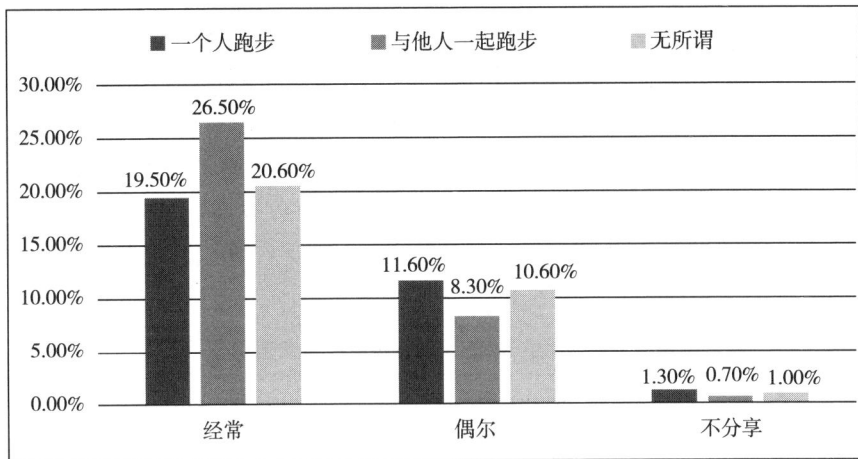

图4　跑步喜好与分享次数

的频率"项交叉分析后的图可以看出,26.5% 喜欢与他人一起跑步的跑者经常分享成绩或者照片的次数明显高于喜欢一个人跑步的跑者。跑者的分享处多为微信朋友圈与微信跑步群,而且分享次数越多的人越希望别人关注到自己的动态。

每个"战绩"辉煌的跑者都免不了经历过大大小小的伤痛,经历过别人无法理解的孤独,但他们仍更愿意"戏剧表演":相比借自己的"伤势"获得跑友的关心,跑者还是更喜欢获得跑友们的赞扬和敬佩。他们呈现在朋友圈的永远都是去苦痛化的荣耀,无限接近地扮演着自己所要呈现的角色。

(二)跑者自尊需求的满足

马斯洛曾提出:人们总是有一种获得对自己的稳定的、牢固不变的、通常较高的评价的需要或欲望,即一种对于自尊、自重和来自他人的尊重的需要或欲望。这种需要可以分为两类:第一,对实力、成就、权能、优势、胜任以及面对世界时的自信、独立和自由等的欲望;第二,对名誉或威望(来自他人对自己的尊重或尊敬)的欲望,对地位、声望、荣誉、支配、公认、注意、重要性、高贵或赞赏等的欲望。①

在本次"跑者晒跑步成绩或照片的原因"项的调查中,设置题型为排序题,将跑者认为最重要的原因计为"1"、最不重要的原因计为"5",因为此项主要针对的是经常分享成绩或照片的样本,在总样本中 197 人希望自己分享

① (美)亚伯拉罕·马斯洛. 动机与人格[M]. 北京:中国人民大学出版社,2013:23-24.

的运动成果被更多的人关注,占样本总数的65%,所以将这197人的数据进行均值统计,均值越小,说明受跑者的重视程度越高,反之,受重视程度越低。统计结果显示:"督促自己坚持跑步""塑造健康的形象"在跑者晒运动成绩的原因中首居前两位(如表2)。其中,80人将"监督自己坚持跑步"列为首要原因,占比41%;56人将"塑造健康、阳光的形象"列为首要原因,占比28%。显然跑者旨在通过呈现自己跑步的实力以及他们塑造出的面对世界时自信的阳光形象引起"观众"的注意并赢得"观众"的公认、赞赏和支持,进而使他们的自尊需求得以满足。

表2　跑者"晒"成绩或照片的原因

	数量	均值	排序
塑造健康的形象	197	2.25	2
获得好友夸赞认可	197	2.75	3
督促自己坚持	197	1.99	1
寻求志同道合的跑友	197	2.80	4
炫耀成绩或装备	197	3.89	5
有效的N(列表状态)	197		

跑者微信朋友圈的"观众"都是自己精心挑选的,以至于不管自己"晒"出的内容是什么,这些观众都会极力捧场,而观众"惊叹""热议"或者是"赞美"都会协助"晒客"持续"注目"成为话题,此时的跑者在别人对自己公认的肯定和赞许中被尊重,进一步推动了跑步的"白热化"发展。

四、社交媒体可满足跑者自我价值的实现

(一)跑者的最高境界

在《动机与人格》一书中,马斯洛提出:"即使所有层次的需求都得到了满足,我们仍然可以(如果并非总是)预期:新的不满足和不安往往又将迅速地发展起来,除非个人正在从事着自己所适合干的事情。作曲家必须作曲,画家必须绘画……否则他始终都无法安静。"

而跑者的最高境界就是参加半程马拉松、全程马拉松,并取得满意的成绩,跑者对于自我发挥和自我完成的欲望,便是使自己的跑步潜力得以实现的倾向,这种倾向可以说成是跑者越来越成为独特的那个人,成为他所希望的一切。在本次参加马拉松比赛原因的调研中,218人表明参加马拉松比赛

是想挑战自己,占比 72.2%,感受气氛的人数位居第二,占比 25.8%,陪跑与向他人证明的跑者共有 6 人。

优秀的马拉松成绩是一种自我实现,除此之外,用自己的脚步丈量城市,按自己的路线勾勒心目中最美的"地图"也是自我实现的一种体现,运动 App 路线记载的功能使跑者的运动轨迹可见,有的跑者为了给自己的爱人或者亲人一个独特的惊喜,会刻意规划一个爱心、2016 等的运动路线,作为表达自己独特情感的符号象征,当跑者所要表达的意愿被对方很好地理解与接受时,跑者自我实现的需求得到满足。突破原有成绩、创造个人 PB 与更多的创意路线成为跑者停不下脚步、一直向前的动力。

(二)异域同时空间的再造与跑者的自我实现

运动类 App 咕咚与悦跑圈,利用互联网平台,举办线上马拉松比赛,将马拉松比赛赛场"多点化",打破时空的界限,再造比赛空间,使无法现场参赛的跑者在异地参赛,降低了马拉松比赛参赛的门槛与程序;没有人数的限制,解决了"一票难求"的问题,跑者可以在同一时间内比拼实力,以里程"论英雄",为受经济因素水平制约而无法到达现场的跑者提供机会,根据本次调研的结果分析,75.8% 的人参加过运动 App 上的线上比赛。据统计后的统计图显示:经济因素是跑者参加线上马拉松比赛的主要制约因素,特别是收入在 4000 元以下的跑者,受经济因素制约更明显(如图 5)。

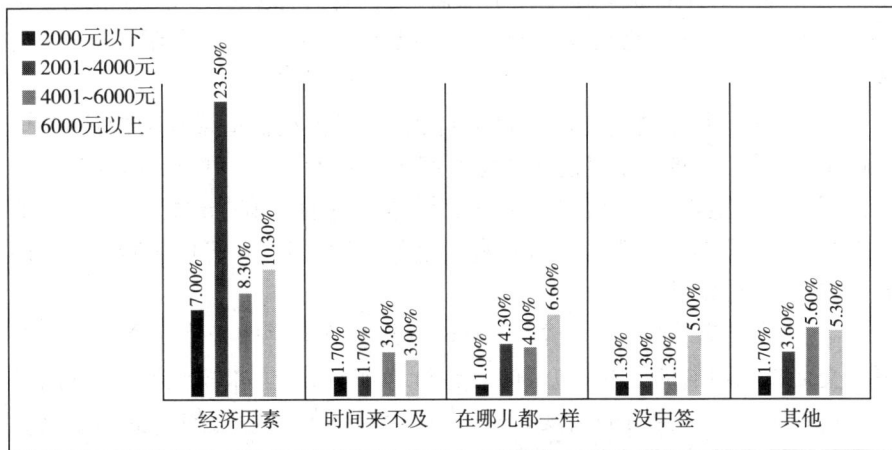

图 5　参加线上马拉松的原因与收入

在与受经济因素制约的跑者进项访谈时,跑者这样说:"作为一名跑步爱好者,最大的心愿就是可以去祖国的心脏北京跑一次马拉松,由于种种原因无法去,有机会参加异域同时的线上马拉松也会得到一定程度的满足。"①对于初跑者,线上马拉松还可以以接力跑的形式完成半程马拉松、全程马拉松,满足自我实现的需求。

五、结论

本研究得出的主要结论有:

(1)跑者基于身体安全感知的需求,运用运动类社交 App 记录跑步数据、获取赛事信息。App 将跑者的运动时长、配速、卡路里消耗数、公里数以量表式的数据呈现,跑者根据这些数据来判断自己的身体安全状态;而每日身体安全状态的监测使跑者每天可以保持一定的跑步量。

(2)跑者在社群交往的需求下,通过微信、QQ 等社交媒体,建立、加入跑团群,在以跑步为共同爱好的跑团群中,跑者找到了归属感,跑友之间相互关爱、相互鼓励,甚至是"打卡制"的行为对跑者的跑步起到了监督作用。调研结果显示:加入跑团的跑者每月的跑步次数明显高于没有加入跑团的跑者,推动了跑步的进一步发展。

(3)喜欢与跑友一起跑步的跑者分享跑步成绩或者照片的次数多于喜欢一个人跑步的跑者,分享次数越多的跑者越希望被别人关注,这是跑者自尊需求的体现。跑者希望通过分享来监督自己坚持跑步——促进了跑步进一步"白热化",并以此在关注自己的"观众"面前塑造一个阳光、健康的形象。

(4)参加马拉松赛事是跑者挑战自我、实现自我价值最有力的证明,但是由于种种原因,跑者不可能每场比赛都去现场参赛,其中经济因素为主要制约因素。在跑者看来,通过参加社交媒体再造的"同时异域空间"性质的线上马拉松,虽然没有现场参赛那种程度的氛围,但同样可以刷新 PB,实现自我,使内心得以满足。

综上,从跑者依据运动类社交 App 的数据记录感知身体安全状况到跑者社交促成跑团群的建立、跑者的后台行为前台化,力求树立阳光、健康的形象再到跑者自我价值的实现,每一次社交媒体使用行为的改变都是跑者需求层层满足的体现,都是一种敦促,会促进跑者一步步向跑者的最高境界迈步。马拉松热在跑者社交媒体使用、需求得以层层满足的相互作用中逐渐形成。

---

① 访谈对象"一米阳光",43 岁,某公司职工。

参考文献：

[1] 杨庆伟. 2016 中国互联网+体育报告[R]. 北京:艾瑞咨询,2016.

[2] 刘嘉. 鲍德里亚:消费社会语境中的身体理论[D]. 武汉:华中师范大学,2013.

[3] 陈静茜. 表演的狂欢:网络社会的个体自我呈现与交往行为[D]. 上海:复旦大学,2013.

[4] [美]亚伯拉罕·马斯洛. 动机与人格[M]. 北京:中国人民大学出版社,2013.

新媒介·新技术·新视野:新闻传播与社会变革

社会化媒体时代粉丝文化的
场域、内涵与特征

胡文昭　湖南师范大学

摘　要：自"超级女声"之后，粉丝作为一股重要的社会力量登堂入室，主流媒体逐渐看到粉丝在"造星运动"中草根民主的惊人力量。在大众文化盛行的当下，粉丝现象在社会化媒体时代迅猛发展，粉丝文化成了一道不可忽视的文化景观。社会化媒体是当代新型粉丝文化发展变化的技术动因，粉丝和明星的远距离的膜拜转变为近距离的狂欢。粉丝文化有了新的生产场域，在此基础上带来了粉丝文化的内涵转型，由此形成粉丝文化的新型特征。一方面，粉丝文化对社会发展带来一定的启示意义；另一方面，粉丝文化背后隐匿的消费逻辑与技术逻辑也需警惕。

关键词：社会化媒体；粉丝文化；实践场所

约翰·费斯克认为："'迷'是过度的读者，这些狂热爱好者的文本是极度流行的。作为一个'迷'，就意味着对文本的投入是主动的、热烈的、狂热的、参与式的。"[①]如今，由粉丝现象形成粉丝文化已然成为一种"乱花渐欲迷人眼"的媒介景观，以独树一帜的风格脱颖而出并悄然影响着现代人的日常生活。其实，"早在上世纪初的中国，粉丝文化就悄然出现，但是一直到上世纪末，粉丝追星思想和行为才发生改变"[②]，这是粉丝运用互联网所产生的结果。社会化媒体为粉丝文化带来了新的活力，为粉丝的文化实践创造了媒介空间，粉丝文化在此间呈现出前所未有的新样态。那么，粉丝文化的生产场域到底身在何处？粉丝文化的内涵出现了哪些新的变化？与之前的粉丝

---

① ［美］约翰·费斯克. 理解大众文化［M］. 王晓珏，宋伟杰，译. 北京：中央编译出版社，2001：173，174.

② 蔡骐. 大众传播时代的青少年亚文化［M］. 长沙：岳麓书社，2011：115.

文化相比又有哪些新的特征?粉丝文化对当代社会有哪些现实意义?同时,面对粉丝文化我们又应反思什么?

一、社会化媒体时代粉丝文化的生产场域

媒介技术为粉丝文化的社会重聚开创了必要的场域,"一个场就是一个有结构的社会空间,一个实力场有统治者和被统治者,有在此空间起作用的恒定、持久的不平等的关系,同时也是一个为改变或保存这一实力场而进行斗争的战场"①。诸如贴吧、微博等社会化媒体为粉丝提供了无限可能的交流场所与话语空间,粉丝们充分利用社会化媒体与偶像进行交流,与其他粉丝进行互动。

(一)百度贴吧:粉丝文化的孵化器

百度贴吧的迅速走红,绕不开 2005 年一款爆红的全民选秀节目——超级女声。一方面,"超级女声"为百度贴吧提供了一个很好的发展契机;另一方面,百度贴吧也为"超级女声"粉丝及粉丝文化的流行搭建了互动平台。百度贴吧,是"一种基于关键词的主要交流社区。它与搜索紧密结合,准确把握用户需求,通过用户输入的关键词语,自动生成讨论区,使用户能立即参与交流,发布自己所拥有的其所感兴趣话题的信息和想法"②。贴吧为粉丝的聚集提供了一个快速、定向性强的渠道,通过搜索的方式粉丝很容易找到与自己兴趣相同的其他粉丝。在贴吧里关注偶像、围绕即兴的主题进行交流,故此来自不同地域、不同文化、不同阶层的粉丝由于对某一偶像的喜爱聚集在一起而组成一个贴吧群体,他们可以共享信息、参与讨论、组织活动,为自己的偶像应援。贴吧记录着明星成长的故事,也记录着明星与粉丝相遇的故事,还记录着粉丝与粉丝间友情的故事,甚至记录着粉丝团体与粉丝团体之间争执的故事。贴吧是粉丝集群力量的聚合,使粉丝们在"虚拟网络社区里获得了符号狂欢的快感"③。

"百度明星吧,有你才有 Superstar",这是当下百度明星吧的真实写照,也是百度明星吧的宣传口号。可以发现,每个贴吧都有各自的组织结构、核心团队和意见领袖,通过职能细分(吧主、小吧主、图片编辑、语音编辑、广播编辑、视频编辑)来实现、保证贴吧的正常运转和活跃度。截至 2017 年 10 月

① [法]皮埃尔·布尔迪厄. 关于电视[M]. 许钧,译. 沈阳:辽宁教育出版社,2000:3.
② 彭兰. 社会化媒体:理论与实践解析[M]. 北京:中国人民大学出版社,2015:147.
③ 王燕. 百度贴吧"粉丝文化"解读[J]. 青年记者,2008(20):102.

31 日,贴吧中的明星贴吧共有 75583 个。而且,明星贴吧的粉丝向来十分活跃,百度贴吧的内地明星签到人气榜排名是衡量贴吧活跃度的一项重要指标。以近年大红的 TFBOYS 组合的各自成员的贴吧来看,其中"王源吧"会员数 726532,签到人气排名第 5 位;"易烊千玺吧"会员数 1109652,签到人气排名第 7 位;"王俊凯吧"会员数 1330165,签到人气排名第 10 位(截至 2017 年 10 月 31 日)。此外,每个贴吧都有各自的吧规,粉丝自然地遵守进而融入庞大的粉丝社群,获得群体认同和群体归属感。尽管社交媒体形态层出不穷,但"百度贴吧已经积累的人气、更强的网民自主性和相对简洁的界面,使它仍然在粉丝文化的发展中占有重要位置"①。

(二)新浪微博:粉丝文化的催化剂

新浪微博的出现和发展,让明星偶像在微博中迅速构建起自己的"粉丝王国"。2009 年 9 月 1 日,姚晨开通了微博,作为最早入驻新浪微博的明星之一,她感受到了微博无与伦比的强大力量。2011 年 7 月 27 日,姚晨的微博粉丝突破 1000 万的大关,使得"微博女王"的称呼名噪一时! 微博,是一个基于用户关系的信息分享、传播以及获取平台,用户可以通过 WEB、WAP 以及各种客户端组建个人社区,以 140 字左右的文字更新信息,并实现即时分享。微博粉丝,即是"关注你的人",是传统粉丝在社交媒体时代的一种衍变。粉丝基于偶像在微博发布的内容动态进行点赞、评论和转发,以期实现与偶像"点对点"的线上互动。诚然,目前鲜有明星直接回复粉丝评论的情况,但微博至少为偶像与粉丝间提供了一种直接沟通的可能性,它打破了横亘在明星和粉丝之间的屏障。粉丝无须经由传统媒体刻意整饬的形象来获取偶像的信息,只要通过关注明星微博便可以直观地观察与了解偶像的日常生活,由此掌握到的第一手信息比传统媒体都要全面、迅速,从碎片化的信息拼贴出明星的路线图。

如今,明星的微博动态正在实现着日常生活的回归,他们以一种亲民的姿态和语态周而复始地直播着自己的生活琐事、心情状态。一方面,明星们可以将自己此时此刻的心境分享给天南海北的粉丝,进行着一场实时化的互动。例如,杨紫在微博上吐露心声:"从小怂,害怕鬼,不敢自己睡觉,但从来没见过。这是心理问题吗? 怎么才能变得不怂不害怕鬼呢?"获得粉丝的同情与安慰。当然,她也可以不满粉丝的评论与自己粉丝互掐而"掉粉"。另一方面,明星们可以利用微博进行一场仪式化的问候,在起床和睡前对庞大的粉丝们道声"早安""晚安"。比如,2017 年 11 月 3 日,鹿晗在自己微博

---

① 彭兰. 社会化媒体:理论与实践解析[M]. 北京:中国人民大学出版社,2015:148.

@M鹿M发出"今天星期五,大家晚安"的动态,并配上一张略显疲惫的图片,引来一大批粉丝的互动和关心。这只是鹿晗微博"今天星期五……"系列的仪式化动态中的一条,日常性的微博分享可谓异常亲切!此外,明星也通过微博公开自己的情感状态。2017年10月8号,鹿晗通过微博公布他的女朋友是关晓彤,引发他的4100多万粉丝以及媒体的高度关注,甚至传出谣言有女粉丝听到此消息后跳楼轻生。总之,明星在微博上收获了粉丝,粉丝也得以近距离窥视明星。

二、社会化媒体时代粉丝文化的内涵转型

粉丝文化最早的形式体现为带有负面色彩和被动形式的"追星一族",而社会化媒体时代粉丝文化出现了新的内涵,偶像塑造由媒介主导转向由粉丝制造,偶像身份由明星名人转向草根网红,偶像崇拜由现实人物转向符号产品。

(一)偶像塑造:媒介主导到粉丝制造

在传统追星文化的世界,大众媒介是偶像塑造的重要力量,追星一族只有通过传统媒体才能获知偶像的信息和行踪。回望2005年"超女"的诞生,她们仍然是经由传统的电视媒介打造所出道,是传统流行音乐工业的造星路线的产物。而在社会化媒体时代,粉丝对于他们追捧对象的成名无疑起着重要的作用,"在偶像的光环背后,'粉丝'已经渐渐成为一只不容小觑的幕后推手"①。在社会化媒体广泛运用的时代,粉丝在"造星运动"中的比重显得越发重要。譬如,国内TFBOYS组合的诞生与走红,是真正意义上集结起来的粉丝劳动的结果。TFBOYS的含义是The Fighting Boys(加油的、努力的、向上的少年),音悦台董事长兼CEO张斗认为:"TFBOYS诞生于互联网,他们的粉丝主要活动在互联网平台上,他们的影响力实现质的飞跃依靠的正是互联网力量。"他将TFBOYS组合的成功解读为中国第一个"Internet Star"。

2013年在网络上发布的宣传短片《十年》宣告养成型青春偶像组合TFBOYS的诞生。自此,TFBOYS组合在网上积聚大量粉丝"四叶草",由粉丝的自组织行为将TFBOYS推向了广受追捧的巨星位置,以星星燎原的态势在一年之内红遍中国大陆,也俘获不少中国台湾的青少年粉丝,甚至吸引了众多国外的"四叶草"。TFBOYS养成型的造星路线,准确地抓住了社会化媒

---

① 支玲琳.粉丝现象带来怎样的文化冲击[N].解放日报,2006-02-21(007).

体时代作为"产消者"的受众。TFBOYS 的成功正是得益于充分发挥了广大粉丝的积极参与的热情,在这个过程中浇灌、培育与 TFBOYS 一起成长的成就感。TFBOYS 组合并不是依靠传统电视媒体而走红,而是充分利用社会化媒体的场域将社会化媒体的高度参与性和粉丝文化的时尚潮流化进行了完美的结合,可以说:"TFBOYS 的成功是中国粉丝文化越来越具有影响力的表征之一。"①

(二)偶像身份:明星名人到草根网红

社会化媒体为现代人提供了一种迅捷化发声的手段,人人都有可能受到一大批粉丝的拥趸,转而"流量变现",获得不菲的收入。"网红是网络红人的简称,指因为某个事件或某些行为而在网络中受到普遍关注的人。"②由于社会化媒体对传统媒体形成的冲击,传统媒体不再是"造星运动"的主要渠道,普通公众能够突破传统媒体所构筑的权力壁垒,在网络平台上展示自我,可以享受到一夜成名、万众追随的快感。我们可以看到,在互联网的各类视频和社交平台上涌现了个性张扬、打破常规的草根网民,特别是在花椒、一直播、映客等直播平台上,主播在直播间通过跳舞、唱歌、聊天甚至是非事件性的吃饭、睡觉来获得一大批粉丝的打赏和追捧。现实生活的普通大众在社会化的媒体平台上收割大量的粉丝,完成了草根网民向网红的转变,但"网红的'红',在很大程度上依靠的是'民间表决'"。

社会化媒体的力量已经重构现代人的生活习惯和交往方式,立体化、多样化的表达方式更受青睐。作为"2016 年第一网红"的 papi 酱,其发布的简短有力的毒舌吐槽型短视频在网络上风靡,自编自导自演的原创性短视频直戳人们的笑点,成功引起了网民的关注,实现从普通大众到网络红人的身份转变、跳跃。一时间,"草根"造星的速度似乎超过了传统的"公司制造"的速度。如今,papi 酱已经是拥有 2540 余万粉丝的微博大 V,并在微博上拥有了"papi 酱的周一放松"的视频节目专辑,通过微博评论与粉丝进行深度互动。papi 酱所关注的内容和话题往往贴近日常生活和社会热点,敢于表达许多网友平时不敢表达的心声,引发情感共鸣。2017 年"双 11"如期而至,网商推出各类优惠手段,让消费者陷入无限的纠结。papi 酱所发布的微博视频名为——"今年的玩法太难? 那只是因为我们数学太差!"看似是在嘲笑消费者的数学能力太差,实则是在讽刺电商的"精心"设计、千方百计地让

① 郑国庆 . TFBOYS:新媒体、粉丝文化与创意产业再定义[J]. 福建论坛(人文社会科学版),2017(02):29–34.

② 彭兰 . 网络传播概论(第四版)[M]. 北京:中国人民大学出版社,2017:339,340,339.

消费者多掏腰包。

(三)偶像崇拜:现实人物到符号产品

"在每个人一生中,或多或少都曾经是某种程度上的粉丝。"[1]纵观当下的粉丝文化,可以发现粉丝所拥趸的不仅仅是现实生活中活脱脱的偶像,而且对某些品牌和虚拟人物产生了追逐的风潮。尽管符号(图腾)崇拜的现象古已有之,但社会化媒体时代的粉丝文化将其延伸到更为广阔的领域。Apple、小米等国外国内知名品牌都拥有众多的粉丝,他们自称"果粉"和"米粉"。作为一种新型粉丝群体,他们在互联网上迅速崛起并在现实社会和虚拟社区中上演了一场场举世瞩目的消费文化盛宴,"果粉"和"米粉"对各自品牌有着共同信仰和消费实践。但是,由于没有共同的地域基础,他们无法在现实中进行群体交流。此时,虚拟社区所承袭的网络的超时空性和匿名性正好为粉丝的聚合和互动提供了可见的形式。

譬如,Apple 及其粉丝的狂热行为甚至已经演变为一种备受世人瞩目的文化现象。在"果粉"心中,iPhone 不仅仅是手机,iMac 也不单单是电脑:一方面,Apple 是时尚、个性和完美的代言人,拥有 Apple 的产品意味着拥有了上述品质;另一方面,Apple 产品价位偏高,象征着财富以及中产及以上的社会阶层与地位。从历来 Apple 发布的新产品来看,每一次新机开售都会引来大批"果粉"的追逐。2017 年 11 月 3 日,Apple 向 iPhone 问世十周年致敬的 iphoneX 正式在国内开售,众多的果粉在门店排队,购买、体验 iphoneX。再看小米手机,自 2011 年问世以来屡屡打破 Apple、Samsung 在我国国内智能手机市场的垄断局面。其实,小米无论在产品设计、广告宣传以及产品营销上都精准地契合流行文化所追逐的时尚元素。小米公司定期(每年 4 月 6 日)举行"米粉节",让米粉参加一年一度的网络狂欢盛宴,小米网络论坛让米粉有一个共同讨论的虚拟社区,小米衍生的配件、饰品、文化衫等让粉丝有了身份认同的文化符号。由此,小米公司和"米粉"共同构建了一个庞杂炙热的文化社群。

三、社会化媒体时代粉丝文化的典型特征

丹尼斯·麦奎尔认为,粉丝的"主要特征是对吸引他们的事物给予大量甚至过量的关注,并经常表现出对其他粉丝的强烈感知与认同。粉丝还拥

---

① 陶东风. 大众文化教程[M]. 桂林:广西师范大学出版社,2008:286.

新媒介·新技术·新视野:新闻传播与社会变革

有附加的行为模式,在其衣着、言谈、对其他媒介的使用和消费等方面表现出来"①。粉丝利用社会化媒体参与偶像的应援、互动,使得粉丝的集群性和粉丝的生产力进一步提升。

(一)粉丝的集群性进一步加强

当代粉丝文化的首要特质是"团队精神"而不是"单打独斗",粉丝的聚合突破了原子化、单个式、偶然性的方式,他们以社会化媒体为中介在网络空间中集结,从而实现了由分散的粉丝个体到集聚的粉丝群体的转变。"今天的粉丝聚合方式也已从团队发展为社群",粉丝文化的影响力日渐加强。社会化媒体是粉丝之间强有力的交流工具,使得原本孤独的人群由于对某个明星共同的追逐从天南海北走到一起,凝聚成一个志趣相投、各色各样的"粉丝团"。粉丝通过微博获取、贴吧分享等方式传播偶像的最新动态,并且还时常组织线下活动,从而获得一种心灵的满足和群体的归属,"可以使更多的人确认自我追求的价值,产生更强的追求动力",塑造了当下粉丝开放、联合的形象,突破了以往传统追星族含蓄、孤立的行为。社会化媒体的兴盛,让原本一种个体自娱的行为迅速转化为一场粉丝集体的狂欢。

麦奎尔指出:"粉丝是对媒介明星、演员、节目和文本极端投入的迷狂者。"粉丝们成群结队地出没于微博、贴吧等社会化媒体空间,近乎狂热地表达对自我偶像的偏爱,这俨然已成为粉丝文化中甚为耀眼的媒介景观。一般而言,粉丝社群中都有自身的舆论领袖——俗称"粉头"(粉丝社群的领导者)。以百度明星贴吧"胡歌吧"的吧务管理团队为例,第一层级的是3位吧主和1位吧刊主编,他们处于粉丝团队金字塔的顶端,往往拥有贴吧中内容的最高决策权;第二层级的是13位小吧主和4位吧刊小编,负责"胡歌吧"的运营和管理,也拥有一定的决策权;第三层级的是9位图片小编、5位视频小编,在分工明确、各负其责的团队环境下实现贴吧的活跃度和正常运行。贴吧的团队精神、集群性质体现在维护自身偶像的形象和声誉过程中,"胡歌吧"和"霍建华吧"绝交事件便是一例。胡霍CP粉互相厮杀、谩骂,与胡歌、霍建华两人友好、和谐的关系截然相反,表现出粉丝群体非理性的拥趸。

(二)粉丝的生产力进一步提高

费斯克认为:"大众文化迷具有生产力:他们的着迷行为激励他们去生产自己的文本。"如若离开高度互动性的社会化媒体,粉丝的生产力恐怕要大打折扣。詹金斯指出:"虽然一部分粉丝只忠于单一的节目或明星,但更

---

① [英]丹尼斯·麦奎尔. 受众分析[M]. 刘燕南,李颖,杨振荣,译. 北京:中国人民大学出版社,2006:48.

多的粉丝则将单个影视剧系列作为进入一个更广阔的粉丝社群的起点，并把各种节目、电影、书籍、漫画和其他通俗材料连成一个互文性网络。"①早期的粉丝受众是被动的，他们只能追随大众传媒营造推捧的偶像，不太容易形成自己独立的判断。社会化媒体为粉丝提供了前所未有的互动的可能，在某种程度上明星是粉丝努力"生产"出来的结果。

粉丝积极参与"造星"工程，粉丝的生产力主要体现为以下两点：其一，粉丝通过消费实践对偶像的行为和形象充分地宣传。例如，2017年9月21日，是国内青春偶像组合TFBOYS队长王俊凯18岁生日，粉丝的生日应援展现出了他们向来不容小觑的财力和人脉。"海陆空"生日应援，南纬60°天空的18颗星星，连成线为"WJK"（王俊凯姓名的首字母）；广州18架大疆无人机升空定型组成"K"型雕画，并且有长达30分钟的无人机空中光影秀；18种濒危海洋动物被粉丝所助养。从北京、重庆、广州、杭州到洛杉矶、迪拜、爱琴海，各地的地标建筑广告屏、电影院、快递柜、咖啡厅都充斥着王俊凯的生日宣传。其二，粉丝通过媒体技术对偶像及其作品进行多次阐释和包装。"粉丝群体在既有的偶像影像资料中进行自主创作，将原始文本的媒介产品转化为另外一种媒介产品，体现出粉丝的二次创作与解构精神，赋予文本全新的意义特征。"②2017年，随着电视剧《人民的名义》的热播，不少观众都被"达康书记"的扮演者吴刚在剧中"坦荡、执着和单纯"的行为所"圈粉"，网友围绕吴刚在电视剧中的表现制作成了内容丰富、趣味表达的表情包，对"达康书记"夸张的表情、动作等进行片段性地截取并配上创造性的文字解释，在社交媒体上广泛传播和应用，以此表达个体在聊天时自我的情绪和心境。

四、粉丝文化的意义及其反思

亨利·詹金斯认为："粉丝饶有意味的地方在于，他们构成了消费者中特别活跃和善于表现的社群。"那么，一个活跃群体的粉丝及其粉丝文化对当代社会的发展也带来了一定的启示。

其一，粉丝文化的政治意义。2016年，以90后群体为主导的"小粉红"（泛称网络爱国青年）进入大众的视野，表现出强大的网络动员与组织能力。

---

① ［美］亨利·詹金斯，杨玲. 大众文化：粉丝、盗猎者、游牧民——德塞都的大众文化审美［J］.湖北大学学报（哲学社会科学版），2008（04）：65-69.

② 黄婷婷，宋琴琴. 微博视域下的粉丝文化传播［J］. 编辑之友，2016（10）：50-52,58.

数量庞大的"小粉红"活跃在网络的各个角落，敢于在公开场合表露自己的爱国情感。"帝吧（李毅吧）出征 Facebook"反对"台独"是"小粉红"一次典型的爱国行为的集体网络行动，在短时间内形成了大规模的网络群体行动，展现了 90 后强烈的爱国热情。

其二，粉丝文化的经济意义。我们可以看到，粉丝正逐渐从文化概念变成经济概念，粉丝经济成了一个遍布网络的热门词汇。"粉丝经济"最为突出的表现是社群经济，作为当下最具影响力的自媒体品牌之一"罗辑思维"是社群经济的引领者。从初期的知识性视频脱口秀到微信公众号、图书出版、语音脱口秀等多种产品内容及互动形式，"罗辑思维"逐渐上升为具有影响力的自媒体品牌。基于此，"罗辑思维"以多种新型的商业运作方式打造互联网社群经济，收获了可观的经济效益并在业内掀起了跟风的浪潮。

其三，粉丝文化的社会意义。"粉丝文化"所追捧的偶像越来越符合社会主流价值观的审美标准，明星和粉丝也积极投身于中国的公益和教育事业。例如，2017 年 11 月 8 日是 TFBOYS 组合成员之一的易烊千玺的生日，他的粉丝通过中国青少年发展基金会向湖南省捐建一所"易烊千玺希望小学"，并计划在他 18 岁生日时继续捐建。"粉丝文化"在经历了疯狂和迷惘之后，逐渐朝主流价值观所提倡的精神特质靠拢，成为快节奏的社会生活的调节区域和舒缓地带。

粉丝文化是大众文化中既活跃又独特的一个子系统和亚文化，折射出社会的政治、经济、文化等方方面面。但是，"粉丝对于某些实践与文本的投入使得他们能够对自己的情感生活获得某种程度的支配权，这又进一步使他们对新的意义形式、快感及身份进行情感投入以应对新的痛苦、悲观主义、挫败感、异化恐惧及厌倦"[①]。看似自发的崇拜运动本质上是被多种势力所操纵，粉丝文化实质上是当下社会的消费逻辑与技术逻辑双重主导的产物。

一方面，粉丝恐陷入"消费之境"的泥淖。尽管社会化媒体时代的粉丝逃脱了媒体操控，然而还是未能摆脱"大众媒介生产最重要的产品其实是受众"的宿命。"市场意识形态成为主导，所以他们越投入这场游戏，就越积极地维护了现行体制。"[②]粉丝制造不过是商业外衣下自我催眠的神话，粉丝崛起也只是商业外衣下象征性的崛起。

---

① 劳伦斯·克罗斯伯格. 这屋里有粉丝吗？——粉都的情感感受力[A]. 陶东风主编. 粉丝文化读本[C]. 北京：北京大学出版社，2009：134.

② 滕威. 寻找自我与想象民主——解读 2005 年"超级女声"奇观[A]. 萨支山，杨早主编. 话题 2005[C]. 上海：三联书店，2006：28.

　　另一方面,粉丝恐落入"主体性丧失"的圈套。"消费文化的发展将人融入消费过程,而消费过程又将人转化成一种符号,使人完全丧失其主体性。"①比如,现代人在追逐 Apple 产品的过程中出现了"商品拜物教"的倾向,认为购买 Apple 产品可以彰显所谓的品质、身份和地位,对其追逐变成了一种不可抑制的狂热。此时,尼尔·波兹曼的论断萦绕在耳畔:"这是一个娱乐的时代,一切公众话语都日渐以娱乐的方式出现,并成为一种文化精神。我们的政治、宗教、新闻、体育、教育、商业都心甘情愿地成为娱乐的附庸,毫无怨言,甚至无声无息,其结果是我们成了一个娱乐至死的物种。"②

---

①　高宣扬. 流行文化社会学[M]. 北京:中国人民大学出版社,2006;256.

②　[美]尼尔·波兹曼. 娱乐至死[M]. 章艳,译. 桂林:广西师范大学出版社,2004;3.

后　记

　　暄气初消，接至磊落秋实。一年一度，这一卷论文集又如期落于案头。岁序递进，也是庭树新果了。

　　至安徽省第九届新闻传播学科研究生论坛，我们的论坛已历经十二载，成为安徽省新闻传播学界历史最长、全国研究生论坛中水平最高的学术活动之一，影响力也不断扩散于全国乃至海外。静育桃李，岁月自嘉，这是莘莘吾辈砥砺共进的一个见证。

　　在媒介更替不断重构我们的观念、新闻传播学研究正经历着范式革命的当下，本次论坛试图在回顾新闻传播学学科生态和社会实践的基础上，重思人与媒介、人与人之间的关系与互动，基此拟定了"新媒介·新技术·新视野：新闻传播与社会变革"的论坛主题，并收到来自复旦大学、武汉大学、南京大学、中国传媒大学、中国人民大学、台湾大学、台湾世新大学等高校的青年学者和研究生的论文200余篇。经过多位专家学者的匿名评审，数十篇优秀论文入围。见意于篇籍，凭借论坛中的嘉宾现场指导和师生共同切磋交流，如今这些论文已然成册、即将出版。在此，谨向各方的支持表达诚挚的感谢。

　　感谢各兄弟院校对本论坛的支持和勉励，感谢合肥工业大学出版社对文集出版工作始终如一的支持。当然，也要感谢在论坛筹办和论文集编审期间无私奉献的学院同仁和研究生会的同学，他们的热情与付出，是论坛顺利举行、圆满收官的重要保障。

　　同声自相应，同心自相知。在新闻传播学科的发展道路上，我们的论坛将继续与国内新闻学人一路前行。

蒋含平

（安徽大学新闻传播学院副院长　教授）

2018 年 9 月 28 日

图书在版编目(CIP)数据

新媒介·新技术·新视野:新闻传播与社会变革:安徽省第九届新闻传播学科研究生论坛论文集/蒋含平主编. —合肥:合肥工业大学出版社,2018.11

ISBN 978-7-5650-4230-0

I.①新… Ⅱ.①蒋… Ⅲ.①新闻学—传播学—文集 Ⅳ.①G210-53

中国版本图书馆 CIP 数据核字(2018)第 236549 号

新媒介·新技术·新视野:新闻传播与社会变革
——安徽省第九届新闻传播学科研究生论坛论文集

蒋含平　主编　　　　　　　　　　　责任编辑　朱移山

出　版	合肥工业大学出版社		版　次	2018 年 11 月第 1 版	
地　址	合肥市屯溪路 193 号		印　次	2018 年 11 月第 1 次印刷	
邮　编	230009		开　本	710 毫米×1000 毫米　1/16	
电　话	总　编　室:0551-62903038		印　张	28	
	市场营销部:0551-62903198		字　数	482 千字	
网　址	www.hfutpress.com.cn		印　刷	合肥现代印务有限公司	
E-mail	hfutpress@163.com		发　行	全国新华书店	

ISBN 978-7-5650-4230-0　　　　　　　　　　定价：58.00 元

如果有影响阅读的印装质量问题,请与出版社市场营销部联系调换。